私人生活史

私人生活史（Ⅰ－Ⅴ）

Histoire de la vie privée

主编　菲利浦·阿利埃斯
乔治·杜比

黑版贸审字 08-2012-035 号

图书在版编目(CIP)数据

私人生活史Ⅲ：激情 / (法) 阿利埃斯，
(法) 杜比著；杨家勤等译. — 哈尔滨：北方文艺出版社，
2007.12（2016.4 重印）
ISBN 978-7-5317-2236-6

Ⅰ.①私… Ⅱ.①阿… ②杜… ③杨… Ⅲ.社会生活－历史－世界
Ⅳ.K10

中国版本图书馆 CIP 数据核字(2007)第 170549 号

私人生活史III：激情

作　　者	(法)菲利浦·阿利埃斯 (法)乔治·杜比
译　　者	杨家勤等
责任编辑	卢红岭　赵　芳
出版发行	北方文艺出版社
地　　址	哈尔滨市南岗区林兴路哈师大文化产业园 D 栋 526 室
网　　址	http://www.bfwy.com
邮　　编	150080
电子信箱	bfwy@bfwy.com
经　　销	新华书店
印　　刷	北京佳信达欣艺术印刷有限公司
开　　本	710×1000　1/16
印　　张	34.5
字　　数	560 千
版　　次	2009 年 5 月第 1 版
印　　次	2016 年 4 月第 2 次
定　　价	88.00 元
书　　号	ISBN 978-7-5317-2236-6

第三卷

激　情

分卷主编　　罗杰·夏蒂埃
翻　　译　　杨家勤等

北方文艺出版社

目 录

约瑟夫·韦尔内：《土伦港景象》。在图片最显著的位置，是一架正准备发射的榴炮。有着许多炮弹和大炮的背景，象一个巨大的工业仓储地。（巴黎，海军博物馆）

绘制在木板上的墙壁油画，1705年，描绘的是18世纪初期布列塔尼的婚礼。牧师在中间，穿着白色法衣，戴着圣巾，听新郎和新娘相互宣誓婚约。左边，新郎和他的伴郎穿着当时的贵族服饰；右边，新娘和伴娘都穿得比较朴素，头上戴着围巾。画底下的题词可能写着：“1705年完婚”。（菲尼斯泰尔，圣图根昂普里梅兰小教堂）

O.弗里兹伯格：《于拉·泰辛在学习》。这幅画描绘了在法国风格流行时代，一个北欧妇女的形象。她置身在一个装饰物品过多的内室环境中：各式各样的小摆设、情侣画像、盒子和箱子、书籍、手稿。这名妇女因沉思或回忆而中断了写作。（斯德哥尔摩，国家博物馆）

A.格里姆：《读书的女孩》。她真的在读书吗？或者她只是摆个读书的姿势以证明她良好的教养？（图卢兹，奥古斯丁博物馆）

《象牙制品商》，两名年轻的贵族为送一个女士礼物而拿不定主意：可供选择的物品有梳子、球形小箱子、乐器、手镯或画笔。（威尼斯，科莱尔博物馆）

D.费蒂：《睡着的年轻女孩》。这名年轻的女人在小憩中嘴角还荡漾着笑意，她装扮着花、珠宝和戒指以及一块手帕——几乎所有流行的物事。（布达佩斯博物馆）

R–B.夏尔丹：《上菜桌》，在开饭前，任何不需要送到厨房加热的菜都放在上菜桌上。（巴黎，卢浮宫）

科迪克：《织工的商铺》。一户弗兰德家庭占有一间非常大且光线充足的房间。房间是一片祥和景象，混杂着母亲、孩子、猫、工作和休闲。（里尔，美术博物馆）

H.罗伯特：《1794年在杜伊勒里宫建的让–雅克·卢梭的衣冠冢》。（巴黎，卡纳瓦莱博物馆）

布鲁盖尔·德·韦洛尔：《马里蒙城堡》，一个占地广阔的乡下庄园。（第戎，美术博物馆）

W.贺加斯：《家庭聚会》。描绘贵族阶级和富裕的资产阶级家庭内部新的生活方式，在这里，奢华被舒适所代替。(伦敦)

佚名作者：《路易十四骑在马上路过西蒂斯岩穴》，17世纪。路易十四宫廷是优秀人物中的优秀人物趋之若鹜的地方，他们表面上是想看路易十四国王，但实际上是被国王看。在一个公开的场合，廷臣成为无用的角色，从最微小的细节都由国王亲自控制。（凡尔赛宫）

E.热奥拉特：《巴黎街头的狂欢节》，1757年。这幅画的中心是一名年轻的男子在耍厨房用具。在地中海背景中，就不会出现这个敲鼓的妇女，因为在那里鼓是与权威联系在一起的。画家展示了狂欢节是如何短暂地加强了男人和女人的沟通。（巴黎，卡纳瓦莱博物馆）

P.德·霍克：《年轻资产者和她的仆人》。门大开着，窗户也开着。透过开着的门我们可以看到，一架小桥横跨在沟渠上。这位资产者正在清理卷心菜，仆人打算外出。（里尔，美术博物馆）

约瑟夫·韦尔内：《土伦港景象》。拴着链子的大船奴隶抵达港口，他们将驶向殖民地。（巴黎，海军博物馆）

N.拉格奈：《1751年沙滩广场与莫尔泰勒里大街交界处》。（巴黎，卡纳瓦莱博物馆）

导　言

菲利浦·阿利埃斯

撰写一部关于私人的生活史有可能吗？或者说，“私人”的概念在不同的时代所指的情形和价值观是如此不同，我们因此就不能确定它们之间的延续性和区别吗？这就是我希望在本书中解答的问题。

首先让我们来比较一下两个时期，为了便于讨论，我简述一下它们的特征。我们发现在中世纪晚期，个人陷在封建的公共团体生活中，融入到某一个或强或弱的功能系统中。作为某一封建领主庄园或某一部族的成员之一，或是束缚于一定的臣属关系中，他/她及其家人生活在一个有限的世界里。按照现今或现代其他时期所理解的“公共的”和“私人的”的语义，这个世界既非公共的，也非私人的。

简言之，私人与公共混淆不分，“王室财政”与公共财政不分。这意味着什么呢？这意味着，首要的也是至为关键的一点，即如诺贝尔·埃利亚斯所表明的，日常生活的许多行为——在过去很长一段时间里仍将继续下去——都发生在公众场合里。我添加两点补充以修正这个笼统的陈述：其一，限定个人行动界限的社区——无论是村庄、城镇还是城市，是一个彼此相熟的世界，在这个世界里，每个人都相互了解，时时都能看到他人的生活。而在这个世界之外，则是那些充满神奇传说的人们居住的未知领域。对人们来说，唯一的居住空间、唯一受到法律管治的空间，就是公共空间。

其二，即便在人口相对稠密的时期，社区里仍然存在着许多让人想象的私人空间。这些地方为人们所识，并在某种程度上受到保护：如窗户一隅、门廊一角、果园深处的僻静地点、森林里的一块空地或小棚屋里。

中世纪的这种情形与我们在19世纪看到的情形形成了鲜明的对比，社会正变得越来越大，越来越隐匿。人们不再相互熟识，工作、休闲娱乐和家庭生活都变成了相互独立的活动。男人和女人都追求私人生活，为了达到这一目的，他们坚持要求有更大的自由去选择（或至少感觉他们在选择）自己的生活方式。他们退入家庭，家变为逃避外界之所、个人生活的中心。

然而，直到20世纪初，旧式集体社团式的社交生活仍流行着，尤其在城市工人阶级之间或农民中间：男人有餐馆，女人有公共洗衣间，大街则是男人和女人们的共同活动场所。

这两个历史阶段的转变是如何产生的？几种试图解答这个问题的学说都提出了各自的解释。一种可能的解释是进化说，按照这种观点，西方社会历史自中世纪以来是天定的，它朝现代化的演进是稳定而持续的，尽管其间有偶然的顿挫，突然的逆转，甚至瞬间的倒退。这种解释模式模糊了16、17和18世纪西方社会主要特征的多样性和复杂性，难以在变革的事物和继承的事物之间（或那些我们所认为的变革的事物和继承的事物之间）作出明确的区分。

我认为第二种解释更具吸引力，更接近于事实。它要求我们改变通常的历史时段划分，提出自中世纪至17世纪末，人们的基本态度（也就是心态）没有发生真正的变化。我是通过研究对待“死亡”的态度的历史演变得出这一结论的。换句话说，适合于政治、社会、经济甚至文化史研究的历史时段划分法，并不适合于心态史的研究。在物质和精神生活中，个人与国家之间的关系以及家庭内部的关系，都发生了如此多的变化，以至于我们必须把现代早期视为自发的和原始的阶段，甚至还要牢记它是归属于中世纪的（当然是以一种新的眼光来看）。现代早期并非简单地是现代的先驱：它是独特的，既非简单的中世纪延续也非未来的雏形。

现代的演进

是什么事件改变了人们的态度，尤其是他们关于个体及其在日常生活中的作用地位的思想？政治文化历史领域里的三个外部事件起了重要作用。其中最重要的是国家角色的变化，自15世纪以来，国家就不断以各种各样的方式和姿态确立自己的地位。国家及其机构至少在18世纪时在名义上也在现实中，日益干预原本属于社区管理的社会生活领域。

个人最基本的任务之一是在社会容忍度的范围内争取、捍卫或提升他/她的社会地位。随着社区在15、16世纪获得新的财富源泉，并随着不同行业领域里人们之间的不平等变得日益明显，在那些公共的范围里，人们就有了更大的演练空间，他们力求去赢得他人的赞誉或激起他人的妒意，或者至少通过露脸或所谓的获得荣誉来争取别人对他们的特殊的容忍。维护和捍卫自己的“荣誉”也就是在社区人们的眼里挽回面子。

重要的不再是个人是什么，而是他以什么形式出现，甚至他作为人如何成功地表现自己。为了确保成功，他们可谓不遗余力：大肆挥霍、至少（在经过明智考量时）慷慨解囊、傲慢无礼、炫耀卖弄。为了维护名誉，在公开场合相互讥诮，针锋相对甚至决斗以发泄仇恨（因为不能求助于法庭和其他国家机关）。

至少从路易十三起，政府就开始采取一些力所能及的措施去规范这一方面的行为。例如在黎塞留统治时期，决斗被禁止了，否则受杀头的处罚。禁止奢侈的法律规约着装上的奢靡豪华（和利用这种豪华派头篡取着装者所不具备的身份地位）。重新修订贵族名单，清除其中的假冒者；国家利用所谓的“逮捕密札”，日益侵入到了我们所认为的私人生活中心——家。更准确地说，国家赋予了家族中某一成员处置其他成员的权力，这使得家族头目能避免求助正常的政府机关，求助于政府机关被认为是损害家族荣誉的。

这种策略产生了重要的后果，国家和它的司法体系把社会看作是三种元素的复合体。第一是国王宫廷——一个真正的展示舞台，它是自中世纪起就已存在的政治行为、欢宴、个人事业、服务和等级制度等古老混合体延续到现代的形式。在社会阶梯的另一端，是城市下层居民和农民，在他们当中，传统的集体作业、狂欢、服饰和权威制度持续了很长时间。社会关系是延伸的、多样的，并不停地变化着。这个世界里有街道、酒馆、林荫道和教堂广场。最后，处于普通民众与宫廷显贵之间的中间地带是知识分子、没落贵族及教会人员，这些中层显贵人员以他们特有的方式待在家里，和一定圈子里的朋友保持愉快的关系。

第二件改变人们观念的主要事件是文字的发展及书本的逐渐普及，这在很大程度上归功于印刷术。日渐广泛的默读法并没完全消除长期以来盛行的公开大声朗读。在乡村里，人们随处可见单面印刷品及小蓝书的零散文字稿，它们是由小贩散布到全国各地的便宜小册子。然而，默读不仅仅能让个人形成自己对世界的看法和获取经验知识，还使人们在专供人们隐居虔修的修道院和隐士居所之外的地方进行独自反思成为可能。

国家地位的变化及文字的传播与16、17世纪新形式的宗教发展不无关系。新宗教在打造内心虔诚的同时，对教区生活里较为集体性的活动形式并不反对。他们还鼓励个体进行反省——天主教通过忏悔，清教徒通过写个人日记。世俗民众祷告的主要方式是在个人小礼拜堂或者卧室的一角静思，或使用专门为此而设计的家具：祷告台。

私人性的种种标准

这些变化是如何影响人们的观念的呢？我将从六个方面来探讨。

(1) 关于礼貌的文学作品揭示了中世纪的骑士品德如何转变成行为和礼节规范。N.埃利亚斯在礼貌文学作品中发现了证据，证明现代化的演变是一个漫长的过程。后来罗杰·夏蒂埃对此提出了全新的看法，雅克·雷维尔在这本书里总结了当前关于这个问题的看法。

在公元1500和公元1800年之间，人们形成了新的关于自己身体和他人身体的观念。早期的礼貌文学作品强调年轻人在餐桌上的就餐礼节，后来的文章则强调，肌肤接触或盯着其他就餐者是不礼貌的行为，这样，在身体周围就形成了一个保护地带。人们不再张开双臂去拥抱他人；他们不再为表示对某位女士的尊敬而去吻她的手或脚；男人也不再拜倒在他们的夫人面前，这些戏剧性的行为现在都让位于谨慎克制的举止。人们不再试图砍掉手指来哗众取宠；他们举止适度，以便不打搅别人，悄无声息地从别人边上经过。一种新的得体的行为出现了，这种新的得体行为涉及隐藏身体的某些特定部位和特定行为。塔图夫说："把胸部遮盖起来吧，我不想看见它。"16世纪的做法——用遮盖在男性阳具前面的裤褶模仿勃起——一去不返。新婚夫妇不再会被一群第二天一早来向他们致贺的旁观者放到床上去。这些新变化加上古代的一些忌讳，甚至使男外科医生无法来到正临产的女人床前——一个"与生俱来"便专属女人的地方。

（2）私人日记、信件、忏悔和自传表明一些人欲为自己留出独立空间的意愿，他们是为了了解自己而写作的，而非觉得有必要将这些知识传之于任何其他人，他们自己的子孙除外，因为他们希望自己活在子孙们的记忆中。晚辈们往往被告知要毁掉这些作品，这表明在读、写与自我理解之间存在着一种新型的关系。

人们不一定仅仅写他们自己，但通常他们只为自己而写，极少有人想去发表他们所写的东西。写这类著作纯粹是为了自娱自乐，有一些能够幸存下来，只是因为偶然地被储藏在某个被遗忘了的箱子里或阁楼上。从曼恩·德·比朗到阿米耶尔时代，自传适逢时代需要，而且契合得如此之好，以至于它变成了一种文学体裁以及一种文学与哲学的表达方式。

在英国这个私人性的诞生地，16世纪晚期以来各种日记被广泛地保存下来并非偶然。在法国则没有类似的东西，尽管被越来越多的人所保存的"家庭流水账"，所记的东西或许比以前更详细。

（3）人们过去一直认为，一个体面的人除祈祷时外，不会独自一人待着，这一观念流行了很长时间。最低贱的人也需要有与大人物一样多的伙伴，孤独是贫穷的最坏形式，因而只有禁欲的隐士们才去刻意追求它。独居会使人产生厌烦，这是与人类本性相悖的。然而，这些传统的信条到17世纪末不再流行，人们开始追求独居生活。塞维涅太太在巴黎从未独处过，后来她这样描述自己在布列塔尼地区的快乐体验：在那儿，她每天可有三四个小时的独处时间，手拿着书，走在她的公园的树林里，这绿树成荫的公园与后来为卢梭讴歌的"自然"有几分相像。

(4) 人们变得如此喜爱独处，以至于他们希望与一位亲密的朋友、老师、亲戚、仆人或邻居——另一个自我——一起分享独处的妙处。这种类型的友谊，与中世纪骑士的手足兄弟般的情谊不同，骑士友谊很大程度上存在于战争时期的军旅，在这个时期，参加战争是贵族世家子弟自早年起就从事的一项职业。像在莎士比亚的剧本里或米开朗基罗生活中所发现的那些伟大友谊，可能是少之又少。友谊往往是一种较为斯文的情感、一种温文尔雅的交往、一种波澜不惊的忠诚，它的种类和强度包罗万象。

(5) 所有这些变化以及其他许许多多的变化，促成了一种新的日常生活观念和全新的安排方式。主要的决定因素不再是机遇、有用性、建筑和艺术。生活变成了可用言辞表达内心生活和个人价值的东西，因此大量的注意力集中到家庭日常生活及人际交往上来。需要精雕细琢和情趣兴致的老道成熟，逐渐受到人们的赞赏，品味成为一种真正的价值观。

过去的家很少装饰，织锦可以挂在墙上或铺在桌上，以陈放贵重物品，其他家具如床、大箱子、板凳等则很简单，可随主人意愿拆开，或从一个地方搬到另一个地方去。但现在人们开始为婚床准备一个特别的地方，储物箱变成一件艺术品，甚至为精美的大橱柜或五斗橱所替代，扶手椅不再能显示主人的显赫地位。塞维涅太太对这两个时代的划分持不确定态度，她的信件中出现过这两种不同观念的例子。她第一次去罗什带着床。尽管她一方面对家具艺术漠不关心，另一方面却又羡慕她女儿的品位。

室内装潢的简单艺术激发高层次绘画艺术。17世纪，荷兰画家常以室内为素材，展示了一种关于人们应如何生活的新理想、新观念。同时，食品和饮料的艺术也开始兴起，这需要创新、修养和批判精神——所有这些方面我们仍然称为品位。不仅大型烹饪变成艺术，就连普通的烧煮也更为复杂，也许比以前任何时候都要求更高的技艺。烹调简单的菜肴也如同过去熬汤一样繁杂，要经过细致精心的准备。衣着，特别是家常衣装，也经历了类似变化。

(6) 所发生的各种心理变化大都可以通过家居历史来充分说明。从公元1100年到1400年，居住方式没什么变化，但此后，家庭居室发生了延续至今的一系列变化。房间变小了，小房间原来是作为主房的附属部分，如下房或壁龛，但很快许多活动都在里面举行，它们显示了自己的生气。从私人的楼梯、客厅、走廊和门厅都可直接进入各个房间而不需穿过其他房间。房间有了各自专门的功能。（塞缪尔·佩皮斯有一个儿童室、一间自己的卧室、一间他妻子的卧室和一间起居室；塞维涅太太无论在巴黎的卡那瓦特旅馆还是在罗什的公寓都没有类似的东西。）在许多地方，房间被赋予了一种特殊功用，而不仅仅是为了保护某种特殊形式的私生活。其中用来取暖和烧饭的壁炉的历史尤为重要。曾经是重要的艺术组成部分的大壁炉，让位给了较小的配有导管鼓风机的小壁炉，或许是中欧火炉的西化方式。

个人、集体和家庭

这些不同的因素是如何结合起来，形成连贯且高度统一的日常生活模式的呢？这些结构又是如何演进发展的呢？16、17世纪见证了个人主义在日常生活中的胜利（尽管在意识形态上还没有如此，因为在意识领域存在着时间滞后性）。由国家的兴起和集体社交模式的衰微释放出来的社会“空间”，逐渐被个人填补。在各种各样的环境下，个人在国家没有占据的空白地带确立了自己的空间，试以中世纪遗留下来的作品《窗子》为例：

> 美丽的道特坐在窗前
> 心不在焉地读着一本书，
> 因为心已跑到她的朋友达昂身上
> 而他去了遥远无边的劳里奥

个人私生活的需求通常和人们对爱情的追求有关。新式卧室的布置为私人交往提供了便利的空间。床被从房间中央移向墙边，在床和墙之间留一个小窄道，即使在满房间人的情况下，情侣在那儿都可以交谈私房话，人们也可以私下谈论政治和日常事务。17世纪晚期，年仅七八岁的詹牧尔·迪瓦士从他继母那儿逃出，曾一度在牧羊人之间躲避，他们教他读书。他后来变成隐士社区里的一个家庭佣人，主人为他提供了一个他可以通过自修而获得博识的角落。玻璃工人雅克·路易丝·梅内特拉有了自己的房间，他把这里用作了与情妇们约会的场所，很有点19世纪资产阶级的味道！

1800年以后，随着家庭呈现出新的重要性，个人主义出现衰微趋势。甚至那些具有反叛心理的成员也把家庭当作中心。追求独处仍然可能，但他们很大程度上局限在家庭范围内。

1500年到1800年之间，处于宫廷显贵之下而又高于普通民众的“中间阶层”也发生了变化。一种新文化出现了，一种围绕着对话、通信和大声朗读的新生活形成了。人们在私人房间里甚至在女人的床边聚会——因为女人通常在这些小“世界”里发挥重要的作用，至少在法国和意大利是这样的。当人们用尽了各种谈话和朗读方法，人们就开始参加“社交游戏”——或唱歌或奏乐或进行辩论（英国的“乡村聚会”）。

18世纪，一些这类团体开始采用正规的形式，它们组织为俱乐部、思想协会或学院，在这个过程中,它们丧失了一些自发性，而变成了公共机制。另外一些小圈子则焕发出自己的严肃性，变成了文学沙龙。19世纪，一些声名煊赫的沙龙夫人要特意留出几天接待来访者，这几天成为有教养的资产者的欢宴娱乐的时间。我想尝试性地提出这样的看法：17世纪人们所理解的“欢乐”一词的意义在19世纪末期的社会里已不再是其主要的意义了。

最后，家庭成为私人生活的焦点，它的意义改变了。它不再仅仅是一个经济单位，为了它的繁衍生息一切东西都必须被牺牲。它不再是对个人自由的一个限制因素，也不再是一个由女人控制的地方。它变成了一个全新的东西：避难所。人们为了避开外人的窥测而逃遁其中；一个感情寄托的中心地带；一个不管怎样孩子都是注意焦点的地方。

在发展出这些功能的同时，家庭变成了一个避难所、一道防备外人的屏障。它截然地将自己与公共领域分离开来，在牺牲了街头和广场上匿名的社交的同时，它急剧地扩大自己的影响，家长成为一个道德角色，成为家庭舞台上的至高形象。

这仅仅是演变的开端，这种演进过程一直到19世纪和20世纪才臻于顶峰。抵制变化的力量仍然很强，除在一些地区和城市里的某些社会阶级之外，变化看起来微乎其微。匿名的社交形式继续以旧方式（譬如在街道上）和源自于以前的欢宴（如乡村聚会、俱乐部、学院、咖啡馆）的新方式持续着。家庭里所发生的这些缓慢变化，源自于相对稳定的社区与新的欢宴形式的竞争，结果是产生了一种混合型的文化，这种混合型的文化在整个19世纪继续演化着。

公众的双重定义

就我看来，个人私生活的整个历史可归结为社交形式的变化：从街区、城堡、庭院、广场和村庄的无名社交到以家庭甚至以个体为中心的更有限的社交。这里的问题是：社交形式如何从“公私混淆”，转变到一个个人和社会相分离、个体包含甚至限制公众的形式的？我这里使用的“公众场合”一词和“公共公园”及“公共场所”的用法一样，指的是一个可供相互不认识的人相遇并相互欣赏的地方。

这一重要变化的历史和范畴很值得追溯探讨。然而我很快发现我的朋友们即使不完全反对，也不能全盘接受。他们认为“公”与“私”是两个完全不同的对立面。关于个人私生活的讨论和随后的对话，使我意识到这个问题没有像我所想象的那么简单。

“公”与“私”两个对立面另一个方面的涵义我不太了解，因为我对政治史较为生疏。“公共”一词也可指国家及国家服务机构，然而“私人”一词（特别是在法语中）指国家权限以外的一切。就我看来，这是看待这个问题的一个新的有用的方法。

在中世纪的许多国家里，国家很弱或只有象征性的权力，个体只能依赖社区或他的保护人的保护，个体没有可称为是自己的东西，甚至他们的身体也不属于自己。一切都处于危险之中，只有心甘情愿地接受保护才能幸存。在这种情况下，集体生活和个人生活是没有明显界限的。除了那些受害者，没人能过个人生活，任何人都在集体中发挥作用。这种以政府为中心解释“公共”的路径和以社交为中心解释“公共”的路径是同等的，因为它们都同样促成了社交的公共和私人模式之间混淆不分。

重要的也是首要的一步是出现了诺贝尔·埃利亚斯所谓的“宫廷政府”。王宫承担起某些早期分散的政府职责，如维护法律和秩序、法院、军队，等等。因此，空间和时间使没有公共意义的各种活动——私人活动——成为可能。

这种变化不是简单地产生的，在16世纪和17世纪上半期，政府事实上没有执行它所宣称拥有的所有权力。这些权力的空隙为它的附属机构所填补，它们行使着社会职能和个人的责任。亨利·德·康皮翁毫不犹豫地离开他所效忠的国王而加入到反对国王的王子们的行列中。事实上，他坚持认为无论他为哪一方战斗，他都在为国王服务。那些以国王的名义行使实权（军队、司法和警察）的人都是这样做的，但用的是自己的钱，如果国王能时不时地赠送贵重礼品使他们的花费得到补偿甚至更多，他们就会十分高兴。在这种情况下，省府总督或首席法官的家也就是他的办公室。例如塞维涅太太抱怨国王在普罗旺斯的警察总监德·格涅昂先生奢靡代理挥霍，但格涅昂在法庭上代表的是国王，要想起诉他，就得与某种类型的法官直接交谈，按我们现代思维方式，这看上去是不符合职业伦理的，但不这样做，法官又无以知晓案情事实。诉讼当事人实际上是在和政府交涉，并完全意识到作为政府官员和作为一个个体是不同的，但政府仍被当作家产一样管理着。

这种对集体事务和公共服务的观念，不仅从年代上看甚至从更深层的内涵上看，都与社交形式划分是一致的。人际关系是一种很重要的传递信息和形成并执行决定的途径，这个阶段的团体是以各种关系而定的，这种种关系决定交际的本质。集体生活中的接触更激发了私人友谊，这对产生信任感不可缺少。

当政府最终成功地执行它长期以来宣称属于自己的职能时，情况发生了变化。在法国，路易十六政府及他的地方行政长官和首相卢瓦用职员和司局的官员代替了宫廷说客体系，以公开的工资代替私人开支。其他政府，如英国，奉行完全不同的方案：地方贵族（我们称之为公共执行官）担当地方行政长官，同时他们必须同意接受和遵守政府的法律和其他制度。

下面谈的是17世纪末和18世纪初的情况，此时的公共领域已不再被私有化，公共事物不再和个人利益纠缠不清。因此就有可能建立一个封闭的个人领地，这块个人领地与集体生活完全脱离且完全自治，并常为家庭所占有。但居住在这块领地上不参与集体生活的人（不同于16、17世纪的达官显贵们）感到失望，并由此而产生了关于政治及一系列政治要求。这样我们兜了一个圈，又回到原点。

现代个人私生活必须从两个方面看：一方面集中于社会公务

人员和私人个体的对立及政府和最终成为家庭的领域的关系；另一方面应集中于一种转变，从公私混淆的无名的社会交往形式向一种更分散的交往形式转变，后者把旧式的无名交往方式和基于职业联系的关系及家庭生活的平等关系联合起来。

P.德·霍赫：《农舍前的道别》。（阿姆斯特丹）

1

现代模式

序　言

为了掌握界定16、17、18世纪私人领域和集体范围及社区领导权威的新办法，菲利浦·阿利埃斯建议我们从西方社会当时所发生的三个基本变化来入手：政府新职能，其越来越多地插手长期以来属于它权限以外的事务；新教徒的改革和天主教派的反改革，其要求信仰者更多的内心虔诚和更多形式的个人信仰；文化的传播，这使得个体能从社区的演讲说教文化的束缚中解脱出来。在这一节里，我采取了阿利埃斯的建议，试着去理解现代政府、改革后的宗教及文化的传播在这三个世纪里是如何影响"公"与"私"的重新划分的。这样得涉及许多其他正在进行的历史研究课题，并与它们进行对话。

人们普遍认为私人领域的范畴主要取决于公共权威在理论上和现实中的组成方式，尤其是国家所拥有和行使的权威。(无论社会生活总体都是"私人的"抑或私人领域仅限于家庭和家族内，皆是如此。)因此逐步建立起来的现代政府——不一定是专制主义的但通常是行政的和官僚的——是给予公共领域截然不同的私人领域下定义的一个必不可少的前提条件。

可从几个不同的方面来理解政府权威的逐步巩固与私人化进程之间的联系。诺贝尔·埃利亚斯在他的杰作《文明化进程》一书中认为，主要在路易十四时期完成的专制主义政府与各种情感及心理变化有密切的联系，后者把曾属于集体性的行为归为私人领域的。在中世纪末到17世纪欧洲建立起来的新型政府，力图实现社会和平并惩罚违法暴力行为；它强化并规范个体人与人之间的关系；并产生了新的政府组成形式——宫廷——以一系列行为准则为特征，且随着其他社会阶层的效仿而更具有强制性。由于这些原因，新型政府制定了个体在社会中的新准则，要求个体必须严格控制自己的本能，坚决地把握自己的情感并增强自己的节制感。

社会领域内的变化首先影响的是宫廷，然后通过宣传或教育逐渐传播到全社会，因此也影响了私人领域。此后，两种行为被严格区分：一种是可在公众场合进行而不会引起尴尬或不被认为丑恶的行为；一种是必须在私下里进行的，包括（对不同阶层来说，时间上和程度上会有所差别）展示裸露的或睡着的身体、本能的行为及性行为。禁忌不仅指行为方面也指语言方面，如那些不宜公开的行为或身体某部位的名称。这些外在的关于哪些行为适合于公开场合、哪些行为只适合私下里进行的区分，个体也会牢牢记住。心理调节通过使个体内化社会准则来约束个体，要求他控制本能，并掌握公开场合和私下里的合适行为。政府权威或社区所强加的外来限制转化为个体内在的抑制心理。

埃利亚斯认为，政府的变化及其产生的社会影响是解释新的行为举止产生的决定性因素。政府或多或少以强制的方式规定哪些行为是允许的，哪些是禁止的，哪些是可公开的，哪些是该隐蔽的，哪些是集体行为，哪些是私人的行为。他也提醒我们注意人的心理状态发展，他认为这不是普遍的或不可更改的。因此他把私人化的发展和人的个性结构变化联系起来，前者几个世纪以来一直影响着人们的一系列行为和社会阶层的形成，后者在新时代里由于本能和社会控制，情感与压抑势力之间的关系日益紧张而呈现新的特点。

根据埃利亚斯对西方社会和文明演变的解释，以法国为例，法国的历史可看作是从相对软弱的政府过渡到一个强大的统一的君主制政府，这个政府利用以前为家庭和个人所占有的资源来重新界定私人生活的边界。公共当局提议要规范和使用必要的能保持这些私有利益的自我发展方式来保护个体利益。这些私人利益（地方政府、职业群体、家庭）关系如果联合起来足以和至高无上的王权相抗衡，然而它们又相互依赖，任何一个都不足以单独威胁到社会平衡。

然而，如果“个人”是现代政府的产物，那么“公共”决不是表示国家垄断。在17世纪的英国和18世纪的法国，在政府之外开始形成了一个公共空间，它产生于私人领域，即是尤根·哈贝马斯所谓的个人公开地运用理性的结果。启蒙运动的公共社交生活呈现出多种形式，只有一部分是机制化的。讨论和批判逐渐对准政府本身的权威。在文学协会、共济会、俱乐部、咖啡厅里，人们学会了知识分子的交往方式，认为所有的参与者，不论社会地位如何一律平等。理性批判的需求波及迄今公开辩论尚未企及的领域，知识分子要求有权以公众的名义批判君王的政策。

这导致了公共与私人这两个词义惊人的颠倒，康德在1784年《柏林月刊》上刊发的《什么是启蒙运动》一文中是这样解释的：“必须永远有公开运用自己理性的自由，并且唯有它才能带来人类的启蒙。私人运用自己的理性往往会被限制得很狭隘。而我所理解的对理性的公开运用，则指任何人作为学者在全部听众面前所能做的那种运用。一个人在其所受任的一定公职岗位或者职务上所能运用的自己的理性，我就称之为私下的运用。”康德引用了一个军官或教堂里的牧师作为私下运用理性的例子。他认为，为了严格纪律和培养服从的精神，这种私下运用理性可能也应该有所限制。但个人对公众意义上的权利的享有是不可剥夺的。公共领域是私人个体向其他个人自由地以自己的名义讲话的地方；然而私人领域，以康德的观点，与世俗的或牧师的办公室是相关的。这种语义颠倒说明了一个新的划分法，公共的和个人的不再像17世纪那样对立。相反，曾被形容为个人的行为被用来界定公众的反思和政治决策领域的范畴。

基督教改革运动中新确定的个人虔诚可能经历了类似的定义过程，一种类似的强调个人服从集体的——在这种情况下，宗教的——权威约束性。个人的虔诚并不仅指新教徒，也不仅限于个人事务。在天主教堂里，个人的宗教实践融入了由牧师所主持的集体信仰之中。在弥撒中用方言祈祷，复活节时进行个体忏悔的义务，以及朝圣者的誓愿等都是鼓励个体进行内省并和上帝交流的方法。与之相反，家庭虔诚是在这个神圣地方以外进行的，没有牧师的指导，很有可能变成异教徒。以各种形式出现的个人虔诚，无论是在内心祈祷的信仰者的虔诚还是以小集体形式祈祷的信仰者的虔诚都成为推动天主教（词源意义上指普遍的和共有的）成立的重要部分。有与之类似经历的新教教会则以个体的忠诚和对《圣经》的阅读为基础，它通过讲经和指导正确阅读《圣经》、精神信仰、集体合作精神等等方法很快吸引了个体信仰者。尽管它们有分歧和对抗，但基督教一分为二的两个分支都追求同样的目标：在新生的基督教环境里，阐明信仰者必须尊奉的纪律和总是用第一人称单数表达的信条。

现代国家的发展与更为个人的宗教发展一样，主要依赖于书面的印刷物。面对抵制势力，政府日益以书面形式传达旨意，也就是这些书面材料促进了更为个人形式的虔诚的发展。对那些没有过至高体验——绝对心灵祈祷、与上帝直接对话——的人来说，《圣经》是必备的。特丽萨·艾维利亚在《完美法》一书中指出：“14年中，没有这本书，我就无法进行反省，许多人无疑也处于这种境况之中。”她还补充说：“还有一些人甚至不会反思他们所读的东西，他们只能大声祈祷。”这表明了精神练习的层次性，其中虔诚的阅读（当然也预示了阅读的能力）是通向和上帝交流之路的一个必备阶段。在新教派别中，（尽管发展比通常认为的可能要晚）每一个成员一生中都要通读《圣经》数遍。阅读是新的信仰的垫脚石，它在宗教和文化之间建立了紧密的联系。

产生于中世纪晚期，并在近代最初的两个世纪里得到巩固的国家及其法庭和财政部，也要求越来越多的人能阅读和写字。各种形式的书写（司法的、行政的、辩论的等等）对削弱旧阅读价值观起了很大作用，它们长期以来曾一直被用于解说法律、宣布审判、发布命令等，一句话，它们是使用权力的基本方式。毫无疑问，这些变化并非没有遭遇抵抗和反对，但最终深刻地改变了个人和当时国家之间的关系，同时促使人们重新思考个体和上帝的关系。因此文化的传播很重要，不仅因为它为越来越多的人开辟了新的独处、交际和家庭活动的可能性，更是因为它是1500至1800年间发生在西方的主要政治和宗教变化里的一个基本因素，它重新定义了一个和公众领域并行甚至包容在其中的、被认为属于私人的存在领域。

勒布伦：《科学院的建立》。在这幅图画中的地球仪上，欧洲和大西洋被置于一个显赫的位置，这就是法兰西雄心的目标。

政治和个人生活

当艾蒂安纳·德·拉博埃蒂力图去解释社会关系中那种最令人费解的扭曲——使一个人统治所有的人成为可能的“自愿受奴役”——时，他没有抨击政府当局的委托代理原则。在他看来，危险根源在于，人们基于私人友谊的模式，对君主展示了过分的信任，甚或抱有一种适恰的感激之情。他说：“我们的本性是这样的，履行友谊的共同义务占了我们生活的很大一部分。热爱美德、敬仰高贵的事迹、对我们所受到的恩惠表示感激、为了提高我们的信誉和我们所爱并值得我们爱的人的利益而牺牲我们的享受，这一切都是合情合理的。”

私人关系和公共当局

尽管文艺复兴时期的法理学家们不愿对共和政府大加赞誉，但把公众利益看作是区分统治和从属地位的理由。区分统治和从属地位不容置疑是为了公众的利益，但更为世俗的人坚持把他们的热情和服务奉献给他们所熟悉的上级，并习惯于心甘情愿地把自己交付给他们。甚至在知识界，人们也在权衡依附他们所欣赏的人的价值和代价。亨利·德·康皮翁，一个17世纪的诺曼底绅士，在他早期写的手记中尽管没有愤慨，但并非无怨言地感叹处理好贵族的职责和忠诚于市民的义务是如何地难。毫无疑问，我们应该看到康皮翁对王子一派的忠诚——他的保护者一派，苏瓦松和旺多姆伯爵——这表明他赞成使用正当方式去反抗专制，这位诚实且头脑清醒的绅士的政治良心因此得到完全放松。然而，甚至康皮翁也记录有在危急紧张时刻他得努力思考，采用温和的诡辩技巧使自己体面地脱离困境。

政治冒险和保护关系

康皮翁，一个贫穷的、身为次子的绅士，从实际出发，感到有必要把自己的忠诚仅献给一个准备接受它的王子。在选择博福尔公爵时，他仔细地权衡了可选择的重要关系，公爵"那时及以后和我住在一起，很乐于助人，对我比王子对那些乐于为他效力的人们更有礼貌，因此我立即对他产生了一种任何行为都不会使之削减的热情和仰慕之情"。然而在1634年事业刚开始时，他才20岁，还不够谨慎。作为王室边防军团中的一名少尉，他被邀请加入奥尔良公爵的军队以提高其地位。这支军队是奥尔良公爵在和西班牙秘密签订协定以后，为了能结束自己的流放生涯而招募起来的。那时，这不属于政治问题："我当时只是一个寻求运气的贫穷人家的次子。但我希望通过体面的方式来达到我的目标。因为我尚在国王的军队里效命并待在他的地盘里，对我来说，我得把我的职权交给我的副手才适合答应他们。"换句话说，康皮翁只希望以恰当的方式辞掉自己的职务，以便以后无人能指责他的逃离。至于离开国王的军队，加入到与国王的敌人联合起来力图颠覆国王统治的王子的队伍，"我有正当的理由为自己解脱，我不是临阵脱逃，公爵（奥尔良公爵）是国王的弟弟，王位的明显继承人，没人能指责我反叛，尤其是……这位王子丝毫没有违拗他所尊崇的陛下，只是与他的敌人红衣主教（指黎世留）发生了争吵。"整个分辩满是强调个人诚实和追求自我发展的字眼：康皮翁，被一个亲戚招收，"其目的也是把我推向发迹之路"。谁能指责一个没有前途的，且如他坦白承认是为了讨好王位继承人而放弃自己自由意志的中层士兵？我们清楚30年后的康皮翁仍然为他极为周到的决定而自豪，尽管很不幸他没能实现自己的计划，因为他得和其他两位同仁一起逃命，"我们放弃了参加把我们的职务交给我们的副手的仪式"。在他的手记的开头，他说他写作是为了教育他的后人，因此我们猜想，在描述这次毫无结果的小冒险行动时，他大力称道自己细心逃脱责任的行动，即使那极大地改变了自己的忠心。这只不过是个人的决定，除了一个军官决定一个军团而不是另一个军团外，别无其他。

更为困惑的两难情况出现在1634年，博福尔公爵要暗杀马扎

博福尔公爵，他的风格颇受坎皮恩（1567~1620年，英国作曲家、诗人和医生，写有许多抒情诗和歌曲——译注）影响，这里展示的是“觐见”国王的景象，突出表现了在权力仪式中这些心甘情愿的参与者自得或自满的表情。（巴黎，国立图书馆）

然。康皮翁不赞同，因为他认为，这位大臣不应该受到如此暴力的处置，他善良的灵魂不希望去承受这一指责。而且他相信，谋杀成功会对策划谋杀的一方有利。然而，他同意保守秘密，且如果决定执行这一计划，只是不要叫他亲自去杀这位主教,他就会做博福尔希望做的一切。他和博福尔的个人关系因此更紧密了：“我决定不管发生什么都跟随他，不管他采取什么决定，我都不会背弃他。”如果这位王子决心公开亮相，他，康皮翁，就会克服一切反感“毫无羞耻地站在他身边……我对他的职业义务和深情厚谊都使我要那么做”。这一次他摒弃了政治借口，也明白他正在参与非正义的、反常的、不光彩的行为，他甚至也这样对公爵说。然而他应该“忠诚地为他服务，尊敬他”，也就是说，他内心所认同的私人忠诚标准，压倒了他作为一名布衣及审慎行事的顾虑。这位热心人，在领会人的理智对行为的影响方面有很大进步，他每次出发到战地去，总把书当作战备品的一部分带着。至于直接动机：荣誉的两个保证条件——诚实和忠诚，虽然足以引起变化，但它们本身是不变的。它们是感情世界固有的组成部分，一旦他接受了建立在友情、爱、男子汉深情基础上的物事，这种感情就会成为康皮翁生命中一个极其强大的力量。

个人志向和政府的俘获

君主制国家发展过程中的危机期间，出生于这个期间的那一代法国人，面临两难境地，政府应该像叛党头子那样赐予他的臣民慷慨的恩惠。康皮翁再一次看清了形势，这得益于他声望颇高的哥哥亚历山大的榜样，亚历山大在追求成功之路上先他一步：“他很久以来就熟谙这种冲突……这促使他违背意愿，渴望看到朝廷总是处于动荡之中，他业已数次显露出这种意向，这是后天形成的而非与生俱来的。”顺理成章，康皮翁也希望他所拥护的一个又一个事业能给他带来很多荣誉。因此从这些试图通过个人阴谋而得到政治权势的行为中，我们看到的不仅仅是贪婪这样的简单问题。

那些忠于反叛王子的人，通常都靠他们的保护者提供的薪金生活。他们把出色地完成任务当作荣誉，如在战场上的荣耀，在法庭上的机灵。他们的生老病死都由国王来负担，或当取得胜利时，则由敌人来负担。一个人应知道什么时候卸甲归田：如在休战的黯淡

D.哈尔斯：《巴加门游戏》，赌博时的欢娱场景。(里尔，美术博物馆)

时期，或者在进行了短兵相接的大搏杀之后而没有被提升时——这是失宠和遭冷落的确切迹象。在这种处境里的人是否该接受慷慨的王子继续供给的津贴？康皮翁认为应该拒绝这样的礼物。他更喜欢赌博，并且非常擅长。他曾为了十五子游戏和其他牌类游戏而放弃掷骰子游戏，因为尽管机会游戏更显显贵，却也更为冒险，无论在好运还是背运时都得遵守诚实的技巧，这终究会有所收获的。

但对一个被迫逃离自己的国家的人来说，过去的恩宠和职业都毫无用处，赌博只在有限的时间内可行。因此只有在流放时，且只有因为保护人服务的热情成为流放的第一原因时，才能依靠保护人所供的生活费用。当一个派别胜利时，也可能会有慷慨的行动："我告诉旺多姆公爵，当他这一派形势发生变化时，他可根据我的服务给我报酬。"尽管康皮翁后来有理由抱怨这个家庭的忘恩负义，但他还是承认他收到了应有的养老金，他的不快仅限于指责他们待他比过去更冷淡，且没有过去慷慨。这可能是一种精神上的嘲笑，而不是特勒芒·德雷奥夸张到讽刺程度的对属民屈从状态的嘲笑："路

不是征召去打仗，而是因掌握一门技艺而表现出的骄傲表情。（巴黎，国立图书馆）

匿名作者：《在守卫室的士兵们》，17世纪。康皮翁除赌博外还有其他许多兴趣，但他没有鄙弃获取利润或冒险。（贝齐埃尔，美术博物馆）

德伯爵属下的一个绅士，临终前被敦促忏悔时说：‘我的愿望一直是绝不做任何没经过先生同意的事；我必须知道他是否赞同。’”甚至当他将要咽气时，这位忠臣据说仍然像拒绝归还不义之财的守财奴一样顽固。一件轶事包括两面，一个人的天真可被错认为另一个人的。他把通常只献给家族和“祖国”的所有热爱忠贞之情给予了一个人和这个团体，这种“附属感”究竟是什么？它似乎比简单的义务感更加强烈。亨利·德·康皮翁，就在他毫无羞耻地承认他爱好赌博和争夺时，也坦率承认尽管他自己本性不好争吵，但总是被朋友的争

一个君主太过慷慨大方，因此不能自私地利用他的盟友。慷慨是一种卓越的皇家品质。(巴黎，国立图书馆)

军队生活服饰受到鄙视，但资产阶级喜欢游行仪式，如通常的一样，最富有者在这里占了大多数便是明证。(贝齐耶美术博物馆)

吵所吸引。“我喜欢我的朋友卷入争论，这样我就能为他们服务，根据当时的风俗，我能通过决斗和与之相关的仪式而使自己显得更突出。”一如既往，他在承认为自己的利益考虑时毫无内疚感。决斗像战斗一样，提供展示勇气的机会，但更有吸引同侪注意的优势，他们钦佩本能和勇敢的首创精神。作为一个可以称作是被私人契约所束缚的雇员，最有可能在一个基于家庭和集体合作的奉献精神的社会里得到提升。

这种私人思想和行为，如何能在某种程度上呈现出公共的特征呢？除了他的基督教信念，亨利·德·康皮翁还展示出仁慈的一面，能够对所有人，甚至对敌人的部队——战斗后根据胜利者的命令被残忍地杀戮——展示同情，他把这视为他们的义务。他能够从公共利益的角度——他认为唯一合适的角度，去评判他所进行的政治

遥远而严峻的国王，不仅是艺术的保护者，而且还是一个可怕的武士。（巴黎，国立图书馆）

活动。然而在他的叙述里，这些伟大的观点似乎都无用处，真正的力量似乎只能集中在个人的生活里发挥作用：以惨重的牺牲为代价以保持自律的需要；需要个人运气，有时可能以生命为赌注的义务；以一种毫无保留的、奉献一切的、同志式的忠心去关注可以使一个人提升也可使一个人毁灭的大人物的命运。

这就是他对社会环境的主要观点，希望通过尊严感、荣誉、杰出的行动和对作为国家象征的王子的忠诚来充实政治美德。这些美德的主干尽管虚浮夸张，但绝没有被整个世纪的伦理幻想所亵渎。很久之后，伯纳尔德子爵在《贵族之墓》里描绘了这些特征的大部分具体表现，但他认为它们完全是为了公共目的。对伯纳尔德来说，特权、恩惠和品质是贵族优越地位的必然结果，把他们从聚集财富和固守生活资源中解放出来，使他们能以为某种公众服务为职责。一个引人注意的悖论：由商业、想有所得或想晋升的激情、祖先的荫泽、利润丰厚的婚姻而不断再生的整个贵族阶级，属从于某种政治目的，并被描绘为渴盼一年一度的春季仪式——在奔赴战场

一幅抓阄挑选服兵役者的图景。人们对服兵役长期性的恐惧，远甚于对其危险性的恐惧。（巴黎，国立图书馆）

前举行和在每一次成长的新阶段举行。

为国王效忠

在康皮翁两代人之后，也即是路易十四战争最后的阶段和七年战争期间，我们发现社会地位低下的绅士们不再仅仅关注自己的财产，男人们到更远、更大的军队里服役，而不是为了获得强大的保护者的利益。能使他们不再默默无闻的是军队里的手足情谊，或能为凡尔赛有影响的军官服务，并在事业上得到发展或者功绩得到认可。军官们的信件——加斯科尼贵族的未出版信件——用更为含蓄和正式的词表达了对有益的交往的关注；写信人恳求可能有影响力的亲戚，并与被提升的昔日战友叙旧。对英勇的功绩没有多少热情，至多谨慎地暗示一下已得到肯定的功绩。信件里满是宫廷和战斗的消息，大家极为关注的——这种关注也是很实际的，是军需供应情况、军队的调动、个人和家人应听取的谨慎劝告和一些有关职业方面的事情，如不断寻求建议和帮助来处理许许多多关于粮饷、马匹、纪律、津贴、制服和装备等方面的问题。对这些军官来说，一个组织严密的军团服役纪律要与习惯于生活在一起的人们熟悉的方法结合起来。他们的纪律相当温和宽容，即使在面临一场突然袭击而需要迅速准备的视察中，这种纪律也必须保持。官僚机构也许正是利用这一特点，很容易在共同的行动中保持个人生活，但必须明白这不再是个人的规划，副手们不再有除提拔和荣誉之外的野心

部队不仅被用于战争当中华美宫殿的护卫，从而凸显了王子及其军队的存在。（巴黎，国立图书馆）

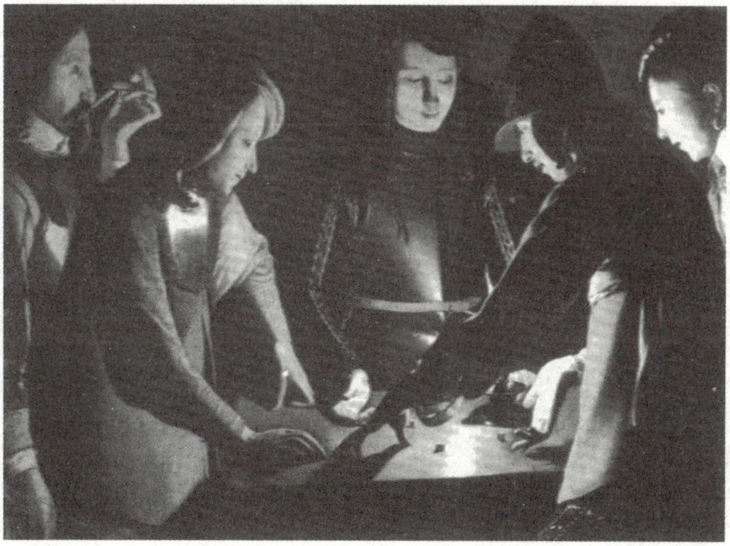

乔治·德·拉图尔：《掷骰子者》。如果没有欺骗手段，这就是个纯粹的几率游戏。（米德尔斯布勒，泰西斯德博物馆）

了，他们在服役三十年后，如果有幸能活那么久，会被封给圣路易十字架和500锂的养老金。职业士兵很少从这些关系或保护人那里得到恩惠，至多在国王需要他的高贵军事保护时，才要求这些士兵尽职。可怜的家人为他们提供开始所需的一切，明白他们不会再回家：300锂用来购置行装，再提供600锂给他们使用，直到领了第一个月的工资。那以后士兵们相互帮助，传递信息，有一些人在露营地里，其他的在较高级的军队里直至总参谋部——两个完全隔绝的世界，很少能再相遇。营地里的军官和参谋官之间存在着很重的戒备心，但因为距离远也没有受到任何利益关系的牵制或威胁而关系变得缓和。

这些人不再是康皮翁那样寻找运气的士兵，他们发誓要跟随他们所效忠的保护者以提高自身地位，不再把个人抱负、荣誉及服务和被预谋者称为公众的区分开来。对官僚君主制的下等军官来说，服军役是少数几种可以高贵地生活并荣耀地死去的方法之一。他们

J.B.帕特尔：《行进中的部队》。（卡昂，美术博物馆）

尼古拉·德·拉吉利埃：《巴黎市议员》。（亚眠，皮卡迪博物馆）

全身心地工作，因为他们得从一个驻地赶往另一个驻地，从一个战场到另一个战场，只有短暂的休息，甚至没空去想一下其他可能的生活方式。他们的信中所谈的全是别人设计的宏图大略的细节，但不是他们自己的设计，从未提到要投身于一些伟大的公共目标；相反，他们逆来顺受地屈从于更高的目标，这种目标在他们这个层级是无法企及的。副官们很看重他们的公众职责，但不够谨慎；他们的日常工作已程序化，其中的娱乐活动只是短暂的休憩，但有时候这些娱乐活动更像是例行公事。赌博曾对康皮翁有很大吸引力，如今只是在难以避免的场合，才会冒险把稀缺的资金用于这个取胜机会渺茫的游戏。那些已安定下来的勇士们轻蔑地把争取荣誉看做是乳臭未干的毛头小伙子，或那些头脑简单、喜欢冒险用军刀和剑袭击国王的税官的士兵乐此不疲的游戏。

这些专业军事人员，与其说是在服军役不如说是在服苦役。当一个中级职位的军官可能不再创荣光之时，也不能自由地离职不干了。在康皮翁充满幻想的年轻时代，在军事机器陷于困境时被迫停

自然秩序是政治秩序的延伸，这种论点提高了人们对自然法的认识，并作为加强主权权力的一种手段。（巴黎，国立图书馆）

国王咨询顾问，但他自己的直觉才是他唯一的主人。作为他意志和至高无上的重要性的体现，国王的决定必须被接受。（巴黎，国立图书馆）

止一切活动时，他是不会忍受这种长期的单调无聊的。如果纪律和等级能消除军事人员个人残存的野心， 军官们此刻就该生活在一种非对立的、熟悉的、几乎有家庭般温暖的氛围里。当朋友们回顾在营地里的几年生活时，他们念叨着死者的名字，不去关注空缺的职位或可能的提升机会，语气虔诚，带着兄弟般的留念之情，回忆这些年事实上的流放生活中的亲切、相互信任的友情。

一个身边的绝对的长者

对在公共生活中从不区分政治和私人目的的康皮翁来说，典范式的忠诚辅之以感激之情和财富欲望，有着多种作用：使他的良心得到安定，重燃他的热情，证明他对党派的忠诚。在宣称自己是一个充满同情心、重感情的人之后，他需要一个展示自身真实感情的隐秘舞台。他既不可能完全享受私人快乐，也不可能完全排遣他的忧愁，除非在家庭氛围里。当他再一次陷入非常特殊的时期时，他最宠爱的女儿死了，对其他的孩子显示更热忱的关注,他认为这是他的职责。除了与爱有关的感情，他似乎只能感觉到中世纪以来一直是陪臣们所特有的苦涩的失望感。对于长辈，仍需要有一种融尊敬、爱和感激为一体的情感，而不需要17世纪神学道德论文中所提及的畏惧感。

G.梅特苏：《拜访一位年轻妇女的士兵》。（巴黎，卢浮宫）

“塞吉耶省长”：《玛丽亚·特雷萨进入巴黎》。（斯德哥尔摩博物馆）

忠诚和顺从对国王的大臣和贵族来说是至关重要的词汇。高级阁僚都是显赫的名流，但都是他们主人的仆从。（巴黎，国立图书馆）

“尊长”一词——其含义与尊长类型（无论是丈夫、主人、牧师、官员、法官还是贵族）无涉，对说明为何很难将仁慈观念和供养权力与敬畏感观念（其中最大的忧惧就是害怕被排除出关爱和食物的来源之外）分离开来很有帮助。因为并非每一个社会层次的每一个人都必须与每一位可能的尊长有直接的关系，因此实际上只须在狭隘的范围里对自己直接的尊长表示尊敬，也就被视为值得称道的了。一个世俗的妇女可以宣称只承认她丈夫是她的长者，一个仆人如果取得比他主子权势更大的人物，如一个政治官员的欣赏，就可以摆脱原先合法的关系。逾越这些界限会引起人们对这些词义的质疑，并引发许多其他问题。正因为如此，一个封臣完全可以像康皮翁听从奥尔良公爵的命令那样，对自己听从命令的理由心安理得，对这些臣属来说，他们唯一的负罪就是听从了他们王子的命令，违拗了他们与国王的协定。即便晚至18世纪，指责社会地位卑微之人为“共和党”，也并非是抨击他们对君主制的忠诚。如果他们被视为“坏臣民”，也不是指作为国王的臣民，他们根本没有机会直接跟国王对上话；通常是质疑他们对主人和其他乡绅显贵（教区长或领主）的不敬，或者仅仅是按照公益的标准他们不够活跃和未尽义务。

把被认可的权威限定为那些离身边最近的权威，这种做法并没有妨碍人们对那些权力行使影响到他们、但跟他们又没有实际接触、平时根本想不到其存在的权威——譬如征税——持有一种权威性的象征价值。人们经常把高等法院或王室法庭等遥远的权威欢呼为“我们的大人”；在普罗旺斯，就像过去给予省三级会议的代表一样，这种称呼甚至给予了1789年三级会议的代表们。该词几乎总是指对远方权力的尊敬，而不是指对那些直接施于他们的权力的尊敬。

在这些习惯性的话语和行动中，合法性得到了认可，但效果甚微，尽管遵从的合法性的问题几乎从来没有被提出。这种尊长概念的现实牢牢地印刻在其臣民的想象里或控制着其臣民的习惯。然而，不正常的情形也会偶尔出现，这需要专门的研判，以便揭示出权威本质里的某些东西。

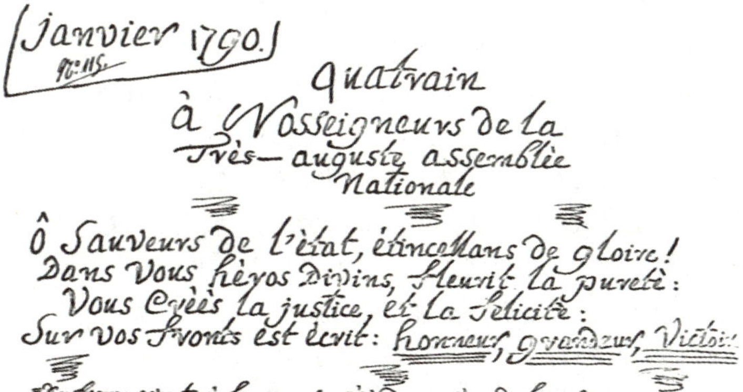
Janvier 1790.
N° 115.
quatrain
à Nosseigneurs de la
Très-auguste assemblée
Nationale
Ô Sauveurs de l'état, étincellans de gloire!
Dans vous, héros divins, fleurit la pureté:
Vous créès la justice, et la félicité:
Sur vos fronts est écrit: honneur, grandeur, Victoire
=Dufresne avocat, à Langogne en gévaudan province de Languedoc.

从王子传递到议会的权力表征，主权权力渗透到各级议会当中。（私人收藏）

一个混乱的社区

有一个例子来自18世纪早期，是关于在热沃当司法辖区的一个小社区里的狂犬病事件。每个人——发病者、他的家人和来自周边村庄的所有教区居民、农民——都求助皮埃尔菲什本堂神甫对付这起紧急事件。病患皮埃尔·马尔科，不是指靠神甫给他医疗（他已经做了临终前的一切准备，已摸过了圣钥匙），而是因为他感到死亡将至，很清楚自己的病对公众形成了威胁，要求在自己最后的日子得到保护。医生和邻居们惊恐于他时常爆发的狂怒，讨论处死他或抛弃他的种种可能的办法，这位牧师在考虑了病人的精神和生理利益后，让他安心。牧师拒斥了刻意谋杀（割开四条动脉）的想法，并拒绝抛弃这个垂死之人，因为那样会使他抛弃希望。

马尔科过去和这位牧师的关系并不好，这位神甫曾经逼他还债。然而在当时这种情况下，他觉得可以以"忠诚"的名义向牧师乞求保护。他也曾向药剂师请求过这种保护，后者给他放血。他认为那是一种治疗而接受了，但又害怕那是一种隐蔽的、夺取他性命的方式。他注意到自己的血管总是张开着，不知道是否该把它合上，于是去找神甫讨建议。他"相信神甫会告诉他让血管开着以便早点死去是否正确，如果是错的，他就不那么做"。

他接受了牧师的建议，合上了血管，但也注意到，这位牧师是为职责所约束的忠实的当权者，并不是唯一掌握他命运的人。被叫来守卫他的邻居们不敢前去绑他，于是就在他床的周围放了一道屏障来隔离他。但他在阵怒发作时撕毁了这道屏障，并叫嚣他要咬所有的人，要烧掉一切东西。守卫者被迫逃了出去，并用放在窗上的一根木水管放水进去灭火；后来，在12月的一个漫长夜晚，他们包围了这个在3300英尺高地上的房子，害怕万一他们睡着了，会被他的致命撕咬惊醒。早些时候，马尔科就完全意识到了他在这种情况下会有什么结果，并认为镇上的人想杀死他。在做了忏悔、交代和祷告之后，他拒绝最后的涂油礼，因为他认为面对不耐烦的、恐慌的守卫者，最好的保护是不把死前的准备工作做完。非常奇怪的是，他似乎对以领主的执行官为代表的世俗权威毫不留意。这些守卫者突然想到了一个权宜之计，组织守卫的牧师被一种责任所困，需要一个人敢于以公众安全的名义来加快他的死亡。执行官接受了强加给他的任务并派遣他的儿子去用枪击毙马尔科。

在这些几乎都是文盲的（只有一个目击者在宣誓书上签名的事

实可证明这一点）村民看来，这一悲惨局面所呈现出的危险和困难使得这一行动非常必要。然而人们普遍认为在这种情况下只有家人——病人最亲近的人才有权决定在什么时候放弃医治。临近教区的一个牧师建议皮埃尔菲什教区的牧师除了施行圣礼外，别插手此事。这家人没能履行他们的责任，这在某种程度上迫使那些认为自己应履行官府职责的人去动手。唯有他年轻的妻子支持马尔科，他的突然发病使她十分恐慌，害怕以及丈夫的请求使她到牧师那儿去为他请求庇护。在那儿她哭着，哀求着，徒劳地寻求帮助。由于担心自己发疯，震惊于自己对一切的恐惧，马尔科把家里其他人都打发走了。他根本没有好朋友，尽管朋友或好朋友这个词意义很广，但某种意义上指好邻居或一个与之倾心相处的人。此时，马尔科与他周围的人及喜欢他的人之间都没有了那种超越习惯、熟悉和忠诚等关系之外的友谊。

不久以后，公共利益成为至高的关注：既然马尔科受着地狱般的折磨，既然他的疯病驱使他做可怕的事情，为什么不除掉他？假如他不是在发作时大喊大叫在肢体上挠来抓去，而是像耶稣受难时那样压抑痛苦；假如他没有尖叫着要求祈祷者在他尸身边唱赞美诗；假如他不为了阻止自己冷得发抖而把木块堆在温暖的炉火前，尽管他再不能忍受见到火光；要是他的家人在场，他们肯定会接受马尔科自己所念叨的那种命运：在最后的仪式后，让他窒息或流血而死。

在这次暴行中，公众的安全受到威胁的证据不充分。杀人者口口声声说他们犹豫再三才执行这一行动时的恐惧。被迫讲述这件事的目击者道出了急于结束这件事并解除自己守卫任务的人们的辛酸，他们仅仅是希望官员们能正常工作，并恰当而无损尊严地处理好这场灾难。那些没参与的人泰然自若地说，最好是在施完最后的圣礼后把他关起来，并提供给他足够的食物，以此来控制受害者发作时所产生的破坏性后果。最好是让他的家人来做最后决定，以维护个体的尊严，但他们没有，于是社区不得不应公众的要求做出这一决定。问题在于没有足够的官方威信来确保受害者不受暴行伤害。大多数人对这位将死之人的命运毫不关心，一方面因为他们已报告了官府，另一方面他们也无法改变不可避免的结局。无论执行官还是药剂师除了迅速而残暴地处死他外，都提不出任何其他方案。药剂师是唯一了解这种病的可怕之处的人，因此也是唯一一个敢于承认因使他的病人摆脱了痛苦而高兴的人。

多亏目击的证词和“官方”或曰教会法官的耐心——他几乎总是比与之合作的世俗法官更细致——因为这是一起刑事案件，有位牧师卷涉其中，我们才能够分析这起案件所揭示的态度和行为。根据较为粗枝大略的调查，很容易得出结论说，按照其一贯的现实传统，该社区希望自行处理此事，问题出在他们邀请了神甫来扮演有限的初始角色。然而，事实上，该社区作为一个自律的集体根本没有采取行动。从一开始，这个牧师就介入患者家庭，组织守卫，提供或命令他人给予任何他（指牧师本人——译注）认为必要的协助。他的行为可被判定为暧昧不明，因为它必定会带来更残酷的第二阶段，事情的无可避免性那位牧师是心知肚明的。当邻居们发现他们用木板隔离患者无用，又没有来自真正可称之为“私人”（也就是家庭）的应对措施时，他们也就只能求助于被他们视为公共权威的代表的人了。在这个卑微的社会阶层上，民众的犹豫显示的不是私人团结的扩展，而是渴求公共当局能够可靠地处置。

到启蒙运动末期，人们仍然保持着对圣迹的狂热期盼。（巴黎，卡纳瓦莱博物馆）

这幕戏剧震撼现代观察者之处是，氛围既非规避也非冷漠。最初的应对是私人性的：邻居纷至沓来施以援手；而后各种世俗权威

应招而来，它们的命令是严酷残忍的，但清楚而合乎理性，限制狂犬病传播的目的充分证明了这一点。唯一卷入的真正意义上的私人当事者——这个男人的妻子——没有力量直接影响到事件，像牧师在他自己的宗教领域范围内的行动一样，她缺乏能代表她利益的公共权威的支持，为自己处境悲惨的家庭想出一个可接受的折衷办法。这个孤独的病人唯一的成功就是，他把在同情或忠心于他促动下前来援手的所有人都赶开了，他的发狂和言辞激烈的威胁使他们处于无能为力的境地。结局是预先注定的，因为没有家庭准备承担完全而行之有效的责任，因为在这样一个紧急事件中，需要服从公共利益的私人个体无所适从。

漫长的审判

事实恰恰在于，在事件发生4年后进行如此复杂的调查表明法庭有着重大的作用，能够挖掘事实，惩戒犯罪行为。是司法之轮转动如此之慢，乃至法庭干预迟来，仅仅给这幕剧提供了收场白？确实如此，但这种失误无伤大雅，因为法庭敢于只是确立规则、保证今后遇到这种情形要以较为规范的方式处理的第一步。司法行动中最严重的错失是，如果不是这个社区的修道院副院长为私人恩怨反对皮埃尔非什神甫，那么这一罪行将与受害人一起继续埋没在冰冷的冬季土壤里。马尔科案如同这个人本身的命运一样，都由外部的力量左右着。

尽管这些贫穷的农民远离政治世界，但他们的毛病与康皮翁的忧疑之根源没有什么不同。当公共权威尚未组织起来，或没有任何法律义务的约束，这些贫贱卑微的人很难捍卫自己的隐私或确立其边界。大家庭、教区、社区和保护人出面提供保护，直至这些保护变成向个人传播社会命令的工具，并且以更加生硬和更具强迫性的方式传播，因为他们太近了，只能以有限的手段设法对付。马尔科命案的目击者带着与康皮翁失意时一样的苦楚反思自己的经历。他们亲眼观察着一个企望自然死去的人，这个人在一起明目张胆地准备故意犯罪面前无能为力。康皮翁，曾经一位野心勃勃的男人，亲眼看着自己堕落到赤贫的流浪境况，丝毫没有获得一处安居之所的希望。

这些例子证明政府权威不应该使它的臣民有更大的自由。更准确地说，在现代早期，政府收缴部下的权力，使他们不足以与之抗

许多人希望保有私人账目，在缺乏方便的计算方法的时代，金额表相当盛行。（巴黎，国立图书馆）

衡，但却足够传达它的命令并作为它行动的工具。国家、城市、社团、社区和家庭都被要求发挥他们的作用，作为报偿，他们获得了在他们的辖区内一定的特权。“privacy”一词便有了两个相对立又相补充的意义。一方面指的是维护个体的公民自由权，直到个人行为不受法律或职责所控制；另一方面是对个人权威更为积极的解释，即指上级对其团体中个体合法范围内的权力具体化，也就是说个人对自己的工作、休闲，自己财产的使用，地位甚至自由的家庭、身体等的支配权。保护这种权力的理由很简单：婚姻中的相互关系；在群体中维护秩序的考虑，否则群体将有分裂的危险；或者就弱者来说，对强者提供的保护的需要。至尊的典范，即上帝对他的生灵的统治清楚地排除了任何对个人权力的紧急保护。上级有义务关心下级，因此也可以监视他们的行为。

一种政治秩序也通过分配权力、地位、司法权、责任和荣誉等方式来让人们感到它的影响力。每一个官员都试图确保自己有权去支配这些权力，为此他也必须向更高的上级负责。许多人为自己能骗过收税官——通常就是人人皆知的邻居——的强征暴敛，或是躲过债权人——很少比国王的代理人更骄纵——到期的债务而洋洋自得。即使最普通的物资，如油和谷物之类，都要避开窥探者的眼睛而被安全地收藏起来。尽管每家的伙食差不多，但这也被视为秘密，以至于人们不愿在准备饭的时间内接受拜访。调查询问的记录通常表明这种谨慎是没有用的，因为真相很少能逃过邻居窥视着的锐利目光。试图保守日常生活的秘密有一更微妙的目的：人们不必谈论他们没有看见的事情，邻居们即使知道也假装一无所知，并避免把他们在邻家所看到的事情张扬出去。对于相对贫穷的家庭，私人生活更多的不是依靠他们的隔离或隐藏自己的能力,而是凭借一种风俗习惯——可能是真诚的——只看或听那些有意公开的，并只说那些有意宣传的东西。这说明为什么一场邻居或家庭争吵会引来许多不明智的旁观者：在激烈的争吵中人们会道出他们通常不会在第三者面前表露的事情。当一个名声不好的人被指责犯了相当严重的罪，并且家庭成员有同谋的可能时，只要有人愿意坦白罪行并提供合理的理由，当局通常是会接受这个家庭所提供的关于每一个成员参与作用的说法的。隐藏一家人共同参与的计划细节被看作是一个家庭的权利。通过假装不知道夫妻之间、父母和孩子之间的关系，就把当局的惩罚简单化了。无论如何这样的家庭整个受到公众的责骂，也丧失了名声，人们以怀疑的目光看着这个坏蛋可能的诡计。然而，如果整个家庭没有人卷入犯罪活动，人们便保护家庭关系秘密，在这种情况下，家庭秘密被习惯地认为是神圣不可侵犯的。但当发生了针对另一家庭成员的犯罪时，人们便不再固守这一习惯。

有限的解放

有些限制一旦其合法地位得到了验证，就会被更加严格地执行。以一个为了保护他的土地不受所谓确保道路通行权侵犯的农民为例。当这个案子在审理时，这个人用这条道来考验他的邻居的审慎：他们往来经过时在窥探他吗？一旦他获得法庭的审判支持，他将以军人般的行动驱逐所有的入侵者。公共场所的中立地位可用来保证休闲娱乐活动，不会引起伤亡，不会激起批评，没有人来下禁令。一个坐在公共场地树边的猎人不会引起邻近地产的主人的抗议，但他们会想："他将会到谁的领地上去打猎？"年轻人坐在有棚顶的市场台阶上讨论一个未来的庆祝活动时，是不允许不速之客

让·约瑟夫·霍尔曼斯：《酒店密室》。饮酒者、抽烟者和旁观者环伺在玩牌人的周围，玩牌者全神贯注地在算牌。赌博是一种非常受欢迎的娱乐。(坎伯雷，市政博物馆)

坐在他们边上的。“我们在讨论自己的事情，不要干涉我们，你最好走开。”农村里通常尤为盛行戏弄行为，这种行为不仅仅是无礼的，且常常演变成恶意的。歌舞厅里的喧嚷吵架少了，用手掌把酒壶和酒杯从桌子上扫下来的人少了，敌人的羞辱也少了，但却设计出更狠毒阴险的手段来激怒对手，迫使他做出粗野的或挑战性的行为。把其他人当做没有主见、绝对顺从的做法已不可取了。一个正在观看激烈赌牌的人对一个赌者开了一个讽刺性的玩笑，他抓住了这个人的胳膊并把钱包里仅有的几个小硬币倒在桌上，他的这种行为就太过分了。因为他违背了人人都认为不可违背的隐私原则。人们可以强行要求赌博者证明他有足够的资本来参与大宗的赌博，但自己动手去揭别人老底的做法是极为唐突无礼的。一位钱包被偷的绅士，手拿着皮鞭坚持要把小偷带到案发现场去辨认，旁观者恳求

格雷文布罗克：《拜访高利贷者和算命先生》。两种对付未来的方法：预支钱和卜算先知。（威尼斯，科莱博物馆）

他要么原谅他、要么把他交给官方，但千万要让他工作，因为他不可能逃掉。

从17世纪下半期的审判记录中可看出，这方面的观念发生了很大的变化，这些案例，除了财产纠纷外（通常只是托词），常涉及辱骂或蛮横的态度，这是公众观念越来越难以容忍的，至少在家庭以外。绅士们再也不能随意地抓住他碰巧遇到的第一个农民，向他下达一些指令，并认为农民会很高兴甚至很热情地去完成，以期获得他慷慨的奖赏。贵族再也不能以任何借口闯入农民的家，在那里随意使唤他的仆人，在农民的椅子上休息，喝他的酒。甚至佃农们也不能拒绝控制他们耕作土地方法的地主，他们也在交流时试着保持职业性的语气，避免无所事事的好奇心。然而整天待在不属于自己的家里的男仆女佣，仍然得忍耐随意的入侵打扰。原因在于同居一室，这在任何家庭都很难解决。但债务，即使合同期很短，有时也会产生蓄意的奴役关系，使没有及时还债的债务人交税、劳动、屈从债权人的兴致所好。债务人很清楚避免最坏的情况——房地产被债权人夺走——的最好办法就是使债权人高兴甚至有利可图。因此他无偿地提供服务，允许债权人从他的果园、葡萄园和花园里摘果实，并心甘情愿地接受他对自己各项支出的控制。许多有耐心的借钱人根本不想占有过期未付款的人的房地产，但十分乐于享受因他人借债所带来的专横、肆无忌惮地利用个人权力的优势。

只要是在法律无法保障自由的地方，无论是在家庭内还是通过债务发生联系的外界，就会出现无限制侵入他人领域的欲望。至少在易受宫廷影响的中产阶级中，观念的变化毫无疑问与法律为财产和个人所提供的保护有关。尽管上层阶级以外的人还随意地进行语言上的攻击辱骂，但只要原告有相关事实的确凿证据，极轻微的身体上的伤害就应受到惩罚。即使面临的不是一个强大的对手，但谁能肯定一个恶毒的对手不会对自己无须任何代价就可打搅和利用身无分文的可怜虫的机会感兴趣呢？

监督和安全

当国王的国库需要确保最低层的臣民有纳税能力时，政府在此时总是坚定不移地坚持，司法的目的肯定不是保证每一个人都在自己家里享受和平和安定的生活。政府需要适当而有利可图地掠取物力和人力，因此它要训诫那些潜在的入侵者，哪怕攻击最卑微的家庭、财产和人，都会充满着被惩罚的危险。一个贫贱的可怜人——在一些胡作非为的掠夺者看来侵害他不会受到惩罚——也可能得到这位原告（指可怜人——译注）私人敌人的援手。获得向上级法院起诉的资助费用后，被告就会停止其侵犯行为，一旦没有地方保安官的保护，跋扈的乡里头号人物便会发现，自己面临着威胁到财产和声望的大审判。

“秘密党派”越来越参与到法庭的诉讼事件中，人们很快知道要谨慎地避免冒犯和打扰别人。在17世纪60年代，图卢兹年轻的狂欢者砸开穷人家的门，特别是那些难以保障她们女儿贞操的寡妇的家门；一个世纪后，年轻的绅士在与“出身最低等级”但表面优雅端庄的妇女进行暗中交易时，必须付出酬金和礼物。的确，这样名声容易受损，因此必须寻找可靠的拜访借口，以免惊动邻居引起他们的抱怨。生活在穷困之中的人们知道，他们的生存有赖于给他们介绍工作和提供施舍的富人们。这样的恩惠，施给了那些不仅因其贫穷而且因其淳朴、勤劳、道德纯净以及充溢着感恩之心而“引人关注的”人。无可否认，这促进了某些家庭美德，如纯洁，不会带来虚情假意的正经守礼，防止了通常是有害的邻里熟识关系的产生。

新法规一定程度上保护那些最不幸的、没有固定生活来源的穷人和堕落者的体面和隐私。正直的穷人根据要求调整自己的行为，避免被人看见或听见，一定不要引人注意。他们得欢迎那些为满足自己好奇心而来这里的爱管闲事的邻居，后者来看这里的人是否相当体面地生活着。很难确定强制的体面生活是促进了还是破坏了私人生活。工作时间内，必须有一个房间收拾得干净整洁以招待来访者，不能放有日常工具。女人在家里干活，习俗准许她们出去的场合寥寥无几，只有在庭院深处，她们才是真正自由的。新法规严格规定了睡觉和工作时间，也规定了很少的娱乐时间。破旧的住房常常会发生让住户们感到意外的事：血从住在屠户下面的公寓天花板上滴下来；灰和泥块从位于储藏室下的屋顶上雨点般落下；如果上面的屋子是用来风干货物的，可怕的味道会不断地飘进来。

在工人居住区，经常有人来访，门也总是开着的，体面在这里比在中产阶级区更真实，在后者那里除了偶尔的象征性拜访外，人们多数待在家里。那些关着门，放下窗帘避免闲话的人成了人们猜疑的焦点。不仅大人们不能随意地在白天或晚上进入邻居的家，就连小孩也被告知要尊重门槛，只能在街上或在走廊里喊叫朋友。吃饭或夜幕降临时，门就关起来，门里的人们自由自在地大声说话，无拘无束地大笑着，叫着：无论好坏的关系，都在这里表现得很强烈。这通常被看作是情感活力的表现而不是为了满足私密生活的需要。

私人生活的多样化还不足以要求在公共生活中有相对应的条件。同时为小偷和盗窃者提供方便的进入和允许别人知道他们的个人争吵，并不说明社会低层的人相信宿命论，而说明了他们对“公众诚实”有信心。通常没什么可害怕的，因为本分的人总是做他们常做的事：假如偶尔有某个不三不四的人出现在这地方，会有很多眼睛观察着他的行动。邻居间经常的坦诚交流能带来安全，同时私生活也不成问题，因为人们拜访时会顾及到时间的早晚。偶然嘈杂的庆祝活动很容易得到人们的谅解。许多人为自己保持外表光洁而自豪，财富使这一行为很容易得到实现，但财富并非一个有用的判别因素，野心常常会超越手段，因此确保安全还需要谨慎之墙的防护。邻居们的行为并没有什么好害怕的，但他们的好奇心却令人颇为害怕。如果好奇心得不到满足，那么它关注的对象就面临着危险，特别是该对象对其邻人们来说是个陌生人或新来者。鲜有对不诚实之类的行为提出指控，但却有许多控告针对身份背景不名、可疑之人和坏习惯，这催生出通过向区长（dizenier）或教区牧师申诉以赶走麻烦的不名誉的邻居的冲动，世俗当局则不那么轻易采取攻击行动。这也反映了人们对社会秩序有信心，通常情况下这些是可容忍的。一家人退居到私人墙内，无须过分地警觉和考虑道德以外的事。是什么诱惑人无意或恶意地来破坏千辛万苦才建立起来的社会秩序？对那些把自己的放荡埋在无可指责的面具下的人表示愤慨又有什么用？显然，只有得到公众的认可，私人生活才是可能的。寻求隐私很容易，只要有坚定的决心，因为人人都能立刻知道其他人在干什么，任何可感觉到和确实的冒犯都会激起迅速的反应。对此，任何应受惩罚的党派都不能保持冷漠，因为破坏的诱惑和有关的反对党的支持能轻而易举地征服最底层人们的胆怯心理。

当然，首先利用社会承认的方式来保护自己隐私的，是那些最能从好名声、稳定的家庭生活和他们名誉所系的道德中获利的社会阶层。维护秩序的代价很大，特别是那些不能直接从中获利的人。维护面子很重要，为此人们不惜以牺牲自己的生命为代价。隐私基本表现为纪律，但可能是丰富多样并持久的。没有它，只有最小量生活资本的人不能每日体面地迎接生活的挑战，很难说他们为生存进行的拼命挣扎能否激发足够的热情、自豪和同志式友谊，去面对各种障碍、个人幸福生活的乐趣和家庭的温馨。

崇尚“脸面”

即使政治头目们也只寻求那些能把他们的统治扩展到最底层的臣民和纳税人的部下，他们利用保证和警告来强化礼仪守则所推崇的“面子”道德价值的方法，从而支撑自己的统治。保持面子的能力是一种极重要的品德，能挫败邪恶。它具有天使般的本性，虽不能看破一个人的良心，但却善于解读他的表情和行为所暴露出来的情绪。神秘的巴尔塔萨·迪斯克雷蒂·格拉西安不仅仅是把自己的意图隐藏在安全的外罩之下的地方官和朝臣的榜样：他为所有人树立了一种隐退、远离计谋和不露面就能保持正确判断的品质的榜样。一旦暴力无法成功地挫败有组织的阴谋、禁欲主义的使命和各种野心，为了防止任何可能的挑战，需要先天的或是后天的谨慎，也需要对人的语言和行为进行精确辨析，以便于预计最近及今后较远一段时间内事情的发展态势。

因此渴望退隐到私人生活中，成为流浪冒险小说的永恒主题根本不足为奇。社会弃儿追寻私人生活的好处，一开始似乎根本不可能成功的。无论《让·朗普雷》的隐含动机是什么，伊曼纽尔·罗伊·拉迪里试图揭示出法布尔修道院晴朗的南方风格下戏剧性的一面，对一个从生命一开始就充满着困难的人来说，通过缔结一桩“美满”的或至少合理的婚姻而获得飞黄腾达，故事情节就是围绕这个需要而展开的。主人公——一个在绞刑架上结束生命的小偷特鲁盖特之子，他童年生活尽管极度贫穷，但却被他从未放弃过富贵荣华梦想的祖母用想象的语言编织着。她希望自己的孙子有知识和风度，但他认为祖母的计划是愚蠢的，他倒更喜欢小偷们的那种整天漫游在田地里和果园里的生活,靠一点力量和技巧生存——乡下的尤利西斯，他在达到目的之路上的每一件事中吸取新的有用的经验教训。

最后，他因为找到了祖母秘密私藏的东西——他父亲剩余的赃物，而成为了合法继承人。特鲁盖特的同党认为他是个大傻瓜而没有杀他，也因为同样的原因，这群人中最富有也最安定的塞蒂埃同意雇他到家里打杂。这个年轻人隐藏了自己的计谋，让塞蒂埃的女儿怀上自己的孩子，在以个人独白形式对乡里贵族们的演讲中，他表露了被一个富人家庭接纳为女婿的自豪。这个相当通俗的现实故事本身没什么新奇，然而一个卖火柴妇女的孙子，一个被施绞刑的人的儿子长大后却成为了一个拥有40000埃居的绅士，这对一个乡下男孩来说是一笔颇大的财产，虽然其中很多是以谷物来衡量的，是无价的。

在社会秩序达到这样完美顶峰之前，这是虚构出来的一个乐观的结果——如果你选择像该故事中那位贵族那样观察其恰当性，也是一个不道德的结果——一个在17世纪西班牙流氓题材文学中根本无法想象的结局。一种新的社会秩序业已建立，这种新秩序明白无误地显示，证明财富的合法性不是根据历史，而是仅仅根据表面的合法。没有人关心去追踪主人公财富的来源，回溯它的合法性之根，或如若未能发现合法的根源而感到愤怒。特鲁盖特的财富不光彩地获得千真万确，但未花任何代价！无论怎么说，让·朗普雷(该名字方言意思是“约翰拿了它”）是亲生的继承人。塞蒂埃的信任遭到了滥用，但被骗者就是骗人者。他的女儿巴勃与诱骗她的人一样急切，如果她的意图是纯粹的，那么他的动机就是正当的。那些知道事情真相的人将之说出来得不到丝毫好处，总之即将出生的继承人是永远不会知道的。戴着扑粉假发的老塞蒂埃已经获得了尊敬和地位，巴勃是个美丽的姑娘，天真娇媚。让·朗普雷将成为他所想要成为的人：一个优秀的地主，关注着现实的生活。在经过三代的荡妇、“该上绞架的强盗”、小偷和流氓后，摇篮准备迎接一个诚实的人，他将安享关爱、细致的教育，准备在上流社会里占有自己的位置。

值得注意之点是，这个家族——不论其倾向怎样——从来不缺乏“脸面”，也即私人风度中不可或缺的成分。男人的荣誉和女人的矜持保持着其基本的特质，即诉诸近乎荒唐的装腔作势和严格的保守秘密、顽强的隐瞒欺骗乃至坚忍的耐性，是必要的手段。装腔作势到如此程度，甚至遮蔽真实的意向，其目的就是为了保护自己的私密。只要成功尚未确定，这种态度就必定存在。让·朗普雷及其祖母的恶行在这篇小道德伦理故事里被淋漓尽致地表现了出来：从特鲁盖特的荒谬的婚宴到身为胡格勒教徒祖母的葬礼，每件事情都以最卑劣的翔实描述被曝露出来，甚至包括斯文尽失的不体面的私人争吵。但最终，特别的秘密计划成功了。受到特权安全庇护的富人，被灵活而坚毅的穷人以智和以巧战胜了。这种在绝望中滋养出来的故事，其活力至今保持不减。在这个至少暂时还贫穷的世界里，不可能逃离邻居们的监视，不能当着任何人的面当场砰然关上屋门，甚至连锁都没有，因此个人必须通过更隐秘的手段保护自己的隐私。他们必须秘密地构思自己的计划，并偷偷摸摸地执行之，极力招集任何他们能够招集到的辅助力量和信任之人。尽管在获得安适、尊敬和安全之前，他们能按自己的意志行事，但代价是孤独和保密。

这个世界依然允许主人命令下人和仆从鞭打一个粗鲁的暴发户，让他为自己的胆大妄为付出代价，让·朗普雷就是在这样一个世界里检验自己的勇气。但这种方法对一个知道如何使自己坚强的胸怀雄心之人毫无用处，法律为他们提供了强有力的保障，驱散了他们对被殴至死的恐惧，并给予了他们获取成功的希望。

法律和秩序慢慢确立起来。图片上写着：“直接用他收来的税付账的收税人”，这表明对掠夺行径还存在着一种颇具讽刺意味的认同。（巴黎，国立图书馆）

合法的欺诈

法律并没有创造出工作和血亲关系得以形成其中的组织空间，但在市民社会领域，法律确实提供了凝聚力的保障，这种凝聚力促成了可称之为“亲邻团结”现象的产生，有时候还带着脉脉温情。私人行为变得越发坚定，即使正如我们从司法档案中看到的各种不同类型的家庭内部和商务关系那样，这种坚定源自于压抑性的限制。譬如，在路易十五统治晚年的图卢兹，一个师傅工匠的遗孀指控店里雇用的一名熟练工人偷窃工具。这个指控貌似真实，因为一套锁匠的工具非常昂贵难以获得，更别说装配锁店本身的花费了，师傅死后地位岌岌可危的工人可能渴望自己进入这一行业。但在这起案件中，大量的证词表明指控是虚假的。

在一个行会里，如果没有加予正式的偷窃指控，很容易就能复职，如果指控被定罪，可能蒙受死刑处罚。因此，这个严重的指控似乎很可能是意在威胁，该案既非源于仇恨亦非源于勒索。答案在于这个寡妇的不幸，她希望为自己的前夫找到一个继承人，将目光投向这个聪明而勤劳的熟练工人，尽管他比她年轻许多。在这个行业里，除非通过继承，否则没有任何可能获得师傅工匠的地位，她原本希望通过获取行业内提升的诱惑，克服年龄差距导致的任何犹豫。当这个男人犹豫不决的时候，寡妇以起诉他偷窃施加压力，该指控很容易得到证实，因为该锁匠每天像使用自己的工具那样使用着师傅的工具。这个妇人为自己留下了回旋的空间，因为她末了可以承认是自己误解了锁匠的行为。愤世嫉俗者们经常说，确保佣仆忠心的最佳办法是掌握了他干了坏事的证据。在这起案件中，这位妇人要的不仅是一名好佣仆而且是要他作为丈夫，他的忠诚接下来将会被商业中的共同利益所加强。

另一起案件牵涉到偷盗羊毛。藏在暗处的目击者听到了小偷的忏悔，为了解决这件事，小偷被迫认了一大笔只有通过终生充当契约佣工才能偿清的债务。目击者和小偷成了同盟，秘密和商业犯罪行为可以安全地彼此透露。

这些团结、秘密乃至最终的隐私的形成，并非是由共同的协定或自然的凝聚力创造出来的。法律的保障和威慑被用于了创造和强化那些既无朋友关系亦无亲缘关系的人之间的联系纽带。这种关系是随机产生的，毫无疑问将给法律本身、给旨在强化责任的代表权威的行动逻辑带来无法预料到的结果。因为每个家庭、每个行业、

正在审讯一桩犯罪案，法官在听取案情，酷刑持续不断。案件审讯过程中，通常通过发誓或刑讯折磨取得证据，没有更严酷的针对个人的暴力。(巴黎，国立图书馆)

每个社区都被分派了维护自身秩序和承担自身代价的重大责任，这是一种团体精神，它诞生于担心管理失误的焦虑中，有时候是由隐含在责任里的荣誉感所激发出来的，它有助于那些彼此毫无共同感情的人之间维持着紧密的关系。

当烧饭烟囱里的火威胁烧毁收税员家的房子时，全村所有居民都匆忙拿起水桶和梯子前去扑灭火焰，邻居们也一样，但这并不是出于仁慈精神。作为一种常规的警醒之心，每个人都明白，为了保证国王应得的税赋，收税员的财产将会被牺牲，他自己使用的东西什么都没有被从大火里救出来。“救出来够多的！”村民们想，否则这个社区将有责任交税，他们此前已交的税就化为乌有。这是一种连带责任体系，人们根据习惯而非选择遵循它。摆脱连带责任的唯一路径通常是让个人负责，让他在法律诉讼中承担责任，这样只有家庭户主，或店铺的师傅工匠，或城镇的执政官受到追究。

麻烦的司法案件

社会结构足够坚固，经得起粗暴对待而不致撕裂，但每个人都明白带来的损害。代理机构被称为“私人的”，这不仅是为了能和公众的区分开，也是因为尽管他们可能履行了绝对意义上的公共职能，但他们的资源和动机也都是个人的。政治艺术就是用尽可能小的代价实现对这些机构的巨大网络的控制。把通常分散的力量集合起来需要高超的策略。“affidé”(同谋者)一词，词源上与“信任”同源，但含有贬义。

低级法庭的刑事审判让人们得以窥见内里别样的情景，也显露出公共官员对其私人对手的含糊态度。家庭感情、家族精神和对地方的及家庭的忠心在法庭资料中随处可见。当事人私下里设计出他们的谎言，谨慎地撇开事实，以便能给出事情的合理描述，而证人被迫忠诚地行事。当然他们之间有交易，证人有时由于害怕，会在撒谎的关键时刻出错。当几份证书最后被阅读并公开在庭上比较时，人们发现较为胆小的证人喜欢为自己留有逃脱的余地，以防万一自己的说谎行为被拆穿。向上级法院上诉通常是有用的，因为上诉法官从抄送的作证书里容易推测出证人的犹豫和迟疑，因此易于对他们的证词产生怀疑。不仅胆怯的仆人们不会完全支持他们的主人，甚至最可怜的债务人也会使人对其如此脆弱的证词产生怀疑。私下密谋通常能成功，尽管有时只能部分成功，也有可能彻底失败。因此，法庭会激起人们痛苦和怀疑的情绪，表明人们对不愉快的串通和强迫感到不安。

极度的虚伪增加了这种不快感：证人即使没有被要求撒谎，也要对他们一无所知的事情发誓。这没什么可害怕的，他们不会受到指责，因为他们共同参与密谋的事本身是合法的。然而对一些

E.德·魏特：《正在弹琴的妇女》，在社交聚会和非常隐秘的私人世界里，通常伴有音乐。（鹿特丹，布瓦邙–范–勃宁根博物馆）

人来说这压力太大。尽管他们愿意重复证言，但他们对事实的陈述不可能和他的主人或恩人的完全一样，一个人的话能完全被另一个人重复，在一千例中很难找到一例。（如果真出现这种情况，通常是因为证人没有判断力。）丈夫与妻子或父母与孩子之间的交流，尤其是在偏僻的农村家庭，是如此的彻底和完整，以至于对事实的一致观点并不一定就是有意的串通。甚至在类似的神话传说事件里，如遭遇强盗和为巫术所迷（顺便提一下，这在18世纪已经不多见了），人们都找不到如此完全一致结论的事例。如果真出现了所有人重复他们背熟的相同叙述时，人们理所当然认为这陈述是事前编造并获得一致赞同的，与这些证人内心深处相信的东西完全不同。

以上这些分析并不表明私人间的团结削弱了，政权机构事实上加强了对私人的管理权。一个更重要的问题是，个体是否学会衡量不同派别而拒绝盲目跟随，并模仿、伪造证据。宗教改革派和反改革派的宗教热情都更依附于一种新型的社团。法国南方的胡格诺教派迅速有效地创造了一种纪律严明的小型社团，耶稣会同样力图强化更大的天主教社团的凝聚力。两种发展都暴露了形势的紧急，由于缺少更好的支撑力量，获胜但贫穷的国家政权需要中间阶层的支持。但除了家庭外，这些阶层都是没有头脑的，本身就是被外力驱

年轻妇女三个一群五个一伙地聚集在一起，围着她们的老师，每个人都各学各的。（亨利·杜皮斯博物馆）

使的毫无活力的简单从属者。

然而，这并不是说启蒙时代的社会只是一个巨大的无差别的乌合之众。共同的观念在社会平静而合法的言论中显露出来，但仅限于在有高度自我意识的团体中或乡村教区的三级会议里。逐渐地，社会的实际活动转移到各种协会里，至少从象征意义上来说，这些协会——各个思想会社、共济会和俱乐部——是根据各自成员间的共同目的组合到一起的。也就是说，在这些协会里，个体与他人联系到一起，不一定是他们彼此事先就认识，而是因共同的旨趣和思想促使他们参与到共同的事业或活动中来。这些协会是兄弟会社交的继承者，从某些方面说是兄弟会社交的延续。但兄弟会通常从单一的教区里吸收会员，因此，如果不是某个职业或行业团体的代表，那么就表明他们事先就存在私人关系。在这些建立在熟识、机会、亲近之上的协会里存在着某种说不清道不明的东西，它们既铸就敌意也打造着友好亲善。这种敌意很大程度上被有效地禁止严重暴力给压制了下来，尽管会带来讼争这个不情愿的结果，但讼争对许多钱包来说损耗太大。

家庭和社区生活

对立双方之间敌意的消除能激发和睦信任的关系，扩大安全范围，促进人们的行为和言谈自由，并培养助人和奉献的精神吗？18世纪普罗旺斯的法庭记录表明人们对激烈言论的极大宽容以及上层阶级与下层阶级之间毫无热情的熟识。这种轻松的社会交往备受人们的推崇，任何背离标准，表现出愤怒或轻鄙情绪，都要做出解释。人们可以检验一个人是否愿意助人，因为根据新的社交规则，这毫不羞耻，人人都或多或少地知道自己可从其他人那里得到什么。帮助是衡量“仁慈”的一个清楚且相当有效的办法，但“谨慎”仍然是应该考虑的。对“生人”说出自己的一切是不明智的，孩子很小时就被告知“不谨慎”的危险性。流露出迫切的心情或表现出自己的贫穷、无能和饥渴等都是不明智的——除非真的是不名一文。最后，应该对不可预测的、乱糟糟或惊人的事件保持警惕，因此不要对自己的情况说得太多，要避免无意中中了别人的圈套。在家庭之外，良好的情绪、得体的爱好和轻松的语气等是难得的好品质。人际关系散乱无形且深受传统支配。

不对外人说自己家里的事情很重要：钱、家产、志向、婚姻和工作等都与别人无关。但这并不意味着这类事情通常是在家庭会议上讨论的。每一个决定都由一系列相互关联的因素制约着，有时可能简单，有时可能复杂。父亲，也可能是母亲，有时会在女儿结婚时把家庭的打算透露给相关的亲友。几乎不需要威胁，人们理所当然会赞同的。当只涉及一个家庭成员时，他或她将被告知要保密直至宣布。一个家庭可能为一个年幼的儿子租买一块地皮，以便他在家里有事情可做，但没必要告诉他具体的协议和这地产的最终打算。这种事更适于和家里的女人或年长的儿子说，或者干脆根本不讨论：专制在寻求赞成的过程中可能激起抵制。一个人可能在不知不觉中扮演了罗马法律中一家之主的角色。曼特农夫人曾对圣齐尔的女学生说，世袭的财产，不管它的合法地位怎样，都不是它的主人可随意处置的，因为他必须履行管理、保存和受委托处理的责任。专制者通过说明这样做的必要性而避免使这些义务复杂化。

个人生活，有秩序的生活

在家庭里，亲密的关系氛围（后来人们对此很看重）得不到发展，并不是因为家庭纽带松散、对女人和孩子的轻视或麻木等，而

私人教师超越初级启蒙课本，为学生进入初中做准备。在这里，学生独立学习，但要受老师检验。（巴黎，国立图书馆）

是由于男子集所有的权力和责任于一身。谈到这点上，曼特农夫人的语气也变得严厉起来，特别针对那些幻想她们的丈夫将会提供给她们田园般生活的女孩："我的小姐们，你们将会有一个需要你照顾的丈夫，你将有一个主人……你可能不喜欢他，他也可能不喜欢你。事实上你俩趣味不可能处处相投。他可能想毁掉你，他可能很贪婪并拒绝你的一切要求。如果我要描述婚姻是什么，可能就显得有点啰唆了。"

这位极其高贵威严的教员的信件、观点和谈话表明了她的一贯主张，那就是要把年轻的女士培养成能适合家庭生活、能料理好相对贫贱的家庭的主妇，贫穷使她们养成节制但不失自尊的品格。生活在这种条件下的家庭，不可能会在上层社会里花费大量的时间，通过适当的调教，她们应该有充足的机会在家里发展个人的生活。因此要常常警告她们放弃对那种自在的、惬意的个人生活的虚幻追求。和寄宿学校有着繁多规章制约的生活相比，家庭生活可能更繁杂。一旦结了婚，一个女孩或许就得和百般呵护的年轻时代及女友们的亲密相伴告别了。她得为生活艰难地奋斗着，她得安排生活，应付生活需要，节俭资源，牺牲自己的娱乐，甚至牺牲她想对上帝表示虔诚的祷告和做慈善事情的时间。她得一边操劳家务一边默默地祷告，因为她没有其他祷告的时间。她甚至得放弃想帮助穷人的念头，因为满足家人及仆人的需要是她首要的任务。

对那些认为没有什么比学校纪律更严厉的女孩子，曼特农夫人肯定地对她们说，家庭生活更残酷。一个已婚女人别指望有休息、保存秘密和自己隐私的空间，因为她的丈夫、孩子、随从和仆人不停地并急切地需要她的操劳和服侍。她的独处时间不比一个在战争时期不断"从一个战场到另一个战场"奔波的中士多——战事相对来说还没有如此频繁，同时已婚妇女还常常受到责难。

曼特农夫人对她的学生说，这样的前途似乎只让那些懒惰和任性的人感到气馁，听从、顺从甚至克制是最好的美德。现在我们能理解为什么政府承认并鼓励根据这些标准发展起来的私人生活了。私人生活没什么神秘的，人人都会在私下里做些什么。公开这些毫无意义而且不体面。公与私的关系是尊严的问题，在家庭里的合适品行使人们在外面的举止更得体；决不要做有失尊严的事情。私下里，在一种相互信任的氛围里（但不是纵容），可以谨慎地公布对外完全隐瞒的动机。什么是禁止的，什么是允许的，会有严格的界限，宗教教义对这件事情表达得更清楚。在执行上级的命令之余，一个人首先要考虑的理所当然是自己的家庭。稳固的家庭结构构成了国家的基础，圣齐尔学校的女孩所接受的教育表明这是关系到国王的大事。更有甚者，在《塔尔图夫》的结尾，莫里哀表示将要用正义之剑真诚地击打任何威胁到一个忠诚的子民之家的邪恶。

集体精神：罗兰夫人

18世纪公共权力和个人权利之间的关系似乎还不十分令人满意。似乎市民一旦选择从政就不再有自由了。一个人如果想通过政治途径来振兴家业，就再也不能有完全自由的选择：他必须压抑自己最自然的情感。

杜尔哥在大革命前的最后时日里，注意到法国已经堕落到他所谓的“无差别的社会”（普遍社会），他痛恨人们对家庭感情的忽视。在开明的沙龙谈话里，人们不再表达对女人和孩子的深情及喜爱。正常情况下，他们根本不参与涉及国家利益的广泛圈子里的讨论，那远超过他们狭窄的视野。孩子得到他们应得的照顾了吗？由父母来照管的小孩似乎很闭塞，或至少被认为没有培养起好的品位。于是小孩被交给仆人，大家都自欺欺人地相信仆人们很有责任心。青少年被送到寄宿学校或修道院去，这种机构的教育作用后来受到质疑。在拿薪门客的照顾下，长大成人的少年中的一些比其他人更成功。社会需要新的风气、新的光明，这使得那些在家接受教育的人和同层次的其他人相比显得素质不高。家庭教育只适合培养那些舒服地待在自己家里，或只和他们在日常生活里认识的人来往的“家庭”型的市民，而不适合培养进入上层社会的市民。

是什么导致事情发生这样令人不安的转变，一反争辩激烈的新式教育理论，卢梭逆“简单自然”风格的新情感剧和情感充溢的说教主题的新式绘画而动的呢？玛农·菲利蓬，后来的罗兰夫人，是一个在许多方面都很特殊的女人。把她作为一个典型例子很有意思：她是一个很有表达情感天赋的人，甚至在她屈服于上层政治和上流社会的致命诱惑时，也固执地认为自己从没有放弃妻子的职责。让-玛丽·罗兰，一个共和党人的妻子，一个革命政治家，她在巴黎拥有一个作为共和党人和吉伦特派人总部的客厅；她在恐怖统治时期被杀害。在狱中的作品里，尽管她没有完全忘记她勇敢的丈夫罗兰和将成为孤儿的可爱的小女儿，在革命风暴中决定牺牲自己的妻子和母亲将遗弃他们，但她义无反顾地为吉伦特派的政策进行有力的辩护，并猛烈抨击“山岳派怪物”（她的政治敌人）。她没有因为自己的家庭而做任何拯救自己的努力。共和党女英雄没有必要对堕落的革命政权抱怨，那只是革命党人所必须克服的时代骚乱的一部分。如果说她怀恋个人的幸福，那就是对她进入政界前那段时光的留恋，那时亲人的呵护和修道院其他女孩子的友情使她心中充满对个人生活的向往。一切都属于童年时代，属于她没被卷入这事件之前的时日，和她作为内政部长妻子的新生活有很大的差距，她得提供她认为是公共的晚餐，因为客人是她丈夫的共事者，他们自然会在饭间继续他们工作期间的争论。“他的形形色色的同事及一些朋友和熟人每周都在他的饭桌上聚一次。在那儿的非常公开的

《婚礼大餐》：一场奢华的婚礼宴席。（巴黎，卢浮宫博物馆）

谈话中，他们对引起每个人兴趣的话题畅所欲言。”这篇文章的含糊很巧妙：基本上避免了任何关于这个小集团聚会是在策划某种阴谋的暗示。诚然，罗兰夫人严格区分了政治和私人朋友，她承认政治对她有吸引力，但同时她也和政治以外的私人朋友保持良好的关系。但她立即补充说，友谊意味着有共同的情感和观点：“我公开承认并很高兴能拥有这样的共同观点和情感。”既然她和她的朋友们是在她们共同的、关于公共目的概念的基础上成为朋友的，这难道不是她们全身心为公共利益奉献的证明吗？不是所有的革命者都是她的朋友，但她的朋友都对共和党的正义性有一致的观点。这一事业决定了她的交往和关系，私人关系仅仅反映出身和职业情况。为了和同志们一起内化公意，就意味着放弃许多个人自身的东西。

结局：个人生活

旧的秩序有紧张和不平衡的方面，但统治者只需很少的精力就能解决它们所引起的小争议。然而在新的政治秩序统治下，市民个体的意愿可同时动员起来而产生一个不可抗拒的集体意愿。如果圣鞠斯特把坚定的友谊作为共和党的品德之一，那就是要推动全体公民的团结一致。罗杰·夏蒂埃在分析君主政体的转变策略时从诺贝尔·埃利亚斯的《文明的进程》一书中引用了一个关键段落：“力量相当的各政治团体之间的平衡和随之而来的各团体对中央统治者的矛盾心理，当然不会是任何唯一的国王创造的。相互依赖和紧张的形势导致了这样的局势，保持稳定对中央统治者极为有利。”国王通过限制团体内部官方的权力来实现这点，因而鼓励团体发展某些自治权；同时，与其他团体的竞争引入了动力机制和解决之道。团结一致得到鼓励，个人主义遭到压制，通过道德和政治权威规约内部纪律。

通过行政条例巩固起来的旧制度强化它的附属机构，它们有着共同的狭窄利益并对自身的存在有信心，它们至少象征性地把爱、敬畏和团结等义务结合起来了。这激发了专制主义，即家庭专制权威的正当感驱散了失望感，因为在没有被生计压迫的家庭里，自然而然地充溢着各种情感。富有的资产阶级家庭和贵族家庭刚开始享受舒适和悠闲的乐趣，权威也开始松懈，尽管它可能在命令一个儿子保持独身或一个女儿嫁给她不爱的男人时会再次被拾起。失望和抱怨会逐渐破坏家庭秩序，这暴露了为这样渺小的事业而做出牺牲的愚蠢性。古人一直坚持认为唯一值得个人追求的大事业是公众事业。对年轻人来说，几乎没有其他教育或感化的例子，因为反宗教运动走到了尽头，它的虔诚魅力再也无法吸引听众了。

这成了新理想的基础，当邦雅明·贡斯当开始思考革命结果，及革命是否表达了君主制最后阶段里人民的愿望时，曾极力排斥这一理论。在贡斯当的《论现代人的自由》一书的前言里，马塞尔·戈谢提醒人们注意贡斯当对“控制整个人类生存的无限帝国”的恐惧。从马布利到卢梭和费朗热埃里，18世纪的政治哲学家们都构思出了一种没有罪恶的新政权，一种没有承袭腐败，祛除了社会机体里已有的自私利益之肿瘤的新政权。

马布利写道，法律“应该在生命一开始时就控制人们，以榜样、托词、奖励和惩罚来束缚人们。它应该引导和帮助人数众多的无学识的阶级，他们因为没有时间去探究事情的原理，只得接受基于忠诚的事实，这似乎是不审而判。法律只留给我们的任何时间让诱惑、堕落和征服等欲望有可乘之机”。因为个体被解放了，自由似乎是确定的，但现在的社会只有政府的强制措施才能使之统一，这理所当然产生了普遍的社会契约。不再需要社会中间组织，尽管人们普遍认为家庭组织的再生产还是必要的，但其他中间组织仅仅起屏幕的作用，遮挡了组织的本质。家庭必须从社区里各种把它们集结在一起的私人组织中解脱出来。个人生活仅限于为因年龄、性别、体力或脑力柔弱的亲戚提供不可或缺的关心。

贡斯当对此持完全不同的观点。他说革命者想限制政治当局的专横会危及到通常的自由，但他们绝不是要用至高无上的不可置疑的法律来控制人们。诚然，“专横制度是与内部契约法相对立的”，人们坚持通过司法渠道来抵制它。法律的严厉不是为了使人们警觉，而是为了在必要时进行惩罚；它尊重“人们对受到强者攻击的弱者表示同情和毫不犹豫地提供帮助的慷慨行为”。人们的最大愿望是个人生活能从专横制度、政府过度的和滥用的权力中解脱出来，但大革命产生的两个政府，没有到人们决不把管理家庭和社区权力完全地交给代表普遍意愿的新政权。贡斯当的分析比大多数转折时期的人更透彻，预见到了在经济发展时代里的个体产生了新的需要，并认为人民向政府寻求教育、健康和脱贫等方面的帮助是合理的。作为大革命的自由评论家，他对政府侵犯私人特权感到不安，但他预言当个人生活变得普遍舒适时，人民会渴望改变的。

这幅由P.隆吉创作的油画，展示了一名教士在威尼帝昂教堂听一名妇女忏悔的情形。（威尼斯美术馆）

两次改革:
社区奉献和个人虔诚

一开始，基督教就被两股表面上不可调和的势力所分裂。它显然是个人的宗教，号召每一个个体独立地皈依、找到信仰和寻求拯救："女儿，你的信仰使你完整。"（马克 5：34）它也是一个依赖教堂的社区性宗教："你是彼得，在这块石头上我修建我的教堂。"（马特 4：18）"他们是一体的，甚至就如同我们是一体的一样。"（约翰17：22）宗教最主要的活动是祷告，耶稣要求人们单独进行祷告活动："但你，在祷告时，到密室里去，关上窗才开始私下里向神父祷告。"（马特6：6）然而几天后，他似乎又建议集体性的祷告："因为在有两三个人以我的名义聚集的地方，我就会在那儿，在他们中间。"（马特 18：20）这种自相矛盾一直都存在于基督教里，同时存在的还有思考和行动之间的矛盾，以及把教堂作为一个机构和把教堂作为一个神秘体之间的矛盾。这样耶稣不就把自己定义为矛盾符号了吗？

基督教的历史是从十二个门徒的团体开始的，在耶稣升天前一晚，他们聚集在一间上房并"一致地祈祷"。（行动 1：13~14）这一切或许被《行动》的作者理想化，这些早期基督教团体或教会后来成为那些对机构化教会的强权不满的人的榜样——一个模糊的榜样，因为早期的教会尽管在实践中实行平等主义，但也是高度集体化而根本就不是个人的。慢慢地，教会出现了等级结构，地方教会由主教为首，其中早期的有彼得的继承者，罗马主教。然而早至3世纪时，一些寻求绝对完美的基督徒们逃离尘世躲到沙漠中去，在那儿静思，他们希望通过祈祷和禁欲的方式能找到上帝。很快社区宗教团体也加入到这些沙漠隐士的行动中，他们也过着禁欲的生

在里尔的圣安德雷教区教堂里举行的仪式。F-C.普尔谢的水彩画。这幅画描绘了1729年在里尔市举行的一场庆祝仪式，纪念勒多芬先生。（里尔，市政图书馆）

活，但不是独自一人。尽管组织严密，这些禁欲团体培养了强烈的个人虔诚甚至神秘主义。

在某种程度上，个人的和社团的宗教之间辩证的紧张关系左右了整个基督教历史。这两个派别之间的紧张关系一直存在着。作为一个等级制的机构，教会一直就对它认为是极端的个人虔诚保持警惕。它似乎对社区性的宗教很满意，尽管表面上一致性的表示更多的只是温顺的遵从而不是真诚的、主动的支持。

当我们研究基督教在隐私和内心生活出现过程中的作用时，应该牢记这一背景。宗教改革始于16世纪，新教和罗马天主教派在多大程度上激励了或妨碍了个人崇拜？毋庸置疑，基督教的各派一致认为个人虔诚是极为重要的，因为个人拯救是基督教生活的关键。但当天主教重申七圣礼的作用并强调牧师作为义务调节员和正教维护者的作用时，新教却坚持个体信仰者和上帝之间的直接联系，同时也不否认家庭和宗教社区的作用。

天主教观点

面对新教的攻击，天主教在特伦特宗教会议后，再次强调集体信仰的重要性。在牧师的严格监管下，社区的宗教活动被认为表达了教会普遍的现实。然而同时，16世纪的西班牙和17世纪的法国神秘主义的影响使教会对各种形式的个人虔诚更加关注。十七八世纪许多必修的和一些选修的宗教实践都受到了这些表面上矛盾但实际上互相补充的流派的影响。

参加弥撒

在星期天和神圣的日子里参加弥撒，对天主教来说是绝对必要的。在和非天主教相邻的地区，不参加弥撒活动的人就会被怀疑属于改革派的。弥撒，尽管是一个集体性的仪式，但在很长时间里它作为个体祷告者联系的成分大于其社区性虔诚的成分。16世纪和17世纪的大部分信仰者只是被动的听众，他们中许多人甚至不知道圣坛发生了什么，因为他们坐在边上的侧教堂或在一个有十字架的屏幕后面。这种局面似乎并没使宗教写作者反感。1635年让·于雄，里尔的圣-索弗尔教区牧师，在《基督教的圣台》一书里写道："任何人只要他的身体和注意力都集中在弥撒的庆祝活动中，即使他离圣坛很远，但只要他倾心于整个弥撒，他就完成了义务；是否看见神父或听见他的声音不是必要的。"

让·来波特尔作："17世纪晚期罗马风格的圣坛"。（木刻，巴黎，国立图书馆）

天主教徒被劝告尽可能虔诚地度过这一段时间，并念珠祈祷。1610年，圣弗朗西斯·萨勒在给他的一个忏悔者的信中这样写道："在弥撒时，我建议你就诵珍珠经而不要进行其他的祈祷。"叙弗朗神父建议在弥撒时进行下列祈祷活动：口头祈祷、诵珍珠经、重复祈祷、唱七首赞美诗、十字架时刻、赞美圣灵和圣母。1642年，圣让·厄德建议人们"诵一小时的珍珠经"。

只有讲道者才能打破这种被动的参与。首先是全体教徒在牧师的指导下齐声唱经：这包括为死者、教皇、国王和当地的贵族等的祈祷，接着是为佩特、万福玛利亚、宗教信条或根据上帝及教会的指示诵经。然后是正常的布道（一种"对当时福音的熟悉的解释和一些基督教道义的解释以教育和启发教徒"），随后是圣洁日子、斋戒、一周工作的提示和可能的婚姻禁令，或者读一封主教派教会的信。换句话说，全体教徒只参与那些正常弥撒行为以外的活动。

17世纪下半期，这种情况发生了很大的变化，变化是由各派的

LIVRE
D'EGLISE
A L'USAGE
DE PARIS,
POUR LA COMMODITE'
DES LAIQUES.
Mis en cet ordre par le commandement de
Monseigneur l'Illustrissime & Reverendiss.
Archevesque de Paris.
A PARIS,
Chez FRANÇOIS MUGUET, Imprimeur ord.
de Monseigneur l'Archevesque, ruë de la Harpe.
MDC. LXXXI.
Avec Approbation & Privilege de sa Majesté.

这本书是1681年应巴黎大主教弗朗索瓦·德·H.德·尚普瓦隆之命出版的，书中收录了大多数礼拜天祈祷文。（巴黎，国立图书馆）

宗教写作者促成的，特别是通俗派牧师，他们提倡弥撒不应仅是个人虔诚的练习，而应是天主教信仰的首要活动，因此要求整个社区的参与。17世纪初，圣弗朗西斯·得·萨勒公开怀疑当时盛行的弥撒活动是否真的比“在家里的祈祷”更好。1651年，鲁昂的大主教，弗朗索瓦·德哈利·德·尚普瓦隆出版了《听弥撒的正确方式》，很受人们的欢迎。在这本书里，他写道：“当牧师祈祷和为众人提供圣餐时，一切祈祷都应停止。你必须注意听他代你和所有的教徒所做的祈祷，你必须想着圣餐，通过精神的牧师或和教会的融合做出牺牲甚至献出自己。”许多其他关于这一主题的作品也表达了类似的观点。1676年里尔的一个作者写了题为《所有信仰者和牧师一起参加弥撒的方法》的文章，文中这样说：“认为在做弥撒时，最好先诵一小时经或珍珠经或其他的活动，而不试图在精神上或意念上和牧师达到默契，这种观点是不对的。教会应使我们和神父们一起成为供给者。”这和让·于雄在四十年前的观点大相径庭。在《巴黎的法语和拉丁语弥撒》一书的前言里（1701），我们可以见到这样的语句：“尽管，不应谴责那些为信仰所激励的人在举行神圣的圣餐仪式时默声或大声地祈祷，然而我们应坚信，听弥撒最好的方法是跟随着牧师以便能进入牧师所念出的精神境界。”

这些建议导致了一些意在鼓励社区真正参与弥撒活动的具体措施。17世纪末的许多教堂，特别是在大城市里的，十字架屏幕被拿开了，教士席位也被改动。诚然，这些革新也反映了追求有秩序的、整洁的和明亮的设计的品位，因此可规划为新古典主义，然而它们主要显示了想通过使教徒更接近圣坛、弥撒中领圣餐的舞台，使宗教变得更重要、更群众化的愿望。其中，罗马的圣彼德·巴西利卡的设计非常有影响，新教堂据说都有“罗马的风格”。例如，1698年至1700年昂格尔的圣莫里斯大教堂这样规定：旧的十字架屏幕得搬走，主圣坛也从后殿移到交叉甬道里。在1706年至1722年之间，这个城市的五个其他教堂也进行了类似的改动。

另一种与全体教员有关的是使用法文和拉丁文对照版弥撒书。天主教徒们被督促去买这种书并在教堂里使用。信仰者能跟随主持教士一起背诵祈祷词。结果令人啼笑皆非的是，作为私人祈祷工具的双语弥撒书，竟成了圣徒们参与这圣洁仪式中的交流的一个基本方式，而这种交流和社区性的宗教活动是相对立的，因为个体不是大声地祈祷，而是轻声地嘟哝着。17世纪，双语弥撒被广泛地散发出去，以期转化新教徒。为了这一目的，1679年，佩利松要求印刷一版拉丁—法语弥撒书，并在法国散发。1685年，也就是撤销南特法令那一年，巴黎主教根据路易十四的指示，下令印刷十万本前言附有法文弥撒全文的《天主教时刻》。

这种翻译激起了强烈的抵制，被贬为詹森派。贬低者害怕或假装害怕世俗的天主教徒会认为“他们是和神父一样的牧师”。在教皇颁发《乌尼詹尼图斯通谕》（1713年）后，这种争论更激烈了，但这没能阻止新的弥撒书的出版，新版本里，直译或释义的法文和常规的拉丁文并排着。同时出版的有祈祷和反思文集《圣洁弥撒训练》，可供各种虔诚活动所用。正如一个作者所说，这类书的目的是“在没听清楚牧师话的情况下能进入牧师所说的境界”。

这些弥撒书及类似作品的传播范围有多广，到底起了什么作用？不识字当然限制了它们的影响。在1686年至1690年之间，71%的新郎和86%的新娘没有在他们的婚姻证书上签字。另外也有地域上的不同：如果我们从圣马洛到日内瓦划一条横跨法国的线，线以内地区主要包括法国南部和西部的大部分，文盲数比线外的多。但这数字有误导作用，有比统计数字所显示的更多的男人和当然更多的女人会阅读。然而即使在这少数能阅读的人中（城里人比农村人多），可能只有一小部分人拥有和使用弥撒书和精神练习书。这就是为什么詹森派的某些牧师建议主持教士大声读所有的祈祷文，包括教规。可是正如亨利·布雷蒙所思忖的，让世俗民众听用他们听不懂的语言背诵的祈祷教规有什么用？没有人，甚至连最彻底的詹森派都没有提倡用法文来做弥撒。然而有人居然要求在用拉丁文背诵了福音后再用翻译的法文背一遍。

事实上，除了鲜有个人使用弥撒书外（除了在某些城市教区和那些对世俗人开放的宗教社区），所有让教徒参与在圣坛上进行的礼拜仪式祈祷的尝试都以失败告终。极有洞察力的牧师尤其是那些在农村教区任职的都赞同法国鲁瓦西的前副牧师的观点，他在1687年说：“不必要求每一个参与仪式的人都得听见所说的每一个字。他们在慈善和交流活动中所接受教会的愿望和职责，所表现的虔诚足够使他们分享上帝所赋予的仁慈和恩惠。”

整个18世纪，情况没发生大的变化。只要他们的教民参加礼拜

《贞女的祈祷》1651年在巴黎出版，是一本为庆祝贞女节而出的集子，书中收录了祈祷文和各种仪式。在民族国家兴起的过程中，民族语言也随之悄然兴起，为了给基督教徒提供一本法文而非拉丁文的祈祷手册，这本书就是这种尝试的一个结果。（巴黎，国立图书馆）

天的弥撒，牧师们就满足了。（在斯特拉斯堡的一个主管教区里，每个教区的主教会在弥撒时都要检查住户，以确保家里只留一个人看家，那被认为是不可缺少的。）他们只要他们的教民在仪式进行时虔诚地注意听，或许参加用法文、德文、布列塔尼亚人的语言或奥古西塔尼亚等语言唱赞美诗。当牧师在举行神圣的圣餐仪式时，虔诚的教民背诵的通常是珍珠经。因此我感到很难赞同亨利-让·马丁的观点，他认为在17世纪下半期出现了真正的宗教革命，因为出席弥撒已不再仅仅是许多礼拜活动的形式之一，参加这一神圣活动在人的精神活动里居于中心地位。不可否认，这是许多法国宗教作家提出的目标，但绝不能认为这一目标已取得了任何意义上的成就。

尽管参加礼拜天的晚祷不是必须的，但18世纪的许多教民似乎迫于牧师的压力，都参与这一活动。但是甚至比上午的弥撒更被动，当教士们用拉丁语唱赞美诗时，只有虔诚的人在祈祷。教民们除了一年的五十二个礼拜天，还得在法定的神圣日子里参加弥撒和晚祷。神圣日子的数目各教区不同，被主教从1650年的四十至六十天减至1780年的约三十天。这主要是考虑了穷人的命运，对他们来说，每一个神圣日子就是没有工作的日子，因而就没有工资。更让主教们担心的是这些神圣的日子是渎神的日子，它们不是用来休息和祈祷的，而是经常被人们用来享受和娱乐。

个人忏悔和经常的交流

天主教徒另一个义不容辞的义务是在复活节时进行忏悔和思想交流。15和16世纪广泛实行的社区忏悔和总赦免在17世纪早期仍在法国北部地区流行（但在法国南部，在说普罗旺斯语的地区和罗马风俗流行的地区不再流行）。社区性的忏悔在四旬斋末期举行，有些教区在神圣的星期四举行，但更多是在复活节的星期天举行。圣餐奉献仪式之后的典礼，是在大声用法文吟诵“认罪的祷告”的第一部分中开始的，之后是详细地列举罪行，其名目各社区不相同，可能是被各个牧师根据他对他的教民和他们最常犯的罪行的了解而加以修改过。接着是吟诵“认罪的祷告”的第二部分，包括一份对犯罪的承认，一个不再重犯的许诺和一个对代理忏悔和赦免的请求。最后，教士用惯用的方式之一准予集体的赦免，教民们到圣坛上领圣餐。

然而社区性忏悔的价值是有限的。微不足道的罪行可得到宽恕，但不可饶恕的重大罪行只有通过个人忏悔、随后的牧师准予赦免（他说“自我解脱”几个词）和个人的苦行才能消除。一本15世纪的教区手记陈述了教会的地位：“人们不应该认为（社区性忏悔）对赦免自己能记得的任何大罪有效，而只能通过私下里坦白，并真正痛悔才行。”尽管有了这些警告，但这行为本身也容易让人误解。整个17世纪，这种行为逐渐被废除，部分是因为新教对它的质疑，部分是由于罗马礼拜仪式取代了法国北部地区的方式，部分则是由于牧师加强了对个体的天主教意识的审查和指导。

17世纪的教义问答手册强调审查个人的良心，即“努力寻找所犯过的罪行”，是“正确接受补赎圣礼基本的必备条件”。《阿根教义问答手册》（1677年）坚持认为个人良心审查是完全个人的问

G.玛利亚·格雷斯皮：《七圣礼》系列之一，可能是为了说明匈牙利王后的忏悔牧师内波穆克（1330~1393年）生活中的一个中心事件。（都灵，萨波达美术馆）

题，一个严格内省的问题："问：我必须如何来审查我的良心？答：首先你必须退到个人的地方；第二，你必须跪下乞求上帝赠予你知道你罪行所必需的智慧……问：这种审查要多勤勉？回答：你必须要和你处理商业中的一件重要事件那样小心，因为我们获得拯救是所有事务中最重要的一件。"

对于少数虔诚的信徒来说，定期的自我审查和忏悔能获得良心的指导和"灵魂的救治"。一些男人和更多的女人进行月忏悔甚至周忏悔，选择神父和他们一起向完美挺进，并记录下每一个小错误。神父给予建议、警告和鼓励。大多数的精神指导者属于一个会派，如耶稣会、辩护派或多明我会等。在《一个忏悔者和他的神父之间的随便谈话》里，耶稣会的安东尼·德·巴林根称那些"宗教人士乐于虔诚地倾听忏悔，并因他们在安抚不安和忧虑的良心时所显示的高度聪明伶俐而出名。"

修道士能在指导良心时发挥如此大的作用，有几个原因。在没有重大事变时，复活节的忏悔是必需的，得面对教区的牧师进行。至于其他忏悔，只要获得当地的主教同意可向任何牧师进行，与教区里的牧师不同，修道士们有时间。个人坦白也很流行，有一些会派如耶稣会的名望吸引了许多虔诚的人或那些看似虔诚的人，布吕耶尔在1694出版的《人物》一书中嘲笑某些伪善的人："选择一个比《福音》更出名的指导者。从你的精神指导者的名望里获得你的圣洁和声望。瞧不起那些不太有名的指导者，不重视他们的拯救。只爱你的指导者所传授的上帝的话。喜欢他的弥撒和他所主持的圣礼胜过其他人的。"尽管对良心检查的指导会不可避免地引发松懈和虚伪，这一活动在17世纪迅速流行，并对世俗民众的内心及个人隐私的发展起了很大作用。

但对大多数信仰者来说，特别是农村教区的信仰者，按规定至少一年一度的个人坦白是这一信仰中所有必须活动中最不情愿做的一项。许多天主教徒不愿向牧师坦白罪行，不仅因为他们羞于启齿，也因为害怕牧师不保守他们所坦白的秘密。1700年，索洛涅的森讷里教区副牧师克里斯托夫·索瓦容用坦率的词语描述了这一情形，这当然也适用于其他教区："在这个教区有一个例行的但残忍的风俗，要求人们在没有丝毫准备的情况下去坦白。人们在没有对自己的良心进行任何审查的情况下就去参加坦白忏悔仪式。他们冲

B.皮卡尔：雕刻（1733年）。展示了一个颇具戏剧性的忏悔场面。（巴黎，国立图书馆）

向教堂，急于忏悔并争着第一个进去。但一旦到了牧师的面前，他们甚至很少在自己身上画十字，除非他们被要求这么做。他们几乎总记不得他们上次做忏悔是什么时候。大多数人还没完成上次的忏悔，他们什么都没做，也不指责自己什么，他们笑谈他们的可怜和贫穷。如果牧师就自己看见他们所犯的罪而指责他们时，他们就找出借口为自己辩护。他们指责自己的邻居，谴责自己之外的一切人。简而言之，他们在忏悔时做了一切事，唯独没做他们应该做的，那就是真诚悔悟地陈述他们的罪行。他们把罪恶当作善良来赞美，极力缩小他们的错，从紧咬着的牙缝间低声说出自己犯下的极严重的罪行，以防牧师听见。在设法欺骗牧师时，他们也欺骗了自己。很少有真正的忏悔，特别是那些不正直和不十分虔诚的人。”

对教民来说，大多数神父的态度纵容了这种不情愿。查尔斯·博罗梅奥的《神父守则》被广泛地使用，几乎成了法国牧师的“法定守则”，此后，忏悔成了宗教教训的一个基本方法。在忏悔中(16世纪已被广泛使用)，单独和忏悔者在一起的牧师问一些具体问题，意在探究犯罪者从没做过的良心审查；在庄严的忏悔和宣布赦免之前，提醒犯罪人其罪行的严重性和应承担的惩罚。因此年度的

P.德·尚帕涅：《圣·查尔斯·博罗梅奥画像》。查尔斯·博罗梅奥是教皇皮伊四世的侄子，1564年被任命为米兰大主教，他强化教会教育和道德训练的努力，促成了天主教反改革运动的成功。（奥尔良，美术博物馆）

忏悔通常被看作是令人厌恶的义务，人们尽可能简单地完成。

只有在非常情况下，忏悔才是诚实的和光明正大的，有些能引起个人的转化。传教士们到村庄去进行三到五周的集中传教，为村民们“过去生活的总忏悔”做准备。另一特殊情况是临终前的忏悔。这也被认为是一个总忏悔，正如牧师们常用的《病人和将死者的指导》（1706年）一书中所说的：“圣弗朗西斯·萨勒，当死亡将来临，做一次总忏悔是适当的，至少是这个病人一生所经历的各种情况的总结。”在这个时刻，其他人都离开病房，只留下牧师和忏悔者单独在一起。

即使没有总忏悔，复活节的圣餐是礼拜仪式程序中的高潮，表达了整个教区在和复活的耶稣救世主的交流中统一。用克里斯托夫·索瓦容的话来说，“复活节是牧师们最神圣的日子，是他们和他们的信徒们一起吃羔羊肉的时候”。几乎人人都参加这一基督教盛事。那些拒绝的人将被正式斥责为公众的罪人：如果他们到死都坚持，他们将被埋在圣地公墓以外。越来越多的信仰者不仅限于参加复活节的交流，而且通过更经常性的忏悔，参加更多的圣餐仪式。在特伦特会议后，虔诚的天主教徒已习惯于接受月圣餐——如果不是周圣餐甚至日圣餐的话；经常接受圣餐已成为个人虔诚的标志。甚至詹森派也不顾他们的反对者而提倡这样的圣餐。被指责有詹森派倾向的《南特教义问答》表达得很清楚：“问：一个基督徒应该满足于一年一次的忏悔和在神圣的复活节时接受圣餐吗？答：不，虔诚应该引导他们更经常地参加这两项圣礼，在每一个主和圣

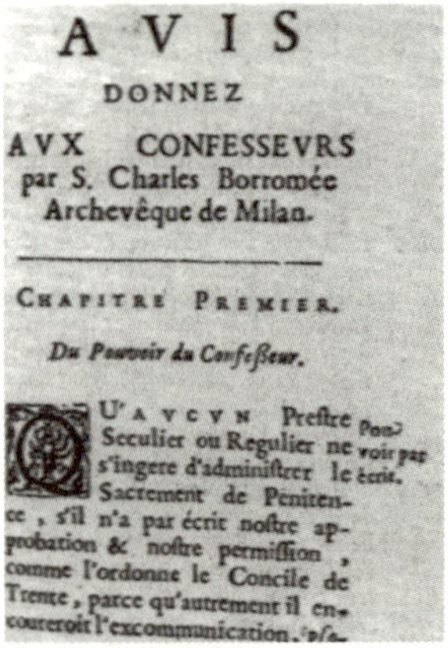

AVIS
DONNEZ
AVX CONFESSEVRS
par S. Charles Borromée
Archevêque de Milan.

CHAPITRE PREMIER.

Du Pouvoir du Confesseur.

QU'AVCVN Prestre Seculier ou Regulier ne s'ingere d'administrer le Sacrement de Penitence, s'il n'a par écrit nostre approbation & nostre permission, comme l'ordonne le Concile de Trente, parce qu'autrement il encoureroit l'excommunication.

Pouvoir par écrit.

查尔斯·博罗梅奥的《忏悔者训导书》被迅速地翻译为法语。（巴黎，国立图书馆）

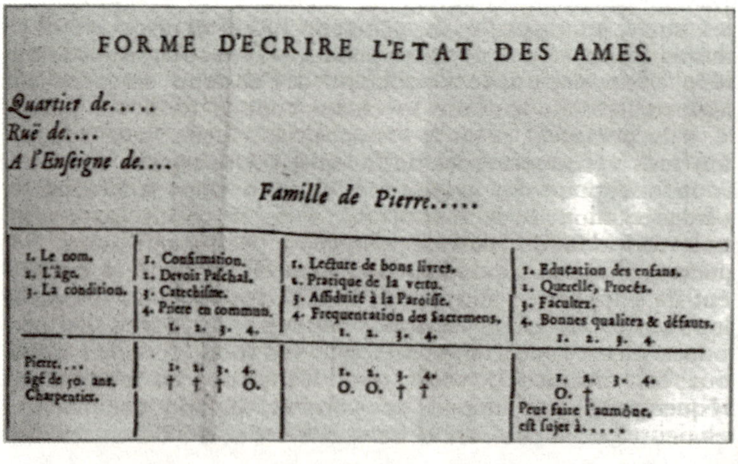

FORME D'ECRIRE L'ETAT DES AMES.

Quartier de.....
Ruë de....
A l'Enseigne de....

Famille de Pierre.....

1. Le nom. 2. L'âge. 3. La condition.	1. Confirmation. 2. Devoir Pâschal. 3. Catechisme. 4. Priere en commun. 1. 2. 3. 4.	1. Lecture de bons livres. 2. Pratique de la vertu. 3. Assiduité à la Paroisse. 4. Frequentation des Sacremens. 1. 2. 3. 4.	1. Education des enfans. 2. Querelle, Procés. 3. Facultez. 4. Bonnes qualitez & défauts. 1. 2. 3. 4.
Pierre.... âgé de 50. ans. Charpentier.	1. 2. 3. 4. † † † O.	1. 2. 3. 4. O. O. † †	1. 2. 3. 4. O. † Peut faire l'aumône, est sujet à.....

母的神圣日子里，或者每月一次，甚至每周一次，以便在他和圣人们更经常的接触中，过一种更圣洁、更基督的生活。”

圣礼：仪式和个人

除了礼拜仪式日程中的事件，个体还参与许多既是宗教的也是人生历程中的仪式：洗礼仪式、圣餐、结婚和涉及个人和上帝关系的最后仪式，这些相关的典礼不仅认可了个体在本教区的身份，也说明他在普遍看不见的教会里的身份。每一个天主教徒都会被提醒的“获得拯救”，是人一生中的主要事件：“如果一个人得到整个世界但却失去了灵魂，那有什么用？”（马克 8：36）除非与圣徒交流，否则是不可能得到拯救的。

洗礼在出生日或出生后第二天举行，标志着新生儿开始了基督徒的生活。洗礼洗掉了原罪，使新生儿成为基督徒。如果新生儿在此后的数天内或数周内死掉，这太正常了，那么他或她将会得到永恒的幸福。当某个小孩由某个教父或教母为他命名，他将有一个既是他的模范也是他的调教者的恩主圣人。教父母也发誓承担教育他

B.皮卡尔：雕刻（1733年）。新生儿濒临垂死且没有受洗礼时，就为他举行紧急洗礼。产妇或父亲或牧师往孩子身上边倒水边说：“我为你洗礼”。(巴黎，国立图书馆)

当父母希望延搁洗礼仪式时，教会也授权举行家庭洗礼。这幅图展示的是布里坦尼公爵在其出生日（1704年6月25日）接受洗礼。（巴黎，国立图书馆）

们教子的责任："在整个教堂所有人的眼中，你已成了他的监护人。你的责任是确保他忠诚地实践他通过你的言语所表达出来的诺言。你要提醒他伟大的义务，等他长到足够理解这些义务并能与上帝交心时，就督促他去实践它们。"通常只有几个人参加洗礼（父亲、教父母和婴儿的哥哥姐姐们），但教堂的钟声关系到教区的每一个人。

完成了教义问答班的学习后（在12、13、14岁，根据教区安排），孩子便第一次接受圣餐。在16和17世纪时，没有特别的第一次圣餐仪式；在复活节礼拜日时，小孩子随父母一起接受圣餐。到17世纪末，一些教区举行特殊的仪式，通常是在复活节后的星期一或星期二或随后的某个星期日里举行：孩子们为这特别场合穿戴好，男孩子在一边，女孩子在另一边，在聚集的教民注视下，手拿点燃的蜡烛一起接受圣餐。在一些地方，孩子们在这时"重申他们在洗礼时许下的诺言"。到18世纪晚期，第一次圣餐典礼变成一个严格执行的仪式，19世纪人们更加重视这一仪式。

婚姻不仅仅是一个圣礼仪式，也要求丈夫和妻子许诺完成他们结合的主要目的：把小孩带到这世界来，并把他们洗礼成基督徒。无论他们多么渴慕对方，他们婚姻的意义并不仅限于两个人的结

P.隆吉。孩子应尽快被带到教堂，父母给他起名并呈现给牧师，然后牧师为之举行洗礼。（威尼斯，盖里尼·斯当帕利亚）

G.玛利亚·格雷斯皮：《七圣礼》系列之一，这幅画说明领圣餐礼的场景。牧师穿着白色法衣，戴着圣巾，拿着圣餐容器，给跪在他前面的那些信众分发圣餐。

B.皮卡尔：雕刻（1733年）。一个比较常见的领取圣餐形式，领取圣餐者从牧师手里接过圣餐面包，牧师不断地从圣餐容器里取来圣餐。在他的后面，神龛的门开着。等圣餐礼结束后，牧师将圣餐容器放回原位后再将神龛的门关上。桌子上是耶稣受难像和圣物箱。(巴黎，国立图书馆)

合。这点在《南特教义问答》中规定得很具体："除了让一个男人和女人结合，婚姻还意味着宗教上最大的事件，也就是耶稣基督和教会的结合……婚礼的意义在于它的生育能力，给上帝带来孩子的繁衍力。婚礼祝福的不仅仅是把孩子带到世上来。"一场婚姻涉及整个教区，教区的许多人都将参加这典礼。

临终圣礼也是既有个人也有社区性的意义的。补赎、忏悔和临终涂油礼等使得"善终成为可能"。尽管天主教徒似乎厌恶每年一度的忏悔仪式，但他们把临终时牧师的出现看作是一个恩惠和必要的行动，把牧师的缺席看作是最大的不幸。牧师们意识到他们在这方面的责任。1663年，昂格尔主教亨利·阿尔诺对他的牧师们说："在审判日，一个在生命的最后需要帮助的将死的人，在永恒之光中，要求上帝对那些被他如此悲惨地抛弃的人公平，上帝的牧师该如何应答，对他该说些什么？"在17、18世纪的天主教徒的所有义务里，唯有洗礼和最后的仪式不需要牧师提醒他们的教民。人们把两者都看作是必要的，这关系到最终的拯救。生和死二者都发生在表达人不可能通过自己得到拯救的仪式里。在最后忏悔中，将死的人被牧师、家庭成员甚至公会的"兄弟们"围着。所有在场的人都热忱地祈祷着，以帮助将死的人抵制邪恶的最后侵袭，忏悔过去的罪行并获得上帝的宽恕。

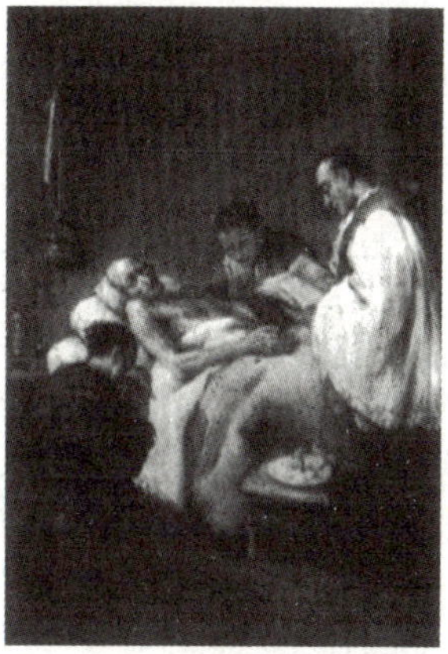

P.隆吉：《临终时刻》，在给临终的人施过涂油礼后，穿着白色法衣、戴着圣巾的牧师，在一名家人的陪同下，为临终的人诵祈文。（威尼斯，盖里尼·斯当帕利亚美术馆）

葬礼的规模取决于死者的社会地位。应行的仪式包括把尸体从停尸房运到教堂的宗教仪式，然后埋葬在教堂或公墓里。下层社会的这一切相当简单：家人和一些朋友跟随在棺材后面，由几个抬棺人抬着。有钱人家或贵族的葬礼场面时常壮观得多。来自教区和社区的许多牧师走在棺材的前面，棺材放在由打扮一新的马拉着的灵车里；灵车后面是一身黑衣、手拿蜡烛的来自慈善机构的穷人，接下来是家人和朋友，最后是死者公会的、社团的和社区的成员。教堂里装饰成黑色，葬礼弥撒在点缀着点燃的蜡烛的灵柩周围进行。当然这多少有点铺张，并不是所有富人的葬礼都是如此奢侈。但安葬死者对其他人来说总是这样，即使在最拮据的情况下，也被看作是一个重要场面，整个教区都被邀请以一个参与者或观看者的身份去参加。

集体信仰：公会

除了这些必需的虔诚活动外，还有各种供选择的祈祷活动，有

B.皮卡尔：18世纪葬礼素描图。两匹穿着马衣的马拉着葬礼马车，马车上载有棺材，棺材上披着黑色的布。葬礼马车周围是有头有脸的人，侍从跟在马车后面。

些活动如参加兄弟会和朝圣是集体性的。17世纪创立并修改、通常载于训谕里并总为牧师控制的兄弟会被看作是主的宗教组织。看一下雷恩主教区的克姆斯教区圣礼会兄弟会的章程："灾难会降临在孤单的个人身上，因为如果他跌到了，没有人将他扶起。两个人比一个人好，因此在社会和集体中会有好处。"后来这一章程完全成了兄弟会这一概念的辩护词："兄弟会让我们以这样的方式结合到一起，我们的感情本来是孤立的，现在通过它融合并以兄弟般的情谊结合起来，甚至比亲兄弟之间的爱更坚固，因为它建立在比自然更高贵、更坚固的基础之上，那就是令人爱戴的圣餐会中的耶稣基督。"

兄弟会有各种名称。遍及法国的有慰抚公会，如其名所示，它主要是给那些处在将死的痛苦中的人以安慰；类似的有慈善公会，主要分布在日耳曼人地区，它的成员被称作沙尔东（慈善者），他们护理病人和将死者，并帮助料理葬礼。还有炼狱公会，尤其在外省特别多；圣约瑟公会，保护人得以善终；耶稣圣心公会，其成员在1720年和1760年间增长很快。以及各种各样的圣者，各主教管区各有不同。在法国南方，修行者公会从城市扩展到农村，它是典型的古代玄虚的普罗旺斯人的宗教，这些团体曾多次引起牧师的怀疑。忏悔者头戴兜帽、身着长袍，集体参加兄弟的葬礼和演奏耶稣

受难曲仪式。最广为流传的是圣礼公会和念珠公会，17世纪和18世纪早期，圣礼公会在法国的各教区激增；到1720年时，艾克斯主教管区的三分之一教区都有一个圣礼公会。他们鼓励其成员参加圣餐中的仪式，尤其是感恩圣礼中的祝福仪式。念珠公会遵从多明我会的训谕，强调对圣母的崇拜和念珍珠经。

除了各种宗教活动，兄弟会还鼓励所有的公会都成为互助社团，对其成员提供主要是精神的但在有些场合也可能是物质的帮助。通过训谕规定成员的权利和义务，他们的所有行为都有一个共同目标，就是让他们的成员得以善终。为了这个目的，他们要求成员做许多事情。作为一个团体，成员在规定的日子里参加弥撒、行列仪式和感恩圣礼的祝福仪式等。然而奇怪的是，兄弟会成员被要求以个体的身份进行某些宗教练习，以便他们能根据固定的程序获得赦免。1733年，多明我会修道院在雷恩成立以博内·努韦勒命名的珍珠公会获得了教皇的明训:“每持续一刻钟的无声祈祷，将获得一百天的赦免，两个小时的行列仪式，将获得七年的赦免。连续半小时或至少一月内每天一刻钟，我们将每月一次授给他们完全赦免和消除所有罪过的权利。”同样，以成员证或卡的形式所传递的教皇关于赦免的训令，也强调每一个基督徒应注意的主要事项：“考

巴黎17世纪的民间画。(巴黎，国立图书馆)

17世纪佛兰德的学校。(敦刻尔克博物馆)

虑到我们肉体的脆弱性和最后审判的严厉性，我们衷心希望信仰者能通过好的行为及虔诚的祈祷避免最后的审判，以便消除他们的罪恶痕迹，他们就很容易获得永恒的幸福。”当一个成员垂危，躺在那儿，他的兄弟们站在他的床边；当死亡来临，他们帮助料理安排葬礼等，并为他的灵魂的安息而祈祷。

总之，加入兄弟会是值得的，这要花费钱，但人们愿意花这笔钱，不过并不是出于对上帝或他们邻居的无私的爱，而是为了他们自己能获得拯救。

朝圣

虽然几乎每一个教区都有兄弟会，但并不是所有的基督徒都属于兄弟会，然而几乎所有的基督徒在他们的一生中至少要进行一次朝圣。渊源久远的朝圣活动一直很流行。诚然，长距离的朝圣没有中世纪和16世纪那么普遍。到耶路撒冷和罗马的朝圣越来越成为有钱人的特权，各阶级的忏悔者继续奔赴孔波斯特拉。

然而在法国国内，有许多圣地吸引着稳定的朝圣队伍：圣米歇尔山、图尔斯圣马丁和圣博姆，对那些忠诚于圣母玛利亚的则有沙特尔、皮伊和罗卡马杜尔。甚至有更多的人奔向不太出名的地方或当地的圣地，向圣母或某个圣者表示敬意，这些圣者有些是古代的，有些是近代的，例如在圣马洛教区，就有两个距离不远的圣地，圣米恩（或米瓦）圣地可追溯到7世纪，圣者，萨姆森圣者的陪伴者，是这个以他的名字命名的教堂的建立者；另一处是圣母在普

在布拉邦（卢万东北部）朝拜蒙太古圣母，17世纪。在前面的地上，是一个无腿的人在感谢圣女救了他的命，背景是一名僧侣领着一队人前往教堂。（巴黎，国立图书馆）

《瓦尔科尔圣母圣迹图的真实肖像》。（巴黎，国立图书馆）

朗科埃的圣地，始于1644年10月，当时两个村民在一个喷泉里看见“圣母的影子”，朝圣者立刻就涌向这块圣地，奇迹很快出现。1644年12月，圣马洛主教派遣他的代理牧师和他的助理前去调查取证，然后批准朝圣者先在辩护派，1647年后在多明我会的监督下前去。朝圣的整个经历符合古典主义的“发明”过程（拉丁语义）。17世纪上半期，在法国有许多这样的例子：某个牧羊人或农民在树林里或泉眼边的发现；第一批朝圣者的到来；奇迹出现，宗教权威怀疑并抵制，接着迫于民众的热情而在经过简单的调查后接受。

大多数因此而受尊敬的圣者都被认为有治病的力量。人们不仅乞求他治病还请求他保护家畜和庄稼。每一个圣者都有他自己的特长。有一些人如其名所示被认为有引起某种疾病的力量，因而也就有治愈这种疾病的能力。例如经常发生在手上的疥疮，根据有学问的洛班比络长老的说法，被称作圣米恩病（1725年），“因为手(main)这个词和麦恩(Méen)的相近性，正如厄特罗普（Eutrope）和水肿病(hydrope)及路易(Louis)和听（ouie）的相近性。”人们祈祷他们认为最强大的调节者——圣母，来防治一切疾病。每一个省和地方都有自己供奉的圣母和防治各种病的圣者的圣地。

要获得他们所乞求的恩惠，朝圣者必须严格遵循规则。受难者(如果他不能前往，则是他的代理人）必须前去圣地，可能是教区教堂的圣坛，也可能是一眼泉水边孤立的小教堂。在那儿他先重复仪式祷告词，然后亲吻圣者的遗像或遗物，或跳入泉水里（如果是代理人，就拿一块布浸在水里，回来后把它放在没有前去的患者的身体上）。

朝圣既可以是个人的虔诚行为也可以是社区的行为。人们可以自由地在一年中的任何时候去求得即时的恩赐、许愿或对已获得的恩惠表示感谢。这些都是个人行为，证明个体对圣者的调解力量的坚定信心。在主要的朝圣地可见到许多朝圣者，其中许多人独自走了数天甚至数周。出发前，他们从当地牧师那里获得一份证书，一个他们在沿途客店住宿不可缺少的通行证。妇女和小孩常由一个或多个家人伴着。在路途的最后阶段，他们时常加入在路上或在前夜住的招待所里遇到的其他旅行者的行列。1650年，在雷恩的伊夫圣地招待所有2500名朝圣者将参加圣米恩最后一天的旅程，其中有40%是单独旅行的（几乎都是20至30岁之间的年轻人），50%的人由

17世纪另外一幅朝拜靠近奥维涅冈纳附近的巴内尔的圣母图画。（巴黎，国立图书馆）

家人伴着，10%加入他们在路上结成的团体。

一些朝圣活动显示了集体的虔诚，在圣者的节日里，整个社区在牧师率领下出发。这样的集体朝圣不仅是宗教活动也是群体的狂欢活动；晚上朝圣者停下来去喝酒、赌博和跳舞，这项活动因此非常受欢迎，它让人们从教区制度化宗教的常规约束中解脱出来，去参加另一种宗教活动，把奇特的和不合理的东西结合起来，其时，没有城里人和乡下人，富人和穷人，男人和女人等之分。不难理解为什么教会上层试图制定纪律和消除“陋习”，包括对某种圣者的神奇治病能力的相信、盲目申明的“奇迹”和在应忏悔自己的圣洁日子里的无耻狂欢、把宗教庆典贬低为世俗的狂欢等行为。

传教士和慈善工作

传教也显示了集体的虔诚，他们的目的，用路易斯-玛丽·格里

18世纪奥尔良民间图画，这条饰带可能是用于装饰壁炉前沿的，它上面的图画，左起四幅图描绘了四位福音传道者：约翰和鹰、马太和牛、路加和天使、马可和狮子；右边的图是教会学者奥古斯丁。（巴黎，民间艺术和传统博物馆）

尼昂·蒙特福特的（1700年）的话来说就是“让基督徒们重温基督教精神”。为了这个目的，传教士们——方济各会的托钵僧、文森特派信徒、耶稣会士、蒙特伏特派以戏剧创作方式来组织他们的传教活动，他们自己是导演，教民们既是演员又是观众。

这样的描述不仅适合标志传教活动开始和结束的集合和游行活动，也适于支撑它存在的传教过程。对各阶层民众的布道（小孩、妇女和女孩、男人和男孩、仆人等等）根据预先精心准备的好日程一个接一个地进行。传道士用非常直接的方式向听众传教，不是为了说服，而是用这样的方式来强迫和感化听众并使他们“转化”，这在补赎、基本教义、课程里和其他虔诚的仪式里及坦白和忏悔里都有体现。

牧师们把虔诚的德行看作是是否对上帝虔诚和爱邻居的明确标志。不论是在公会里的集体行为中，还是如现在更普遍的个体做善事和德行传统上都是七件：把食物给饥饿者；给口渴的人水喝；为朝圣者提供住宿；拜访教民；看望病人；给裸体者穿衣服和埋葬死者。善事不仅是17世纪艺术家如亚伯拉罕·博斯等画家的作品主题，也是许多基督徒日常的生活现实。的确，1680年后，政府曾试图把穷人和乞丐关到慈善收养院，希望他们从此不再被看作是具有基督精神的人，而是危险的个体，最好通过关押和强制劳动的办法来处治他们。尽管有官方正式声明，“大关押”还是以失败告终。“穷人的优良尊严”坚定地扎根在基督的良心里。经济的需要，以帮助持家和救济物的形式出现的慈善行为仍然是“爱你的邻居”的训诫的最普遍代表内容。

在显示个人虔诚和宗教热情的活动中，创建行为相对不太普遍。通过创立弥撒、布道、传教或学派，一个基督徒能参加教会的祈祷或帮助使徒工作。经济奉献可能相当可观，但经济奉献通常是身后的，大多数都是立在遗嘱里的。起草最后的遗嘱完全被看作宗教的义务，宗教方面的作家建议别把它“延迟到生病时，那时心情太焦躁而不能做应该做的事情”。“善终”的准备包括签订遗嘱，通常不仅限于世俗物质方面的安排。遗嘱涉及丧葬、弥补死者生前所犯的错误、利用遗产和建设宗教活动来确保死后祈祷活动尽可能地延长。遗嘱开始是对三位一体（“圣父、圣子和圣灵”）的祈祷和一分虔诚的思考（“既然没有什么比死更确定，那么没什么比它的发生更不确定”）。通常还包括立遗嘱者的一句话“把自己的灵魂交给上帝，给他唯一的儿子耶稣基督，给神圣的圣母玛利亚，给圣米歇尔大天使，浸礼会的圣约翰、圣彼德和圣保罗及所有天上的圣者”。他最后概括地说一下他希望自己如何被埋葬，包括地点、参加仪式的牧师及僧侣数目和仪式的性质。接着是一系列诚心的遗赠，特别是弥撒的安排，可以是“小声说”也可以是“大声唱着说”，可以是永久的也可仅持续一会儿。弥撒的数目和一年中的分

亚伯拉罕·波斯用以说明七件仁慈事件之一：“给那些饥渴的人水喝”。（巴黎，国立图书馆）

布因不同的个体而差别很大。弥撒的目的是有规定的，有时完全是为了使捐献者安息，但有时也包括他“死去的亲戚和朋友”。我们再次看见着迷于个人拯救的自我行为折射了牧师教义的一个重要内容。

个体祈祷

表达个人虔诚的基本方式是个体的祈祷。首要的是早晨和晚上的祈祷，对此17世纪的大多数教义问答都赞成：“一觉醒来，你必须把心向上帝敞开，做一个画十字架的手势，迅速穿戴整齐，捧着圣水，虔诚地跪在神像前，按下列方式念祈祷词。”根据《南特教义问答》，早祈祷包括简要的开场白，接着是“用拉丁语或法文诵佩特、万福玛利亚、使徒经等和上帝及教会的圣训”。晚上重复同样的祈祷之后再对良心和“认罪祷告”做检查。“然后在用圣水画了十字以后，你必须默默地脱衣服并迅速上床；你必须在思考死亡、永恒的休息和主及其他人的坟墓等等中入睡。”

为了使个体祈祷和反省更方便，许多虔诚的人使用个人祈祷台，1690年孚雷蒂埃这样描写祈祷台：“像桌子一样地站着，可把祈祷书放在上面”。他又补充说：“人们有时用它来指卧室或书房里的祈祷处。”尽管教会赞成使用个人祈祷台，但它强调家庭祈祷特别是晚祷的价值，引用耶稣的话：“在有两三个人以我的名义聚集的地方，我就将在他们中间。”（马特，18：20）在《阿根教义

18世纪的民间图画，一名贵族在祈祷，他将帽子和剑放在地下。（巴黎，卡纳瓦莱博物馆）

问答》中，我们可看到："问：我们应该如何进行晚祈祷？答：一起，所有家人都直直地跪下，千万别坐在脚后跟上，光着头，双手交织在一起。"《南特教义问答》又补充了关于牧师的建议："你们必须尽一切力量去劝导每一个家庭早晚聚在一起祈祷，其中要有一个成员大声地诵祈祷词。"

个人形式或全家一起进行的早晚祈祷是最基本的要求。虔诚的基督徒还得在其他时间和上帝对话。为此，祈祷集子在16世纪晚期流行起来。这种体裁的首例是1585年让德·费蕾尔，圣-尼古拉斯田园教区神甫在巴黎出版的《祷告精品、祈祷文集和基督教关于在任何时候乞求上帝保佑的指导文集》。这本书的章节目录有"供还没开始自己做功课的小孩使用的祈祷"，"供灾难时使用的祈祷"，"为保持好名声的祈祷"和"为希望结婚的妇女使用的祈祷文"。其外有适应不同群体的特别需要的各种集子，如1646年由安东尼·戈多出版的《基督指示和各种人的祈祷文》，包括供已婚男人、丈夫悼念妻子、父亲和母亲悼念唯一孩子的死、孩子面临事业选择、经济官员、政府部长和商人等使用的祈祷词。

黑色的木头和骨头制的十字架（1764年），这就是所谓的詹森主义十字架。（巴黎，民间艺术和传统博物馆）

除了这些专门化的祈祷活动外，个人虔诚还可通过各种个人的和集体的礼拜活动来表达。17、18世纪，圣餐仪式很盛行。在《虔诚的活动》里，迈斯特神父写着："我想要你们参加圣礼的祝福仪式，每天两三次，如果你不能去教堂，我希望你能在自己的祈祷室做一点祈祷，简单地温习一下。"万福玛利亚在当时极为流行，布吕耶尔嘲讽地说："把晚祷看作是旧的和过时的而忽视它；待在那儿祈祷万福玛利亚。"在许多教区，虔诚的教徒们白天或晚上在他们神圣的主人面前聚一小时，它也就成了人们继续崇拜的对象。同样，17世纪少年耶稣成了崇拜的对象，这与稍后对圣心一样。圣礼上的玛格丽特，一个受过彼尔·德贝吕勒影响，来自博讷的加尔默罗会的白衣修士，成为忠于幼年耶稣的热心宣传员；加尔默罗会成员和辩护派成功地推动了17世纪40年代的运动。17世纪末，来自帕赖勒莫尼亚勒的仙客玛格丽特-玛丽·阿拉可克，在看了1673年的显圣后，创作了新的对耶稣圣心的崇拜形式。

玛丽的崇拜对象体验了17世纪无可争议的复兴，尽管也遇到来自教会内部某些人的反对。17世纪晚期，路易斯-玛丽·格里尼昂·蒙特福特主要因为他的论文《真诚地崇拜圣母》而成为这一事业的

17世纪时的一所意大利学校里，一名老妇人在念她的《玫瑰经》，这幅图典型地说明了17世纪和18世纪在天主教国家中日渐流行的一种崇拜方式。（南特，美术博物馆）

弗朗西斯·德萨莱：《虔诚生活导论》，写于1604年，出版于1609年，在作者的有生之年共再版了40次，并被翻译为17种其他语言。这本书一直畅销到今天。（巴黎，国立图书馆）

INTRODVCTION
A LA VIE
DEVOTE,
Par FRANÇOIS de SALES,
Euesque de Geneue,
SECONDE EDITION,
En laquelle le tout a esté reueu, corrigé & augmenté par l'Autheur.

A LYON,
Chez PIERRE RIGAVD, ruë Merciere, au coing de ruë Ferrandiere, à l'Horloge.
M. DCIX.
Auec approbation des Docteurs, & Priuilege du Roy.

主导者，主要包括背诵念珠经，一个早已被多明我会和念珠公会推广的行为。如果塞讷里神甫的话可信，那么1700年左右，“不会阅读的普通民众的虔诚仅仅表现在背诵念珠经上”。对玛丽的热爱有时仅通过披无袖外衣来表示，这常被认为是“圣母的习惯穿法”。

对圣者的崇拜仍然很盛行，除了朝圣，可从流行的“圣者之页”中找到证据，页面上附有色彩鲜明的圣者照片和他们的生活经历及常吟诵的祈祷词。从叫卖宗教产品的小贩那儿买来的这些东西被贴在人们卧室的墙上。

神秘的体验

神秘主义阶段，人们达到了个人虔诚的最高境界。神秘主义严格来说，就是通过直觉感受上帝并和他直接交流，入迷是这种结合的最重要条件。必要的宗教行为是外在的并常是集体进行的，但神秘主义，是精神性的最高形式关系和个体与上帝的一种极亲密形式的关系。17世纪上半期，弗朗西斯·德·萨勒和彼尔·德·贝吕勒被亨利·布雷蒙称为“法国精神学校”两个最伟大的代表。这个称呼在某些方面有误导作用，因为这两位法国作家尽管具有原创性,但他们仍然是14、15世纪佛兰德人和德国人的神秘主义和16世纪西班牙人的神秘主义这一漫长传统的组成部分。弗朗西斯·德·萨勒的《导入虔诚生活》把神秘主义从修道院搬到世俗生活中来。“正是异端”，他说道，“想要消除军队团体、手工艺店、王宫和已婚夫妇的家的虔诚生活。无论我们在哪儿，我们都能、都必须追求完美的生活。”他指出，如何有效地履行对国家的职责的同时，能像祈祷和默思那样获得圆满和达至精神上的至高境界。他也阐明了礼拜甚至神秘主义不属于生活的独立部分，而属于某些崇高时刻，但它们更应在日常中培养，甚至是在工作时间培养的观点。因此他对许多基督教徒的问题作出了回答，他们尽管忙于事务，也渴望迄今似乎仅属于教士的圆满。

让·加尔文（1509~1564年）。这幅17世纪的油画是这位宗教改革者众多的画像之一。（巴黎，新教历史协会）

相反，彼尔·德·贝吕勒所说的主要是针对献身于宗教的人：牧师、和尚和修女。在《论耶稣的行为和伟大》（1623年）中，他提出个人的圆满在于“追随”基督。这种追随可通过模仿他的各种“行为”，他在世上生活的最精彩片段来进行。贝吕勒所提倡的不仅仅是道义上的模仿而且是实在的基督精神的磨炼。17世纪末寂静教派的狂热，不仅引起教会申斥神秘主义的过度行为，也使神秘主义者对自己产生了持久的怀疑。然而萨勒、贝吕勒和其他的精神作家帮助强化了罗马天主教派的观点，最终的完善存在于终其一生和上帝的精神结合中。

新教改革的集体实践

基于信仰、普遍的教士身份和《圣经》至高权威的正当性，新教改革派让每一个人直接和上帝联系，嘱咐信仰者每天读《圣经》并提问题，因为它包含了上帝的旨意。路德说：“一切都由福音、洗礼和星期天的祈祷控制和规定；那也是能找到耶稣基督的地方。”阿尔方斯·杜普龙做出下面的解释：“这个轻而重要的行礼足以使一个人能做到他得到拯救所需做的一切，并能自己独立完成。路德派的救世神学动摇了社区救世神学把基督教世界看作历史体现的理

老布鲁盖尔：《施礼圣约翰布道》。这幅图是加尔文教派在"野外"布道的一个代表作。在新教徒占少数和处于秘密状态下，他们要寻找荒郊野岭举行布道。（私人收藏）

性框架和机构基础的观念。现在，人独自和永恒的命运做斗争。"除《圣经》以外的所有中介如礼拜仪式、牧师、圣礼、对圣者的崇拜和为死者的祈祷等，都被取消或缩小了其作用。既然基督教徒不是凭自己的工作或任何形式的中介而仅凭他自己的信仰、凭他自己和上帝救世主的个人依附关系获得拯救，因此大多数活动事实上已失去其意义。因而不仅所有基督教牧师，而且大多数罗马天主教会所保持和鼓励的社区形式的虔诚方式都不再有存在的理由了。埃米尔.G.莱昂纳尔描述了新教和天主教的对立点："新教教义的原则是人通过信仰获得拯救，但不是把没有确定目标的信仰本身，而是把对耶稣基督的信仰看作是唯一可能使人恢复和上帝接触的方法。那是整个基督教的基石。为了用新教的观点来解释这个观点，我们必须说'通过个人对耶稣基督的信仰'，强调'个人'这个词。在教会的基督教活动里，天主教教会在上帝面前并没有把如此的'个人'看作是人类。教会被拯救是因为它相信耶稣基督，每一个基督徒被救是因为（仅因为）他属于教会。这种通过教会获得拯救的观点和新教通过信仰直接获得个人值和创见的观点截然不同。"

人们容易错误地认为新教是个人单独面对上帝，与天主教由牧师牢牢控制社区的形式相反。严格意义的神学相信与圣者的交流、炼狱涤罪和为死者祈祷的功效，这些对新教徒来说是不可想象的。然而具体地说，当涉及如何在这世上生活时，路德和加尔文都太在意时代的现实性和生活在任何时代里人们的需要，而不是默认已有的一系列意在帮助正义的人们保持信仰、不亵渎他们与上帝之间的个人关系的机构和社区活动。对这些行为的研究表明，新教和天主教之间的隔阂并没有人们想象的那么大。

家庭信仰

路德派和加尔文派都进行个体的日常祈祷和诵读《圣经》，通常以家庭为单位，这有几个方面的原因。直到18世纪末，尽管在新教地区的教育有所发展，许多下层人仍然不会阅读。况且，《圣经》相当贵，很多家庭只有一本，他们珍藏这一本，并代代相传。1620年杰出的胡格诺派领袖菲利普·普莱西-莫尔奈的女儿，安妮·德·莫尔奈，在她的《圣经》里写道：“这本《圣经》是我尊敬的父亲普莱西先生送给我的。在我走后我想把它送给我的大儿子菲利普·德·努希，以便他能仔细阅读这本书，学会如何侍奉三位一体的上帝。为了鼓励他在这方面的努力，让他回想他祖父的例子，从祖父那里获得很多启发，也让他时刻记着我——他的母亲，对他所抱的期望。”最后是改革者自己强调家庭信仰的重要性。

通常是父亲主持家庭的《圣经》阅读。每天早上和晚上，他把妻子、孩子和仆人聚集起来读几节，然后全家人唱赞美诗，诵读

亚伯拉罕·波斯：《餐桌上的祈祷》。展示了一个新教徒家庭晚餐时的情景。（巴黎，国立图书馆）

《圣父》和念祈祷词。在阿尔萨斯的路德派区，祈祷词来自路德的《教义问答》。从普瓦图到朗克多克的加尔文派和蒙贝利亚地区的路德派，都使用在日内瓦、洛桑或纳沙泰尔等地印刷的法文版《圣经》。阿尔萨斯的路德派使用的是在斯特拉斯堡、巴塞尔或科隆印刷的德文版《圣经》。有单独的赞歌本，通常来自一百五十篇的《诗篇》，经由克莱芒·马罗和泰奥多尔·德·贝兹改编。歌唱占重要的地位；路德和加尔文都赞誉“圣歌的功效”。除了早晚的祈祷，一家之长还在每餐开始和结束时吟诵祝福词和感谢词。来自图尔斯胡格诺派的亚伯拉罕·博斯创作的描绘饭桌前一家新教徒的版画，就能很好地说明这点。父亲的作用远不止主导一家人的信仰，他也得负责确保家人包括仆人在内的所有人步入正途。奥利弗·德·塞尔写着：“父亲应劝导仆人，只要他们能听懂，崇尚美德避免邪恶，教导他们应该在不伤害别人的情况下，很好地活着。他应禁止亵渎上帝的行为、放荡的生活及偷窃和其他罪恶，不允许这些恶行在家里滋生以保持家庭的荣誉。”

新教徒的虔诚不仅局限在家里。加尔文派和路德派教徒都是教区的成员，都和其他人一起参加社区的宗教活动。比路德派更甚，

这幅木板上的油画展示了18世纪末或19世纪初美国贵格教会的一次集会。（波士顿，美术博物馆）

加尔文派教徒相信个体不能独自地信奉他的信仰，而需要严格的纪律。诚然，每一个基督教徒都是一个“牧师”，没有必要重新制定只限于少数人的牧师制度，但“少数的牧师”并不与普遍的牧师身份相矛盾。每一个教区都由一个牧师或牧师长率领，由一至两个教导者和年长者团体（法庭）辅助。在蒙贝利亚尔的路德派教区的28个教区里，1725年有34个主牧师，92个教导者和192个长者（不包括87个国王代理的市长）。这样总共约有410人为拥有15000教民的一个宗教社区服务，几乎达到1比40，使得宗教官方能保持它的严格纪律。

布道和圣餐

有关纪律首先适用于社区宗教活动，其中星期天的礼拜活动尤为重要。礼拜有三方面的作用：崇拜、转化和教导。祈祷、诵读《圣经》和歌唱是教导崇拜和转化的手段。教导通过牧师的布道讲解。《法国改革派教会规则》第十二条规定牧师“不准宣讲任何不基于《圣经》主题的东西，这点他们基本遵守了”。星期天礼拜后，成年人通常参加教义问答班。在蒙贝利亚尔地区，还有一个下午的布道礼拜，常在星期三或星期五或每天的教堂早礼拜时举行。

路德派和加尔文派每年庆祝圣餐四次——分别在复活节、圣灵降临节、早秋和圣诞节。教区成员接受面包和酒的形式的圣餐。在递面包时，牧师说：“我们分享的面包和我们的主耶稣基督的身体是共一体的，他为了我们的罪而死。”递酒时，他又补充说：“记住基督为了赎你的罪而把血洒在十字架上。”在领圣餐前，每个教区成员得向长者递交一个雕刻粗糙的标记，以便长者法庭判断他们是否履行了义务。取消了个人忏悔仪式后，新教教会制定了许多类似的阻止公开承认有罪者接受圣餐。在路德派教堂里，牧师在讲坛上宣读一份集体的忏悔书，然后向全体教徒分发所谓的“福音赦罪文”。加尔文派考虑到“许多人盲无目的地冲向圣餐”，于是规定其教区内的“宗教纪律”：个人必须到长者法庭前接受审查，有罪者接受告诫，某些情况下甚至会被解除教籍，也就是说，被取消接受圣餐的资格。这样，告诫取代了忏悔，集体悔过代替了个人悔过。不可思议的是，在这方面，天主教教徒比新教徒更加重视内心生活的圣洁。新教徒对“教会基督化”的关注更胜于对基督徒个体自由的关注。

集体性仪式

一个人生活中所有的重大事件都是在教堂里和其他教民们一

这幅雕版图来自B.皮卡尔的《世界各地人们的宗教仪式和习惯》，该书1733年在阿姆斯特丹出版。插图说明了路德教派给予集体福音赦免的做法，牧师赦免了在场的所有信徒，男人站在一边，女人站在另一边。（巴黎，国立图书馆）

来自B.皮卡尔同一本书的雕版图，图中描绘的是圣餐仪式，信徒围着一张长条桌团团而坐，从牧师手里的托盘里拿面包，同时，一杯酒不断地从一个人传递给另外一个人。(巴黎，国立图书馆)

起庆祝的。新教没有像天主教那样重视早期的洗礼，他们对拯救抱着不同的观念。一周内出生的孩子在星期天做礼拜前一起接受洗礼。在《为信教者辩护》（1647年）一书中，莫里兹·阿米罗描述了他那个时代的洗礼仪式："在严肃的祈祷后，小孩就被托付给上帝，以我们的主耶稣基督的名义，请求在达到合法年龄时成为他自己的拯救参与者，希望洗礼能给他带来美德，洗掉原罪，并带来圣洁。在带他来的人许诺将引导他信奉福音并对上帝虔诚之后，水被泼在小孩的头上，这样小孩就以圣父、圣子和圣灵的名义接受了洗礼。"父亲可以带着孩子并给他取名。教父母，《圣经》没有提到，不是必备的；然而在实践中，选择教父母的习俗仍然存在。订婚和婚礼也在教堂里举行，订婚是很严肃的许诺，只有长者法庭因为"重大或法律原因"才可解除它。婚礼，不被认为是圣礼，通常在六个星期后举行，新郎或新娘教区的牧师要到场。

相比之下，死亡和埋葬是个人的事，不应引起人们的大惊小怪，路德和加尔文派都不相信炼狱涤罪和代死者的祈祷。埋葬很简朴，根本没有某些天主教葬礼的壮观场景。在蒙贝利亚尔的路德派教区，在一小段祈祷文后，死者在只有家人出席的情况下下葬。然后亲人和朋友们聚集到教堂听牧师的一段布道。加尔文派的葬礼更简单。加尔文自己树了一个榜样，要求死后用粗布裹着尸体并运到墓地，没有圣歌，没有祈祷词，也没有石头墓碑。如此的简单不仅震惊了天主教派，甚至也震惊了路德派。如1643年到日内瓦旅行的斯特拉斯堡的埃利·布拉肯·奥弗所说："没有葬礼祈祷，没有圣歌，没有纪念仪式，根本没有纪念这一时刻的任何东西。当一个人死了，他也就消失了。甚至没有受到为救济院里的死者所举行的主祷文仪式，亲友和其他人就这样回家，没有安慰和劝导。"《法国改革教会规则》禁止牧师参加葬礼："葬礼不准有任何祈祷和讲道，以避免迷信。"死者不需要朋友和亲人的祈祷，他们确信自己是上帝的选民而不需要安慰；拯救是个人的事，幸存者肯定有希望。

孤独和上帝的选拔

从家庭祈祷到"教会纪律"，从洗礼到星期天的礼拜和圣餐，这些新教活动似乎至少和天主教一样社区化。然而有一根本不同点：对天主教来说，弥撒、代死者祈祷和到圣地朝圣的意义和理由这座新教教堂1599年建立在鲁昂市入口处的盖维里，它为近5000名新教徒——也就是1602年鲁昂7%的人口，提供宗教祈祷场所，值得一提的是它的两层结构和内设楼梯。（图片来自《鲁昂的教会迫害史》，巴黎，1704年版，国立图书馆）

都源于和圣者的交流；基督教徒不是单独寻求拯救的，为自己的利益而工作不是基督的唯一品德，此外还有为圣者代祷及替活着的人祈祷；对路德派教徒及其他新教徒来说，社区宗教活动的唯一目的是维持（也许是监视）个体的信仰。

新教徒知道自己是上帝的选民。但对这些被选中的位次的确定，仍然要求助于救世主上帝。天主教派借助于祈祷，期望通过善行可得拯救。新教徒期望遵守法律而不期待任何补偿性的奖励，与天主教不同，他不必担心死和审判，相应地，他得通过遵从《圣经》的要求来表明上帝的确选择了他。这样，改革派神学的实质里就有了个人主义和内心生活。就是在这种意义上，也只有在这种意义上，克洛代尔的观点才是对的，他在《圣人的鞋》中写道："新教徒单独祈祷，然而天主教徒在教会集体祈祷。"改革和天主教反改革派在内化虔诚的信仰方面都起到了关键作用。新教至少和天主教派一样重视社区活动。菲利浦·阿利埃斯注意到，16、17世纪发展起来的新宗教在改变人们的世界观方面起了重要作用，特别是关于自己及其在日常生活中的作用的观念。

1768年斯特拉斯堡绘制在玻璃上的一幅油画，内容是新教徒的婚姻，穿着带白色领子的黑色法衣的牧师，为这对年轻的夫妇祈祷。下面的图片说明上写道：“上帝保佑你们，结婚的夫妇，把你的手伸给我，我已准备好了。”(巴黎，民间艺术和传统博物馆)

乔治·德拉托尔（或他的画坊）作：《圣热罗姆》。在17世纪的油画中，最常见的画像就是经师热罗姆。在打开的书中，书页旁边还写着补充说明。（巴黎，卢浮宫博物馆）

读写的实际影响

根据菲利浦·阿利埃斯的观点，现代最重要的发展之一就是西方社会中书写文化的出现。识字率的提高、印刷或手写的文字材料的广泛传播以及日益普遍的默读行为——默读使读者与其所读之书之间形成了一种单独的、个人化的关系，都是至关重要的变化。这些变化重新界定了私人生活与社区生活之间的界线。

1500年至1800年，人类和书写文化之间关系的变化有助于形成一种新的私人领域，个人可以隐退其中，在社区之外寻求到庇护所。

然而，正如我在后面将要表明的那样，这种变化没有完全消除早期的实践，也没影响所有接触印刷材料的人。为了学习或娱乐而进行的大声或集体的朗读，并没有因为默读和个人阅读形式的出现而消失。各种读书方式交错并存。但我们不应因此而忽视新的行为模式正在形成的事实，这种模式让我们了解到许多有关现代早期的私人化过程。

估算识字率

在现代早期，文字渗入西方社会的程度能估算出来吗？为了试图估算出西方的识字率，历史学家清查教区记录、公证人档案、法庭和税务当局资料等材料中的签名，利用这些材料，他们估算出能签自己名字的人所占的比例。经过长期的争论之后，现在普遍认为尽管这个数字可看作是一个社会能写字人的粗略估计，但不可能理解为文化进步的直接标准。在近代早期社会，小部分上学的小孩先学会读后学会写，能签名的人也都会读，但并不是会读的人就能签自己的名。

况且，不是所有的签名者都真正能写。有些人接受的书写训练仅限于学会如何签他的名；另一些人则因为缺少锻炼而失去了写的技能，签名能力仅仅是那失去的技能的残留。令人奇怪的是，签名能表明能阅读的人口数，但并不能表明他们一定会写。因此不可能估算出签名的人中有多少真正会写和有多少会读但从没学会签名。但这并不是说，在不同时代或在不同地区的签名者所占百分比的材料毫无价值。这些数字构成了一种粗略而复杂的指数，它们既不能精确地估算出写作技能的扩展程度，也不能估算出阅读技能的扩展程度。

读者的数目

带着上述的警示，从所有这些材料中我们仍然能够清楚地看出，整个欧洲签名者的比率在1500年和1800年之间迅速上升（为了方便起见，我们可把这一比例称为“识字率”，记住这并不一定表明会读写人数的比例）。我们所拥有的三个国家的大量材料，足以让我们对其全国范围的情况进行概括。在苏格兰，1638年收集的《国家盟约》（批准了长老会的联合），和1643年的《正式同盟和盟会》（肯定苏格兰对英国议会的支持，只要它承认长老会宗教）的签名显示出男性识字率为25%。一个世纪以后，收集到的18世纪50年代高等法院收集的签名数显示，男性识字率为78%，女性为23%；其中社会组成中的证人和普通民众的识字率分别为65%和15%。在英格兰收集的1641年的《新教宣言》（效忠于真正改革的新宗教的宣言）、1643年的《誓约和同盟》（效忠于议会的誓约）以及1644年的《正式同盟和盟会》（介绍长老会主义）等文献上的签名，表明男性识字率为30%。18世纪下半期的英国国教结婚登记册（自1754年后，要求新郎和新娘双方都要在结婚登记中签名）反映出写字能力的进步：1755年和1799年有60%的男人签名，而女性的签名率1755年为35%，1790年为40%。最后，在法国，新娘、新郎在教区登记册中的签名（1877年R.马吉奥洛教为了这一目的招募教师，记录下几乎所有教区登记册签名的情况），也反映出一个世纪的进步：在1686年至1690年之间只有29%的男性和14%的女性签名；在1786年至1790年之间，有48%的男性和27%的女性签名。这样，一个半世纪中，男性的识字率在苏格兰增长了40%，在英国增长了30%，在法国增长了19%。

其他国家缺少判断识字率的材料，但我们有证据表明某些城市和地区识字率发生了类似变化。例如，阿姆斯特丹的公证订婚协议在1780年有85%的男人和64%的女人签名，而1630年这一比例分别为57%和32%。在都灵，1790年有83%的丈夫和63%的妻子有他们的签字；相比之下，1710年分别只有70%和43%。都灵周区——也就是由这个市管理的农村地区——的进步甚至更显著：男人签名率从21%上升到65%，女性签名率从6%上升到30%。在纽卡斯尔的托莱多审问法庭权限范围内，证人和被告（8/10是男人，几乎1/2是贵族）能签名的人数在1515年至1600年之间约占49%，1651年至1700年之间为54%，1751年至1817年之间为76%。虽然不能把对典型情况调查所获得的这个数字作为整个纽卡斯尔地区人口识字率的标志，但上升的百分比表明识字率在稳步发展。

美国殖民地有类似的发展趋势。在新英格兰，1650年至1670年间签遗嘱的男性有61%，1705年至1715年间为69%，1758年至1762年为84%，1787年至1795年间为88%。至于妇女，三个相对应日期的百分比分别是31%、41%和46%。在弗吉尼亚，1640年至1680年有50%的人签了他们的遗嘱，而1705年至1715年间为65%，1787年至1797年

整个18世纪，欧洲学习写字意味着逐步形成一套复杂的姿势和姿态，一个人要想写得好，就必须学习坐姿，与纸张保持合适的距离；将手臂正确地放在桌子上；形成正确的握笔姿势。（巴黎，卡纳瓦莱博物馆）

间为70%。

这样，能签自己名字的男女所占的百分率普遍显著增长，这一增长与绝对文化水平无关。无论在天主教国家还是在新教国家，无论是在农村还是在城市，无论在新大陆还是在旧大陆，越来越多的人熟悉了读写。许多人获得了以前毫无例外只属于少数人的文化技能。这并不是说发展没有间断过。尽管识字率几个世纪以来一直明显地呈现向上发展的趋势，但并非没有倒退和挫折。在英格兰，诺里奇教区宗教法庭的证人签字的百分比，显示出了暂时但明显的倒退。这影响到那些在1580年至1610年之间满10岁的人，特别是商人、农民和自由民，以及受教育于17世纪40年代内战时期的一代人中，自由民识字率下降了二十个百分点；在1690年至1710年，乡下人特别是农民的识字率急剧下降。

在马德里，17世纪下半期的识字率经历了类似的下降：1650年，45%的立遗嘱者在他们的遗嘱或破产声明的资料上签字；1651年至1700年，这个数字降到37%。男性识字率的下降（68%~54%）比女性（26%~22%）更明显。最后，在普罗旺斯，1690年至1740年之间接受教育的几代人在识字方面没有进步，一些地区的遗嘱及婚姻资料的签名百分比还出现快速地下降。但总的来说，普罗旺斯的识字率和其他任何地方一样在增长：17世纪末到19世纪初，在调查过的20个社区中，有13个签名百分比翻了一番。然而，尽管在显著前进的间歇期有停滞甚至倒退，但进步是普遍的。普罗旺斯的发展发生在1650年至1680年以及1740年之后的五六十年间。

停止发展的原因各地不同，包括校舍的毁坏、较低文化移民的涌入或经济的衰退。重要的一点是在1500年至1800年间，文字的发展既不稳定也不一贯。也许，这就是这一阶段和19世纪截然不同之所在，19世纪规模教学开创了一个稳定发展的时代。

不平等的技能

尽管写的技能提高了，但并不是所有人都平均地拥有这一技能。在某些方面出现了明显的不平等现象，或许最突出的是男女之间的不平等。任何地方的男性识字率都比女性高，两者之间的差距可高达25或30个百分点。显然妇女在写的世界里发挥的作用小得多，但这个数字没有准确地反映出具体的不同阅读能力。现代社会早期，学会阅读早就被看作是女孩子教育的一部分；然而学习书写则不是，因为妇女学会书写被看作是获得了无用且危险的技能。在莫里哀的《妇女学校》里，阿诺尔菲很渴望阿涅丝会阅读，以便她能理解他的“婚姻格言”，但接着就失望地发现她还会写，特别是给她所爱的霍勒斯写信。因此对女性来说，签名的百分比比男性的更不精确（特别是下层阶级）。

不平等还存在于不同职业和阶层的人之间。在17世纪的英国农村地区，签字能力（根据教会法庭证人的签字）和工作及社会地位密切关联。几乎所有的教士、贵族和重要的商人们都会写字。技术艺人（金匠、马具制造者和布商们）和自由民的十之七八会写字。在大多数其他行业里，特别是纺织业和布品加工行业，大约只有1/2的人能签名。接着乡村里的工匠和商人（铁匠、木匠、磨房工、屠夫等等），只有百分之三四十能签名。比例最小的是建筑工人、渔民、牧羊人、农民和农业工人，他们中最多只有1/4的人会签名。除了细微的差别外，这个例子适合整个欧洲的农村地区，这里能签自己名字的能力，很大程度上取决于个人工作所需要的技能和需要与外界市场接触的情况。

大城市里也一样，写的能力在很大程度上取决于职业需要和地位，但城市居民的绝对百分比比对应的农村地区高得多。以意大利的埃米利亚地区19世纪早期的婚姻登记为例。在皮亚琴察、帕尔马、雷焦、摩德那和波伦亚等五个城市，我们发现42%的新郎和21%的新娘能签他们的名字，然而在周围的农村里，相对应的数字仅分别是17%和5%。北欧的情况也同样：17世纪的伦敦艺人和商人的识字率是他们乡村同行的两到三倍，家庭仆人也是他们乡村同行的两倍半（伦敦69%的人签字，而英国农村地区只有24%）。这就是为什么现代城市文化是独一无二的：大量的城市居住者掌握了写的能力，且读写能力的分布不像农村地区的那么不平衡。

所有这些写作能力的不同影响了16、17和18世纪的个人化进程。阅读能力是一些人进行个人生活新的实践活动的必备前提。个人与书本的阅读和写作关系使个体从旧式的说教者中解脱出来，使他们得以脱离团体的束缚，并使内心生活的培养成为可能。默读能力发展了新形式的虔诚，这极大地改变了个人与上帝的关系。读和写的能力使人们能与他人及政府建立新的关系。个人和写的关系越密切，他就越能从传统的生活方式中解脱出来，旧式生活把人和社

J.P.德拉塞尔：《流行尺牍大全》，出版于1640年，是当时最畅销的书信格式选集。编选者最初的意图是为资产阶级和贵族书信写作者准备的，但后来迅速成为市场畅销书目。（巴黎，国立图书馆）

图尔内的J-F.德·拉莫特是一名错视画派的油画家，在这里，他描绘了一些写信工具和写信模式。信稿旁边是一支开信刀、一个墨水盒、一支蜡、一个笔记本、一本卷宗夹、一封信以及一个打开的信封。(圣奥梅尔，市政博物馆)

区紧密绑在一起，使其必须依靠其他人来读和阐释神圣的文字，屈从于他的统治者的指挥。

识字率的地理分布

个人阅读及其关系日益改变着欧洲社会的性质，但在不同国家步伐不一。大体上说，北部和西北部欧洲地区的识字率比其他地方高。到18世纪末，识字率较高的地区百分之六七十的人都能签他们的名字：法国沿圣马洛—日内瓦一线以北的地区这一比例为71%，在低地国家奥地利占领区为61%，英格兰60%，苏格兰65%。就女性来说，法国北部和西北部是44%，低地国家区37%，英格兰40%。测定欧洲其他地区的识字率比较难，历史学家的研究也相对较少，但各种迹象表明它们远远落后于较先进的地区。例如，在埃米利亚地区，城市的签字率在19世纪早期至相当晚的时期，男人为45%，女人仅为26%。因此有充分的理由相信包括梅佐戈罗及相对先进的北方区在内的整个意大利，其人口包括农民和城市人口的识字率一定比北部欧洲低一点，或许低得多。1768年，匈牙利村里和镇里的地方长官只有14%能签他们的名字，农民人口中的百分比肯定更低。最后，在瑞典，19世纪70年代只有35%的应征士兵会写字，这表明其在18世纪晚期的识字率一定很低。

总的来说，北部和西北部欧洲在文化上要比欧洲大陆其他地方发达；这只是大体上的比照，但毫无疑问大体趋势是正确的，尽管有些地方需要修正。18世纪末，在识字率高达30%的地区和仅为10%~12%的地区之间有一过渡地带。法国南部，在圣马洛—日内瓦一线以内就是一例：法国大革命前夕，44%的男人和17%的女人在他们的结婚证上签了字。

而且，即使在相对落后的地区，我们仍然能够明确区分出人们既不会读也不会写的区域（如意大利和匈牙利的例子）和人们只会读不会写的区域。例如在18世纪中期的瑞典，很少有人会写字，但80%的都会读书。随着1686年宗教法令的传播，路德教派在政府的支持下，掀起了一场运动，教人们阅读以及用自己的眼睛看上帝以神圣的文字写就的命令和指示。教区牧师随后负责起教人读书的任务。教民定期检查测试教徒的阅读技能和教义问答知识，那些不会阅读也不知道教义问答内容的教徒，不允许接受圣餐和在教堂结婚。这场运动在1690年至1720年间达到顶峰，给瑞典人和芬兰人留下了长久的影响，这里人人都会读书（牧师们为了宗教目的特意训练的），但只有一小部分精英分子会写字。

这种情况可能不是瑞典独有的，在丹麦可能也存在同样的情况。在那里，18世纪末读写之间的差距相当突出。当然，在苏格兰——欧洲文化程度最高的国家之一，情形也是如此。坎伯斯朗位于当时震撼苏格兰教会的宗教复兴中心，根据该教区福音派教会牧师所收集的证据，这个区的每一个男人和女人都宣称会读，但只有60%的男人和10%的女人说他们会写字。许多人说，他们学会读书，是为了避免不能完全地参加所有宗教活动而带来的“羞耻”。这样，在一些新教国家，具备阅读能力是普遍的，而这与通过计算签名数估计他们的“识字率”无关。

雕刻，来自B.皮卡尔：《世界各地人们的宗教仪式和习惯》阿姆斯特丹1733年版。在17世纪和18世纪，在新教国家里，教义问答开始利用书本，牧师照着书本大声诵读并加以评论。学生默默地听着，轻声地跟读，这与中世纪大学里的教学方式类似。在中世纪的大学里，讲师大声诵读他的备课笔记，学生根据课本跟随老师的讲课进程。（巴黎，国立图书馆）

然而，高识字率并不是新教主义的一个必然结果。早在16世纪30年代的德国，路德就放弃了他的基督教徒应该会读《圣经》的主张。相反，他强调宣讲教义和教义问答的重要性，也就是说，牧师扮演着传道者和圣文解释者的作用。在路德派地区，对牧师和行政精英进行的教育与普通的宗教教育课程存在显著差异。普通宗教教育主要是口头的，依赖于背记，与识字与否无关。在莱茵河地区，16世纪下半期，宗教检察官们发现许多人会读他们并不理解的文章，他们用背好的答案回答问题，并且总是不准确。这说明教义问答班遵从死记硬背的陈规，不追求对《圣经》的个人理解。

直到17世纪末，由虔信派发起所谓第二次宗教改革，所有的信仰者才被要求学《圣经》里的内容并做出自己的解释。为了达到这一目的，新教徒首先在宗教集会上相互教，后来政府命令把这纳入

盖拉尔·道在这里描绘了一个老妇给一个老年男子大声朗读的情景，阅读打断了这对老夫妇日常的家庭杂事。在加尔文教区，许多人都是识字的，因此每个家庭都可望每日诵读《圣经》。（巴黎，卢浮宫博物馆）

小学的课程，这改变了《圣经》的社会地位。在16世纪的德国，它只是一本供牧师或将成为牧师的学生以及宗教书房使用的书，到了18世纪早期，它成了所有人的书，大批量地生产并廉价销售。这可能就是德国虔信主义者文化水平激增的原因：在东普鲁士，农民签名的百分比从1750年的10%增长到1756年的25%和18世纪末的40%。虔信主义者，而不是路德主义者提高了德国的阅读能力。

中世纪的进步

文化的进步和阅读的传播，是促进西方人关于自己和自己与他人关系的观念变化的主要因素。然而，这种变化的程度大小只有到17世纪和18世纪才能够估量出来，因为一直到16世纪末，甚至更晚，才出现了适合于计算签名技术的诸多文献材料。因此，从中世纪晚期甚至到16世纪，欧洲文化的状态大部分都晦暗不明。认为当时识字率普遍很低、只有牧师才会写字的假设很可能是不对的。例如在佛兰德，各种迹象表明普通人会读、会写和会算。在城市，非“拉丁语”学校向普通民众讲授基本知识。在圣奥马尔，1468年大概有二十多个这样的学校。在瓦朗谢纳一个有10000居民的小镇，1497年有二十四所这样的学校。另一迹象是出现在教堂壁画和彩图上的文章，还有一个证明就是签名的高百分比——通常是70%——体现在15世纪市政官和圣奥马尔医院的会计所收集的各种收据里(如为了租房、供给和劳动等)。许多商人和艺人似乎都识字，只有劳动者和运输工的大多数不能签他们的名字。毫无疑问，在农村这种情况是不同的，但保持蹩脚的统计记录、社区和慈善事务登记和税收名册表明写字是普遍拥有的能力，税率的张榜至少表明有些人会读。

中世纪的佛兰德绝不是唯一会读、会写的地区。早在14世纪，在意大利的一些城市里，即使社会下层中也有许多人会写字。在佛罗伦萨，1340年，6~13岁的孩子，有45%~60%都上过小学；既然更多的男孩上学，那接受基本教育的男孩的百分比肯定很高。在一些地方，写的能力到中世纪晚期已颇有成就。同样，并不能因为在1600年至1800年间所取得的惊人的和广泛的进步，就断定在1400至1500年间只有很少的人知道读和写。

拒绝写

取得的成就掩盖不了对写字及其传播的固执的抵制。莎士比亚在《亨利六世》第二部（其四开版本写于1594年）里通过处理杰克·凯德反叛事件把这种抵制戏剧化了。在第四部第二场景里，凯德和他的属下士兵决定杀掉“所有的律师”，他们选中的第一个目标是查塔姆牧师。拒绝书写的三重原因助长了他们的社会仇恨。第一，文字是官员们表达自己决策的手段，凯德所谓的“写在羊皮上的”当然指的是皇家命令，羊皮从12世纪起被用来记录呈交给国王的请愿和向地方长官传达王朝的决定（凯德因偷牲畜被判烧烤双手）。第二，写被用来记录穷人的义务，正因为如此，他们把矛头指向了查塔姆牧师。“他能传达义务和充当王朝的写手”，也就是说，他用潦草的手稿记录下债务，这个手稿被用作债务证明材料。第三，写字被认为是有魔力的和邪恶的力量。查塔姆牧师“口袋里有用红笔写的小本”，换句话说，一本用红墨水写标题的巫术书，这可能和他的名字伊曼纽尔所示的犹太人作风有关，叛乱者之一迪克懂得其书信体作用：“他们在信头上写名字。”这种写字能力成为当权者的工具，是或通过法律或通过魔术的方式，使强者得以奴役弱者的统治方法，因此成为放弃社会平等的表征。凯德问查塔姆牧师：“你写自己的名字吗？或者你坦白直率地记录自己吗？”人人都会的画标记，是尊重人的原始平等的标志，然而签字把那些会写的人区分开了，表明对这种平等规则的放弃。

在第七幕，叛乱者已控制了伦敦，对写文化的仇恨更加肆无忌惮。他们试图毁坏传播文化的地方（“其他人到法律协会，和他们一起下去”），古老的纪念碑（“毁坏所有这个领域的记录”），相关生产技术（沙伊勋爵被指控建起了纸厂和引进印刷术）及其词法描述（沙伊勋爵再次因他被一群“经常谈论名词、动词和此类可怕字眼”的人围绕着而被指控）。面对这些压抑的和腐蚀人的革新，凯德提倡以说和记号为基础的传统文化：“我的嘴就是英国的议会。”这样，他间接提到了古代法律的概念，其力量来源于口头宣言。相对于书本和印刷材料，凯德更喜欢古代在木块上画线记录个人债务的办法：画杠记录。事实上，杰克·凯德的叛乱发生在1449年，比英国引进印刷书早二十五年。在创作发生在一个半世纪前的叛乱故事时，莎士比亚能在他的戏剧里把两种文化之间的基本矛盾融合在一起：一种是无论在公众领域还是在私人领域都日益依赖于写的文化；另一种文化是歌颂没有书写的怀旧的、乌托邦式的社会，通过人人都能听懂的语言和能看懂的符号统治的社会。不论莎士比亚出于什么意图把一起民众起义描述为愚蠢的和血腥的，把起义者描述为受别人操纵的傻子，但很显然，叛乱的潜在原因是对书写的仇视，叛乱者指斥书写应对改变社会的剧烈动荡负责。

如果莎士比亚所描述的是下层人民敌视写字的情感，那在文化层次较高的阶层里也有类似的情感，他们拒绝使用印刷的书，16世纪末这是人们一种很普遍的反应。例如，威尼斯一个名叫菲利普·迪·斯特拉塔的多明我会成员，提议反对为大多数威尼斯政府议员所接受的胡泰贝格的发明。他坚持认为印刷在几方面是罪恶的：它滥用了课文，使之快速制作传播，制作不完善的版本仅仅是为了获利；它腐蚀了心灵，因为它使不道德的和异教的作品传播成为可能，对此教会当局无法控制；它也败坏了知识，因为知识对民众开放而遭到贬低。由此得出结论："Est virgo hec penna,meretrix est stampificata."（笔是处女，而印刷产生妓女。）

一个多世纪后，洛佩·德·维加于1619年在马德里出版的《富恩维戈龙纳》响应了迪·斯特拉塔的观点。在该戏剧第二幕第892至930行里，一个名叫巴里欧德的农民，与一个从萨拉曼卡大学获得开业证书的莱奥内洛讨论印刷术的作用。对胡泰贝格的发明的有用性，学识渊博的莱奥内洛也表示了怀疑。诚然，它保存了有价值的作品并确保其得以广泛传播，但传播也会产生错误和荒唐的事情，让那些想毁坏作者名声的人盗用作者的身份并以他的名义散布无用的东西，用过多的文章扰乱人们的心灵。印刷并非只是对知识的发展做贡献，它也可能增加了无知。当巴里欧德说，大量的印刷书本使每一个人想成为学者成为可能时，莱奥内洛直率地回答道："Antes que ignoran mas."（不，他们比以前更无知。）

西方书写文化的发展必须与顽固地认为传播知识是渎神的观念做斗争。日益增长的能读会写的人和激增的印刷品在"牧师"（世俗的或教会的）中引起不安，他们迄今一直拥有生产和讨论知识的垄断权。在天主教历史上，只有牧师有权解释上帝、自然和国家的秘密。随着17世纪科学革命的到来，古代的禁忌及获得知识的限制被解除了，但仅对极少一部分人——"文学界"——来说，他们中的成员是被认为唯一能获取知识而又不会对宗教、法律和秩序产生危险的人。曾几何时，当拉鲁萨和普罗米修斯成为知识无界限的标志时，人们再次受到提醒，知识必须保持在新的牧师——知识分

在18世纪，对卡尔蒙泰尔和其他人来说，阅读主要是一种孤独和静默的行为，正如紧闭嘴巴而用手指表现出来的那样。在这幅图画里，这位雄贝格的伯爵坐在一扇敞开的窗户前阅读，以一种非常轻松的姿势阅读而非在桌子后面正襟危坐地研究。他手托腮帮，所阅读的书《伏尔泰著作集》被放在一边，读者本人深深地沉浸在思考当中。（尚帝伊，孔代博物馆）

子——的掌管范围内。

两个主题紧密关联：低层人民拒绝写文化的观念，因为他们把它看作是统治者的工具而威胁到社会结构；另一个反对者是教育者，他们抵制曾经专属于他们的知识，当然还包括掌握知识的途径被下贱者获得。在书写被西方社会接受之前，它得克服这两方面的抵制势力。

各种阅读实践

默读

在16至18世纪，当越来越多的人学会阅读后，新的阅读方法开始流行起来。其中最新的，如菲利浦·阿列埃斯指出的，就是避开别人在安静的角落里进行的个人阅读，这让读者能反思他或她所读的内容。不可否认，这种个人阅读是现代早期文化发展的一个主要方面。

什么使默读成为可能？首先人们需要掌握新技能：不发出他们所读词音的阅读能力。否则，读者在公共书房里，也就是在一间其他人在场的房子里阅读时还得受到社区限制。默读也使迅速内化所读的内容成为可能。大声朗读速度慢、费力且表面化；默读更快、更容易，并对内心生活的影响更迅速。很显然，在中世纪，一个又一个群体读者掌握了默读的技能：首先是在修道院做文字工作的抄写员；然后约在12世纪中期，大学里的学者获得了这种能力；两个世纪以后，世俗贵族学会了默读；到15世纪，默读成为会写的人和有文化的社会阶层中人的一个标准。对那些缓慢学会读书的群体和认为书本是奇怪稀有的东西的人，旧式阅读毫无疑问仍然是必要的。直至19世纪，人们仍然能根据会不会默读来判断阅读新手和笨拙的读者。在拉比什的剧作《卡尼奥托》(1864年)中，农民科拉丹回答一个对他大声读一封私信而不耐烦的人说："如果我大声读，那不是为你，而是为我……如果我不大声读……我就不明白我所读的是什么。"

盖拉尔·道：一位老妇在阅读《圣经》的时候嘴唇轻轻张合。在很长一段时间里，下层读者发现需要念出声来以帮助理解内容。（列宁格勒）

默读为那些掌握它的人开辟了新的视野。它急剧地改变了思想活动，思想活动实质上变成了一种个人隐私活动，使个人能接触越来越多的文章，能记住所读的东西并把各种东西结合起来。它使得更具个人形式的虔诚、更私人化的崇拜、不受教会陈规和思想支配的个人与上帝的关系成为可能。相信等级社会秩序的托钵修道会和新教主义都认为个人和上帝之间有直接关系，这主要依赖默读，至

墙上招贴画形式的1681年度历书。在码头边的书店和货摊前面，一个男人正在向一群不耐烦的消费者大声读着一则公告。(巴黎，国立图书馆)

少一些人能通过个人阅读精神书本或《圣经》来培养自己的信仰。最后，无声的、秘密的个人阅读为以前想都不敢想的大胆行为开辟了道路。在中世纪晚期，甚至在印刷术发明前，手写体的异教文章就流传着，发表批评意见，另外装饰精美的情书也很受读者青睐。

印刷术的发明的确是一场“革命”，它使得大批量生产同一版本成为可能，其所费成本比手工抄录要低得多（即便当时印刷规模尚小且印刷费相当高）。但不应该把思想和心理的变化归功于印刷术，这种变化是新的阅读方式带来的，不关乎文本是否是印刷的或手抄的。到16世纪时，“另一场革命”——阅读的革命——业已完成，尽管这场革命对世俗大众的影响一直到当时才表现出来，且尚未完全完成，因为大量没有掌握书写能力的读者仍不会默读。在认为阅读是私人行为的人与阅读仍是公共行为甚至是阶级团结行为的人之间，看上去依然存在着明显的差异。

更多的读者拥有更多的书

默读会使人与书本更为亲密，并使书在家庭里获得更为显要的地位吗？不幸的是，我们所收集的证据不充分、不完善且受到质疑，我们不得不主要依赖财产清册，它们通常是人们死后编录的，描述（一定限度内）和评估个人财产的价值，其中包括他的书。问题之一是，出现在财产清册里的书并不表明这书是死者生前读过或是他买的。财产清册中也不包括价值不大的印刷材料，即使这些材料可能是个人阅读的主要部分；当然，也没有登记那些可能提前从书房移走的有价值的或危险的书。因此，这类证据只能用来证明一般性的表征，例如，某一特定的书籍在某一社会阶级的拥有率情况，而不应该用于证明其他任何东西。在比较来自不同地方的材料时，我们必须谨慎，甚至要比比较签名率事例更谨慎些。因为这个数字可能受公证人的行为和编录财产清册人不同构成的影响。

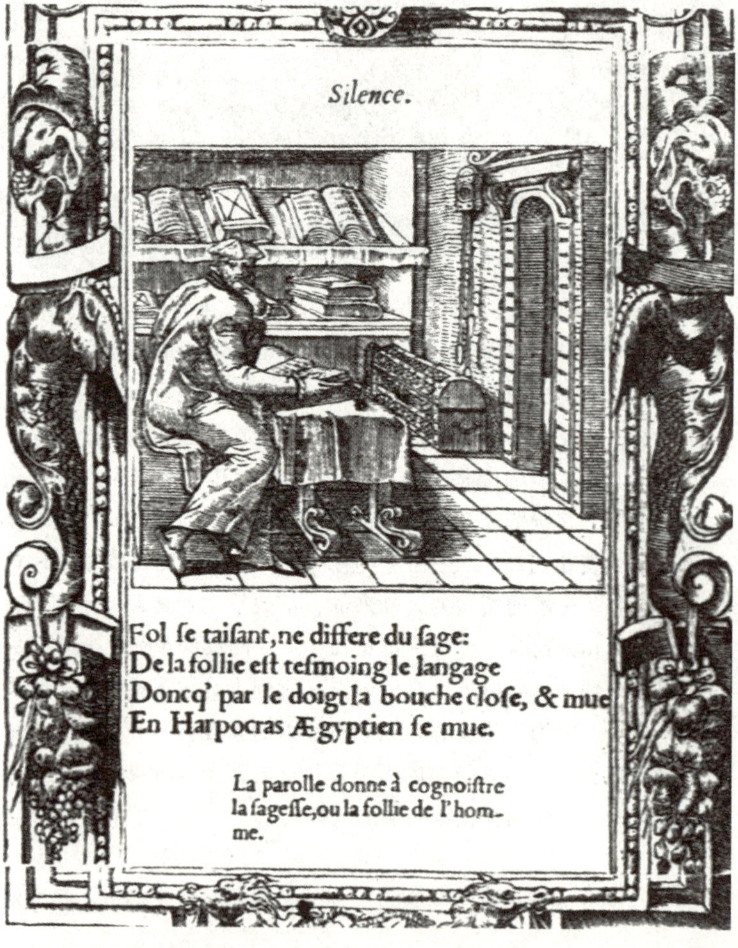

与社会地位比较低下的读者相比，学识渊博的人都默默地读，不会动嘴唇念念有词。在这幅寓意画中，（来自《阿尔恰寓意画》，新近被译为法语［里昂，1549年版］）展示了一个静默学习的读者形象。（巴黎，国立图书馆）

有证据表明，到16世纪时，私人拥有的书比以前更多。有些地方，总体上和在不同的社会阶层里，书籍拥有者的比率都保持不变，但书的数量增长了。例如在巴伦西亚，1474年至1550年间每三份财产清册中就有一份提到书。书籍拥有者的社会阶层保持稳定：9/10是牧师，3/4是自由职业者，1/2是贵族，1/3是商人，仅有1/10是手工劳动者。每一团体内部书房里的书籍平均数在增长。在15世纪末到16世纪的第二个25年间，医生的平均藏书量从26本增加到62本；律师藏书的平均数从25本增加到55本；商人的则从4本增加到10本。至于纺织行业的艺人，过去通常只有一本书，现在其书房里平均有四卷书。

在16世纪的佛罗伦萨，由马吉斯特拉托·德普皮利编纂的财产清册所提到的书籍的百分比仍然非常低，16世纪的佛罗伦萨，1531年到1569年为4.6%，1570年至1608年为5.2%。（它曾在1413年至1453年达到3.3%，但却在15世纪下半期降到1.4%。）这一比率比在巴伦西亚和阿米恩斯的百分比低得多（在那里，1503至1576年之间有20%的财产清册提到书）。这说明意大利在这方面落后吗？很难说。然而我能断言，尽管书籍拥有者的百分比几乎没有增加，但大书房里的书目比例却有了很大的增长。装有不到六卷书的书房在1570年前占书房总数的55%，但那以后只占31%。相反，容量为51到100卷的书房从4.5%上升到9%，容量为101到200卷的从1%增加到8%。藏书量为6到50卷的书房1570年只占总数的38%，后来上升到47%。

第三种情况是书籍拥有者的百分比增加了。在坎特伯雷，17世纪之初，人们的财产清册表明：1560年1/10的财产清册提到书，1580年上升到1/4，1590年进一步增加到1/3，1620年有近1/2的财产清册提到书。在肯特郡两个小一点的城市——法弗舍姆和梅德斯通，也出现了类似的情况。同样，拥有书的情况很大程度上依社会阶层而定：1620年至1640年，坎特伯雷90%的从业者拥有书，贵族中73%的人拥有书。相比之下，只有45%的纺织工匠、36%的建筑工人和31%的城市自由民有书。肯特郡三个城市的高百分比并不能代表英国的整体水平。在农村教区，即使在17世纪书本仍然很稀少。17世纪20年代末贝德福德郡的财产清册中只有13%提到书，米德尔塞克斯1630年至1690年间只有14%提到书。

1500年至1800年间拥有书的个人数增加了吗？对书本的日益熟

小雅各·德格林（1621年），在这个和17世纪早期许多类似的小摆设里，时间和死亡击败了有形的文字，正如它们击败了军事的荣耀和艺术的创造一样。（纽黑文，耶鲁大学艺术馆）

悉影响了这一阶段的个人化特征吗？答案是因地而异。在欧洲，书籍拥有者最多的是奉行新教的城市。在18世纪中期德国的路德派城市蒂宾根、斯皮尔和法兰克福等城市，财产清册中分别有89%、88%和77%提到书。法国的天主教城市与之相比，无论是巴黎还是外省城市都远远不及，巴黎18世纪50年代只有22%的财产清册中提到书（在法国西部的9个城市里，1757年至1758年是36%，18世纪下半期的里昂是35%）。其他奉行新教的地区情况类似德国，如有大面积农村区的美国。18世纪末，伍斯特沙斯特县的财产清册中有75%提到书，这一比例在马里兰州为63%，在弗吉利亚州为63%。这些数字表明，这些城市与上个世纪（当时财产清册中提到书的仅40%左右）相比有了显著的进步。

新教徒的阅读

在拥有书方面，宗教起了很重要的作用，对此的证明没有比对同一城市的天主教和新教书房进行比较更有说服力的证据了。1645

年至1672年间的梅兹，70%的新教徒财产清册中提到书，与天主教徒的25%形成鲜明对比。无论在哪个职业里，天主教与新教之间的差距都很大：75%的新教贵族有书，而天主教贵族只有22%的人有；法律行业里的数字分别是86%和29%；医药行业为88%和50%；低级文职人员为100%和18%；商人为85%和33%；艺人为53%和17%；“中产阶级”为73%和5%；手工和农业劳动者为25%和9%。新教徒们比天主教徒有更多的书，新教从业人员平均拥有的书是天主教相对应人员的三倍，这比例和商人、艺人及低级文职人员的一样。在那些被划为“资产阶级”的阶层中，加尔文派的书房比天主教派的大9倍。

书房的组成及阅读活动也不相同。在路德派国家里，不管它主人的社会地位怎样，所有的书房以一系列宗教书为主。在莱茵河地区的城市里，书房主要有《圣经》、虔诚书、准备圣餐及忏悔的手册和赞美诗集或《盖尚比谢》等书。大一点的书房有更多的书目和更多不同的版本，但基本上都是这类书。贫富和受教育程度的不同不是通过这些宗教作品反映出来的，而是反映在非宗教书的数目及其性质上（18世纪下半期，这些书房中仅有四分之一多一点这类书）。新教徒因此通过在各种宗教活动中使用一系列通用书：《圣经》、祈祷书、赞美诗、布道和圣餐书等来发展了自己独特的宗教和文化特征。然而不是所有的新教书房都和这些路德派的一样。例如，在17世纪的梅兹，除了《圣经》和赞美诗外，书的题材和体裁有很大的不同。更严格的加尔文派书房和路德派的一样，尽管他们的藏书量通常小一点。

在美国，阅读和宗教的紧密结合，阐释着一种完全基于对《圣经》的文化。《圣经》故事通常先听后读，因为父亲或仆人常大声读给全家人听。波士顿第一家日报的编辑约瑟夫·T.白金汉，在他1852年出版的回忆录中说：“在许多年里……我每天阅读(当他的主人夫妇在场时）至少一章，时常两三章《圣经》内容……我确信在我16岁前至少通读了《圣经》三遍，除了那些难读的记述编年史章节外，再也没省略其他内容。历史部分，我更是常读，其事件及语言，对我来说，几乎和饭前饭后的感恩祷告一样熟悉——9年中没错一个词。”在这种文化里，阅读能力被认为是理所当然的：从小孩第一次接触书写字起，他就认识他听过的和记忆过的文章。白

17 世纪的佛兰德学校，画面上的年轻人或许是一个学生，背对着火炉。在绘画里，书永远是最可靠的条件、财产和行为的标志。（巴黎卢浮宫博物馆）

金汉说："我回忆不起任何我不会读的时刻……1784年12月，那个月我5岁了，我到一个贵族学校上学，在问我是否会读书时，我说我能读《圣经》。校长把我放在他的椅子上，给我看一本翻开在'行动'第五章的《圣经》。我读了阿纳尼亚斯和萨皮亚因为撒谎而倒下死去的故事。他拍拍我的头称赞我的阅读。"

阅读意味着一次又一次回到同样的书本里去——《圣经》及少量类似的书都是一代代传下来的。这一活动有时被称为"强化"阅读，它有极端的拥护者，如贵格派教徒威廉·佩恩："……只保留几本书，很好地选择，好好地阅读，无论其主题是关于宗教的还是世俗问题的。读太多的书只会阻止内心的反思，大量的阅读会压抑心理活动。"此外还有关于这方面的方法论上的专题论文。1767年发表在《波士顿》上的一篇布道文章给出这样的建议："勤奋阅读《圣经》。每天早晨和晚上必须读一章《圣经》或一段虔诚的布道词，阅读时，千万别仅仅简单地读一下文章后，就把它放在一边。那样还不如不读。阅读时，必须注意你所读的内容，读完后，要仔细考虑你所读过的内容。"

重复阅读同样的文章是美国新教的标准。作家兼编辑的塞缪尔·古德里奇在他1857年出版的回忆录中说："我们的家庭《圣经》记录了他（我父亲）在约5到20年间把这本圣书通读了约13遍。"波士顿人罗伯特·雷耶姆在他的遗书中这样写道："作为我送给他（我的儿子）的特殊小礼物，我的壁橱里那本我11岁、27岁和28岁时的手写书，一本很薄的、用皮革包着的袖珍本，里面是我用手写的一篇关于上帝的晚餐的专题论文，我把它看得比金子还贵重，我想我读它不下于两百次了……我希望他一直保留，直到老。"反复读宗教文章的观念扎根在信仰者的心底，他们从中不仅得到精神安慰，也获得了读写方法以及根据圣言组织个人和社区生活的方法。看一下约瑟夫·克罗斯威尔，一个出生于1712年并在大醒悟时转化的巡回布道者的经历："我不知道自己是什么时候开始能从阅读上帝的话语中得到安慰的。感谢它荣耀的、仁慈的作者。边惬意地享受着圣洁的精神所带来的下午和煦的南风，边读着《圣经》片段……我今天再一次背了整本赞美歌……一些思想活跃在中午的时光里，穿过森林边，重复着赞美歌的后三章。"

在美国的清教徒文化里，我们发现了最极端的个人阅读方式。

塞缪尔·金：《埃兹拉·斯迪尔斯牧师画像》，斯迪尔斯是公理教会的牧师，神学史教授和耶鲁学院院长，是典型的温和清教徒形象。（纽黑文，耶鲁大学艺术馆）

书成了家庭生活的中心。人们为自己或他人阅读。他们背片段，这些片段由于经常重复而变成了日常语言的一部分。毫无疑问这样的勤奋不多见，但在其他新教区，甚至在受加尔文教及清教影响很小的地区也有类似的行为。

书房，从尘世隐退

这样，书籍变成了一种新型的隐私活动可供选择的伙伴。如果能够拥有一个书房，那里就成了主人退隐、学习和沉思的理想地方，蒙田的情形就是一例。1579年，他辞去了波尔多高等法院参事的职位，到巴黎去替他朋友艾蒂安·得拉·博埃西监管印刷工作。第二年，一回到他的别墅，就在他的书房——“一间漂亮的乡村书房”的墙上用拉丁语画上了这样的字句：“公元1571年，38岁，米歇尔·德·蒙田早已厌烦了高等法院和公众事务的奴役，但仍然精力旺盛，于是退隐下来，把头平静、安全地枕在有学问的圣母的怀里，他将在那儿度过余生所有日子。希望命运能让他美化这住所，这个美好的男性的隐退场所，他要在此享受自由、宁静和休闲。”

当时的书房首先是躲避尘世的场所，能在众人目光之外享受着自由的地方。蒙田在《杂文》中的描述强调了它庇护所般的作用：

P-J.马里耶特创作的雕刻，来自《索比斯市政厅大图书馆装饰》，展示了书架排列的壮美景象。（巴黎，国立图书馆）

18世纪法国的学校，阿尔攀的设想看起来已成为了现实，至少在学术的探讨方面是如此。阅读成为了社会交流的场所，变成年轻的小伙子和姑娘们在石雕半身像凝视下幽会的时机。(私人收藏)

"在家时，我比较经常待的地方是我的书房，这座城堡中最敞亮的房间。" "我喜欢它，这里地处僻静，外人不易进出，将尘世喧嚣隔离在外而有利于修炼。"书房被一个庭院与主建筑隔离开来，这里是他进行"神思交流"的最佳场所，即人与书之间的交流，指的就是他自己。然而，隐退并不意味着与世隔离或放弃尘世。蒙田的书房是一个能观察外界而外界不能观察到它的地方，这给退居在此的人一种力量，统控整个家庭及其成员的力量："我经常退到我的书房，从那儿我一眼就能看到整个家的全景。在入口处能看到下面的花园、我农场周围的空地、我的庭院，并能看到大部分房子的里面。" 自然的美景自动送入眼帘："它提供了三个方向的丰富而自由的景色。"其次还有掌控聚集在书本里的知识的力量，只要瞥一下眼睛就能获得这种力量："我的书房是圆形的，唯一平面的一面是我需要放桌椅的地方。一眼看去，是我所有的书，排列在各方的五排书架上。”抬头看去蒙田还能看见写在梁上的希腊和拉丁语格言，那些是隐居开始时从斯托博斯的作品中选取的，后来在1575年或1576年，被从塞克斯都·恩披里柯作品和《圣经》里选择的语句盖住了。

想从众人中隐退同时又想保持对尘世的控制之间的矛盾，或许就是绝对自由的象征，通过与书籍的交流使这种绝对自由成为可能。与书籍交流使得没有限制、没有拘束的完全自制成为可能："这是我的王国，我尽力绝对控制它，让这个角落避开一切尘世的烦琐事：婚姻的、儿女的和社会的。”在书房里度过的时间是两种意义上的隐退，它们（指这两种意义）界定了现代时期私人性的本质所在：从公众领域、世俗责任、城市和国家大事等中退出；逃脱家里、家居及家庭亲情的社会责任。在隐居时，个体是自由的，他是时间、休闲或学习的主人："在这里，我一会儿翻一遍这一本书，一会儿又翻另外一本，没有顺序，没有计划，读一些不连贯的片段。一会儿沉思，一会儿又记录或听写，来回走动，你可看到我在这儿的所有乐趣。”至于听写，看看古代的作文方式吧，作家边走边大声讲出他的话，并需要一个抄写员在场，个体在书房里要随手翻阅其中的书，因而产生与书之间的个人亲密感，而这不会因抄写员在场而遭破坏。

通过退隐书房而获得的力量感，在其他文章里也有描述，譬如莎士比亚的《暴风雨》，大约创作于1610~1613年。像蒙田一样，戏剧中的普洛斯彼罗喜欢书房里的隐秘宁静胜过公务劳碌："我呢，一个可怜的人，书斋便是我广大的公国。”（第一场，第二幕，ll.

来自弗朗索瓦·布歇的《室内陈设和装饰（1760-1780年）》。（巴黎，装饰艺术博物馆）

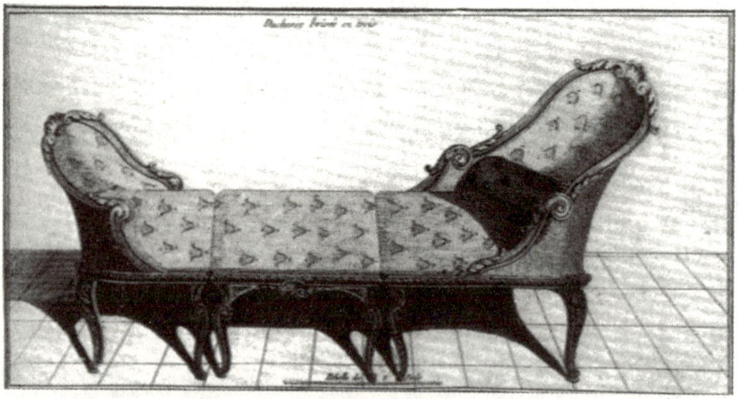

109~110）被流放时，他感谢那个让他拿一些他所珍爱的书的人："他又知道我爱好书籍，特意从我的书斋里把那些我看得比一个公国更宝贵的书给我带了来。"（第一场，第二幕，ll.166~168）。但这些在孤独和痛苦时做伴的熟悉的珍贵书本，也是一种秘密力量的武器，非常可怕。因为知道这些，凯列班认为，只要夺取并烧毁普洛斯彼罗的书本，就能毁掉他的力量。"记好，先要把他的书拿到手；因为他一失去他的书，就是一个跟我差不多的大傻瓜了。"（第三场，第二幕,ll.83~85），并且说"只要把他的书烧了就成了"（1，87）。普洛斯彼罗自己也把书和他的力量联系在一起："我要去读我的书，因为在晚餐之前，我还有一些事情须得做好。"（第三场，第二幕，11.56~57）他也曾和那种力量断绝关系："比任何铅锤声更深，我将淹没我的书。"（第五场，第一幕，ll.92~94）

这样，最个人化和最隐秘的阅读行为与真实有效的力量——比公共机关的力量更为有效的力量——结成了一种奇特的联系。魔法书籍的阅读（如16世纪英格兰的《实验手册》，以及19世纪在阿拉贡的农村地区和普罗旺斯广为流传的无名的魔法书）成为所有阅读活动的典范。这种书必须在私下里读，并且赋予了读者一种危险的力量。

阅读私人化

"书房：普通家庭的休息之所，人们可以到这里学习或避世，或者主人将自己最珍贵的物品保藏在这里。一间带有书架的房间也可称为书房。"孚雷蒂埃的《词典》所下的定义，揭示出书房新的地位。它不再是或无论如何不总是一间为接待客人而矫情装饰的房间——即帕斯卡所说的是为了"作秀"，而是一个保存"个人最贵重物品的地方"，不仅仅包括珍贵的书本，而且也包括个人自己。因此，个人拥有的书籍以及保存和查询这些书籍的地方值得我们特别地关注。

以那个时代的两个人塞缪尔·佩皮斯（1633~1703年）和约翰·洛克(1632~1704年）为例。佩皮斯，当时的海军行动委员会职员，住在皇家海军办公室临近的公寓里，1660年至1669年所记的日记讲述了他努力得到、装订和收藏书的经历：一个勤奋的书店职员（并不仅是为了和售书者妻子调情）和狂热的读者（"我不知道在这个世上如何可以不读书。"当时他的视力已毁坏得很厉害）；他自己负这幅17世纪的讽刺画嘲笑学者和贵族对漂亮捆书带趋之若鹜。下面的文字是："自然界中最伟大的傻瓜是那些喜欢把自己所有的书都装饰起来的人，书被精心包装起来，细心捆扎起来，漂亮、整洁、一尘不染，他从来没有看其中的任何东西而只是包装。"这幅讽刺画的后面是藏书家活生生的写照，他与书的关系是激情的、肉感的，并涉及书之外的许多东西。（巴黎，国立图书馆）

责整理自己的书（1660年10月13日："整个下午，在书房里整理书架"）、准备目录表等（1667年2月4日："在办公室待一会，然后回到卧室，在那儿，亲手完成我的书的目录表，然后吃饭，上床，好好睡了一夜"），当他的视力完全丧失时，他让他的兄弟完成这项工作（1669年5月24日：到白厅去，在那儿待了一上午，然后回家，对一些事做了交代，并让我兄弟制作我的书目单）。为了使书的外表好看，他常到装订商那里去（1665年2月3日：我重新装订了一些旧书以使它们适合我的书房，这花费我一点儿钱，加上在同一单子上的其他新书共三英镑，但这将很漂亮）。佩皮斯把钱放在书房里并在那儿办公，说明这是他房子里最私人化的一间。1660年12月11日，在酒馆里谈论了投资他的钱的最好方法后写道："回到我的书房里，那里有整整1001磅，并封好放在那儿，然后上床。"1664年7月18日，他带了一个欠他钱的人回家。"他承认他欠我的钱，并在我壁橱的架子上放下了20个金币。"

约翰·洛克，收藏家和学者，在他的书上刻下私人印章，并整理好书本以便于寻找。洛克在美国流亡了数年之后，1691年回到英国，把他的书房安在租来的两间房内，书房位于离伦敦20英里外的埃塞克斯区奥泰大街的弗朗西斯马沙姆城堡里。在一个助手的帮助下，他把所有的书编码（用一个标签贴在封皮的背面，并在内里的封面插图顶部复制一份）。然后将记有数字的纸张插入由海德所出版的博德林的《目录书》里，这既是一份注释目录，也可作为他自己书房的目录。后来，他把他的数字贴在两份简单一点的目录表里。这一努力使寻找他架子上的书方便得多，书被根据大小而不是科目排成两排。

约翰·洛克画像。这幅画描绘了三卷本的《约翰·洛克著作集》（1714年第一版和1740年第四版都是三卷本）。（巴黎，国立图书馆）

每一本进入洛克书房的书都被仔细地标记为他的私人财产。他把自己的签名放在封皮的顶沿上，与书籍编号并列。他在扉页上的日期数字下面画一道线；在最后一页的页码数上方画一道线；通常在第十一页记下他买书所花的价钱；并在他的书目录里记下书号、日期和页码数。至少有一部分书籍，他在阅读时加上额外的标记。书籍页码数标在封皮的下沿；注解常写在插入的纸上。洛克也加入一些象征性符号标记（斜体字母、点、破折号、加减号及首字母），大多数意义不为人所知（有一些似乎是指这版本或书的优点或书房里有两本同样的书）。

洛克和书本的交流是一件费时的工作，他珍惜它们，从不在有文章的页码上写字或画线。它们是他最珍贵的财富，因此必须传给那些知道如何利用它们的人。在他的遗嘱里，洛克详细交代了如何处置他的书：一些给达马尔瑞斯·马沙姆夫人，他的房东的第二任妻子（“四本对开本，八本四开本，另外她可从我的书房任挑二十本”）；另一些给中殿法学协会的安东尼·柯林斯，一个自由思想家，洛克的新朋友；书房里的大部分，约3641本书由他的表兄弟彼德·金和弗朗西斯·C·马沙姆与马沙姆唯一的儿子达马尔瑞斯“在其21岁时瓜分”。

在17世纪的英格兰，书籍的存在与阅读习惯和私生活紧密联系在一起。肯特镇的财产清册表明，很少在大厅里——家里最为敞开的、接待客人的房间——见到书，更多的可能是在私人领域如书房（密室）里或卧室里看到书。（1560年至1600年，48%的书放在大厅里，与之相比，1601年至1640年间39%的书放在大厅里；在个人房间里发现书的比例同阶段从9%升到23%。）

藏书签是表明书籍所有权的一种常用方法。（巴黎，国立图书馆）

在卧室里比在书房和“起居室”里更经常看到书，或许因为人们更常在入睡前读书。例如在肯特，奥塔姆一个自由民的妻子的侍女在法庭卷宗里这样描述：“睡觉前她像往常一样在读书。”这也是佩皮斯的习惯，在他的日记里，我们常看到00类似描述，如选自1667年的记录：“晚饭后读书，然后睡觉。”（5月1日），“我又拿起书，看完《胡克的生活》后上床。”（5月19日）

晚上的阅读不必是独自的。夫妇俩一起读或一个读一个听：“晚上我读富勒的《修道院历史》，我妻子读《伟大的赛勒斯》，然后睡觉。”（1660年12月）。有时他们读同一本书（1662年11月2日读巴尔塔斯的诗歌，1663年5月24日读伊索的《寓言》），有时（如在1660年11月2日）一个人大声读给另一个听：“在我称之为柯顿·保罗的教堂庭院为我提供了一本大书，我花了12先令买了它，然后回到家，兴趣浓厚地读给我妻子，一直听到很晚，并知道她早已对此书很熟悉。”（佩皮斯的妻子伊丽莎白·马钱德，是一个流亡的胡格诺教徒的女儿，曾经是巴黎的乌尔舒林学校的学生。）

佩皮斯经常让他的男仆读书给他听，甚至在他的视力开始毁坏前。“今晚，我让男童坐着，让他姐姐教他如何服侍我上床，并听他读书，他读得很好。”（1660年9月22日）又一次，1666年9月9日：“再一次上了威廉·佩恩阁下的床（伦敦大火后，佩皮斯不得不离开他被烧毁的公寓），让我的男童汤姆读书帮我入睡。”1668年12月25日：“回到家和我的妻子单独吃晚饭，可怜的她，没有梳妆打扮就那么坐了一天，直到晚上十点才换上用带子束紧的裙子；我坐在她边上，让男童给我读裘利斯·恺撒的生活和德·卡尔特的关于缪齐克的书，后者我不太懂……晚饭后，我让男童吹笛子，在他来到我家之前，我总共没吹过两次；这样我很满足地上了床。”和蒙田书房里的字条一样，佩皮斯卧室里出现的男童，无论如何也不会破坏他和书本之间的亲密关系：阅读可以是一种个人行为，但没有必要是一种孤独的追求。

相反，一个人可以在家之外的地方，享受和书本之间的绝对个人关系。佩皮斯晚上在家读书，但也常在伦敦周围的各种地方读书。有时他边走边读。1663年11月18日：“我走到德普福德，我在那儿没待过很长时间，我很熟练地让米尔福德船转向下风……饭后W.巴滕先生来了，我让他划另一只船，我边走回家，边读考利的兄

H.罗伯特：《用早餐的热奥夫兰夫人》。一名贴身男仆正在给这位夫人读书，他已放下了手中的扫帚，拿起了书本。在18世纪的法国，给主人读书是家仆的一项职责。（巴黎，私人收藏）

弟给我的考利的一小薄本诗集。”1666年5月9日，他再次来到德普福德：“又在回来的路上读我的《罗马法书》。”后来在1666年8月17日：“乘船到了伍利奇后，我独自从格林威治走到那儿，读完了《五小时的历险记》，当全部读完时，我认为这是我一生中所读过的最好的一部戏。”1666年5月1日，他乘船前往泰晤士河，阅读打发了的路上时间：“由此乘船到雷德里夫，读着布龙克尔勋爵新作的《高卢人的情感史》，一个漂亮的利贝尔对抗法国王朝的淫荡生活。”1667年6月10日，佩皮斯从格雷夫森德回来：“我在回来的路上读博伊尔的《流体静力学》书，一本我所读过的最优秀的书……当天变得太黑而不能阅读时，我就躺下打了一个盹，这样度过一个极其美好的夜晚。”

默读能产生一种让读者和外界隔绝的个人氛围。这样即使在有其他人在场的城市中心，读者也能独自沉浸在书本及思索之中。然而某些阅读需要比较隐秘的情境。1668年1月13日，佩皮斯“在马丁书店门口停下，我看到一本名为《女孩学校》的法文书，（献给米歇尔·米洛特和让·安热）我想让我的妻子翻译，但是当我仔细看一下里面内容时，发现这是我所见过的最猥亵下流的一本书，甚至比《流浪妓女》（阿雷蒂诺著）更甚，因此我感到羞于读它。”然而这种羞耻并没持续多久，因为2月8日他再次逛了这书店并“买了那本无用的下流书《女孩学校》，我买的是平装的（避免装订好一点的），因为我决定一读完就烧掉，不能让它进入我的书目里，不能和它们放一起，否则一旦被发现会让其他的书蒙羞。”第二天，他迫不及待地想读这本有诱惑力的书：“起床后，一上午都在我的房间里和办公室里做事，也读一点《女孩学校》，它可能是一本极邪恶的书，但也适合一个清醒的人读一下，以了解世间的腐化堕落。”那天饭后，在和朋友们一起度过一个下午，并喝了许多酒，他说：“他们离开了，我回到房间，通读了《女孩学校》全篇，读完后我烧了它，这样它就不在我的书目之中，不会让我感到羞耻了。吃了晚饭上床。”他用为这种场合所保留的混杂语言这样描述这次阅读的影响：“它的确让我浑身火辣辣的。”淫荡的阅读材料是不可公布于众的。

阅读服饰

17世纪英国读者的例子表明，阅读的确已成为一种私人活动，但方式多种多样。到18世纪，阅读与私生活之间的密切关联已完全得到确认，仿佛阅读界定了个人的内心生活。这可从夏尔丹的绘画《恬静生活的乐趣》中得到证明。1745年，夏尔丹受瑞典的路易丝·乌尔里克委托，画了两幅作品，一个关于“严格教育”，另一个关于“缓慢的导入式教育”，他选择两种不同的主题：一个妇女在好奇地阅读放在她膝上的一本彩色封面的书和一个在记录家庭开支的妇女。这组作品对比了处于休闲时间和忙于家庭事务管理的妇女形象。第二幅画被称为《管理者》，第一幅叫《恬静生活的乐趣》。后者在作品早期就有名字，因为瑞典驻巴黎大使在1746年的一封信中用到它，当这幅作品在沙龙里展示之后，创作于1747年的一幅雕刻也用了这个名字。这件作品使用了图片的提喻法：部分（阅读）代替了整个(个人生活)。单一的活动，如阅读，代表了在家庭琐事及

J-B.夏尔丹：《恬静生活的乐趣》（斯德哥尔摩，国家博物馆），以及《管理者》（这幅图是1754年由J-P.勒巴斯雕刻的，巴黎，国立图书馆）。这两幅图对比了妇女的两种不同角色、两种家庭生活的不同时光以及写作的两种不同用场，它们是在夏尔丹与F-M.波盖结婚后不久绘制的。

责任之后的空闲时间里的个人娱乐的全部。

从这幅描绘女性阅读的图里，当代人看到一个古典的主题：读浪漫小说。当时，人们对这幅素描有两种描述，拉丰·德·圣扬内在他的《对法国绘画现状的缘由的反思》（1747年）中这样说："他（夏尔丹）今年画了一幅表现一位漂亮但悠闲的妇女的画，一个穿着休闲时髦的淑女形象，带子系在下巴的帽子包裹着一张相当好看的脸，帽子遮住了脸边。一只胳膊放在腿上，手随便地拿着一本小册子。在她身后不远处，是一个安装在一个小桌子上的纺织轮子。"一年后，对于这幅当时被称为《恬静生活的乐趣》的画，《观看1748年展示在卢浮宫的艺术品和绘画》用这样的词语描述："它描绘了无动于衷地坐在扶手椅上，手拿着小册子放在腿上的女人形象。从她盯着画中一个角落的眼中的柔情，我们推测她在读一本小说，因此而产生的温柔表情使她想起了某个她随时想见到的人。"

这样，解读夏尔丹绘画行为表现出两方面的特征：物的方面和姿势的方面。物质方面向读者描绘了一个位于一套舒适公寓且有一定财富的环境背景，读者见到的扶手椅是一个高后背的安乐椅，带有厚坐垫和饱满柔和的扶手，这使得坐在椅子上的人能放松地把脚放在一个小凳子上。其他风格的家具——长椅和安乐躺椅——使读者能展开想象力并倍感惬意。夫人所穿的外套随意中不失时髦，是一件保暖但轻便的室内长袍，被称为liseuse（床上看书时穿的轻便女上衣），是一种为了阅读而不是为了展示自己或诱惑人的衣服。她拿在手里的书是一本"小册子"，一本没有装订但用一张纸壳固定在一起的书。在房间角落里的小矮柜上，几本比这本册子大的装订好的书靠墙排列着。

对评论者来说，这妇人的姿势属于放纵行为之一：她无动于衷地坐着，随意地拿着书，眼中充满柔情，这些表明她在读一本小说，使她心中充满躁动的想象及柔情，也激起了她的情感。根据这些描述，一个现代的欣赏者很难解读夏尔丹的绘画，它描绘的是一个女人，坐在一间舒适但简朴的房间里，她一点也不倦怠，眼中绝没有表露任何骚动的情感。事实上，这些描述指的似乎是其他绘画，如博杜安的《阅读》，描绘的是一个激情荡漾的典型，一个处于完全放纵状态的年轻女子。这一番评论显示了人们对女性阅读和

P–A.波德瓦：《阅读》。艺术家描绘了一个舒适而柔媚的内室情景，紧闭的门和幕帘保证了它的私密性。左边，大部头的书籍象征着知识，书籍被扔在一边，胡乱地放在桌子上或堆在地板上。右边是这名妇人娱乐的工具，包括一把吉他，一只小狗和一部让读者如痴如狂的小说。这名妇女摆出一副非常优美性感的姿势。这幅油画带有双重的信息：在道德上，它提醒人们谨防浪漫文学的危险；在情感上，它冲破了这名年轻妇女最隐秘的退居场所。（巴黎，装饰艺术博物馆）

懒散、情感娱乐和个人隐私之间的强有力的联想。撇开有意识地远离陈词滥调的画，评论者的评论显示了18世纪的男人是如何想象女人的读书活动的，那时女人读书已变成个人活动的主要部分。如果没有画家的介入，这一活动的具体情景仍不为人所知。

朗读文本

18世纪的肖像画无一例外的都是女性的和世俗的，而以前的都是男性的和宗教的。读者隐士和哲学家为了思考某一本书都会从社会生活中隐退。然而绘画没有提供一份详尽的早期阅读活动目录。在1500年至1800年，无论是在朋友中间还是在偶然的伴侣之间，大声朗读都是社交生活的一个重要组成部分，即使是在杰出人物之间也不例外。因而，《塞莱季纳》的修订版编者，1500年在托莱多出版的《卡利斯托·梅里贝伊喜剧》里，详细说明了如何用他附在作品上的八个一组阅读法去阅读他的悲喜剧的方法。这些读者被建议变化语气、模拟每一个人物的角色、从牙齿缝里说话，应用千变万化的恰当的艺术语调和阅读方式，以便能吸引他的听众的注意力。

和拉丁文及人文主义的喜剧一样，《塞莱季纳》要用戏剧化方式来阅读，但却是以一个人的嗓音在选出有限的观众面前读出。1507年的萨拉戈萨版里新增加的开场白，谈了对这部作品的不同观点，作者通过指出阅读作品时的不同背景，来解释出现不同的观点的原因："因此，当十个人聚集来听这部喜剧时，和平常一样总会有许多种不同的观点，对通过如此多方式听到的东西，谁能否认这些反对意见的根据呢？"十个听众选择一起去听大声朗读的一篇文章：这书就变成了朋友或熟人之间的优雅团体的中心活动。

和《塞莱季纳》一起的其他文章，尤其是田园作品及小说都在这些聚会中受到青睐，书面的东西在此通过口头表达出来。塞万提斯在《堂吉诃德》中提到这一行为，首先在第一部分第三十二章，戏剧化地表现了一个牧师为一群聚集在一个客栈里的热心听众读《鲁莽的好奇心》。第二部的第六十六章的题目他选择了："读者看后便知，闻者听后便知。"

17世纪的人们经常去听书。在战地的军队里，这一活动能打发时间，加强友谊，并提供思索素材。亨利·德·康皮翁原先是一名海军少尉，后来，1635年至1642年间升任诺曼底军团的海军上尉，他在回忆录里这样描述在军队里的阅读活动："我有自己的书，它们成为我的家当的一部分，我常花时间和它们在一起，有时一个人，但多数时间还是和来自军团里的三位聪明勤奋的朋友一起读。一个是薛瓦利埃·德·塞维涅，布列塔利亚人，军团的上尉，他本性勤奋并曾广泛阅读，长大后一直在战场里或朝廷里。布勒伊-马西亚克，加斯科尼人，海军上校的兄弟，我的上尉。他是我们组的第三位成员。他一直读书到28岁，他父母本想把他培养成宗教人员，为了从军，在学校，后来在巴黎神学院待过那么多年后，他放弃了这个职业。他是个温和的人，为人随和，根本没有军人惯有的粗鲁。德阿尔米瓦，来自巴黎，他是上校，我的亲密朋友，是我们勤奋交流团体中的第四位。他思维敏锐，在各类谈话中都受欢迎，也善于交友。读、听和讨论书本使我们四个人之间建立了坚实持久的友谊。这些就是我和他们一起度过闲余时间的三个人。在和他们就想到的话题讨论时，从没有恶意的争执，也没有想以贬低他人而突出自己的愿望，我们中某个人大声读一些好的书本，然后讨论其中最好的段落以便学会如何好好地活着得以善终，并遵守道德，这些是我们学习的主要原则。许多人喜欢听我们的讨论，我相信对他们有好处，因为所说的都有利于培养美德。自那时起，我发现没有如此舒服、如此理智的团体：它持续了七年——我在诺曼底军团服役的整个期间。”

这样，不同方式的阅读决定了不同的、但却相互关联的社会行为：默读激励个人学习和智力发展；伴随着对所读内容的讨论和解释的大声朗读培养了友谊；这些友好的学习小组能吸引更广泛的听众，他们在听别人阅读和讨论文章中受益。

类似的“方便”和“理智”的团体在城市也有。在正式学会产生前，人们聚到一起谈论他们相互传阅的书本，讨论、研究和大声阅读。1700年，一个小协会在里昂成立了。七个学者和朋友在其中一个人的家中相聚：“我们开会的地点常是一个会员家中的书房。我们在那儿收集了五六千本，使这个书房不仅宽大而且质量高。就

J.雷诺尔兹：《谈话》。男人们在书籍场所聚集。图书馆，一个天然的聚会场所，它是为H.华尔波尔画的。在18世纪50年代，他与三位朋友在斯特劳伯里山共度圣诞和感恩节的时候，收到了这幅油画：乔治·塞尔文，手里拿着书；里查德，正在作画；乔治·詹姆斯·威廉姆斯在旁边观看。（布里斯托尔，博物馆和艺术馆）

是这书房给我们的学术论坛提供了迅速而愉快的帮助。”（选自协会创立者之一，里昂初等法院律师布罗塞特1700年7月16日写致布瓦洛的信。）有时一次友好的拜访会激发人们对书本的讨论。洛朗·迪加,货币庭庭长和七个“学会成员”之一，在他的信里谈到了许多这样的例子。1719 年1月12日他写道：“昨天在书房里，我和维特里神父及福利亚神父，修辞学专家，一起度过了大半个晚上。我给他们巧克力，我们谈到了德·坎伯雷先生，我们讨论文学。维特里神父想看一眼圣克莱门特·亚历山大里亚的新版本，看编辑是否记下了他所注的段落，这本书是由牛津主教出版的，而我有一本。”1731年3月27日：“谢内和我吃晚饭并度过整个晚上。我们读了西塞罗的一些信并抱怨公众的无知，我指的是年轻人缺乏品位，他们常以读新的轻浮的或浅薄的书自娱而忽略了能教他们思考的伟大典范作品。”1733年3月23日：“德·拉丰先生，一个王后的侍卫来了，告诉我说他认为我喜欢听德·伏尔泰先生的新书《品位殿堂》。然而，如果我乐意的话，我得等我儿子回来，他一早去了布里涅并可能马上就回来。他半小时后回来了并为我们读书。我们共读了一个半小时，我妻子七点进来，听到了后面四分之三。”人们就是这样在书房里听别人读书、相互阅读、讨论书和交谈的：所有的都是普通行为，依赖于那些常单独读书但又时常以书作为社交基础的读者的存在。

D.N.乔多维茨基：妇女阅读雕版图。一个妇女在听，另外一个没有听。（巴黎，国立图书馆）

旅行提供了另一种形式的阅读机会。1668年5月26日，塞缪尔·佩皮斯从剑桥回到伦敦：“四点钟起床；做好准备并吃了饭后，我们叫了马车；大约六点钟出发，里面有一个男人和两个女人组成的群体，都是普通人。其中有一名单独出行长得还算秀气的女士，但可能很健谈，我饶有兴趣地和她交谈，并让她大声读她在马车里看的书，是关于国王的谋划者们的故事（被处死前的查理一世的贴身谋划者），男童和我一起唱歌曲。”这时的阅读成为互不相识的旅伴们建立临时友好关系的纽带。一个无名的临时团体被阅读、谈话和歌曲等结合起来，使所有人的旅途变得更加快乐。“我们一起吃饭并相当快乐。”佩皮斯记下了他的倡议的愉快结果。

阅读在几方面影响了个人化的发展。它有助于人们找到自我感觉，因为读者在私下里单独审查自己的思想和感情。它也是一种群体行为，使人们有可能避免“独处的烦闷和在众人中的不自在”，

让-弗朗西斯·德·特罗伊：《阅读中的莫里哀》。1728年在沙龙的阅读活动中，聚集了一群有识之士，但阅读并没有完全吸引在场的每一个人的注意力，两名妇女注视着的观察者被迫去监视这个小团体。（德·萧尔蒙德雷侯爵收藏）

福廷·德·拉·奥盖特在他的论文《谈话》里表达了这一观点。18世纪有许多这样被阅读联系在一起的群体成员。1728年，让-弗朗西斯·德·特罗伊画了《阅读中的莫里哀》。在一个洛可可式的沙龙里，钟表显示时间为3：30，五个女人和两个男人舒服地坐在矮扶手椅上，听其中一个人读一本拿在手里的装订书。门关着，门帘放下以保证围绕着朗读者而坐的小团体与外界的隔离。

早在一年前，马里奥为剧院写了一本名为《爱的第二次惊喜》的剧本。其中一个叫奥滕休斯的人物以一个"学究"的身份出场，他受雇于侯爵夫人，指导她读书并阅读给她听。她说"两周以前，我雇佣了一个人，并把我的书房委托给他管理。我不敢奢望自己将成为一个学者，但求打发时间。他每天晚上给我读一些东西。我们的读书是严肃的和认真的。他定了一个让我高兴的教授时间顺序表。"（第一场第七幕）但奥滕休斯并不仅仅是为他的女主人一个

狄德罗为J-B.格罗兹绘制的雕版画，题写道：“但凡有品位的人都想拥有这幅雕版画。”（私人收藏）

人阅读。女侯爵邀请许多客人，譬如第二场第八幕里的爵士：“爵士，如果我的阅读让你感到愉快，如果你希望留下来，那么你就是这里的主人。”无论在绘画里还是在戏剧里，一起听别人读书决不会排斥个人的各种情感。德·特罗伊通过目光的表达来显示这些情感：目光相遇，眼神避开，人们避免相互看对方。在听朗读时，马里奥刻画的爵士对所听到的内容反应强烈，这表示他对尖刻而轻浮的女侯爵开始萌发爱恋之情。

家庭阅读

大声朗读是构建家庭生活的一种方式。丈夫和妻子相互读给对方听。1667年12月22日，佩皮斯的妻子终日都躺在床上：“晚饭后，又上床坐在妻子身边，她的牙和脸颊仍然剧烈地肿痛着。别人走后的下午和晚间的大部分时间，我读书或谈话来陪伴她，一直到吃晚饭，然后到睡觉为止。”三天后的圣诞节那天，改为她朗读书籍。“整个下午我们都待在家里，我妻子给我读鼓手莫佩松先生的故事。这是则离奇古怪的关于幽灵的故事，的确很值得一读。”父亲和儿子相互阅读，里昂的迪加举了几个例子：“我花费大量的时间和儿子一起读希腊作品及贺拉斯的颂歌”（1718年7月22日）；“我和大儿子一起读西塞罗的《法律论文》，和二儿子一起读萨卢斯特的作品”（1719年9月14日）；“晚上和儿子一起下棋，我开始读一本好书，也即圣书，读了半个小时”（1732年12月19日）。

有时候，全家人都围坐在读书人周围，尤其是新教家庭，且所读的书是《圣经》。新教徒各种家庭教育手册常常描述这一必不可少的阅读活动。朱斯图斯·梅纽斯的《基督教经济学》，在其1554年雷根斯布格尔版的首页，描绘了一个父亲给聚拢在他右边的妻子儿女们和在房间另一角落的仆人们读书。在桌子上我们可看见一本厚厚的《圣经》、另一本小一点的书（或许就是《基督教经济学》）、一副眼镜和一个记时沙漏。尽管并不是每个新教家庭都读《圣经》，但有迹象表明，从16世纪的瑞士（那里的菲利克丝·普拉特记得从年轻时起，“我父亲就有在我们做礼拜前读《圣经》并从中布道的习惯”）到18世纪的新英格兰的许多地方人们都有这一阅读习惯。

流行的风俗

社交、家庭和家庭隐私，以及个人退隐是生活三方面的内容，

L. 德戎：“公告，1657年”。在一家小旅馆前，城里一个职业公告宣告人正在读一则公告，他“大声宣读或用喇叭扩音器”宣告官方文件。（梅兹，兰道博物馆）

其中，书籍和阅读扮演着重要的角色——这不仅仅限于受过教育的精英分子。在社会底层中，印刷材料也承担着各种各样的功能，但这些印刷材料很少是书本。能读得好的人常大声读给那些读得不太好或根本不会读的人听。无论在城里还是在农村里，在工作中还是休闲时，在生人还是同事之间，这种情形都确实存在。阅读材料从“肖像册”，也即16世纪创作室里的模特和图案集子，到贴在城墙上的布告，从宗教文章（如在士瓦本，18世纪晚期，农民聚集在一起听读《圣经》）到广泛流传的书籍，如法国的那些“小蓝书”，常常在家庭成员聚集时或生活在同一环境中的人们中——譬如像詹牧尔-迪瓦士所描述的18世纪早期洛林的牧羊人——一起被阅读。

16世纪和17世纪的西班牙，普通听众聚集起来听那些被大声朗读的作品，其中关于骑士的作品最多。城里的普通民众去听这些故事，胡安·阿斯·德·奥塔洛拉记述（1560年）：“在塞维利亚，据说有一些艺人常在假日或晚上拿着书，在台阶上——也就是教堂前面诵读。”农民也去听，至少在前面引述的《堂吉诃德》章节里是这样的（第一部分，第三十二章）。在客栈老板描述他所收藏的骑士小说时说：“不知是怎么回事，我也觉得世界上再没有比这更好的书了。我这儿就有两三本，还有一些这方面的手稿。我觉得它不仅给我，也给其他很多人带来了快乐。每到收获季节，这里都会聚集很多来收割的人，其中总有个把识字的。他手里拿着一本这样的书，有三十多人围着他。我们都认真地听他念，仿佛觉得自己也年轻了。” 聚集在一起听《特斯或费利克斯马特的唐西克尔孔克罗》，农民们和店主一家，包括他的女儿也百听不厌。“我们能夜以继日地听。”店主人说。其他适合大声朗读的还有《零星信件》和《通俗文艺作品》。通过版式（四开卷的二至十六张）和诗歌形式（通常是八音节的，类似传奇故事）相连，这些剧本写作适合大声读。它们的标题、结构总是类似的，可以被那些卖书人大声喊出，他们通常是公会里的盲人，文章本身适合说或唱给公众听，他们通过耳朵而不是眼睛和书面文字联系起来。

普通民众还有其他接触书面文字的途径。1500~1800年之间，书写逐渐以印刷材料的形式进入大多数家庭，人们对此寄予很高的感情价值，因为他们和家庭及个人的重要时刻联系在了一起。在一些教区，结婚证是婚礼的一部分。丈夫把证书交给妻子，它的说明

法国大革命后不久，《农村报》（一份新创刊杂志）编辑试图为农村读者服务，他使用了一幅1777年由马里利埃创作的油画，来表达他们教化农村读者的计划。（巴黎，国立图书馆）

在包括里昂在内的法国南部一些教区，新郎给新娘一份结婚状和一枚戒指是婚礼仪式的一个组成部分。结婚状上用印刷体或手写体写上婚姻服务条款、婚姻双方的姓名、结婚日期，并由牧师签名。（私人收藏）

和图像是这一典礼的证明。证书还发给朝圣者，作为他们已完成旅途、履行了宗教职责的证明。公会则发放证明会员身份和对神圣保护者忠诚的证书。无论是挂在墙上还是收在安全的地方，这类总带有图像的文字资料可以从多方面去解读。它们在帮助个人记忆和自我肯定方面起着重要的作用，因此有助于构建既是私人的又是公开的个人生活。

从读到写

一些普通民众以他们的书写能力来写他们自己，这一活动可能比现今幸存下来的自传所显示的要更广泛，如雅克-路易斯·梅内特拉的《我的生活日记》和路易·西蒙的作品。梅内特拉是一名巴黎的玻璃工人，在1802或1803年开始写手记，主要以1764年以来所收集的零碎材料为素材。1809年西蒙开始把“我生活中的主要事件”（也即书面札记）写入一本21年前一个叔叔结婚时留给他的书中。书的开始是这位叔叔的叔叔长达一个世纪的生活描述，他曾经是弗莱什的酒商。

梅内特拉和西蒙在写回忆录之前，就有了写东西的习惯。梅内特拉以一个熟练的玻璃工人的身份游历法国时，就已为各种目的使用了自己的写作技能，包括为一个名叫迪瓦尔的同业熟练工人组织做记录，“我被接受为迪瓦尔成员之一，我的同事们叫我重新抄一下他们称为雅克老板或迪瓦尔的名册，他们称我为受欢迎的巴黎人。”（伙伴们都互称小名）他给巴黎的家人，特别是他的祖母写信，寻求经济援助。他替雇用他的寡妇处理信件和保管书籍。在他的同事和波尔多的长官就抽签入伍发生争论时，他担当书记员，“他们寻找一个会写的成员，居耶来找我，我成了第31个成员（也就是说，他被增选到与当局谈判的30人代表团当中）。此后，我写下规则并把我同事们的意见总结起来。”通过频繁的通信，他让在尼姆的寡妇怀有希望，期待着他在结束法国旅行后回来娶她，她同时对他也极为慷慨。

路易·西蒙是来自拉枫丹农村的一名制衣匠，他因为会写字而备受尊敬。他被请去管理工厂和镇政府里的书，并替教民起草对政

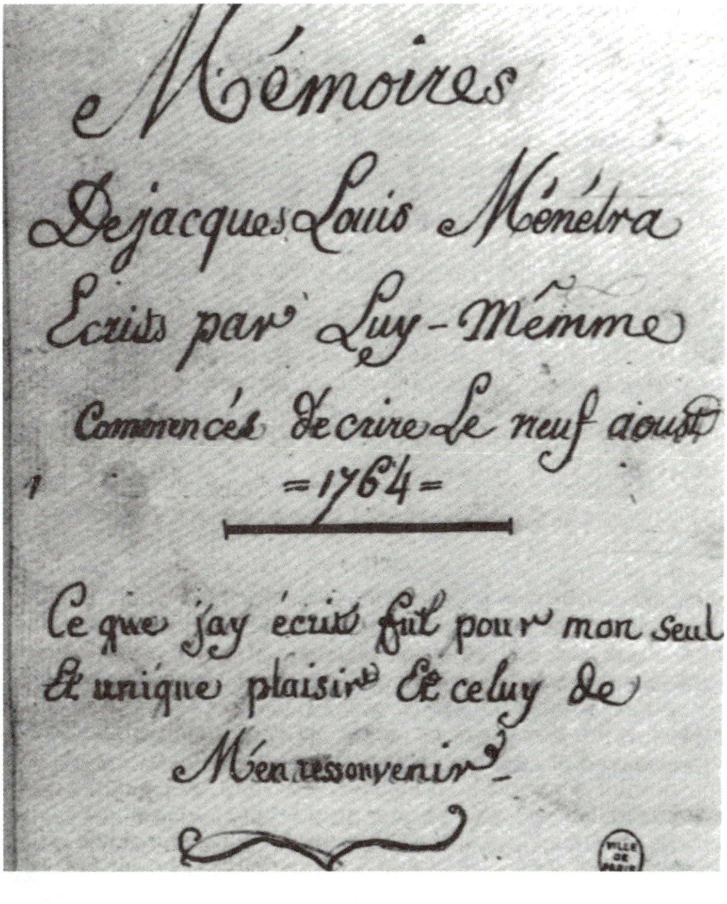

梅内特拉《回忆录》的扉页。（巴黎，巴黎市历史图书馆）

墓碑。在识字率很高的美洲殖民地，在每一种类型的物体上都能发现文字。在这个托马斯·尼科尔斯的墓碑上写着："他在1765年4月升上了天堂，享年83岁"，词汇"超脱死亡吧"表达了对末日审判有绝对信心。（威克，马萨诸塞）

府的抗议书。对他来说，法国大革命是件耗费写作时间——甚至就是浪费时间——的事，"由于动荡频仍，我虚度了三年时间，什么事都没做。在这里，他们必须求助于我，因为我是唯一会写并明白一点事务的人。"

在陈述他们的生平时，两个人或许都无意地使用了他们过去读过的书。年轻的路易·西蒙勤奋地阅读当地的牧师图书馆里的藏书，以及读一名返回这个地区的小商贩出售的书（毫无疑问是小蓝书）。"我花时间享受弹奏乐器和阅读所有我能得到的关于古代历史、战争、地理、圣人生活、新旧约全书和其他圣人的或世俗的书的乐趣。我也喜爱歌曲和赞美诗。"他的作品带有这种半学者、半民间背景的痕迹。

梅内特拉没提到几本书（仅有《圣经》，《小艾伯特》[一本关于险恶妖术的书] 和卢梭的作品），但他的阅读及对那个时代文化形式知识的掌握，决定了他对自己生平的描述方式——半真实半想象。情爱小说为他的猥亵情节和人物（违背自己誓言的尼姑、欲望满足不了的贵夫人、不服从自己意愿但却很满足的女孩子等等）提供了素材。他所喜爱的剧本，教会他如何在自己的戏剧性小故事里安排演员，以便使他自己能在其中扮演主要角色，如他和卢梭相遇的情节。从广泛流传的故事书里借用的故事，调剂了他那些比较平淡的冒险故事。这些文本虽然在他的《日记》里没提到，但却能作为镜子或干脆作为棱镜，透过它们，梅内特拉观察自己的生活，然后将自己的生活按照自己的意愿加以重新编排，形成一个修饰过的理想化的模式。

这两个人有很大的不同，西蒙通过描述已死五年的心爱的妻子，试图借此重温妻子的形象。而梅内特拉自我欣赏地回顾自己的过去，并试图在其中表现自己的学识修养，这表现在他有意拒绝遵循惯常的标点和拼写规则上。这两个人的著作表明，普通民众已经熟悉了写字、书面文字和书本。

伊夫·卡斯唐
弗朗索瓦·莱布伦
罗杰·夏蒂埃

J–A.拉鲁："资产者家庭内部"。（南希，洛林历史博物馆）

2
个人化的形式

导 言

1500年至1800年间，在建筑、文学、情感和物质生活等方面发生了许许多多的变化。正如菲利浦·阿利埃斯所概括的那样，变化可归为以下六类：举止，推动了有关身体的一系列新观念的产生；自我了解，通过个人写作能够获得；隐居，不仅因为它的禁欲观念还因为它是一种娱乐形式而受到赞誉；友谊，在个人之间培养；品位，作为一种自我表现的手段而受到重视；便利，日常生活改善的结果。

在这一部分，我们将探讨礼仪和私密之间的矛盾关系。许多意在引导社会行为的规定，完全反对外露个人情感及其肉体或心理上的反应。在社区团体、典型的宫廷及沙龙里的社交生活和社会仪式领域里要有礼貌，其标准适用于每一个个体，不管他们的社会地位如何。相反，亲密需要隐私，一个能避开集体并提供隐蔽、秘密和安静的地方。花园、卧室（它的壁龛）、书房和藏书室等符合这一要求，能隐藏不能也不应该被别人看见的东西（身体部位、自然功能和做爱行为）并为完全个人的活动提供一个场所，如祈祷和读书。

礼仪规则制约着个体在社会中的举止，在每一个体周围建立起一个保护带。对肌肤接触的禁令变得更严格了，因为新社交形式的特别之处是宫廷里实行了埃利亚斯所谓的“以形式代表头衔”，使个体的本质越来越公众化和公开化。人们开始单独睡觉，身体接触无论是在玩耍还是在争斗时都受到指责。饭桌举止不再容忍人们从同一个盘子里拿东西吃或用手拿东西吃。

所有这些反映出身体与身体之间需要更大的距离，人们之间日益频繁的接触和人与人之间关系的密切更强化了这一需要。相反，亲密——肉体的或精神的或友谊的——要求相互之间身体的接近，或至少需要某个能代表身体的物体，甚至能在身体不在的情况下再现它。一套新的习俗规则应这一需要而产生。可以通过拿着一个曾经接触过心爱的人的物体或保留一个离去的爱人的纪念品，或设法感受上帝出现在个人身体里等方式和另一个人进行虔诚的交流。某些行为在公众场合下禁止但却允许或被要求在相爱的人之间进行：亲密的举止消除了距离，再现接触不到的身体。在这本书涉及的时段中，这种需要会随着感情逐渐集中在一些爱人身上而变得更强烈，那就是家庭成员之间。

礼仪和亲密在另一方面相互抵触。礼仪意味着控制情绪，压抑情感和掩饰内心的冲动。行为是理智的，理智要求在与别人交往时要考虑到对方的地位及愿望。行为因此可被用来创造自我形象，显示自己所希望得到别人承认的那种身份。在单独时或和其他亲密的人一起时，这一规则就不再适合了。个体时常被非常冒失的情感和极端的情绪控制着。礼仪并不能抑制住这种情感，有时也会出现意想不到的偶然的极端感情的流露。

在文明社会里，所有的行为都是公开的和富有象征意义的。个人化削弱了这种公开的象征意义。可从豪华一词向奢侈的转变过程中来理解，这得引用让斯塔罗宾斯塞对这两个词的区分。在君主国里，豪华是一种艺术，意在证明，说服其他人相信国王的权力：首先是王宫里的人，其次才是臣民。纪念物和仪式是公众权力的象征——是可被操纵的意象。然而就是在17世纪末的法国，君主专制制度达到了顶点，也就是说，这种象征体系开始瓦解。从政府独裁统治中解放出来的民间团体表达了新的愿望，其中个人消费，以贵族和资产阶级的奢侈为代表，逐渐与作为杰出人物标志的品位联系在了一起。

这部分有一章讨论了饮食的品位，因为这是现代意义的“好品位”的主要源地。许多变化与从豪华到奢侈的转变有联系。一个集中的、戏剧性的绝对权力显示让位于代表社会差异很大。各社会阶层的奢侈扩大了少数幸福的人和普通民众之间的鸿沟。包括王子的财富炫耀代替了权力的炫耀。同时，体现在良好行为举止中的高尚品位、对待生活的审美观念、对某些特别精致的趣味抱有的浓厚兴致等等，都维护了品位的正确性，不再需要通过对朝廷礼仪的严格维护，而是通过个人舒适和方便的行为来完成。设备完善的公寓、为室内舒适而设计的服装及家具，以及一个严格分开生熟食物的厨房等都是新式生活的表现，不再是为了显示外在的社会地位，而只是要让个人确实享有自我优越感。

把个人化形式和新的自我意识联系起来的纽带之一就是这样形成的。可列出三种类似的新自我意识的表现：孩子以和家庭成员有区别的新形象出现；私人写札记及日记的盛行；文学性质的变化，其真实性逐渐依赖探索、显示及对自我的欣赏。当然，无论是从哲学意义、心理学还是从政治意义上来说，个人生活的历史不应该和作为臣民的个体素质相混淆，但个体的新概念，对现代早期私人领域的定义有重要的影响。

避开众人的目光，人们的行为举止方式各有不同。在家里，人们和孩子一起玩耍；对年轻人的慈爱伴随着个人化的展露过程。作家们通过自传、表白及小说记下日常生活的细节并剖析个体。这些新的写作习惯重新划定了集体与个人之间的界限。自我解剖性的文学作品提供了最隐私的秘密——如癖好、情感甚至一些反常习惯——满足了读者的好奇心，他们总希望读到很多隐私。以前，严格界定了什么是可以写的（当然是可以让他人看的）和什么是不可以写的，这种区分建立在普遍（根据公众判断）和特别的（只适于作家的眼睛）划分基础上。现在个体成了文章真实性的唯一保证人，可以在文学作品里公开以前在社会里必须掩盖的一切。由于亲密关系对礼仪及豪华对奢侈的胜利，私人领域拓宽了，最革新的文学把私人领域看作是最需公开宣扬的首要主题。这一领域既不受王子法律支配也不受其他人注视，对它的界定似乎使得这样的介入是合法的，公开坦白也是可能的。

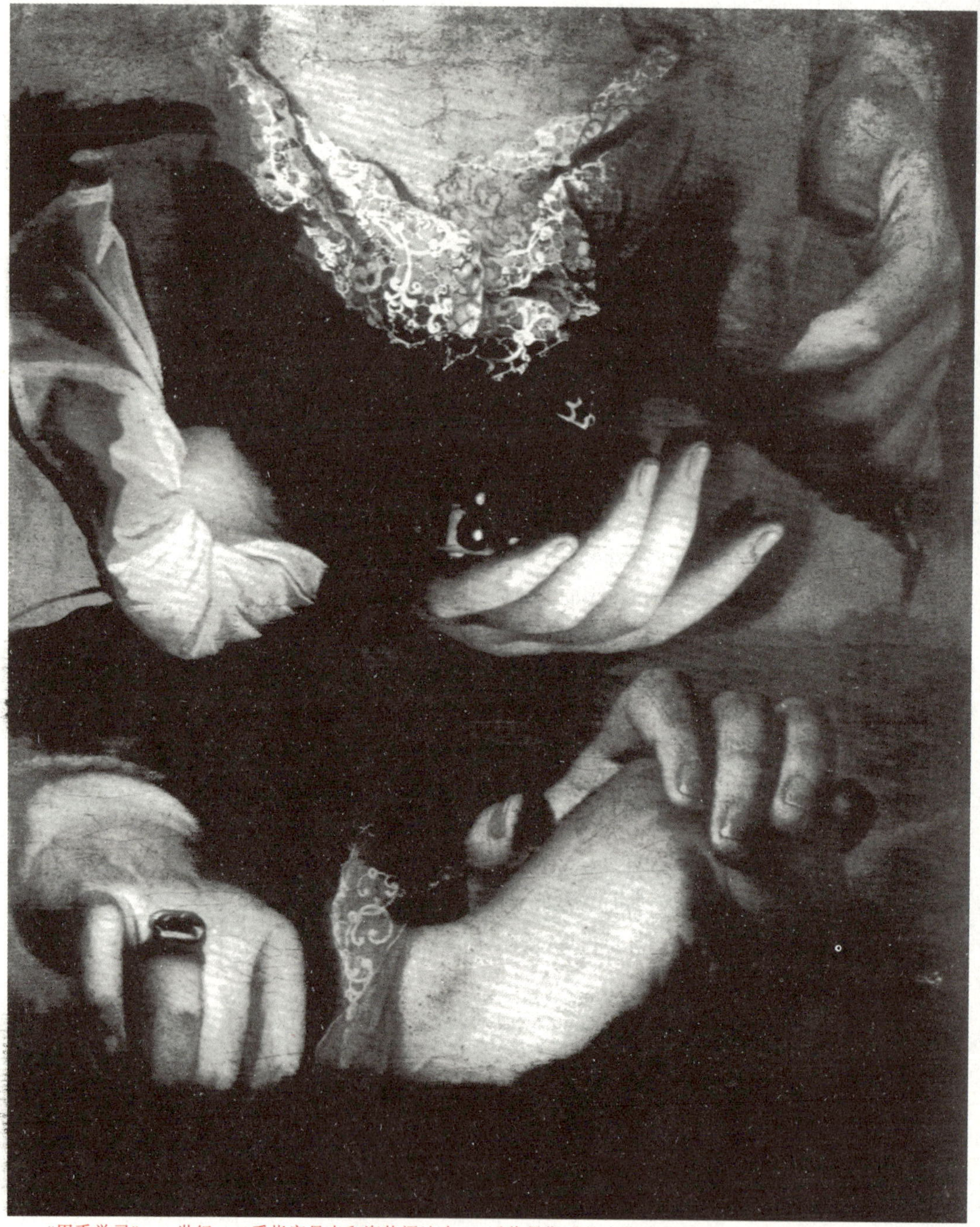

“用手学习”，18世纪。“手指字母表和姿势语法表”：近代早期手的肖像画传达出一种非常复杂的性格学。手所传出的代码是双重的：手是表达性的，但它们也会背叛心灵的原旨。（蒙彼利埃，法布尔博物馆）

礼仪的作用

手有哪些用处？我们乞求，我们允诺、号召、解散、威胁、祈祷、恳求、否认、拒绝、质问、羡慕、坦白、后悔、害怕、脸红、怀疑、指导、命令、煽动、鼓励、发誓、证明、指责、谴责、宽恕、侮辱、轻视、挑战、恼火、奉承、喝彩、祝福、嘲笑、讲和、评价、赞美、款待、欣喜、抱怨、悲伤、忧郁、失望、好奇、惊叫等的行为都是无声的，难道不是吗？蒙田（《杂文》 2：12）肯定不是第一个认识到“没有哪一种动作不是既表达了不需讲解就懂的语言也表达了公众的语言的”。然而，他是在经过了一个世纪关于非言辞语言特别是体态语言的激烈讨论后，才得出这样的认识的。他同时代人也同样对这类语言的功能感兴趣：身体和脸的动作及穿戴被看作是心理的和社会的表征，从而产生了此类的词汇表。

然而蒙田在宣扬“无需教导”就能懂的语言方面和他同代人的观点并不一致。16世纪是一个努力通过礼仪原则控制社会交往的时代。社会要求个人行为能被他人理解。个人行为由团体来评判。礼仪原则在某种意义上是限制甚至否定个人生活的技术。历史学家的任务是弄清楚三个世纪以来行为举止的变化，及其在私人领域的变化。

在1500年至1800年之间，行为举止的演变有两个相对立的方面。一方面，社会控制被强化了，公开行为得符合通过教育获得的严格规则及各种物质的和精神方面的纪律。另一方面，社区之外的隐蔽处很多，其中家是最主要的。这么长时间里，这两种发展深刻

伊拉斯谟《论孩子的行为举止》的第一个拉丁文版本之一，1530年在安特卫普印刷，同一年还在巴塞尔印刷，这本特别的书流传甚广。（巴黎，国立图书馆）

地改变了社会活动。如果像这样总结，社会历史就变得极其简单了，但不幸的是人们接受了公与私的二分法，我想对此作点解释。半个世纪以前，诺贝尔·埃利亚斯就建议把社交和行为变化看作是社会进程的一部分。通过强调纪律和社会标准的重新制定，他的分析使历史恢复了统一。行为标准随着个体的内化而日益发挥其作用，社会规则因此受到个体行为的影响。

一种评价埃利亚斯观点的办法是去读关于礼仪的文学作品。这些证据多是含糊的。社会行为的确被详细地记载在礼仪手册里，但和所有的规则材料一样也产生了一个基本问题，它们所规定的规则能在多大程度上得到遵守呢？至少可以给出部分的答案。有时我们可以把规则和现实相比较，但是，社会表现和所观察到的结果一样不真实。关于礼仪的论文是为了教学而写的。所有的论文都规定了恰当的举止，在许多方面，人们能否遵守，取决于人们赋予这些规则的重要性、所针对的听众和所建议的训练性质。通过文章的字里行间，我们或许能分辨出其针对的听众及他们提议的个人使用的举止方式。

伊拉斯谟：一种社会透视

社会行为和意向的变化是缓慢发生的，通常散乱而无序。我们很少能确切地指出某一特殊变化或改进的具体时间。然而在行为举止的历史里，确有一个很重要的事件，所有的礼仪文学都起源于一件作品，它被后来的作家援引为权威，有的甚至对其进行无情的剽窃或篡改，这就是伊拉斯谟的《论孩子的行为举止》，1530年在巴塞尔首次出版，极为成功。这本简洁说教式的拉丁语论文，不仅重新系统阐述了礼仪的内容，也奠定了以后三个世纪里所有关于礼仪的文学作品的调子。

乍一看，这本书没有什么特别惊人之处，被当作是伊拉斯谟的次要作品之一。纪尧姆·比代谴责这位老一辈的人文主义者，说他浪费了他仍存在的影响力，并因一本“平庸的书”损坏了他的名声。在这本只有几十页的小册子里，伊拉斯谟收集并大致地整理了孩子们在社会中可能遇到的最重要的情景中的注意和建议。书中涉及在教堂做礼拜的公开行为举止及吃饭、开会、赌博和上床时的行为举止。同样重要的列举或略有改动的列举可在受其影响的许多其他论文中见到。然而，伊拉斯谟并没打算让人们认为他的列举是原创的。事实上他是在继续一个古老的、广为人知的传统。他首先依赖大量关于教育和相术的古典文学作品，包括从亚里士多德到西塞罗，从普卢塔赫到昆体良等人的作品。他了解大量关于这一主题的中世纪的作品，这些作品自12世纪以来就试图规范人的行为。中世纪作品的来源及性质极其繁多：僧侣教育文选、王子的镜鉴集、有关礼貌的论文、对年轻人的奉劝集等。每一种作品都是针对某一特殊的读者群体的，其大小相差很大。然而各类作品相互引用并最终被统一起来。除了这些学者的或半学者的作品资源外，伊拉斯谟还把民众的智慧融进了他的作品：谚语、格言和寓言，他把这些看作是被遗忘的智慧和未受不断变化的时尚影响的朴素真理源泉。

这样，伊拉斯谟的书是根据过去几个世纪的不同材料，经过重新加工形成的混合体，所有的论点都表明：身体的动作——手势、模仿和姿势——是以明白的方式表达一个人的内心世界，显露出心灵的意向。《论孩子的行为举止》是这样开始的："如果一个小孩的善良本性自然流露在每一处（特别闪耀在他的脸上），他的眼神应该是温柔的、恭敬的和体面的。狂乱的眼神是暴力的标志；定神的眼睛是厚颜无耻的表现；左顾右盼、心烦意乱的眼神是疯狂的标志。目光不要斜视，否则被认为是狡诈的表现，表明这个人正在计划一件恶行。眼睛也不要睁得太大，因为这显示出低能。低垂并眨巴着眼睛说明轻浮。眼睛平和稳定表明这个人思想懒惰，苏格拉底就因此而受到指责。敏锐的眼睛说明心情暴躁。太热切且富有表情的眼睛是好色本性的表现。眼睛里显示出镇静和恭敬的情感很重要。古代圣人这样说并非出于偶然：眼睛是心灵的窗户。"心理学对眼睛的解释是对我们来说不足为奇。但每一身体活动或手势都可做类似的解释，穿着也不例外。手势是指令，并能被组织成一种语言，从而能被用来解读个体的道德、心理和社会状态。根据这些标志，即使内心最深处的秘密也能被洞察到。

相反，如果体态语言暴露一个人内心最深处的秘密，就有可能通过控制这些可见的外在举止来影响和矫正心灵。一种新文学形式因此产生了，其目的是说明哪些行为是适合的，并宣扬哪些行为是不恰当的或是罪恶的。内心世界仅被看作是一种可操作的物品，可被培养成和通过巧妙手段来培养的，与放弃一切过度行为的模范相一致的东西。

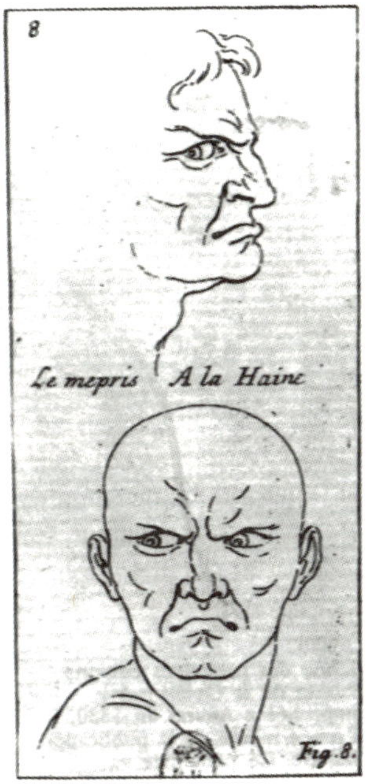

根据C.勒布朗以及在他之前的相学传统，面部特征是各种情绪的字母表，每个人都必须学会解读之。他被人与动物表情的相似性深深地迷住了。（巴黎，国立图书馆）

当时这种观点是普遍存在的，但伊拉斯谟的论文至少在三个关键方面是有创意的。首先，它是针对孩子的，而以前的文章基本上是针对年轻人和成人的。举止和孝顺 、伦理、仁爱行为等一起成了必修课。生活中行为举止课开得越早，也就越有效，人文主义者对这样的教学寄予无限的信任。作为福音的朴素和无罪的体现者，孩子还未被社会生活腐蚀，正适合学习。孩子也被认为是通体透明的和无瑕的，隐藏不了任何东西。

第二，伊拉斯谟不加区别地针对所有孩子。中世纪晚期的作品如约翰·罗素的《本性论》、《孩子的书》，德国的宫廷和饭桌举止及法国关于礼貌和饭桌上的行为等方面的书，无一例外的都是针对杰出人物家庭年轻成员的贵族生活启蒙教育（偶尔也针对他们的长者）。的确，休·圣维克托的《初学者指导》（12世纪）提倡一种针对更广泛阶层人群即包括有追求的僧侣阶层的“规矩”，一种行为典范，但他们是要为社会的其他人树立榜样，一个大多数人都无法赶上的榜样。伊拉斯谟的论文被公认为是献给一个“很有希望的孩子”，一个曾长期是这个伟大的人文主义保护者的家庭里的最年轻的子孙，但这本书是对所有人说的，“出身高贵的人没有掌握和他们高贵血统相适应的举止是很可耻的。那些命运使他们成了粗俗、低贱之人，甚至农民应更加努力地通过优良的举止来弥补命运不公所带来的一切不平。无人能选择他的祖国或父亲，但人人都能获得

G.B.德拉·波尔塔的《人相学》（1586年）：控制人的表情、姿势和态度才能确保人性，防止一切威胁人性的东西，尤其是潜在的兽性。（巴黎，国立图书馆）

美德和良好的举止。”

第三，伊拉斯谟的新意在于其目的是要制定一套对人人都有效的行为方式。尽管伊拉斯谟利用的是传统的材料（他自己时常通过各种方式置身事外），但他却用非常反传统的方法利用这些材料。以前，特定群体或领域内的行为被看作是标准，相反，伊拉斯谟力求用一种普遍的行为方式作为建立社会统一性的基础，他认为这是进行更广泛的社会交往的必要前提。他并非总是坚持认为特定的行为方式是必要的，但却相当挑剔任何身体行为（或语言习惯），其可能的结果是通过约束自由流传的手势方式来使社会透明，使大家相互了解。他禁止任何使人贬低为动物的行为手势和姿势：像马一样的大笑、让人联想到大象的鼻音、像鹤一样的侧立。他指责任何可能引起歧义的事情（特别在异性之间）和任何个人感情的不得体表露。但他批评的主要是典型的特定群体行为：一个行业、一个民族或一个社会阶层。从这点看，贵族的行为举止并不比普通民众的好，尽管贵族拥有更大的特权，“王子们的一切行为都是对的。我想以他们作为孩子的楷模。”真正的礼仪，其唯一目的是使人之间的关系更近，这意味着限制所有个人的特殊行为，仅使用那些为大多数人承认和接受的行为举止。

和通常所说的相反，伊拉斯谟论文的新意并不在于人们所想象的它的心理及社会观察方面的敏捷。作者很满足于重复古老的普通说法，他说他的原则之一是孩子的本性是好的。这本书的新意在于它试图把社会关系建立在人人都知晓的社会行为规则上。伊拉斯谟对培养新的关于有意识地改变自己及与他人关系的兴趣比建立科学的内心生活要大。他最后一句话呼吁人们容忍：“礼仪最重要的原则是，尽管自己无可指责，也必须随时原谅他人的违规……我们刚刚谈到的规则并非如此重要以至于没有它们就不能成为体面的人。”其目标既不是要揭开内心世界也不是要抑制心灵，而是让孩子过更好的生活。

按照16世纪的水平，《论孩子的行为举止》是一本很畅销的书。它很快在巴塞尔、巴黎和安特卫普，稍后又在法兰克福、莱比锡和克拉科夫等地重印。新版本用一种相对自由的方式改编了伊拉斯谟的文章：人文主义者希斯未特斯·朗柳斯，1531年在科隆出版了一个加有注释的版本；阿达马瑞斯1537年以问答的形式重版了该书；

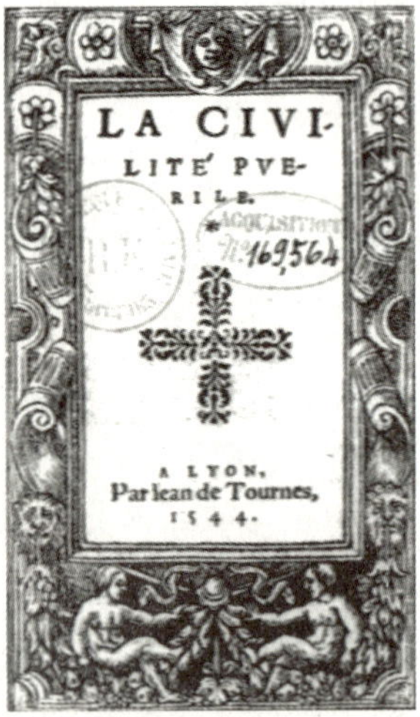

伊拉斯谟著作（1544年在里昂出版）的一种法语译本，由皮埃尔·萨利亚1537年翻译完成。这种精致的袖珍版本显然并非只是为了孩子。（巴黎，国立图书馆）

节选的片段在不同时间里出版。每一次，这部书都做了修改，以便读者拿到手时认为和以前的有所不同。译本也很快出现了：1531年出现了德文本，1532年出现了英语-拉丁文双语版，法文本和捷克语本出现在1537年，荷兰本出现在1546年。总之，至少有80种版本和14种译本。到1600年，好几万本书被重印并散发出去，大多在北部欧洲，尤其集中在法国北部、低地国家和莱茵河地区。

这样一小本手册，人文主义复兴的边缘产物，能获得如此大的成功实在令人不解。N.埃利亚斯给出了一个令人信服的解释：伊拉斯谟的书不是他个人的而是集体的成果，是应一种需要而产生的，这本书的成功显示了它的重要性。埃利亚斯指出，近代初期是变化的，也是两种社会潮流中的不确定的阶段。天主教的统一被打破，中世纪严格的等级制度随着宫廷和骑士制社会受到挑战而遭受很大动摇，但专制制度还未确立其统治。这是一段社会及文化的重建时期。社会团体比以前任何时期更多样化，他们之间的关系也更复杂。变化的社会要求一种统一的新语言和统一的观念标准。伊拉斯谟的书比他的具体教学更适应这一要求，并给出了明确的方式。

适合所有人的举止

对行为举止的兴趣远远不止在这一转型时期，伊拉斯谟的书自从出版后就成了公共财产。主要在1550年前，它被迅速改编以适用于各种用途和目的，直到19世纪中期它的影响仍然存在。

尽管这本书是从一个人文主义者的角度来写的，但却很快被路德派及加尔文派的改革者采用，这可从它畅销的地理区域来看：无论是在改革成功还是引起混乱的地方这本书都流行。这倒并不奇怪——尽管伊拉斯谟小心地采取了这两派宗教的中间道路——因为孩子的教育是改革派的中心问题。纽伦堡菲特·迪耶特里克牧师是这样表述的："难道有比一个虔诚的、懂规矩的、温顺的小孩更可贵、更可亲、更可爱的东西吗？"这样的教育观点源自两种理论，其一，和伊拉斯谟的观点正好相反，那就是孩子和其他动物一样是邪恶的，生来就有恶的本能，只有恩典才能拯救他，严格的教育至少能为他的拯救工作奠定基础，并能暂时地限制孩子的邪恶本能和意外的自发行为；第二种结论是经验论的，认为不管孩子的罪孽多么重，他终将长大成人并和他人一起生活。因此宗教的问题呈现出政治特点。在大多数改革成功的地方，学校受到世俗的及教会官方的严格监控，后者将检查制度、教授课程和日程表。

礼仪课在这一官方的教育课程和纪律中起很重要的作用。通过控制人的身体进而约束人的心理，用同样的社会行为举止来教导所有的孩子。孩子被训练检查自己的时间利用、活动甚至思想。奥托·布伦费尔斯，一个转化为新教徒并被指派管理斯特拉斯堡图书的僧侣，在伊拉斯谟前五年出版了《论小孩的纪律和教育》，一篇很有价值的论文，后来和《论孩子的行为举止》一起发表在几家新教杂志上。这篇文章极其详细地提出了管理孩子的宗教和学校活动的规则，还规定了孩子从早到晚的每一项活动。

行为举止教育日益成为学校的职责，这并非作者的原意。伊拉斯谟更倾向于家庭教育，如若不行，就让仔细挑选的教员来进行教育。在家里，孩子可找到正确行为的例子，“如果他在饭桌上有什么不当行为，他将受到指责并学会模仿他应遵循的典范。到教堂里，他学会下跪，交叉小手，脱帽和以正确方式祈祷。”和古人一样，伊拉斯谟坚信最好通过模仿来学习良好的行为，一种孩子最擅长的社会性天赋。但新教的教员对此更悲观，他们所有人都认为在父亲监管下的家庭是进行某些教育的合适场所，但这还不够，纪律也是需要的，而恰当的纪律教育只能在学校进行。举止礼仪教育，无论是世俗的还是宗教的，都越来越成为学校的职责。

这样的教育主要针对7岁（理智之年）至12岁（青春期开始）的小孩，他们也接受读写教育，有时也学点算术。整个16世纪的德国，从莱茵河到波罗的海，及英国和荷兰等地的学校课程几乎都极详细地规定了礼仪课；荷兰下议院1625年规定这种教育是必修的，并在整个17世纪都是如此。

除了这些政府官方的决定外，有许多迹象表明关于礼仪的论文成了北部欧洲基础教育的重要成分。（这并不是说在其他地方就没有。耶稣会1574年在他们的科隆大学里应用了这些论文，1758年库里特斯神学院的教授弗朗西斯·黑默，把伊拉斯谟的《手册》编辑为诗歌体，纳瓦尔学院的老师尼古拉斯·梅西耶，1657年将它和宗教的《谈演讲训练》一起再版。它也引发了许多神学院规章的产生。）

在小一点的学校，关于礼仪的论文在课程的最高阶段学习。在

C.德·沃斯：《家庭》。伊拉斯谟主张依靠家庭来教育孩子，但行为礼仪的未来发展取决于学校教育。（安特卫普博物馆）

学习礼仪规则与写作时基本的身体姿势要求联系在一起。(巴黎，国立图书馆)

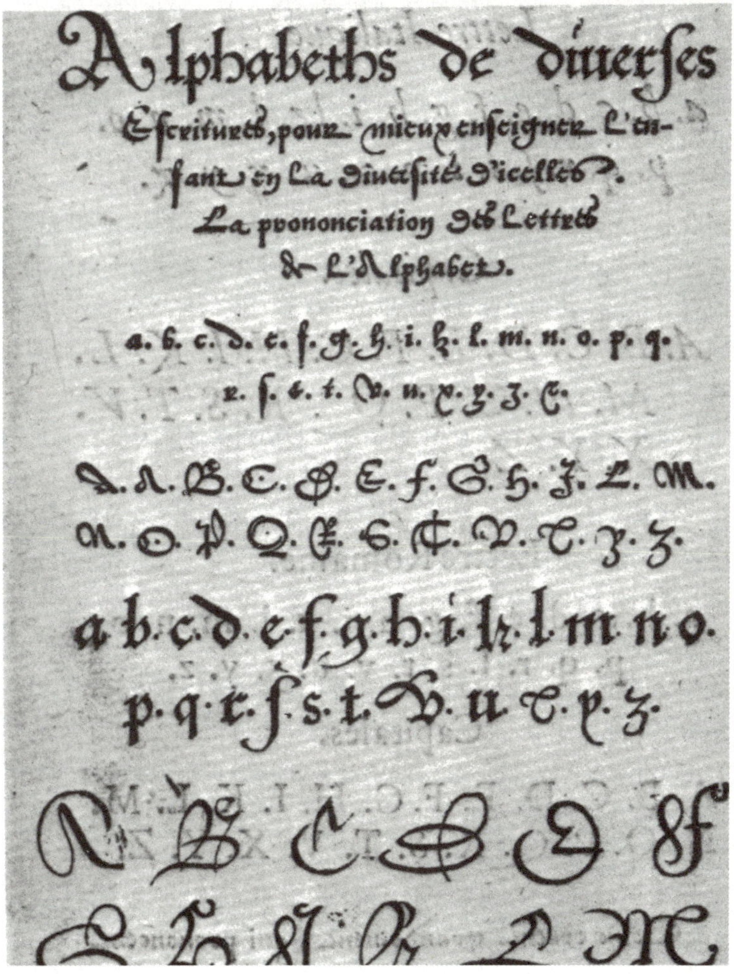

“礼仪手册”很快成为总体知识和行为方面的手册。在这幅画里，我们能发现一种哥特式字母，与16世纪的法语写法颇为类似。一直到19世纪，关于礼仪方面的书籍可能一直用这种难以阅读的字体印行。(巴黎，国立图书馆)

反对宗教改革者倡导一种针对年轻女孩教育的课程，这种课程里包括礼仪课。（巴黎，国立图书馆）

学了字母、数字后，学生首先要学会读拉丁文，然后学通俗语言。在掌握了印刷的文字后，他们学会辨认、解释手写体文字。1560年后关于礼仪的书越来越多地用新的由印刷商发明的风格印刷，这种风格首先是里昂，然后是巴黎的，流行以当时的草书为基础。撇开其实际内容不说，它们因此成为教学生如何读手写体的方便材料。

作为课本的礼仪手稿材料获得如此大的成功，以至于在16世纪的后30年，它们的影响超出了信奉新教的地方。早在1550年，卢旺大学建议人们读这类书，对伊拉斯谟作品的怀疑（的确时常被新教改写者校正）迅速消散了。礼仪教育成了天主教重大改革事业的一部分。17世纪早期，皮埃尔·傅立叶在洛林建立的女子学校使用了一篇名为《天主教举止和礼仪的教育》的论文，就是很好的说明。题目的变换并非没有意义，改革圣者们小心地制定其教育目的。小姐们“应该……把父母的合理要求和愿望列单，对任何包括宗教生活独有的东西都要节制”。

这样的谨慎没持续多久。在17世纪后30年里，查利斯·戴米埃和后来的基督教兄弟会（1679年由让-巴普蒂斯特·德拉·萨勒创立）在里昂创办了一所慈善学校，采用伊拉斯谟的模式，但却使用自己的组织方式，并且只针对贫穷的农村孩子。孩子不仅学礼仪，也受到严密的监管。1703年，萨勒出版了一大厚本的《礼仪守则和天主教礼仪》，非常畅销（到1875年，至少出版了126版）。这是一个半世纪以来力图使礼仪教学日益成为学校教育一部分的巨大工程的顶点。

这些发展产生了重要的结果。伊拉斯谟的书的基本目的是使孩子意识到统一的社会行为标准的必要性，但另一方面这种意识又绝不是强制性的，而是依赖通过家庭模仿教育而获得。但对该书的第一次改写表明需要更加严格的教育。应这一需求，阿达马瑞斯用问答的形式重版了该书，还有人用诗歌形式改写，埃瓦尔德斯·加卢斯从中罗列出一系列权威性的规则（《法律道德》，1536年）。到16世纪30年代，《论孩子的行为举止》中融进了新教的教科书和阅读、道德及宗教教义。由新教徒克劳德·乌尔·德卡尔维亚克命名为《伴随读、发音和写的孩子的礼仪原则》（1559年）的粗劣译作就是一例。这篇译文收编了字母系统和发音拼读规则的总结，它变成了实实在在的课本。

18世纪荷兰的学校以及G.F.西普创作的“乡村学校教师”。在学校里，通过不断的练习将各种规则灌输给学生，孩子听老师念，然后跟着老师念，记下讲课内容并要背熟它们。

这又产生了两个后果。第一，良好举止的习得方式发生了变化。伊拉斯谟的书是要使孩子意识到他的身体动作所显露的内心状态；而真正的礼仪教育在家庭范围内进行。然而随着文章的演变，它所提供理论依据的行为实践也发生了变化。文章获得了它自身的价值。许多17、18世纪广泛运用的礼仪课本都是针对读者个人的，这些文章得用心去记，如采用教义问答式的对话方法，某些格言要求必须背下来而不顾孩子的实际体验。不久以后，孩子学习控制自己行为的训练完全在学校里进行，和算术、写作、祈祷一起成为分阶段教育课程的一部分。老师读，学生看着课本跟着他重复，然后写下他们所读的。礼仪举止作为巨大教育工程的一部分通过重复读写和遵守而习得。教育在团体内进行，老师很快学会利用教室内的相互监督作用。这种主动的创造新型社会生活的行为已让位于强制性的遵从。

此外，随着礼仪成为学校课程的主要科目之一，它与其成为一门课的历史环境脱节了，而成为经久不衰的教育典范的一部分。这段时期内，学校，特别是一些小学校的课程是各种互不关联内容的综合体，然而直到19世纪，礼仪课一直是中心的科目。课本的确变了好几次，可是，把这一段时期内发生的整个社会变化考虑进来，原始形式的持久性仍然是很惊人的。1863年，传教团使徒用拉丁语重印了1667年首次出版的《礼貌规则和天主教礼仪》。这种教学上的保守在新教和天主教学校都很普遍。1833年，基佐委员会发现《论孩子的行为举止》仍然是法国学校里的主要课本之一。20年后，教学监督发现它仍在被使用，直到1882年，弗迪南德·比西奥的《教学字典》——一首称道法国教育体系辉煌的赞歌，还谨慎地提到它的一些“仍然流行”的规则。

这一教学模式持续长达三个多世纪之久，的确令人费解。原因之一是迅速而广泛占有统治地位的教学和文化模式的顽固性。皮埃尔·萨利亚特是第一个把伊拉斯谟的论文翻译成法语的人，1537年，他自豪地宣布“法国民族在体面、礼仪、手势语和道德态度，简而言之在所有有关仪态、人情和文雅的言行方面无人能比，确实比其他民族都优越，这一切似乎存在于人们的本性里”。同样，17、18世纪的文章都曾提到“在法国流行的礼仪”。然而事实上，各国的规则都相同，都是伊拉斯谟观点的翻版。

这一模式得以持久的另一原因是新型课本的发明，形状小、价格低，为读者打开了进入相同的基础智慧之门。人文主义时代出版业的飞速发展为伊拉斯谟的成功创造了条件。他的后继者也因此得益，售书者理查德·布雷顿1571年死时，人们发现他的财产中有1600本卡尔维亚克改写的伊拉斯谟的书。当《论孩子的行为举止》被收进小蓝书系列时，这一行动的范围急剧地扩大了。

1600年，特罗伊斯的吉拉登首次出版该书，在17世纪下半期，又有其他几家出版商相继出版。在18世纪和19世纪，伊拉斯谟的书的改写本和新版的让·巴普蒂斯特·德拉·萨勒的《规则》，或删减或全版的，同时流行着。在法国北部，诺曼底、卢瓦尔和佛兰德等地的出版商在吉拉尔东的带领下，不是以十为单位而是以千为单位出版该书。这些书相互抄袭，甚至连错误也抄，没一本是规范的。大多数包括礼仪、道德格言（1649年在乌多版本之后，常在礼仪论文里附加后皮布拉克的四行诗）、阅读和拼写练习，有时甚至还包括初级计算的“九九乘法表”和帮助学生区分读音的同音词表。题目都强调了每一篇文章所提供的各种材料。特罗伊斯的加纳寡妇1714年有了这样一本书：《小孩礼仪规则教育》，开头包括如何学会正确读、发音和写方法；新修订的后面还附上了一篇极优秀的、如何学会拼写的论文，这是由一个传教团集体准备的，教小孩子在各种场合进行正确言行举止的好格言和训诫。所有这些都在80页小版文内。

莫旺·德·贝勒加尔德：《完美的教育》，1713年。（巴黎，国立图书馆）

我们感到在这些大规模流传的版本里，礼仪的性质已发生了变化，因为这些书针对的是学校以外的听众。难道正规的学术词典没有记载17世纪末“一个人激烈抨击一个不能履行最普通的责任的人，说他没有读过《论孩子的行为举止》”的事例吗？面对各种各样的大众，这个课本变成了基础和更个人化的知识纲要。曼特农太太记得小时曾学过皮布拉克的四行诗。这位自豪地在文章首页说“这本书属于某某”的年轻资产阶级，显然和那个笨拙地试图把自己的名字写在封面上的小孩有着不同的社会背景。对许多即使不是大多数的买书者来说，礼仪论文花钱不多，但由于它古老陈腐的用词而很难读懂，仅用作家庭中供查阅社会生活中所需知识的百科全书。当涉及文化财产时，占有就等于拥有。人们还在孩提时代就在教室之外获得礼仪知识，对其方法我们仅能猜想。

蒙田写道："一个法国绅士过去总是用手掌擦鼻子，一个很让我们反感的行为。为了对这一指责进行辩护（他因为是第一个问此话的人而出名），他问我这肮脏的排泄物有什么特权，以至于我们应该准备一块精美的亚麻布去接它，然后还包起来小心地带在身上……我发现他所说的不完全没道理。习惯使我意识不到这件事的奇怪之处，然而当我们被告诉另一国家的类似行为时，我们感觉是极为可怕的。"（《杂文》 1：23，弗雷姆翻译，p.80）蒙田有趣的冷讽出现得既不太早也不太晚。1500年至1800年，礼仪变得更严格、更统一。埃利亚斯第一个指出，在这方面团体的压力是如何影响个体及个体是如何把它日益内化为社会规则的。社会化不是服从外部限制的结果。这一过程没有完成，直到如许多古典文章所说的，个体成为自己的主人并把社会准则看作第二本性甚至是最终发现的唯一真本性。

关于礼仪的书本来是为了创造使社交变得更轻松、更符合宗教的高层次要求的，读者们被劝导遵从日益强制、严厉的制度。把伊拉斯谟的逻辑绝对化，他们把每一个个体行为都看作是在公开场合发生的，然而同样的课本要求每个人区分什么能公开的（这是"文明"，因此是好的）和什么是不适合被别人甚至自己看见的。社区纪律因此介入了个人的空间，但同时个人空间的一部分被隐蔽在无声的羞耻里，也就是说个体的一部分被压抑着。然而，严格区分这一过程不可分的两方面会产生误导作用。

布隆齐诺：《托尔多的埃列奥诺拉和她的儿子》。一位伟大的妇人和她的儿子。（佛罗伦萨）

从某种意义上说，外表很重要，传统的礼仪作品强调外表有两个原因：自我表现意味着自我控制，它创造了社交所必备的条件。然而以前关于礼仪的论文只规定了某些公开行为，如服侍人吃饭或在军营里服役，而《论孩子的行为举止》从规定人不应当伤害或欺骗他人的简单原则出发，后来的文章都迅速地为日常生活的各个方面制定了要求。伊拉斯谟只给出了一个巧妙的中间路线，折中了一下各个极端观点并为最大数量的人所接受。他仅仅指出需要一张"微笑的镇定自若的脸，认为那是问心无愧、心胸坦荡的标志"，"镇定坦然"的关注，"轻柔认真的腔调"，最重要的是对所有事谨慎。近两个世纪以后，萨勒在他书的第一部分谈的全部是"一个人的姿态和身体各方面应表现出的端庄"。第一页就定下了基调："一个人只有当他按照本性和习惯所规定的那样来对待他的所有身

体部位，他看起来才会有特色，并因为他个人明智端庄的举止而与众不同。”这样，萨勒的《规则》把端庄变成了一种做作的姿态，对每一姿态都做细致的指导，“尽管外在面容没什么可研究的，人必须学会衡量每一个动作，注意身体每一部分的姿态。”此时人们期望孩子所表现的不再是伊拉斯谟式的顽皮而是“某些严肃认真的人”、“崇高光荣的气派”和“认真明智的风度”。

萨勒的建议不限于简要的概述。例如就餐方面的举止，很久以来就是教学者最热衷的话题，他们自16世纪以来主要在探讨适度、体面和尊重一起吃饭的人。后来的文章重申了这一点，但整个事件现在因为对极细微的手势和姿态的关注而复杂化了。吃饭仅是复杂仪式的一个托词和一个社会展示的场合。人们极精确地描绘了饭桌举止。在1559年，当卡尔维亚克仍在收集法国餐桌举止的各种规矩时，他的追随者不再对人种学相对主义论感兴趣了，唯有指责它。和别人一起吃饭需要自我控制。个人得忘记他的身体，不明智的胃口、功能、它的声音和幽默。但那还不够，吃饭的人还得学会在饭桌上如何举止得当，如何吃他的食物。一餐饭变成了一个芭蕾舞剧，其中每个人的每一个动作都要有所约束。恰当入座及使用一系列新用具——盘子、玻璃杯、餐巾、刀和叉等都需要训练。今天所有这些都如此熟悉以至于完全是自然的，但只有在新的制度被通晓后，吃饭才能完成它的真实功能：再现吃饭者之间的社会关系。

和别人一起吃饭是社会礼仪中的制高点之一。（巴黎，国立图书馆）

例子随手可得，一切都表明人们赋予了遵守规则的公开行为很高的价值。在一个经历了重组、改组和强化其等级制度的社会里，有许多需要公布于众的东西，以便人们恰当地进行评价。这样，礼仪在那些公开社会仪式的场合是极为重要的，其中一些是严肃的场合：学礼仪规则的教室、教堂和街道等。然而有个场合享有很大的特权，并在17世纪下半期成为所有其他场合的参照：王宫。此外这些世俗的模范受到新的宗教规则的支持。以前礼仪规则只是针对小孩和体面的男人和女人，现在却适用于一切天主教徒。以前宗教的职责和它显赫的行为并未被忽视，但现在这些还得符合礼仪规则。动机很少受到质疑的虔诚的库尔坦，用一段令人震惊的文章清楚地表明了这一点（1671）：“如果一个人因为缺乏诚意、宽厚或因懒惰而不幸忘掉或疏忽要在上帝面前跪下，那么他必须为了礼仪而跪下，因为在这个地方可能会遇到高贵的人。”最重要的是那些能被别人看见的地方。

根据同样的逻辑，那些有意或无意地避开别人耳目的一切行为，都可能被看作是不文明的。伊拉斯谟建议他的学生避免在公开场合无明显理由地大笑，“然而，这有可能发生。出于礼貌，你要解释大笑的原因。如果你不能这样做，你必须想一个借口，以免你的一个同伴认为你在嘲笑他。”这规则对其他人也适用。到18世纪早期，萨勒仍然指责任何可能漠视社会规则的最无辜的行为，“坐着时，一定不要用小棍子或拐棍在地上涂写或画画。这样做意味着你是一个思想空洞或是粗鲁的人。”或许他指的是空想家，也即缺乏教养的人：任何显露内心生活的迹象都是可疑的。再一次表明，天主教原理是最基本的。孩子和成人不必为了显示真诚而透露他们

阿瑟·戴维斯：《克里顿博士在萨尔福德的学校的休息日》。挺直的身体、木木的眼神和僵硬的姿势，与我们休息和娱乐的概念格格不入，但它们表明了良好的自我控制，片刻不放松。（伦敦，克里斯蒂家藏）

F.霍尔斯：《B.科伊曼斯》。衣着豪华但不失严肃，衣服被赋予了双重功能。它遮蔽了身体的秘密，衣领和衣袖的洁白象征着身体的洁净。同时，衣服也是社会地位的象征。(华盛顿，国家美术馆)

的真实面目。我们离伊拉斯谟的“透明”要求已很远了。个体被要求通过他们的举止来表示他们遵从既是世俗的也是天主教的礼仪。“任何表明一个人不道德或不试图把握自己感情的，显示他的行为在人性化方面，与天主教精神根本不一致的事情都是”应该禁止的。

显然，礼仪规则限制最多的是身体。难道身体不是最可耻的感情和“圣灵庙宇”的源地吗？说教者们不辞辛劳地坚持要求人们忘掉肉体而重视和圣者在一起。在这些相互矛盾的理论里，礼仪规则在其中艰难地运行着，“罪恶使我们有必要穿衣服盖住我们的身体。”因此穿衣得符合道义和宗教标准，裸体等同于原罪。然而穿着也能变成不理智热情和鲁莽激情的目标。为了避免从一种罪恶滑向另一种罪恶，有必要“轻视装腔作势的穿着风格”，同时要考虑到社会生活的高要求。萨勒的《规则》走坚定的中间道路。然而，在适合公开亮相的范围外，他们坚决禁止露出身体。（整个18世纪较为流行的文章甚至用更强硬的言词来陈述这一点。）

情感的实质性表达一度曾被禁止，但眼泪在很大程度上得到容忍。在19世纪来临之际，眼泪成为私人情感的一种表征。（巴黎，国立图书馆）

在某些方面，这种演变开始得更早。伊拉斯谟强调“身体某些部位的自然本能要求我们将之隐蔽”的特殊谨慎，然而他把排泄功能作为一个例外：“憋尿对健康有害，让它当众自然流出没什么不恰当的。”他进一步建议尊重那些本能的个人活动。30年后，卡尔维亚克的说法更严格：“年轻的小孩要保持体面，就不要触摸他们令人害羞的部位，即使是应本能需要和独处时，否则会带来羞耻，因为这意味着节制和体面。”50年后的1613年，一名声称是“9岁的巴黎人”的克劳德·哈代，在他改写伊拉斯谟的书里提出了另一论题：“憋小便对健康有害。但即使对一个小孩来说，从团体里退出解小便是该感到羞耻的。”在这一运动过程结束时，道德评判完全融入身体活动。身体的功能仍然被看作是低级的和令人厌恶的动作。日常生活中自然需要的本能和肉体的需求必须在一定距离之外进行，把这一功能限制在某一自然区域内进行。

以前我们看到餐桌礼仪规则，现在我们看到与儿童床有关的限制也就不足为奇了。睡觉时，小孩是不能用被单现出其身体形状的，“起床时必须用东西盖着，一定不要把睡衣放在椅子上或任何能看见的地方”。如埃利亚斯所表明的，礼仪的逻辑不可能完全消除某些行为形式。很久以来，人们一直在写文章讨论公开场合里不打扰同座的擤鼻涕的方法。萨勒从卫生和道义的角度来制定规则，最后，当这本书在18世纪末期出版时，这一举止被简单地省略了。

当时有人意识到已存在统一的行为举止规定。库尔坦注意到：“过去在有社会地位高的人在场的情况下，可以把痰吐在地上，只要把脚放在其上就可以了；现在，这种做法有失体面。过去人们可以打呵欠，但只要他在此时不说话即可；现在有身份的人肯定会对这样的行为感到震惊的。”他因此把这一变化归结为社会名流自我控制力的增强，这一点他是对的。然而，在这些杰出模范的传播中，宗教——改革派和反宗教改革派——都起了决定性作用，他们强调说，甚至一个人内心最深处的活动也逃避不了上帝的眼睛。伊拉斯谟提醒他的学生时刻存在的慈善监护天使。到萨勒的时代，监护变得如此严格以至于个人不能直接地谈到他的身体，“礼仪要求上床时，你的眼睛不能看你的身体，甚至简单的扫视都不可以。”所有的亲密活动都被绝对禁止。在启蒙运动前夕，所有的行为活动变成偷偷摸摸的、秘密的和可耻的。身体为层层寂静和神秘保护着。

对这些显著的复杂变化需要投入更多的关注。尽管1500年至1800年间行为举止的整体变化趋势很清楚，变化的速度却随举止的性质而不同。生理功能很快就不再是礼仪规则的一个话题了。尽管大多数本能情感的表露很快受到控制，但有一些在很长时间内为社会所容忍。哭就是一例，整个18世纪，在公开场合如剧院或和朋友一起读《新埃洛伊兹》时流泪是许可的。直到19世纪初，这种情感才让位与悲愁，塞南库尔是其提倡者。眼泪的意义变了。长期以来眼泪得到人们的容忍，因此杰出人物把它们看作是自己体验和表露他们享有特权感的公开标志。

这一阶段习俗的变化不完全和礼仪有关，可从维加尔罗的关于清洁历史的作品中看到。从中世纪末到18世纪中期，礼仪的手册表明，清洁与水关系不大，并且除了手和脸暴露的部分之外，很大程度上与身体也没什么关系。注意力主要集中在可见部分：服装，尤

即便在沐浴之时，身体也仍然保持遮蔽状态，这位沐浴者将目光从她裸露的脚踝处移开。（巴黎，国立图书馆）

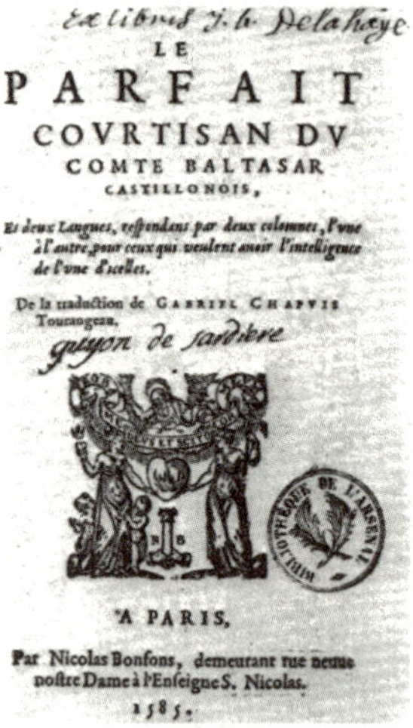
LE

PARFAIT

COVRTISAN DV

COMTE BALTASAR

CASTILLONOIS,

Es deux Langues, respondans par deux colomnes, l'une à l'autre, pour ceux qui veulent auoir l'intelligence de l'une d'icelles.

De la traduction de GABRIEL CHAPVIS Tourangeau.

A PARIS,

Par Nicolas Bonfons, demeurant rue neuue nostre Dame à l'Enseigne S. Nicolas.

1585.

卡斯蒂廖内：《朝臣》。宫廷文学的缩影。该书最早的意大利文版可追溯到1528年，第一个法文译本出版在1537年。这里的1585年版是双语的，表明到16世纪晚期朝臣模式仍然被看作是外来的。（巴黎，阿森纳图书馆）

其是内衣，它的领口及袖口等的清洁是干净的标志。这和到目前为止所谈的礼仪相吻合，但这也和关于身体的另一观念有关，也即水作为一种危险的因素必须避免，因为它能穿透一切。清洁意味着“干燥”，是一种擦干和撒香水而不是清洗的事情。由此，内衣很重要，它不仅仅是社会一致性的标志。在18世纪40年代，水——首先是热水，然后是冷水——出人意料地恢复了，毫无疑问，它的使用是一种新的社会地位区分的标志。但再一次，这种用法使人联想到纯礼仪之外的体态意象。医学使身体恢复，并使寻找利用它的资源的更好办法合法化，其目的首先是医学意义，后来有了教育意义，身体因此成了新的社会规则的焦点。尽管对身体的关注受到严格管理，但不可能仅仅凭借礼仪手册就使之完全社会化，这涉及几个层面，远远超过了礼仪的范畴。

17、18世纪大量程序化的举止方式在此不能详尽讨论。内衣接触到身体进而间接地表示整体的干净，它的功能是盖住身体，但同时也代表着它所覆盖的部分。它把里外隔开来，但身体本身因此也是自我探索的对象。人们不能谈论它，把它排除在礼仪范围之外，然而日常的维护需要密切关注新的医疗技术和新的感受，这使得18世纪产生新的关于洗礼和卫生的观念成为可能。“制度创造空间”这项巨大的工程在其中展开，最终这些制度本身出了问题。清洁的历史表明我们可以在受压制的活动中发现另一种个人关系的发展迹象。

贵族特权：天生的与习得的

传统的伊拉斯谟式的礼仪是建立在两个清晰的假设基础之上的：良好的行为是可以传教的；任何人都是一样的。从16世纪晚期起，这些原则在许多方面有所修改，特别是第二条。随着社会等级划分的改变和更加严格的整理，礼仪手册开始关注社会身份问题和不同阶层人们之间的适当距离。这在萨勒的《礼貌规则和天主教礼仪》中有明确的表述，这本书最终集中在认识社会特征及体现社会差别的行为举止上。然而就连萨勒也相信同样的普遍原则适用于一切人。

与此同时，另一系列书籍从另一个完全不同的角度来探析这个问题。它们不是来源于13~15世纪关于礼仪的书，而是来源于16世纪前60年风靡于意大利的新宫廷文学，巴尔达萨雷·卡斯蒂廖内的《朝臣》是其典型的代表作。这本书出版于1528年，比《论孩子的行为举止》早两年，很受读者欢迎。被翻译成所有的欧洲语言，并和伊拉斯谟的书一样被改写、改编和抄袭。随后类似的书都获得了相对的成功，如乔瓦尼·德拉·卡萨的《加拉泰奥》(1588) 和斯特凡诺·德拉的《文明谈话》(1574)。然而，被A.库翁达姆称为“宫廷社会的基本规则”的《朝臣》为读者提出了一个与伊拉斯谟完全不同的模式。

这本书是以乌尔比诺朝廷里的贵族之间的谈话形式编写的，他们用一种轻松的语气谈论社会生活的规则和价值。这样，它不是一本书，而是一群杰出人物的即兴之作，很快获得了认可，它不需要特意追求“任何秩序、规则或归类规则”。此外，在描绘他们的社会图景时，这本书的人物不力求去确定一个可用来衡量社会行为的标准。可以根据两方面的标准来断定一个完美的朝臣。第一方面是外在的、基于简单的社会标准：其中包括王子的赞同和随之而来的认可

真正的朝臣情感冷淡，但冷淡比故作热情好，它表现了真正的自控，被看作是一种内在的品质。

安托瓦·瓦多：《装束》(巴黎，美术学校)。

及同辈人的好评。第二方面的标准包括那些只可意会不可言传的标准：优雅、出身和天赋。因此，朝臣的优秀品行不是什么可学到的东西，而更主要地体现在他们的每一行为中。真正的绅士不会通过做任何可能使人认为他们的品德是有意识努力结果的事，来显示他们的美德。优雅包括“总显示出一种傲慢和漠不关心，取代那些做作的和表现出自己所做的事似乎很容易，几乎不须思考就做好的神态……真正的艺术品看起来似乎并非艺术的，应当不遗余力地去掩饰这点，因为一旦被发现，所有的声望及价值也就荡然无存了”。

可见，朝臣典范和伊拉斯谟式的典范及社会透明的理想截然相反。对卡斯蒂廖内和他的后继者来说，社会行为规则是有区别的，是否遵守这些规则依赖于团体内部的合作，这本身也是完美的唯一判断者。朝臣努力把自己塑造成特定的社会角色，试图通过自己的天赋才能逐渐得到认可（谈话、格斗、跳舞、赌博和日常的社会交往）。这种形象本身很重要，所有的内心活动，紧张和努力都得收敛。“善意的掩饰”是用手势、举止和观念等来表明社会生活比内在生活更重要。外表形象变成了存在的方式。

宫廷文学长期以来在各种社会和文化语境中有着很大的影响。多方面深受卡斯蒂廖内影响的《加拉泰奥》最终在意大利被当作礼仪手册被广泛阅读，这违背了它的初始意愿。它在法国很快就被划分为礼仪手册并依此出版。贵族特权的理论及外表的重要性被人们接受，但不同的文化对此有着不同的理解。

法国人翻译的范围或许比其他任何国家都要广，并更关注那些因试图制定社会行为规范而引起的社会问题。朝臣典范起初为贵族及上层人士所效仿，17世纪20年代30年代，他们又推行起一种“适中”的理论和实践——优雅的、恰当的社会行为。“适中”的理想规则是和王宫相对立的，后者因为它的愚蠢、风头主义和过火行为而受到指责；前者强调封闭的高级团体内的限制及礼仪，主要指由巴黎几家高贵的家庭组成的团体，其中最有名的是朗布耶旅馆。王宫是公众的场合，等级森严，并日益处在国王的支配下，它的朝臣是专职人员。相反，朗布耶旅馆接受的是一个选择自己成员的高层团体，或更确切地说，它的成员相互承认其所属权。当圣-沙特儿先生1637年公开他想加入的愿望时，沙普兰建议他耐心等待，这是该团体规则所需要的，“我很乐意安排好一切事，以便他们了解你

弗拉戈纳尔：《阅读》（私人收藏）。

的价值，他们对你的渴望不亚于你对他们的。”这是一个私人旅馆，一个由女人掌管的私人空间，和女人打交道在使行为文明化方面起主要作用。矫揉造作是不可能的，普通的礼仪规则并不限制日常交往。团体成员相互写信，但主要还是交谈。谈话是一门很神圣的艺术，也是社团发展自己品位的圣坛。人们不仅读《阿斯特雷》，还把它搬上了舞台；其他的阅读内容包括卡尔普勒内德和斯屈代里女士等的历史小说，被看作是微观世界里的一面镜子。对这些书的评论简直就是现场的舞台剧。

“适中”一词日益取代了礼仪，成为既是个人品德又是社会需要的代名词，是一种只能在一定的圈子内才能教会或学会的品德，在圈子内早已为那些因有之而显得杰出的人们所实践着。根本无法把它编撰在论文里。这仅仅是团体以谈话、书信等形式所做的凌乱无章的评论，还有就是在《克莱奥帕特》和《伟大的西律斯》的页边空白处的评论，这些评论是该团体规则的唯一原型和依据。除了判断练习，唯一的社会智力形式外，还有什么原则？和他们所读的小说的主人翁一样，这群卓越的经常光顾巴黎沙龙的人，不停地追究礼仪规则与他们喜欢和别人待在一起的根由。没完没了的讨论最终达成了对“适中”不可言喻的性质惊人的共识：“那种天赋一定是生而有之的，不可能通过学习获得……上帝引导着它……也肯定有我不知道的最终使它更加宜人的什么表达法。”同谋的圈子就这样关闭着，作为一种非凡的天赋，适中品质只在私下里发展着。

对着镜子装扮外表。宫廷穿戴受法律管治，受严格的等级秩序约束，还受相互体认体系的限制。（巴黎，国立图书馆）

然而这种模式没什么前途。在17世纪下半期，它为路易十四宫廷里严格规定的社会生活方式所取代。这一胜利的基石早就奠定了。1630年后，皇室通过使用代理人来控制贵族的公开行为。国王通过限制过度行为和制定礼仪规则来制约贵族特殊的道德及政治要求，并消除个人崇拜。宫廷是这些努力的顶点，一个他们持续成功的可见标志。贵族获得了社会显赫地位的显著特权，但必须以无条件地屈从于至高的权威——国王为代价。宫廷为场面制约着，社会各等级从上到下的行为举止都为头衔制约着。礼仪规则详细清楚地说明了这种不平等纪律。同时，社会的其余部分注视着王宫里的现象，一个为所有人羡慕及模仿的典范。

宫廷行为方式不再是个人的事情，而成了完美的有说服力的标志，并广为人知。布吕耶尔写道：“除了私人生活的舒适惬意，其

在宫廷里，每个人都在其他所有人乃至全国的注视下，因此外表打扮有统一的规定。（巴黎，国立图书馆）

他一无所需。”这可能更适于形容他的朝臣，他们的每一行为都受到国王代理人和相互之间的严格监督。外在的表现就是一切。礼仪、衣着、言谈和举止都受等级制度的制约。香水、香粉和假发改变了每一个人的外表，以满足大众的期望。行为礼仪规则的完全内化或许在舞蹈中得到了最真切的体现。通过编撰举止修辞书，这种典型的社会艺术把个人看作是团体的一部分，为其准则制约着。没有试图去为杰出人物的优越权辩护。朝臣没有和上一代人一样在巴黎沙龙那样讨论他们当选的理由。他们不需要，他们是完美的，因为他们在宫里，因为宫里的礼仪规则就是这样要求的。

在沙龙伦理规范和宫廷伦理规范之间、在长子继承权观念与生活品质的作态之间，还存在着一个艰难的中间地带。专制主义社会包括诸多宫廷之外的团体：低级贵族、外省人以及将自己命运与君主制命运连接在一起的各种精英人物，这些团体渴望仿效各种不同的修身典范。针对这方面出版了许多论文，如“宫廷的幸福与人类的真正幸福”（当普马丹，1592年）、“将贵族的品质、知识和其他行为实践提升至与其身份相匹配的程度之艺术”（格勒纳耶，1642年）、“高雅精神”（巴里，1662年）。这些著作不仅是写给那些生活在君主身边的人，也是写给那些渴望进阶于此的人。《朝臣手册》（纳尔维兹，1606年）和《论宫廷》（雷夫热，1616年）可能有助于他们找到关窍。这些作品大多数都借鉴了意大利上一个世

在宫廷里，舞蹈或许是最优雅、最复杂的自我表现方式。作为一门社交艺术，舞蹈只是为了证明舞蹈者对身体的控制能力而展示身体。（巴黎，国立图书馆）

纪的著作，但法国宫廷是一个与之完全不同的社会关系的组成部分。卡斯蒂里昂的朝臣无论在什么地方，如果感到自己的才能没有得到充分认可，他随时可以投靠另一个宫廷。然而，在法国，所有权力都集中在一个地方，宫廷垄断着它的一切象征物，因此，要求朝臣所具备的技能就更加严格，因为社会成功日益等同于能得到国王的恩宠。然而，雄心勃勃的朝臣与朗布依埃沙龙里那些“快乐的少数人”不同，与那些业已注定为皇家遴选的人也鲜有共同之处。与前者不同，他们必须相信，恩宠不是与生俱来的，而是需要后天习得的东西；与后者不同，他们必须习得某种资质，以弥补出身之不足；在尊重社会仪表的重要性的同时，他们很大程度上还必须时时牢记个人美德的观念。

举两个相关的例子。1630年，尼科拉·法雷出版了《正直之人或宫廷里的取悦艺术》。作者就是他本人倡导的教义的一个活生生的典范：作为一个外省工匠之子，他上升到国王身周负有重责的高位，同时在文学界也取得了显赫地位。正如索雷尔辛辣地指斥，他是一个职业朝臣。因此，他献给“先生，国王的唯一兄弟”的论文，首先是一篇冗长的宫廷理想赞歌（当时它的合法性还没有严格确立）。早在埃利亚斯之前，法雷已将朝廷看作是整个社会秩序的范本。他也把它看作是品德的镜子，继而成为个人获得成功的场所。借用卡斯蒂里昂的箴言，他以更无折中的语气申述：宫廷里的成功是美德的源泉。这些美德自哪里来？“我首先认为，似乎任何想进入大社交场合的人都有必要是绅士出身。”然而，很快他又改口说："我并不是想驱逐那些由于出身而没获得这一运气的人。美德没有固定的条件，那些尽管出身低但却使自己做出英勇和崇高的行为的例子屡见不鲜。"因此正是美德使由于出身而引起不公平分配的机会公平化。美德弥补了出生的特权，恢复了所习得的优雅的价值，赋予单个体作用："任何感到自己拥有我们所提出的这一美德的人可以大胆地面对朝廷，声称自己在那儿应得到尊敬和认可。"

40年后，安东尼·德·库尔坦的《法国文明人当中践行的礼仪新论》（1671年）表达了类似的观点。但同时情况发生了变化，路易十四的王宫成了唯一合法的典范，并为更广大的公众所接受。库尔坦《新论》的题目体现了这一变化，因为他把以前杰出人物的行为看作是礼仪，甚至，这本书的大小及形状也类似于广泛阅读的礼仪手册。它也获得了类似的成功：到18世纪中期，有二十多种法语及外语的版本出版。两种不同理论的融合，清楚地表明库尔坦的教义不只是针对那些希望在宫廷里获得成功的读者，也针对那些想采用宫廷式举止的人们：年轻人当然是，还有那些"不方便或无法到巴黎和宫廷里学习这些良好的文明举止的人"。这本来源复杂的书标志着推广宫廷典范的关键时刻的到来。

库尔坦迫使他的读者接受等级社会的礼仪。这些礼仪规则依据个人的社会地位、威望和权势而有所不同，"所有的交流或发生在同等地位的人之间，或是地位低的人与地位高的人之间，或是地位高的人与地位低的人之间。"没有绝对统一的规则，第一步是要认识自己在社会中的地位及自己和其他人之间确切的社会地位距离。库尔坦完全接受了把朝廷奉为社会其他人的典范的模式，然而他和他的读者或许都认为社会地位绝不仅指出身。和法瑞特一样，库尔坦赋予美德和宗教特别的作用。洞察力和文明举止是宽厚态度的明证。此外，库尔坦是一位教师，他相信任何东西都能学会(这使他完全处在伊拉斯谟的传统里)。他的书里也充斥着矛盾，作为一个乐观的教育者，他对个人的潜力充满信心；然而他接受现存的严格的等级制度，并教导人们服从其规则。库尔坦在完全对立的两种理论之间小心翼翼地行事，建议他的读者把所学的内容转化为内在的，把功课转化为能力。当习得的痕迹退化时，本性就将会显露，"礼仪必须是完全自由的，完全自然的，丝毫不能

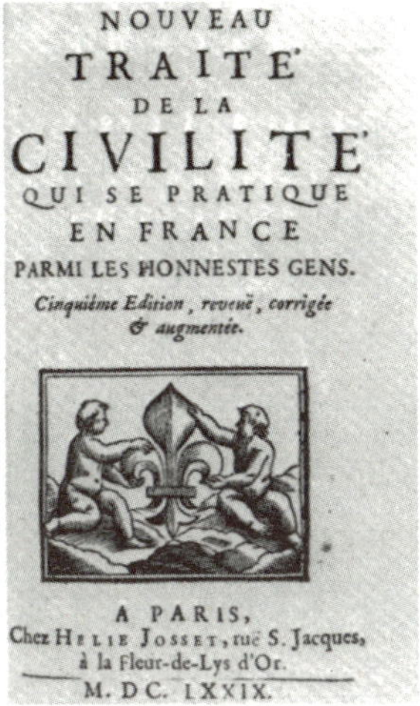

安东尼·德·库尔坦：《论礼仪》，于1671年第一次出版，并被广泛地翻译为各种语言。它旨在向读者传授优雅，并让他们忘记他们对宫廷的认识是后天习得的而非先天具有的。(巴黎，国立图书馆)

是做作的或浮于表面的。”《新论》就这样沿着自己的思路结束了。

在此三年之前，莫里哀在他的剧本《乔治·但丁》里描绘了规则和个人之间矛盾的较为阴暗的一面，这部剧于1668年先后在宫廷和巴黎上演。这出剧是关于一则出了差错的宫廷礼仪的教育。主人翁是一个农民，他赚了很多钱，娶了一个贫穷的地方贵族的女儿。他想提高社会地位，但在两方面遇到了阻碍：不忠实的安洛林科在他家里愚弄他；同时他成为真正贵族的希望也受了挫，他的姻亲们(自己都奉行相当陈旧的行为方式）拒绝接受他笨拙的竭力适应他们的努力（第一场，第三幕)。社会差别绝不能跨越，“尽管你是我们的女婿，在你和我们之间仍然有很大距离，你应该知道。”但丁总是不能获取那些特意设计来阻挠他的努力的规则。他的失败使观众大笑，但也毁了剧中的人物。被剧中所有主要人物抛弃，但丁最后不再相信他眼睛所看到的一切，也不再想知道自己在说什么和对谁说。全剧以毁灭的幻景结束，与全剧的氛围不吻合。在这个例子里，规则压毁了个人，这里的“人”是完全自然的人。

隐私卷土重来

在17世纪的最后30年，礼仪的价值被扩展到了空前广泛和差异很大的各种法国群体中。为此，价值观念也发生了很大的变化。这些规则的目的变了，社会生活风格也相应发生了变化，结果出现了一系列不同的行为规则：一种是适用于小学校的，另一种是为资产阶级的；一种适用于宫廷，另一种适用于城市；一种适用于上等贵族，另一种适用于地方小贵族和“资产阶级绅士们”。然而，尽管实践多样化了，“礼仪”一词仍然是普遍的参照基础。萨勒《规则》一书的极大成功可能被看作是这种双向成功的标志。这本罗列了18世纪初教规的礼仪规则，集中地谈论伊拉斯谟的普遍性和社会等级区分之间的矛盾。它的成功证明了大量听众对他的中间道路感兴趣。

然而正当这种折中法似乎很安全时，它开始受到各方面的挑战，并导致几十年后对整个问题的彻底再研究。崩溃的进程已开始了。礼仪的观念开始崩溃，显示出社会及其观念的根本变化。路易·塞巴斯蒂安·梅西耶,一个敏锐的观察者，完全鄙视“那些愚蠢可笑的用法，我们的祖先——深陷于习俗禁锢之中的心情抑郁的改宗者——对此很熟悉。在他的《巴黎图景》（2：62）里，他写道：

“只有在小资产阶级中间还在践行那些令人生厌的仪式和无意义的永恒风俗，他们仍奉这些为‘文明’，这对那些适应社会的人来说极为乏味。”在18世纪末，旧式的礼仪被认为是过时的和教条主义的。

起初，这一转变可能有点出人预料。就是在18世纪，或者更可能是在19世纪上半期，礼仪规则受到了广泛的接受。关于这一主题的论文被那些主管媒体流通的印刷者散播到最边远的地区，礼仪规则在一个半世纪里都没什么大变化。那些书的情况又怎样呢？它们当然在教室里使用，但使用中的问题日益暴露出来。17世纪时它们仍然被用作书写教材，但由于书写体日益简化，更接近我们今天所见到的书写体，因此旧的“法国书写艺术”愈加难读，越来越没有必要读懂它们了。老师们至多仍把这些材料作为礼仪规则的基本材料，他们或许不会再读那些大多数人读不懂的部分。格里穆画了一个手拿礼仪手册的年轻女孩（见于这本书的彩色封面），她真的是在阅读吗？或者她拿的仅是一枚象征社会地位的像章吗？不论答案是什么，一切都表明礼仪的教育变得越来越脱离实际并日渐陈腐。阅读这样的文章多少要费点劲，或仅能看懂一点皮毛。旧式的行为举止不再被认为是“自然的”，至少对那些决定什么是自然的人来说是这样的。

正是礼仪观念大获成功本身对它的现有地位形成了更为凶险的威胁。如我们所见，是根据适用于所有人的规则还是一小撮精英人物所树立的样板来界定礼仪，一直存在着争论。到17世纪末，一些精英人物认定,这些规则适用于太多人了,于是他们开始疏远这个准则,尽管这样做似乎可能减损他们的特权。1693年，F.德卡利埃急于澄清社会等级的含义，写了《论自我表现礼仪的好与坏》、《论资产阶级的说话方式；他们与宫廷礼仪不同的方面》。这几篇论文谈到“有点教养的劝告是资产阶级的说话方式，任何情况下都不要使用”。几乎与此同时，贝勒加德神父，《反思和避免可笑的现象的办法》（1696年）一书的作者，做了如下更全面的观察：“资产阶级、外省人和学者都大量使用奉承语。他们以他们永恒的赞美和不厌其烦的礼貌折服了人们。他们堵在每一个门道不停地谈论谁更先进。法国人逐渐不再关注那些似乎不可动摇的礼仪。”这里又涉及一些例外情况：外国人和法国人不同，平民和外省人与贵族不同，从这里可以再次窥见良好出身的优势。礼仪是庸俗的标志。为了应付由于向普通礼仪妥协而平庸化的危险，风格——不顾任何权威而

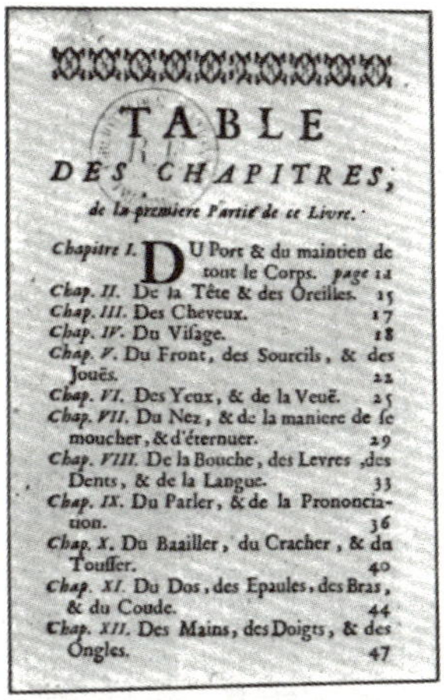
TABLE
DES CHAPITRES,
de la premiere Partie de ce Livre.

Chapitre I. DU Port & du maintien de tout le Corps. page 12
Chap. II. De la Tête & des Oreilles. 15
Chap. III. Des Cheveux. 17
Chap. IV. Du Visage. 18
Chap. V. Du Front, des Sourcils, & des Jouës. 22
Chap. VI. Des Yeux, & de la Veuë. 25
Chap. VII. Du Nez, & de la maniere de se moucher, & d'éternuer. 29
Chap. VIII. De la Bouche, des Levres, des Dents, & de la Langue. 33
Chap. IX. Du Parler, & de la Prononciation. 36
Chap. X. Du Baailler, du Cracher, & du Tousser. 40
Chap. XI. Du Dos, des Epaules, des Bras, & du Coude. 44
Chap. XII. Des Mains, des Doigts, & des Ongles. 47

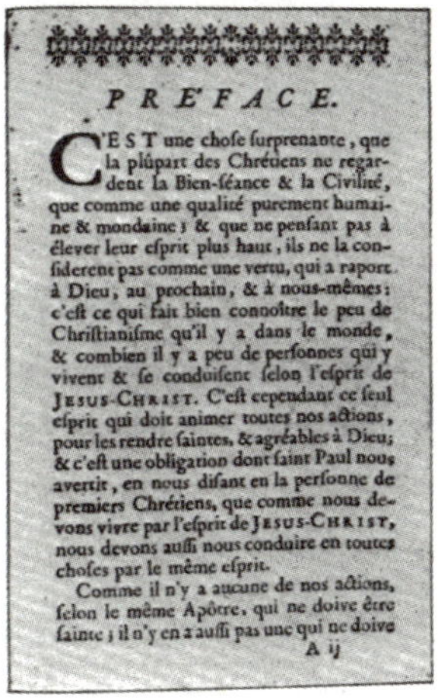
PREFACE.

C'EST une chose surprenante, que la plûpart des Chrétiens ne regardent la Bien-séance & la Civilité, que comme une qualité purement humaine & mondaine ; & que ne pensant pas à élever leur esprit plus haut, ils ne la considerent pas comme une vertu, qui a raport à Dieu, au prochain, & à nous-mêmes : c'est ce qui fait bien connoître le peu de Christianisme qu'il y a dans le monde, & combien il y a peu de personnes qui y vivent & se conduisent selon l'esprit de JESUS-CHRIST. C'est cependant ce seul esprit qui doit animer toutes nos actions, pour les rendre saintes, & agréables à Dieu; & c'est une obligation dont saint Paul nous avertit, en nous disant en la personne de premiers Chrétiens, que comme nous devons vivre par l'esprit de JESUS-CHRIST, nous devons aussi nous conduire en toutes choses par le même esprit.

Comme il n'y a aucune de nos actions, selon le même Apôtre, qui ne doive être sainte ; il n'y en a aussi pas une qui ne doive

A ij

拉萨尔的著作最初是为了供基督教兄弟会的学员们使用的，但他的著述在18世纪和19世纪仍被广泛地使用着。（巴黎，国立图书馆）

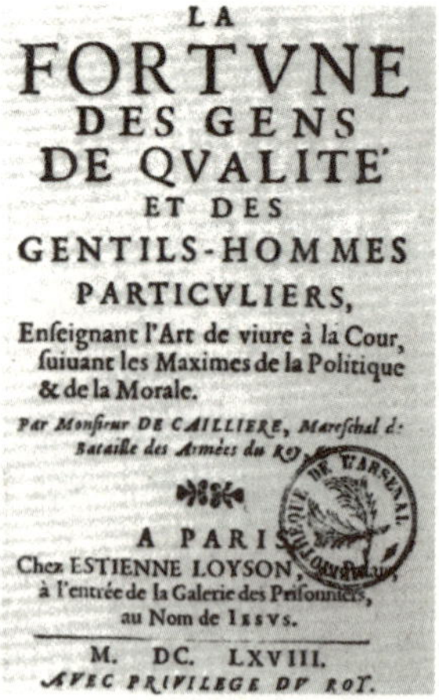
LA
FORTVNE
DES GENS
DE QVALITE
ET DES
GENTILS-HOMMES
PARTICVLIERS,
Enseignant l'Art de viure à la Cour, suiuant les Maximes de la Politique & de la Morale.
Par Monsieur DE CAILLIERE, Mareschal de Bataille des Armées du Roy.
A PARIS,
Chez ESTIENNE LOYSON, à l'entrée de la Galerie des Prisonniers, au Nom de IESVS.
M. DC. LXVIII.
AVEC PRIVILEGE DV ROY.

即便华丽的外表仍无处不在，但它已受到了挑战。外表仅仅是虚假、欺骗、虚荣或浅薄的表现还是社会交往的需要？过度的礼仪与真正的礼仪是不同的。（巴黎，阿森纳图书馆）

随意装饰外表的自由——再次成为真正得体的模范。近一个世纪以后，梅西耶的作品几乎没什么新东西了。他自己是一个资产阶级，小心地观察到只有“小资产阶级”不熟悉社会行为方式。几十年后只有农民仍然背负这一污点，仍相信外表等同于内心，行为方式可从书本中学到，正确的行为是勤奋的结果。行家们蔑视这些老掉牙的错觉，对他们来说，新的规则早已出现。

然而对礼仪的基本信任危机的解释不能简单地总结为，是被广泛接受的礼仪规则剥夺了他们社会地位标志的价值。举止文明化的整个进程所基于的价值观念正受到质疑。一种批评来自人类学。除了许多人共同遵循一种可能的风俗外，行为举止准则是什么？人们凭什么认定正确的举止或相信统一的意义适用于一切人？对这一疑问最有力的陈述当然数蒙田，“不但每一个国家而且每一个城市都有它自己特别的举止方式，每一行业也是这样的。我年幼时就是在这样的教育中成长的，生长的氛围很好，熟悉法国的礼仪规则，我能办一所这样的学校。我喜欢奉行这些规则，但不要严格到使我的生活受限制的地步。”（《杂文》1：13. 弗雷姆翻译，32页）。这样，伊拉斯谟的礼仪观念遭到了相对主义论的批评，最终降格为许多行为举止体系之一。

强调社会等级外在标志的需要此时变得更迫切了。库尔坦和后来的萨勒试图保留普遍规律的观点，把礼仪和它“纯粹人类的及世俗的”方面分离开，并把它重新解释为“适合上帝，适合邻居和适合我们自己的”规则。尽管他们很成功，但他们展开的是维护旧制度的努力，他们的教义针对的是大众，因而无法让真正想统领行为规范的社会精英接受。在法国路易十四时代，礼仪或多或少地等同于礼貌，充其量是一项严格的社会准则，一种使人们交往放松的方式。听梅西耶说：“没有这种巧妙的不真实，一个圈子将变成各种渺小的、不足道的畸形情绪出现的舞台。”评论家们时常谈得更深入。到18世纪中期，礼仪被看作是礼貌的一种普通形式。伏尔泰甚至在题为《札伊尔》的书里对这两个词进行了对比：“礼貌，不同于所谓礼仪，不是任意的而是自然法则。”《百科全书》没有如此说，而仅把礼仪规则看作是社会行为的极为表面的部分，只影响“社会地位较低的人”。换句话说，因为这些规则适用于任何人，因而缺乏深度。

另一更为激进的批评，斥责社会滑稽剧的欺骗性。最尖锐的言

“天才的谎言”。如今画面被指责为太多伪饰。（巴黎，装饰艺术图书馆）

辞出现在法国当权者用实权交换权利的外在表象上。在“福隆德运动”顶峰时刻，雷斯在试图分析孔代的生活时给出了以下愤世嫉俗的评论：“我们互相谈话，相互教化，并有至少八至十次想压制对方。”他的同代人帕斯卡用更抑郁的词，指责使社会生活产生如此多罪恶念头的物质虚荣心。他说礼仪“必须被接受只因为它是一种习惯，而不是因为它是理智的或公正的。”尽管帕斯卡在指责世界的谬误方面比其他任何人都更深入，但他绝不是唯一的。所有17世纪的伟大的德育家，从拉罗什福科到圣-埃夫勒蒙，都谈及这一主题。甚至库尔坦，新礼仪的热情宣传者，不得不在他的论文里花大量的篇幅来谈区分真正礼仪和虚假礼仪的必要性，前者把基督教徒的慈善心理作为第二本性；后者带有做作、算计和欺骗企图的痕迹。

能在一个世纪后卢梭的作品里看到这一反物质的激进主义不足

重拾简约：对个人施以自然和道德教育。孩子在父亲监护的目光下，学习劳动的真正价值和相互尊重。（巴黎，国立图书馆）

为奇，但这里，批评的智力及情感的语境都有了很大的不同。主题仍然是指责对人行为举止的限制和人与人之间关系歪曲的传统，但价值的顺序被颠倒了。帕斯卡只看到人类心理的不坚定和谬误，让-雅克在《爱弥儿》一书里为人的本质善良和道德本性辩护。他援引情感、理智和被遗忘的个人潜力来反对习俗的专制。他也不是孤独的，尽管许多人对他不仅提倡而且过火地实行一些不文明行为很反感。埃米尔将被在社会之外抚养大，以便为他将来在社会中的生活做好准备。与此同时，法国上层社会的教育理想也在变化，重点不再放在集体教育和大学里的训练上，此时重要的是内心生活、情感、价值观念的学习和道德的内化。在家庭或其周围（特别是老师的课堂里），孩子们被用新的方式来培养。新式教育的原理就是课文应该在个人的和自然关系——血缘关系的语境下学会。孩子的本性和个性最好在家里培养。

这样，个人生活就有了抬头的机会，或多或少地结束了礼仪的独裁地位。然而关于这一主题的论文仍然很畅销，在法国大革命期间，“共和党”的礼仪手册试图把卢梭派的教育原则和改革版的伊拉斯谟理论几乎不可能地结合到一起。这种不合理的结合结果是个怪物，是把旧的举止方式和新的价值观念在根本没有改变的传统框架里组合的课本。伏尔泰的格言替代了皮布拉克的四行诗。但“关于上帝和宗教的简单观念”及“理智的箴言”仍被用16世纪的铅字印刷出来。然而教育援引了卢梭的名字并作了调整以适应变化了的政治环境，“在人们调整自己和根据他们的出身、头衔和财富被调整时，有必要对他们所思考的细微差别进行大量的研究，礼貌应在社会中观察。今天在交往中只需要遵守一条规则，那就是对任何人都要从容、谦让、直率和诚实。”这只不过是旧的完美能理解的理想社会秩序的再版。然而，除了这些坚定的宣言介绍外，文章的主体几乎一样，尽管对上帝的尊敬取代了萨勒的虔诚功课。这一理论变得僵化了，成为它自身成功的受害者，不可能再加工或再改写。法国革命一结束，法国人就又恢复了它的教规版的礼仪规则教科书。

回归家庭的怀抱。在卢梭主义者看来，孩子首先应由父母用爱和自身的榜样去教导。(巴黎，国立图书馆)

但即使这些书仍在各地使用，它们也已失去了原有的许多意义。作为过去的遗物，它因为本身的矛盾而变得贫瘠、过时和衰弱，整个制定社会生活规则的过程仅成为一套权威箴言集，一部只有最简单的人仍然相信的滑稽剧。新的社会规则还得产生，同时，礼仪和个人主义及自发行为相比已大大削弱了，仅获得暂时的胜利。仅存有外表的礼仪变得可笑。19世纪中期蹩脚的教员被斯坦尼斯拉斯·戴维描述为什么也没学到、且不知道如何生活的无知蠢人。对这个住在富人家的大宅里误入歧途的平民来说，通用的参考书就是一小本题为《礼仪》的册子，“哦！他每天都学它。这是他的方式，他的举止规则，他的充满一切美好的宝库。他考虑如何展现自己。他研究自己，试验了上千种姿势和上千种措辞。他尽可能地延迟自己出现的时间，因为他非常害怕陌生人。”一本在三个世纪里用来教孩子社会知识的课本成为不良改编的标志。“心灵政府”的理想已退化为滑稽的姿态。礼仪仍然是纯粹的礼仪。

献给弗朗索瓦·科卢艾：《圈圈点点的黛安娜》。女人肖像画，包括装扮她身体及精神的物品：衣服、梳子、花、首饰、镜头、书、信件。（伍斯特，马萨诸塞，艺术博物馆）

隐私的庇护所

传统的历史学家们热衷于研究个人的英勇历史及个人主义，我们又该如何超越呢？近年来，历史学家们对历史的社会层面进行了细致入微的探索，然而对私人领域的研究——即对自我的想象及情感关系的研究——大致没超越启发性的人物传记阶段。在自我和隐私史领域，几乎还是一片空白。

在16~18世纪的欧洲，社会之间的差别甚是明显，但和现代社会相比，它们又至少在一个方面相似：个体的发展受制于家庭、村落、社区、社会等关系纽带。在旧社会里，隐私从来都没有被看作是理所当然的，隐含在符合一定社会准则的行为和语言里，必须从人们情绪、情感寄托的物体和地方中找出，并对其加以重构。为了弄清隐私赖以滋长的地点，理解在那里发现的诸多古代遗物的涵义，我们有必要借鉴考古学的研究方法。

对隐私的考古

我的假设是：过去，个体总是与一些特定的地点密切相关——一种通过情感、行为、祈祷、梦境的影响的相关。各种寄情空间(封闭花园、卧室、床里间、书房、祈祷室）和寄情物（书本、花朵、衣服、指环、丝带、画像、信件等）都完全是私人的东西，它们曾经在特定的时空里均属于独一无二的人。然而，此类空间及物品的意义是确定的，并完全为他人所理解，其意义之源是社会性的。大都市艺术博物馆收藏的一个15世纪的黄杨木梳，上面有心和箭的图案及“行乐”的刻文，这应该是某位女性送给心上人的礼

凡·埃克：《蒂莫托伊斯》。镌刻在画框上的文字证明了词语和信息所表达的东西。（伦敦，国家美术馆）

物。几个世纪中，可能有数以千百计的这样的物品，虽然历史学家们不指望发现很久以前的人们的个人思想，但至少可以找到他们思考的场所，以及寄托他们思想的那些物品。个人的床铺、衣服、念珠绝不仅仅意味着财富，即便物品是公共的，也可能为个人所使用。

隐私也表现在肖像、绘画或文字描述中。此类纪念物具有一种特殊的力量，它们不仅通过微笑、表情、目光等和我们交谈，还会邀请我们去继续一个永不结束的对话。凡·埃克在其油画《蒂莫托伊斯》的底部刻上了“忠实的纪念”，正是为了向现代的观众表明这幅画的个人意义。乍一看，这幅寓意丰富的画似乎告诉了我们许多秘密而不试图掩护它们，但看得再细一点，我们就能意识到事实并非如此，它向我们揭示的东西并不比在剑上、小银制礼盒上、廉价戒指上刻的姓名首字母多。例如，在蒂雷纳、德阿尔让松、黎塞留等人著名的回忆录里没有私人注释，这表明人们很难从中看出什么私密暴露的痕迹，同样的，也别指望在南特伊的肖像画或是塞维涅夫人的书信中看出什么私密曝露来。

人们用各种方式来表达自己：花体字签名、标志性图案，甚至用一个“X”在公证人面前表明自己等等。正如人们选择绰号或将自己比作某种特定的动物来确定自己的身份一样，他们也用刻在指环上、装饰过的写字台上、绘过彩的梁柱上、墓碑上、雕花的门及书架上的秘密符号来表现自己。即使我们并不能解读全部的符号，但却不能否认这些都是强有力的纪念物品。有些政治和宗教派系是在秘密或神秘的基础上发展起来的，似乎很充分地利用了这些秘密符号。彼特拉克对圣奥古斯丁怀有很深的感情，像个学生一般，他用一个很特殊的笔记本——他的《秘密》——记下了他和他的这位尊敬的神圣的朋友之间的超验对话。友谊作为一种神圣的力量在思想及肉体层面上内化，促使他和这个死去近千年的人对话。彼特拉克特别珍视自己的笔记本，视之为某种纪念意义的圣物，一份私密而又珍贵的财产。现代早期的其他日记没有彼特拉克的《秘密》那样浓厚的宗教色彩，但都表现出对私密的自我表达的渴望。

大约在1660年左右，在塞缪尔·佩皮斯家庭生活和政治命运的一个关键时期，他的胆结石病发作了。在随后的九年里，记载自己私人生活的文字有近125万，这些都用暗语写成，以免其妻子或亲戚们看懂他所记载的内容。而与他同时代的一些其他人则用拉丁文字来记载。佩皮斯有一种很强烈的欲望要将身体里的活动及生活中的快乐都保留下来，似乎要在以后能够详细地记起自己内心活动的每一个细节。他记下的内容有：一段愉快的心情，一次惬意的漫步，春天原野的芳香，宴会中的牡蛎和果酒，以及在教堂里瞥见的美貌女子等等。他喜欢写。他的爱恋激情远远超过这些词的表达力，当拉丁文不足以表达英文中的意思时，他就在纸上留下大段的空白。

个人传记时常载有只可意会不可言传的东西。叙述一次神奇的经历，在古代的废墟中或是丛林深处时内心的欣喜，爱情将肉体与精神融为一体的庄严一刻，都有一种需要向自我或他人表白的内心超越感。

自画像，不论是画者自己保管还是送给友人的，都和私人日记有许多相似之处。1484年，13岁的丢勒借助一面镜子给自己画了一幅肖像，对于如此年轻的一个男孩来说，这是相当了不起的成就。即便是在德国，自画像的形式在当时也不常见，德国自画像的发展和繁荣是在16世纪。根据帕诺夫斯基的观点，丢勒是受了他父亲的启发才画了这幅自画像的。丢勒的父亲是个金银匠，早先也曾为自己做过一个肖像。

伦勃朗在促进自画像的发展方面超过了丢勒。丢勒为了突出自己的个性，故意使用了奇异服装和精致的发型。伦勃朗则放弃了这种奇异风格和风头主义，而专注于相貌和表情的描绘，似乎这些能完全地再现自我。在众多的自画像中，他通过对自身的凝视来表现内心最深处的想法。像这样专注于精神面貌的做法在现代早期的艺术家和艺术中还是很罕见的，当时的主要表现手法还在于细腻的手工画法。从这个角度说，伦勃朗是20世纪自我欣赏主义的先驱，而在他的用视觉寻找自我本性方面没有直接的后继者。

至此，我们可从三方面来着手研究隐私的历史。首先我们可以研究人们之间进行个人交流的那些场所。其次，我们可以分析人们视之为爱情和友谊的纪念物的遗物。第三是绘画和文字资料：画像、自画像、信件、自传、传记、日记等等，这些和梳子、戒指一样，也能算是纪念物品。每一样物品都有自己独特的表现方式，每一件物品的表现力都不会比其他物品的差。我们应当注意到这些能

伦勃朗：《自画像》。隐私与自我欣赏的欢娱之间的关系，是一个历史问题。（佛罗伦萨，皮蒂宫）

显示个人情感的图画方法的推广和流传，它们碰巧出现在高雅艺术作品中并不足以说明它们的本源。显然“没有艺术价值”的纪念物品是不会保存在博物馆里的。同样，16世纪法国中西部的青年人团体选出的花冠王后所佩戴的玫瑰花蕾织成的花环，不再像圣母佩戴的绘了彩的玫瑰花冠那样容易保存下来，留给我们的后人。

私密场所

中世纪晚期的欧洲，有一些被认为特别适合私人交流或自我反省的地方。现在，此类场所大多已不复存在，但大量的插图绘画使我们对这类场所有所了解。16世纪英式城堡的个人住宅边上常有个私人小花园，有少数历经岁月至今仍完好，如汉普敦法庭，在牛津和剑桥的附近——封闭式的小花园，以及英国的一些天主教教会学校及其附属的加尔都西式花园——这里现在是思考和私人交谈的好去处。从1500年到1800年，这些小花园的布置发生了变化，但它们体现的私人关系性质没有改变。古典式的花园似乎取代了旧式的私人小花园，但事实上，黄杨树小门，树荫下的单条长凳等和封闭式花园一样发挥着同样的功能。

城堡和伊德斯坦花园，16世纪。在这个专供沉思和爱侣约会的地方，只能发现单身的男人或者成双成对的夫妇。(巴黎，国立图书馆)

现代社会早期，建筑师们在富裕家庭的住宅中创造了一种新型的个体空间形式，或者更确切地说，通过建筑一些具有以前特定的家具功能的房间来增大个体空间。因此在欧洲的语言里，有些词语如书柜、直柜、书架、写字台等既指某一家具，又指执行一定功能而通常具有个人意义的房间。例如，法语中的cuisine（厨房）不是指餐厅时，就有了类似的含糊意义，有时便分不清它指的到底是烹饪食物的房间还是食物本身。然而家里有不同房间这样一个事实并不是私人化的总证明。除非是指人们将物品锁进书桌抽屉，而现在则可以将自己锁进书房。这已接近19世纪的资产阶级家庭住宅模式，收集的各类艺术品、印刷物、书本和珍品等摆放整齐，并入加锁的橱柜。这些物品数量不断增加，传播更广，使用者增多。但这并不必然意味着隐私——“隐私”一词在当时的主要意思还是“秘密”，且主要指的是思想领域。可以说这意味着拥有一个带锁的盒子的人和拥有一幢带各种房间的豪宅的人有同等的隐私水准。

封闭式花园

有了那些15世纪的绘画、木刻和织锦，我们不仅能描述封闭式

《威尔士亲王亨利》，1610年。带围墙的花园以及花园里空着的长椅，引诱着那些寻求安静和休憩之所的人们。（伦敦，国家美术陈列馆）

《恩爱情侣》。在场的有一只小巧忠实的狗和康乃馨花瓶，这使我们确信：爱并没有超越友谊的界限。（巴黎，国立图书馆）

花园的外形，差不多还能感受其鲜花的芬芳和空气的清新。或者是低矮的木头篱笆配上沿之生长的果树墙，或者是柳条栅栏环绕成畦的花床、草坪，休憩用的小墩在其中点缀。泉水池塘、小径以及铺满玫瑰和葡萄的藤架，构成了一个完整的花园——谈情说爱或进行政治或宗教等交流活动的理想场所。在绝大多数场合，那些艺术作品的一侧都有年轻的夫妇，专注交谈或演奏乐器。时常有人独坐着看书，或是木质或石质基座上戴着王冠的圣母，四周是盛开花的树木和玫瑰的花环。画中的圣母不论是独自一人还是有圣徒相随，都有一个适当的场合让看画的人们跪倒在圣母的脚下，就像自己身临其境应该做的那样。封闭式花园通常总是私人的空间，但布鲁德尔的作品是个例外，他画的是花匠在干活。

就连花园中的空气也有别于城市街道的或是乡村田园的空气，

C-D-J.艾森：《杂树林中爱的场景》。一个土墩枕着熟睡的女人的头，她的嘴唇上荡漾着妖冶迷人的笑意。（巴黎，国立图书馆）

弥漫着超然的芬芳——玫瑰的清香、清洁的流水，圣洁而庄重，有康复肌体之力，休憩心灵之效。人文主义学者以及后来的巴克罗派艺术家不再使用哥特式和田园式的装饰背景，代之以古老的立柱、长凳以及哲人们的半身雕像，以期启迪世人。尽管如此，其内在的"私人"的意义并未消失，如亨利·霍金斯的《帕尔特涅·萨拉克》(1633)。花和草仍然保持其令人反思自我的神奇力量，尽管诗人树起了象征性的通天之塔，也不能改变这一点：

百合无瑕，纯洁忠贞；
玫瑰文静，温文端庄；
紫罗兰谦逊，贵竹香坚韧；
万寿菊展现仁慈，芙蓉花给人希望；
向日葵引人深思，郁金香美丽典雅。

而人不仅反思自我，还会更深刻地思考爱情和死亡。花园给诗人以灵感，觉得心上人离自己又近了一些，而且由诗人自己来决定她何时出现，又何时残酷地消失。

《塔索诗选》中阿米达和雷纳尔多的最后一次见面便是在花园中。法国戏剧赋予花园以魔力，可以促进心灵的融合，也可以让非常忠贞的情人心迷意乱。在华多、布歇和弗拉戈纳等人的油画中，花园为公园所取代，神奇的魔力却不减。艾尔麻维那居民两两成对的化妆聚会，便是在花园中举行的，夜晚的黑暗使整座花园更加能激起人们的情感。园中的孤寂、岁月的流逝、花朵的枯谢，这些都让人联想到生命的脆弱及基督的死。"我走过花园，看到了他痛苦的形象。"在马丁·施恩告尔的一幅画中，基督出现在圣玛丽面前，画中的花园如荒漠一般，只有小树一株，树叶尽落，几堆土堆，令人震撼。这样的独树，不管有无树叶，都会让人联想到死亡。

自1640年始，荷兰画家开始绘画老年夫妇，画家们钟爱的背景便是花园。霍赫斯特拉滕的画中，夫妻两人一起待在花园中。这些画通过描绘夫妇一起在花园的情景来帮助那些伤心的鳏夫寡妇设想失去的配偶正生活在幸福之地，具体再现了人们片刻的思想甚至是祈祷和示爱。斯汀画过老年夫妻下棋，格子结构不仅表达了在光阴中消逝的宁静午后，还让人联想起婚礼和洗礼，因为这些活

继弗拉戈纳之后的费尔囊·德·劳奈所创作的雕版画：《爱之密语》。在活树上刻字给予了灵魂统一的具体体现。（巴黎，国立图书馆）

动通常都在此类场所举行。

历经了17、18世纪，因爱情和友谊而结合的婚姻逐渐取代了为利益与金钱而生的婚姻。画家们也记录了夫妻在一起的情景，爱也就是在公园里表达，于是画中出现了夫妻二人或带着孩子的场景。起初画家的资助人不论男女都和孩子或父母一起出现在画中，还常和圣母、圣徒一起，他们或是在花园里，或是在窗户正对着花园的个人祈祷室里。后来，圣徒们从圣画中消失了，但资助人还是要画进去的。在17、18世纪的新教国家，在一张画布上画两张画的做法趋于常见。在英格兰及其殖民地，许多情侣都躲到公园或花园里谈情说爱。不太富有的家庭用文字记录下这些活动，而富裕人家用绘画的方式记录下来。塞缪尔·佩皮斯住在伦敦的海军部，自然无花园可言，但铅皮屋给了他同样的乐趣。他可以在炎热的日子偕妻子去喝杯冷饮，或是借着月光演奏琵琶，以享受其乐趣。只有丹麦入侵的消息才迫使他避到了乡下的寓所，在那儿，他将自己的钱都埋在花园里。

荷兰画家画的是普通的农家庭院，而不是封闭的花园，但丝毫不减少其私人情感的内涵。画中没了圣母和圣徒，但两个人专心交谈的场景却无二致，同样地还有潜心看书的场景，所读的肯定是一些虔诚的或是浪漫的书。反对传统的爱情和信仰观念，一种更简单、更粗糙但无疑更亲密的情感被激发了起来。画中的年轻夫妻或是下棋，或是饮酒（共用一个酒杯）。在柏林博物馆收藏的一幅特尔鲍赫的作品中，一位母亲正在女儿头上找虱子，这个举动在好几个世纪里一直都是和爱联系在一起的。一个年老的妇人独自一人坐在没有草木的小院里，或是在房屋的某个阴暗角落里，实际上是把这些个人行为内化了，它会让观看者去思考自己的死亡。

对于多愁善感的人，花园里成畦的花床和五色沙土只会让人心烦意乱。真正的宁静存在于自然中，一种人类尚未触及的自然。因

M.雄高尔：《圣母玛利亚见复活的耶稣》，约1480年。耶稣受难地被画成一个封闭的花园。（巴黎，国立图书馆）

伦勃朗：《门罗尼特牧师安斯洛及其妻画像》，1641年。（柏林，达勒姆博物馆）

而清教徒们总是极力反对人为地将花园打点得井然有序，甚至连树木都要修理剪裁，他们认为这是人类理性的结果，因而阻碍内心的发展，他们完全清除灌木的纷乱，因为破坏了能帮助心灵思考未来而得到的容忍。因此把艺术看作是技巧的内在感性，预示着18世纪的英国花园和圣洁森林、深海湖及古代废墟的神秘性。

卧室

在私人生活的主要空间（厅廊、客厅和室内等）里，可以看到各种不同的活动。这里有火炉，旁边是厨具，还有桌子、台子、凳子、空桶、成包的物品以及寝具，也就是一种人可以睡在上面的东西，但没有木头床架和床帘。在只有一个房间的住所里，所有的活动都在厅里进行，除了那些最自然本能的排泄需求，那最好在野外或肥料堆上进行。要是还有一间房子，与客厅隔开且有门锁，则这间房子有不同的名称，譬如内室、里屋、卧室等等。卧室里会有一张大床，上有帘布。德语中的“Zimmer（室）”指的是墙上的木头嵌格，其他的摆设基本是同样的。14、15世纪的佛罗伦萨词语“室(camera)”总透着一种尊严，法语单词“房间”（chambre）可能也是如此。在比较大的城市的住宅里，卧室的门总是要上锁的，所以

F.凡·米里斯：《一对老年人》。在友谊的表征（康乃馨花）下，没有迹象显示他们是否已结婚。（佛罗伦萨）

在15世纪的绘画中，家庭主妇的腰带上总是挂着一串钥匙。17世纪的荷兰绘画显现了客厅与卧室的关系，两者用墙隔开，后面是街道。

里奥·巴蒂斯塔·阿尔维蒂是一个富裕的荷兰商人，在他约30岁时，写了一本书：《论家庭》。书中描绘了新郎和新娘参观新居的情景。参观在卧室结束，在那儿新郎锁上门，向新娘展示他的全部财富——银器、织锦衣物及珠宝——这些东西他都锁在这间密室中，以便独处时欣赏品玩。他的书籍及记录先辈的一些资料则单独存放，锁在“study”里，以不让妻子看到。这里的“study”，既可能是一个单独的房间，即书房，又可能是一件可以上锁的家具。按照阿尔维蒂的解释，“记录是一种十分神圣、具有宗教信仰意义的物品，故而应特别保护”。

展示了财富之后，阿尔维蒂要求他的新娘保证绝不与其他男人同床，绝不让除了他以外的任何男人进入这间卧室。他坚持新娘以后举止要端庄，不上口红，不与他人调情。然后，夫妻一起跪下祈祷，乞求上帝帮助他们，降福与他们，让他们生许多孩子。祈祷时他们一直盯着一个圣像，“是银制的，手和头则是象牙制的”。阿尔维蒂并没有写下这圣徒的姓名，因为这座雕像之所以引起了他的注意，主要是因为它的珍贵。他的思想很现代，几乎没受到巴黎大学那些神学教义的影响。在他看来，高尚珍贵的东西自身便可以体现上帝和圣灵，除了外表之外，并没有什么特别的联想意义。可以说，要是阿尔维蒂拥有油画作品（他的财产清单中并未列出），那也是宗教题材的，肯定是挂在卧室而不是客厅。

像这样区分客厅里的活动和愉悦的私人活动，是中世纪后期大商人阶级家庭的一个显著特点。这种区分能让我们了解许多东西，诸如房子里的空间划分、物品的分类、妻子的角色等等。随着时光流逝，这种区分也影响了其他阶层。

I.凡·梅克内姆：《情侣》，约1480年。女人衣衫未整，化妆盒表明她是个情妇。（巴黎，国立图书馆）

一个家庭若是能够有第二间屋子，这便是情感生活和私人关系的中心。凡·埃克的油画《阿诺尔菲尼斯》（1439年）似乎证实了阿尔维蒂的叙述，即新婚夫妇是在卧室里以一定的仪式庆祝他们全新的私人关系的。伊斯拉埃尔·凡·麦肯特雕刻过一对情侣坐在木床上的作品，卧室里不仅有带有格子拦板的大床，还有一张小桌子，桌布上有烛台，燃着两支蜡烛，桌上还有粉盒、眉笔之类的东西。门锁上插着把刀，那是为了防止门被打开。画中的男人已取下剑，放在地板上，左手放在女人的背面，搂住了她胳膊以下的部位，显然是要吻她。女人的胳膊叠在一起，似乎正在将腰带和钥匙拿开。床帐是分开的，这幅画并没有什么宗教的意义。

有钱人可能在卧室里向“情人”求爱。麦肯特的雕刻所体现的是阿尔维蒂力求通过向新婚妻子展示财富，一起向上帝祈祷来避免的一场噩梦，在一定意义上说，是将她和他的财富一起锁起来。桌上的那些粉盒、眉笔、梳子和香水瓶等暗示着一种婚外的性关系。布歇和弗兰戈纳曾试图让女性的化妆台成为无道德意义的贵重品，但这只是在后来，当为爱情而结婚的信条得到上流社会的认可之后。在弗兰戈纳的《锁》里，卧室成了发泄激情的场所，画中的男人一边锁门一边调情，而在此画家的另一作品《橱窗》里，明显的学院派风格反映了一种道德化的努力。这种隐私向戏剧化装饰的转变，并不能体现隐私的真正本质。

17世纪的荷兰绘画细致地刻画了卧室里的各种活动，验证了卧室起到展示隐私的本质的作用。这些活动包括妇女穿衣脱衣、护理婴孩及产后接待女客等等。德·霍赫及斯汀的一些作品描绘正在独自穿衣的妇女，床铺十分凌乱，证明了现代早期有钱的男性仍然对女性的卧室浮想联翩。在伦勃朗的一幅名为《兴奋的勒德康特》的雕刻里，男子爬到了女人身上，床上有床帐——这是有钱人家才有的。其背景同伦勃特的其他作品一样，十分模糊。

床里间和凹室

在16世纪和17世纪的法兰西，床里间指的是从床到墙之间的空间，被认为是特别隐私的地方。瓦卢斯·玛格丽特的《不协调的空间》就体现了这一点。就是在这个空间里，特里斯坦·埃尔米特的《失宠的仆人》中的爱人感到了四肢颤抖及身体的其他变化，这使他几欲跨越雷池，做出格的事。迪蒙·德·博斯坦克在他的回忆录中写道：在他家房子着火时，“我尽最大力量去抢救那些资料，我在卧室里筑了一个很好的壁龛，在床里间里，我放了许多柜子，里面放了我的衣服，还有最值钱的东西——房契”。

和床里间相似，凹室指的也是床以外的空间，通向客厅的门之

G.德·圣奥班：《特殊的裸体模特儿》。一名艺术家及其模特的狂想揭示了洛可可风格时代一个色情画室的情形。（巴黎，国立图书馆）

伦勃朗：《法国风格的床》，1646年。男人将帽子挂在床柱上作为自己征服的标志。这对男女在上床前，共用一个杯子喝了葡萄酒。（伦敦，不列颠博物馆）

外的一定空间（或指上流社会的那种前室）。托马斯·杰弗逊曾在床周围建立起一个隔离室，把上面的空间完全包围起来，只有他自己才能从床里间里下床进入里面。

17、18世纪的一些人需要拥有寝室以外的更多私人空间。在詹森派学者纳安·德·蒂耶芒死后，人们在他的床里间里发现有一块地方“满是金属针”。克制肉欲是一种古代的办法，也可能是留有个人空间的目的之一。

18世纪，卧室依旧是重要的显现个人情感的场所。画家们也有意突出那些反映私人情感的东西，刻画卧室里独有的行为。17世纪的亚伯拉罕·博斯满足于描绘躺在被罩里的一个穿戴整齐的年轻女子，等待一位英俊的年轻医生给自己施灌肠术，一个女仆端着一小桶站在旁边。同样的题材到了18世纪，画面已有所变化：画中的女子会全身裸露，躺在凹室床上，而给她施灌肠术的则变成了她的仆人。

华多、布歇及葛兹几乎全都对那些17世纪荷兰油画中的私人情感和情爱主题向我们做了更明白清楚的说明。在《入浴女》一画中，华多较好地突破了陈规。年轻女人坐在床上，睡衣敞开，准备入浴，旁边的女佣一手端着盆，另一只手递去一块海绵。题材十分陈旧，但却十分清晰，以至于即使20世纪的观看者也会觉得自己莽

D.韦拉兹盖：《维纳斯的梳妆室》，约1648~651年。镜子在这里不仅是虚荣的象征，也是强化充满爱意的凝视的一种道具。（伦敦，国家美术陈列馆）

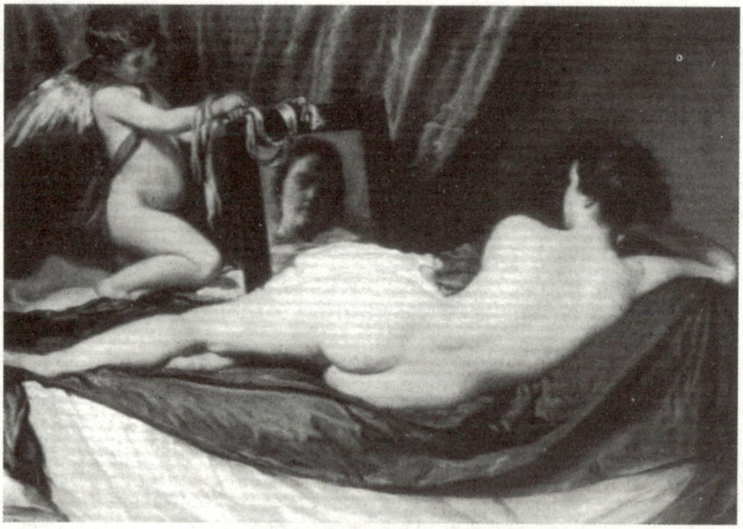

撞，看到了不该看的东西。而且这幅画相当的小，要想看仔细，就得靠得很近，这更让人觉得自己是个患有窥阴癖的流氓。画中的浴女并没有什么不体面的举止，倒是观众自己觉得有失体面。裸体美女与躲在其腿后面的小狗戏耍之类的小幅画或雕塑，迫使欣赏者不得不放弃自己以前的文明教化而直视自己的道德价值标准。

早在15世纪，女性盥洗就已成了有关情爱的艺术作品中的常用题材。其中有些盥洗一定意义上是在公众场合进行的。丢勒的一幅画让那些具有窥阴嗜好的观众可以透过公共浴室半开的百叶窗看到里面六个裸体的女子。此类公共浴室里的妇女或者在房中独自穿衣的妓女是在数个世纪中不断被重复的题材。但这类题材并不能反映出人的内心生活，除非是在观众的想象中。另一方面，强制的亲近阻碍了真正的私人情感。例如，18世纪，普里乌·德奥贝斯在其《自传》中讲到了一个叫罗德兹的女孩，她对自己为之工作的女亲戚的诸多要求很有意见："天啊，她对我说，我想不出天下有比她更难伺候的女人了。她极珍惜自己宝贵的身体，整天都想着怎样使身体舒适。有一丁点的不适就会焦虑不安；轻轻的一碰都会让她想上一大堆的不良后果，说不定还害怕得掉眼泪。然而她却从不厌烦劝那些不愿吃苦的人不要太娇弱……每次给她端灌肠汤我都提心吊胆，给她前，她总会担心太凉了，给她后，又抱怨太热了……我经常腹泻，因为她要服用的每一种药剂都要我先尝一下，她甚至连灌肠剂也想让我先尝一下。”

提香画的维纳斯既是对女性胴体的理想化，也是上流社会的春宫图。枫庭堡流派的浴女图则体现一种特殊的人类情感。这些浴女们并不是出人意料地从水中突然浮现出来，也不像那些在森林深处的女神那样放松。她们是在卧室里被画下来的，身边还有侍女、火炉、家具等等。画中的女士似乎很乐意让人画自己仅戴着首饰的裸体，体现了女性和男性一样的自我满足的性幻想。

同样，在布歇的一幅作品里，布歇夫人有同样的女性情感，但更显端庄。她衣着整齐，躺在一张法式躺椅上，凝视着自己的画家丈夫。身边是一些18世纪风格的桌子和架子，上面放着些日常生活用品，显然不是在卧室。布歇对于布景作了精心安排，以免被误认为是幅妓女图：他妻子穿着拖鞋，戴着无边女帽，桌子上放了些信件和书籍，一把钥匙插在抽屉上，下面还挂了个荷包。这幅画没有

延托莱托：《苏珊娜的沐浴》。在这个空间里，没有什么是隐秘的。女人的身体为自己的情人袒露着。（巴黎，卢浮宫）

弗朗索瓦·布歇：《布歇夫人》。身旁放着钱包、书、信以及她丈夫喜欢的中国式物品，布歇夫人展示了一种令人敬慕的挑逗神态。（纽约，弗里克收藏）

丝毫的宗教意义，但并不意味着私人空间世俗化的进程已经开始：现代早期的爱情语言是不受宗教影响的。为了适应现代消费社会的需求，这世俗的一面有助于女性被界定为爱人所拥有的一件珍贵物品。我们无法知道布歇卧室的墙上挂了什么，却不难想象在他书房的金属片上会有一个伏尔泰或某位东方圣哲的半身雕像，因为这在18世纪的巴黎很常见，也不难想象他的床帘上会挂着一个十字架。

丹尼尔·罗什注意到，18世纪里，床在卧室中的位置发生了变化，被移到了墙角或是凹室中。卧室中一般置有微型的搁板、小桌子、梳妆台和屏风等等。1760年以后，城市住宅的卧室开始变得拥挤起来。尽管在原来的基础上新增了一些门厅、房门、接待室和隔板，但直到1860年，个人的隐私空间并没有什么增加。有钱人自然是增大了可利用的隐私空间，但对其他人，也是绝大多数人来说，隐私的空间还未超出卧室的范围，甚至限制在床帘以内。

书斋

书斋是一个小房间或隔室，没有壁炉，也没有大的窗户，首先

J-B.帕特：《一个女人在洗浴》。（伦敦，华莱士收藏）

出现在意大利文艺复兴时期的宫殿里，显然是仿照寺院的建筑。这个词的两层含义，一指写字台，另一指书房，向我们说明了新的隐私空间是如何被创造出来的。

作为主人寻求宁静的休憩之所，书房里有时会配坚锁及插销。看书、记账、祈祷等所需的无非是一桌一椅。在不甚富裕的家庭，一张有抽屉的书桌，再加上一个带锁的盒子或柜子以存放信件、各种资料及账本，就可以替代书房了。书本通常放在书房墙上的壁龛里，就像修道士的或僧侣的那样，以免老鼠搞破坏。

如果说14世纪至16世纪那些圣热罗姆的画像可以看作是书房演变形成的证据，那么书房显然是由以前的一种家具变形、演变而成的人可居住的家具样的东西。墙上都覆盖着一层格子板和一些有门的小柜子。幸存下来的，特别是意大利乌尔比诺地区的那些书房，其装饰是富有启发意义的。格子板和柜子上的绘画或镶嵌的图案，描绘了人类及超人类的各种智慧，和书房主人的各种纹章、题铭和草签放在一起。

律师，除了充满青春活力的诗篇和古典作品的今译本，还会保存与其职业相关的各种资料。这种自由职业者的单身比率比其他的精英群体要高，因而律师或医生的书房里除了书本和科学实验用的各种设备外，还会放上一张床。比起圣热罗姆像，勒伦佐·洛托描绘的在书房里的牧师的小画显然更是可靠的证明和描述。

情书也可能被收在书房里，特别当它们是婚外情的纪念物品时更是如此。通常，主人到书房去，要么是独自一人，要么和亲戚朋友或子侄一道，以便讨论一些诸如婚礼之类的家务事。人文主义者既热衷于积极参与社会教育事业、政治生活，又热爱文学，崇尚独居，都是以书房为中心的。有些人还要将硬币、纪念章、岩石、搪瓷品等一些收藏品放到书房中保存。像佩皮斯这样的收藏家可能宁愿生活在书房中，与那些勋章、画像、名人雕像为伍。

16世纪的法国，城堡里及城市豪宅里也有书房，一般建在某个塔中或某个远离日常纷扰的地方，但总是临近主人的卧室。坦利那个豪华的王宫般的书房里有一组非常独特的插画作为装饰，它表明完全有可能将王室政治和英雄传奇结合起来。

私室

“cabinet”这个词可以指一件小家具，有可以上锁的门和抽屉，

B.蓬泰利，1476年乌尔比诺从对F.蒙泰费尔特罗的研究中拼凑组装起来的。关着的门上所贴的图像，是门后一切的形象符号标志，突出了这书柜对私生活研究的重要性。

洛伦佐·洛托：《书房》。这位年轻的高级教士环坐在满是日常物品的书房里，其中有带篷顶的床。他独自一人在读书，旁边放着一个召唤仆人的铃。（伦敦，不列颠博物馆）

也可指一种内嵌木格的小房间。两者都会被修饰以小幅的油画，内容时常是表达宗教的虔诚，但更多的是关于严谨的性爱。比利加城堡里的简朴私室完全适合那个一心为国的公仆。在沃-莱维孔特，建筑师勒沃和画家勒布朗为负责国王财政事宜的尼古拉·富凯修造了一个货真价实的精品：一间私室，内壁镶满了镜子，供主人观看自己。国王路易十四在凡尔赛的大型私室（现已不存在），内壁也镶满镜子；国王在镜子里直视自己，既带着几分虔敬，又有点自我欣赏的味道。在17、18世纪，随着人们抛弃了那些令人敬畏的道德规范和宗教价值，这类地方在一定程度上被世俗化、性爱化了。

在英国，书房或私室的作用与其在法国或意大利的一样。罗伯特·伯顿的《剖析忧郁》就是在其位于牛津基督大教堂内的书房里创作出来的。17世纪，密室（"closet"）这个词日益流行，莎士比亚在《李尔王》中解释了它存在的原因："我把信锁在密室里。"（第三幕，第三场，第十二行）。佩皮斯和他的妻子仿照一种源自意大利家庭的时尚，各自有一间卧室和一个私室。有一次，有人给佩皮斯一个小柜子，以感谢他的帮助。佩皮斯仔细地钻研了这个小柜子非常隐秘的抽屉，然后将柜子安放到妻子的私室里。这事情让我们停下来想，家具能上锁是否就意味着隐私增多了？只怕佩皮斯的妻子没有什么秘密能躲得过丈夫那双锐利的眼睛。

18世纪的小说家们越来越认为女性的私室具有某种煽情的力量。由于不善嘲讽，罗素竭尽所能，大量使用16世纪那些与情爱相关的套语，来描述朱丽叶的隐私空间，给我们留下了一份与爱有关的纪念物品的详细清单："这个神秘的地方如此迷人，每一样东西都弥漫着你的芳香，将我团团包围。哦，朱丽叶，这儿全是你。欲望的火焰促使我去触摸每一样东西，只要它能表明你的存在。是的，我所有的感官都已经迷醉了。我觉得似乎每一个角落里都散发出一种隐约的芳香，比玫瑰还甜，比彩虹更轻。我似乎能听到你的悦人的嗓音，你那一件件散放的衣服让我浮想联翩，想象它们曾经盖在你身上的部位。这个纤长的假发套戴在你茂密金黄色的头发上面，似乎要掩盖住头发。这条头巾是这样的可爱，我永远也不会对它抱怨一声。这件睡衣既高雅又朴素，正好吻合主人的气质。连这拖鞋也这么精巧，柔软的小脚一定能轻易地穿上。紧身胸衣是如此纤薄，环抱着……多么迷人的腰腹……前面，两个优美的突起……

尼古拉·高善：《夫人的裁缝》。（巴黎，国立图书馆）

A.博斯：《幻想》。一名养尊处优的妇女在临睡前整饰自己，她的头发被盘了起来并扎上头巾。（图尔，美术博物馆）

多么美妙的春宫图……紧身衣让位于感性力量……多么怡人的印鉴……我要吻你一万次！……哦，天！如果当……唉，我已经能感受到你温柔的心跳，哦，朱丽叶，迷人的朱丽叶！我正是这样看你，全身心地感觉你。我呼吸的是你呼吸过的空气，你已浸入了我的一切。你的房间让我多么的痛苦？”

从黑袍子到晨衣

如果说随着时光的流逝，女性的着装越来越带有性爱倾向，有些东西实际上还从未被论及。男性衣着一直与书房相关，16、17世纪经常光顾书房的男性一般都穿正式的工作装——上面有许多有关宗教秩序、学校教育及法律、医学职业的符号，一个名副其实的谜团。意大利文艺复兴时期绘画中的许多学生穿的都是黑色的衣服，而在那些非学者的肖像画中展现其情感的男士，个性化的服装逐渐增多。鉴于目前的研究水平，尚难以分辨出在某种程度上是“原创的”男性服装，也就是说，在一定程度上是穿着者自己设计的服装。比如马基雅弗利，他受罗马“共和”模式的启迪，在写作政治及历史文章时，习惯于穿一件宽松的外袍。蒙田对着装意义进行了深刻的思考，认为那是一种自我表现手段，但却满足于在自己阁楼里穿着简单，哪怕是在“书房里”也不例外，实际上就是他能够一个人退避那儿沉思的一个小塔。

自1650年始，宽松的晨衣开始在男性中流行。在北欧，晨衣一般用褐色缎子制成，并绣上花，表达了一种与宗教无关的个人场合的新快乐。佩皮斯曾让人画了幅着晨衣的肖像。荷兰画师常描绘两个穿着晨衣在下棋的朋友。18世纪的狄德罗仿效古代哲人写歌赞颂自己的旧晨衣，认为它能自动调整去适应自己的身体，它与房间里这些年收集的各种物品出奇地一致。在他获得了一件漂亮的新晨衣之后，整个房间都重新进行了调整。旧家具被换了，所有资料和小册子都放进了一个“带有玻璃门的精致小橱子”。那些以前散放在房间里或不加框子别在墙上的油画和雕塑，现在都重新作了布置，

洛伦佐·洛托：《在画室里的年轻人》。富裕的年轻男人都要请人给自己画像的风气在1420年后迅速流行起来。耐火材料能够防火，但为什么在这里要用耐火材料呢？（威尼斯）

以便适应这全新的品位。尽管有如此大的变化，但狄德罗说他自己并没有改变，还是用来随时欢迎客人造访的。也就是说，着装和个人房间里的巨大变革并没有改变人本身。

这位哲学家承认他喜欢周围的事物，特别是那些搞艺术的朋友赠送的作品，此外，对自己所处环境的意识可以说至关重要，因为它关系到别人及本人如何看待自己。他用墓志铭的方式将这一哲学思想传给了后人：“他早已去世，但子女们仍然在他的躺椅里找他。”书房和私室越来越成为个人创造性及智力的表现形式，同时它保留了其原始的作为学习、祈祷和调情的场所的特征。

荣格·范德尔·韦登：《被处死的圣伊夫》。这幅画力图描绘隐秘的内心生活。（伦敦，国家美术陈列馆）

内心世界

在现代早期，人们认为人的行为是由其体内热能的质与量决定的。这种热能并不是源于肝、脾或大脑，而来自心脏。故而对自身的理解是以心为中心的。

心的多重含义

“心”中的各种情感塑造了个人独特的个性，邪恶的犯罪、英勇的壮举、激烈的情爱、房事中的温柔和残暴等皆源于此。虽然有教育、宗教信仰及对各种惩罚的惧怕，理性还不是总能很好地控制心脏流出来的热能，故一般人总是很难将自己的全部行为控制在可接受的范围之内，但要避免极端。一个人若是没有了激情，可能什么也不是，但如果不能用理性去控制，人就会迷失方向。

每一个个体都会试图通过对内心世界的分析来解释自己行为的过程，对由于激情导致的行为进行思考。早在14世纪，此类思考就出现在传记里。当时友谊的义务之一便是让新朋友阅读自己这种受感情驱动而生的思想和行为——心的热能作用的结果记录——因为毕竟友谊首先是一个发自内心的东西。崇尚骑士精神的社会里，击败一个以勇气出名的敌人一定会受到大家的关注。如果有人在祈祷时看到了圣母或是感觉基督的圣体进入其身，这件事迟早会被公众知晓的。如果因女性挑逗的凝视而乱了心，举止有些变化，或者觉得不适，无精打采，亲戚朋友便会询问他出了什么事。因为在很多情况下，感情对躯体的作用是十分明显的。一般认为，热能的强度可以有很大的变化，因之而产生的行为也有明显的区别。

寄情物

感情会在记忆中留下极深刻的印象。在有关私人情感的语言中，“寄情物”这个词虽然不局限于指称情感的记忆，但18世纪的人们还是倾向于在这个意义上使用它。它有两重含义，既指一份记忆，又指曾属于某位心爱的人或与特定的给予者或接受者相联系的礼物，如丝带、梳子等。通过这种寄情物品的互换，自我变成了他人，他人变成了自我。一切寄情物品都曾是独特的和私人的，但很快整个社会就认可了这点。如果一件寄情物品由个人保存，却只有另外一个人方能解读，这便可以称作秘密了。

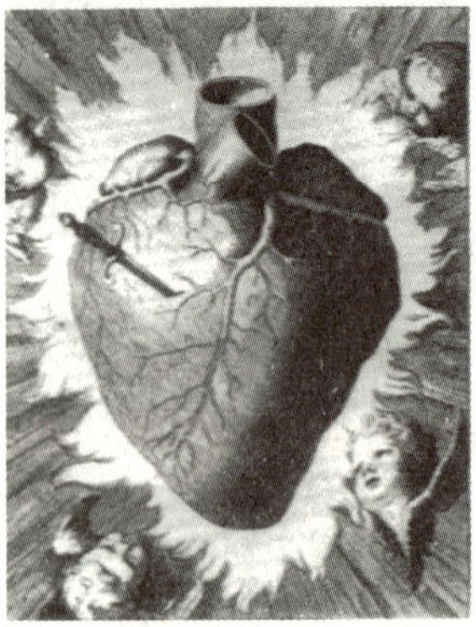

佚名画片，1685年。一个人的罪恶将在他的心上留下印记，尤其是他故意犯下罪恶之时，印记会穿透整个心。（巴黎，国立图书馆）

几个世纪里，心一直都是表征私人情感和内在方面的主要符号。它的图案随处可见，雕塑、雕刻、水粉和油画等等。作为一种表征符号，它能让我们知道许多关于私人情感本质里含混不清的东西。它到底是关于宗教信仰、勇气还是爱情方面的纪念物呢？一般来说，名门贵族的赠送物都带有比较明显的爱情色彩，不管这爱情是圣洁的还是污秽的。通常它是表征“内心世界”的，或者情感的自我表现，或者对其他感官印象所做出的反应。人们把心形印在剑上、指环上、衣服上和书本里，还有人在房间的门楣刻上心形图，作为保护符，但并不是每个人都能认识这件物品的象征意义。他们只关心拥有了一件既有历史意义又具有现实意义的纪念品，能唤起某些隐秘的情感或行为。随着时光的流逝，通过看和触摸寄情物的方式去把握自我、把握他人的做法，日趋常见也日趋复杂。

遗物

当一种“先进技术”使保持曾与自己有亲密关系的人的联系成为可能时，收集寄情物品开始流行起来。个人的宗教虔诚一直依赖于某种个人情感，遗留的寄情物使之成为可能。教堂里各种各样的遗物可以帮助善男信女们和圣灵进行内心的交流。直到1700年，王室和贵族家庭，在尸体入葬家庭墓地之前，将其心脏取出一直是一种很普遍的做法。

如何处理取出的心脏取决于一套严格的法令等级制度。鲍尔顿家族对此十分讲究。1667年，马尔什伯爵死时，年方3岁3个月12天，他的心脏被封在一个心形的铅盒里，然后放到棺材里去。而1680年克勒蒙特小姐死时，才14个月，还没受过正式的洗礼，只是在特殊的情况下，给她进行过一次私下里的洗礼，她的心脏就没有“像常规那样放在心形的铅盒里”。

在这幅流传甚广的16世纪木刻画中，弗朗西斯一世将他的心、奥斯特里亚将鲜花献给了耶稣圣婴，请求他们保佑一桩因外交原因未能实现的婚姻。(帕纳宫，阿维农)

对逝者躯体所有的这种感情远远超过人们的想象，教会强烈反对这种将心脏取出来的做法。德拉·盖特女士叙述了当她母亲去世时，“任何东西都无法给我以安慰。我极度痛苦，曾对着她的嘴呼吸了一刻钟，希望能令她复生。我在她脸上流了许多泪，无数次，我用手抚摸她的脸，以致她的脸变得如玻璃般平滑…… 我想将她的头割下，放到柜子里，在闲暇时看着它，给我以安慰。然而我却做不到，办理她临终事务的牧师告诉我他们绝不会同意。”

更常见的做法，毫无疑问，是保留一缕头发作纪念物。德·塞维涅夫人就后悔没有保留下先夫的头发或者画像什么的（虽然他们的婚姻爱情并不是十全十美）。在这一段时期，实际保留的躯体部分与表征物或寄情物品之间并没有严格不变的界限。诺贝尔·埃利亚斯强调人日趋与自身肉体分离，但肉体依然能再现于个人的寄情物上，在这点上他无疑是正确的。

把和心相关的事物列一个清单，有助于弄清情感行为的意义的模糊性，及其外在的许多复杂特征。在14世纪和15世纪，除了那些名门望族，一般人家没什么家具，祖上一般很少传下东西，这稀少

《耶稣的心》，取自约瑟夫·德·加利费的《令人崇敬的心里的卓越奉献》（里昂，1743年）。（巴黎，国立图书馆）

的物品便有了很高的市场价值。体现私人情感的寄情物只有在教堂里才能找到，一个又一个堆放在一起。到了19世纪，房子里装满了家具和各种小纪念品，许多都没有什么价值，却能勾起对某位先祖或某件特别感人事件的回忆。从空房子发展到满屋家具经历了很长一段时间，其间，物品逐步取得了作为寄情物品纪念他人或提醒自己某段感情的力量。

我不对那些非常公开的情感行为归类——那些基于胆量和勇气的行为——这种情感最主要的寄托是剑，故而在剑上刻一些图案以便提醒自己某些东西，也就不足为怪了。剑上一般刻有军旗、徽章、暗记、画谜、姓名的首字母、许愿、还愿、圣母圣徒像，还有一些奇怪的符号，无法解读，因为设计它们的人早已带着秘密入土了。此外还有远古的图案、战友的姓名、军团的编号、番号、战斗的日期等等。心形通常会出现在这些图案中间。在所有的情感行为中，勇气由于是公布与外化的，大约是意义最明确的了，但这并不是说，勇气的行为不能用于检验自我。

圣者

宗教的内在实质一直都是以圣者为中心的，问题在于如何在万能的上帝面前寻得圣徒式的宁静。在14世纪和15世纪，圣母圣徒甚至基督自身的形象都被明显地人文化了，呈现出两种形式。首先，欧洲的低地国家，艺术家们先于其意大利及西班牙的同行，对基督的圣体进行了详细入微的刻画。一些教会团体定做的小型油画及一些祈祷书中，基督的伤口及痛楚都十分逼真，当时的人们认为细致的受难及死亡图有助于促进人们和上帝之间的亲密情感。通过将人的情感和上帝的情感融合比较，人们感受到他的痛苦。通过其身进入其精神世界，人们便可以切身地体验他的伤痛，分担他的屈辱和羞耻，而最主要的是在不借助神学的参与下直接地感受上帝的痛楚。在数量很少却非常有名的几例作品中，那些寻得与上帝亲密结合的人们的手足和侧身还会真真切切地出现血。有时这种感情上的现实主义倾向会超越常规，凡-埃克（柏林）的小画《基督受难》便是这样的一例：基督的胯上围了一块布，下面的“隐私部位”明晰可见。但只要比较一下当时教堂里收藏的那些遗物，就不足为奇了。基督的五处伤口常被单独画在一张羊皮纸上，却不画他的身体，让人们去思考他有怎样的情感（巴尔的摩·瓦尔特斯艺术陈列馆藏，祈祷书)。17世纪，刺穿圣母心脏的七柄利剑反映了人们希望评估祝福与苦难，正如十字架和玫瑰经有助于信徒们明确自己追求上帝的坚强。这大概是15世纪到18世纪的主流宗教，也可能是全部宗教的中心主题。

圣者人文化的第二个方面更具有社会意义。人们一直都遵循着一个古老的传统，将自己的戒指和某位圣徒的遗物联系起来，佩戴遗物，认为只有这样才是合适的，因而宗教赠与从本质上讲是非常有意义的。而最重要的可能就是向一些宗教团体捐赠小笔烛资。教会内的团体崇拜远比每周一次的弥撒更接近上帝。点上一小根蜡烛，对着圣母像吟诵玫瑰经，回忆圣经上的训示，“到你的私室”内祈祷，别在严肃的仪式中出“风头”。祈祷书主要供富商的妻子们使用，鼓励妇女从事一种以阅读和沉思为内容的个人化的礼拜方式。荷兰的油画，譬如《老年妇女独自看书》便令人想到这种女性的虔诚。

宗教题材的油画中满是一些礼拜用的物品：祈祷书、十字架，还有无处不在的头颅。这些物品有时还和某位圣徒的签章结合在一

《无聊乐趣之耻》。通过他痛苦的沉思期求与基督团聚。（梅兹，市政图书馆，编号ms1486）

起，如圣杰罗蒙的狮子。埃尔·格列科的《圣弗朗西斯》（加拿大，渥太华）描绘的是圣徒拿着“一个头颅，完全陷入了沉思”。尸体也会激发人的情感。哈姆雷特就曾拿着耶利克的头颅对掘墓人说：“天哪，可怜的耶利克！我认识他……他曾把我背在身上一千次，可现在，它在我的想象中多么可恶！我感到恶心。这儿本是两片嘴唇，我不知吻过了多少次。”（第五幕，第一场）

宗教题材的绘画中后来又加入了一些日常生活的小细节，上帝外出，进到平民百姓家中，受到欢迎等等。在一幅洗礼人圣约翰的诞生图中，天使们似乎正在为圣安妮铺床。布茨则画过圣母给幼年耶稣喂粥的情景。当然，比较拘泥教条的油画是最初只能用词语表达的东西的视觉体现，但其结果却往往与“情欲”画的精神完全保持一致。爱尔伏特（15世纪中叶）曾用金子来点明圣母腹中的圣胎（柏林）。在一幅由维茨创作的画里，幼年圣约翰和幼年基督分别处于其母亲们心脏的位置，再现了整个神学传统。艺术家们由此又进一步将圣母及基督的心脏从其躯体中移出来单独表现，放在一簇荆

F.霍尔斯：《拿着骷髅骨的年轻人》。（伦敦，国家美术陈列馆）

让·斯泰恩：《病人和医生》。（布拉格，国家美术陈列馆）

棘之中，一片通红，从中喷吐出赎罪的鲜血。

阿兰·德拉罗什（约1465年）宣讲玫瑰经是圣母发起的，教友们都会受到特殊的保护，只要他们吟诵一定量的“万福玛利亚和主祷文”，就免受“大灾、雷击、偷盗、谋杀、瘟疫、暴死以及邪恶的袭击”。除了能得到上帝的保护，虔诚的教徒还会体验到上帝就在他身边，“通过这种吟诵的方式来向圣母玛利亚敬礼，圣母就会用金戒指和他交流，而更重要的是，她会让他真切地感受到她的圣子耶稣基督——头对头，手对手，脚对脚。”

在这些作品中，圣母和基督在封闭的花园中将其心脏展露于世人面前。有些宗教作品如《圣母的十五件乐事》赋予花儿、书本、玫瑰、念珠、十字架、宗教题材的油画以社会大众的个人意义，“亲爱的女士，向耶稣祈祷吧，好让他来引导我的心和我的思想”。

在让·莫利内《被教化的罗斯的传奇故事》（1483年）里，有一段由主祷文组成的玫瑰经。为了帮助个人崇拜，让–巴普蒂斯特·阿尼耶斯于1545年出版了一本赞誉圣心的小书。圣心教友会遍布世界各地，第一个耶稣“圣心”教友会的教堂于1558年在秘鲁的圣灵教区建成。甚至新教徒也敬仰圣心，主要是17、18世纪德国的虔信教徒，他们对信仰的内化突破了教会和伟大的神秘传统之间的联系。

精神方面的激情

对于个人与圣灵的接触，我们的了解源于那些对内心生活的描述。其中的一些启迪了其他，模仿（圣徒）在修女中特别盛行。凯瑟琳和特雷莎的故事惹得无数修女竞相模仿。在她们内心经历的描述里，她们的周围几乎没什么用于祈祷的器具，但现在这些敬仰她们的修女的房中，随处可见各种带有特定联想意义的祈祷。

然而上帝与其追求者之间的亲密关系并不总是围绕着圣像或信仰者的躯体的。巴洛克时代，教堂赋予忏悔者及其指引牧师帮助基督教徒去追求上帝的权力，同时要确保这种追求在确定的范围以内。由于圣洁的爱情和凡俗的情爱在身体的显示上并无二致，因而就需要一个宗教权威来区分精神的和肉欲的感情。神和人的融合是借助一个理想化的女性来实现的，因而很难区分圣洁的和凡俗的爱，根据维吉尔的观点，但丁和比特拉克在这方面看法上做出过巨大的贡献。蒙田是一个卓越的种族研究者，旅居罗马时，他记下了

弗兰德学派，《临终之际的年轻女人》，17世纪。女人的父亲或丈夫请人画这幅画是为了记录她死的过程。（鲁昂，美术博物馆）

这样两件事情：一个罗马妓女，听到了半夜教堂圣钟传出的“万福玛利亚”，她从伴侣的床上跳下来，跪到地上，开始吟诵祷词。另一件事是讲“老鸨”极度“愤慨”地进入房间，从另一个妓女的脖子上一把抢下了一个金属圣母像，以免被罪孽玷污。还就是这位蒙田深信圣洁爱情的表征。在劳伦多乡间一个十分有名的供奉圣母的教堂里，放置了一个神盒，里面装有三枚银像，分别代表他自己和他的妻子、女儿，三个人都跪在圣母的脚下。他渴望通过与上帝的母亲建立亲近的私人关系而获得纯洁的爱。

宗教遗物不仅是一种遗产，还会产生许多奇迹。博尔瓦女士于1659年讲述了查尔斯王子，洛林公爵弗兰西斯唯一的儿子落马而生命垂危的故事：“六个小时之后，曼德尔，他的第一贴身侍从决定去把富瓦的圣母像拿来，那是他已故的兄弟费尔迪南王子的东西，费尔迪南生前常将它和衣服放在一起，那是耶稣会派的韦龙考特神父送给他的，因它而产生了许多奇迹，因而显得与众不同。那东西刚放到他的心脏上，他的心便开始跳了，给他带来了生的希望。”故事中对该遗物的出处详加说明，故事更加可信，更加具体。

蒙东维尔夫人和她的指导牧师西龙之间的关系表明通过“心”去追寻上帝可能会产生世俗化的感情。当西龙在为上帝的服务中离开时，蒙东维尔夫人都要发疯了。在给西龙的信中，她一再强调要向他展露内心世界，从他的来信中获取精神食粮。“你的信是我的指路明灯，告诉了我那些存在于我心中我自己以前并不知晓的东西。”在她的指引人离去之后，她甚至能经常比以前更加详细地表白自己内心深处的思想。“是的，先生。你又可以对我的心说话，我的心也正需要这个，我不知道它是什么，可别的言语它是理解不了的……经历了那么多祈祷的无聊，我突然觉得我们之间有着某种秘密，正是上帝所需要的那种……在那之后，我又陷入了一片倦怠，觉得生活太沉闷了。睁着双眼却看不到，吃着东西却毫无食欲，似乎生活在梦境中，所爱的是自己不了解的。希望能有个人倾听自己诉说的痛苦。想要去拨旺那似乎要将自己吞噬的快灭的火焰。”

蒙东维尔夫人非常清楚，到了最后审判日，是没有什么可以隐瞒的。她有自己的秘密，私人的欲望，对西龙健康的关注——一种可怕的“思想”。她需要从上帝那里知道要戒除心中的哪些邪念，这促使她斋戒、祈祷、慷慨地布施。她的日常工作是在雅克医院为女病人铺床，在人手不足时，她也为男病人服务。有个年轻的伤兵，“满头虱子，非常痛苦”。她为他理发。“一开始让我作呕，我又想，这是在为基督做这项工作……（这种想法）令我将这满是虱子的头发拿起来，放到嘴里。”西龙还不断地用书信来引导她，并送给她一张圣特蕾莎的画像。在这张画像中，蒙东维尔夫人看到的不仅是这位圣徒的脸，还有她的灵魂。她写信告诉西龙她一直很用心地祈祷，“在看着上帝（圣像）探寻他心中的意愿时，我觉得他似乎要你向我揭示那种我好像曾经在你身上看到过的潜在火焰。而且我的这种想法一直都没有改变。”

她有一个十字架，“佩在身上，却渗入到她的心里”。她还有个耶稣受难像，放在衣橱里，每当深夜为噩梦惊醒，她都会到那儿去寻求安宁。每当她独自一人感到呼吸困难，对死亡产生恐惧时，蒙东维尔夫人就会感觉自己是在耶稣的心中，能够看到耶稣的形象，从而忘却了自己心中在想些什么。

她送给西龙一个圣盒，里面装的是件僧侣穿的无袖外衣。然而奇怪的是，她似乎像阿尔维蒂一样忘记了那位圣徒的姓名，信中没有提到。这些证明她的内心在向神圣宁静发展的迹象一个接一个，成了一组完全用公证人语言写成的虔诚的神学专业论述。祈祷时她忘记了自我，1600年她玷污了肉欲，但她的指引牧师还是鼓励她，支持她：“爱情演变为肉欲，便玷污了爱情自身，所以你一定不要过于自责。”敬神的器具，如她戴在脖子上的十字架，橱子里的基督受难像，西龙送给她的圣特蕾莎肖像，特别是她的那些信件使她在圣洁的爱的协助下能理解并主导自己的情感。在她的一生中，这些物品都会成为极有影响力的纪念物品。

这个例子是否具有代表性呢？毕竟蒙东维尔夫人不是普通的女人。在她身上最引人注目的是她的毫不动摇的自我意识。作为一个世俗的女性，她生于一个虔诚的富裕家庭，她的情感来源于宗教以及她不参与社会生活的决心。她通过精神指引人的帮助来建立和上帝的私人联系，这只能理解为是广阔的社会和宗教运动中一个特别热忱和记录很好的例子。她后来写的《回忆录》描述了她第一次遇到这位她后来的忏悔牧师的情景：“我路过时看见西龙先生正在进行晨谈……我告诉他我想忏悔……我于是向带着特殊吸引力的他走过去……我穿着时尚、最美丽的衣服……但在向勒热那教父作忏悔时……我并没有坦白内心，并获得了特别端庄的美誉。”西龙对其善恶观念的引导始于让她穿“所谓的詹森式袖口，好把胳膊遮住”。因而，在通往理性和圣洁之爱的道路上，需要宗教训诫控制心灵的激情和各种有助于促成那种目的的物事。

在约瑟夫·德·加利费描述玛格丽特·阿拉拜克生平的学术著作里，我们不仅看到了敬重基督圣心的人类文化学理论，还看到了其实践的许多理论知识。而其之前的分析都囿于信仰圣心的起源，涉及一些宗教领袖对“在我身上，万能的上帝创造一个全新的心脏”这句话的思索。基督内在的苦难，或者说他心中的痛苦，远比外在的屈辱和伤害更残酷。玛格丽特说：“我看到了他，感到他离我很近。我能听到他的声音，这一切远比通过躯体感官的感受来得真切。否则我必然是要分心的，会把注意力转到其他方面去，但我对这些感觉没有抵制…… 在这之后，他（基督）要我的心脏，我恳请他把它拿走，他这样做了，把它放到了他自己尊贵的心脏里，让我看我的心就如同炽热的火炉中所吞噬的一粒微小的原子。然后他又将我的心脏取出来，如同一簇燃烧的心形火焰一般，放回原处。…… 它的炽热毫不衰减，你能感觉到的只是伴随流血的一丝冷却。”这里所描述的仍然属于卢克莱修所描绘的物质世界，尽管在天国的至善光芒和人体及宇宙的原始热能之间有着亲密的联系，而刻印于这本书中的心形图案仍让我们对这个世纪有所了解。

爱的力量

形体美能激发体内的情感，不论是老是少。简单的一瞥便可让人面红耳赤，不敢抬头，心跳加速，甚至片刻的眩晕。爱情是一种力量，正如下面这个谚语所说的那样：

> 爱情的力量是如此巨大
> 它可以主导一切
> 也可以摧毁一切

爱情可以扰乱人的心思，导致情绪剧烈波动，甚至疾病，乃至死亡。挑逗的凝视可能会让人大吃一惊，大喊大叫，胡言乱语，或者写情诗。这种爱的力量并非来自个人本身，而是源自天宇或是某

S.德·维尔布鲁纳：《合法而适度的爱》，1599年。神力通过送给男人爱（心）和死亡（骷髅）显示自己的力量。(巴黎，国立图书馆)

个阴森幽暗的地方，会打破人体的平衡状态。人类都会受它支配，但男性和女性由于机体组织上的差异会做出不同的反应：男人在本性上比女人冷静，受爱的激情冲动的支配就弱些。关于女性，拉伯雷认为："大自然在她们体内某个秘密的地方悄悄地放置了一个组织，一个器官，那是男性所没有的。"依月亮决定的子宫作用可能会导致女性行为惊人的反常。当女性用示爱的眼光看男性，他们会不安。诚然，对于爱情的作用，神学家的理解和物理学家及法学家的不同，甚至完全相反，但这种差异必须要放到更广的范围中去理解。

法国法学界认为男性比女性更易受情感左右，尽管女性是情感的化身。法学家让·舍尼就曾评论道："作为一切事物主宰的经验表明丈夫比妻子更容易沉湎于爱情……第二次婚姻中，再婚的妻子更易受丈夫宠爱，而不是妻子更宠爱再婚的丈夫……原因正如乔米奇派所说的那样，恋爱中的男性会丧失理性，因而为达到目的会不惜一切。"

示爱的凝视及由此激起的情感会改变人对身体和服饰的态度，恋人们会更加注重自己的打扮。年迈的国王亨利四世，原本已不修边幅了，也不会理会自己的头发、胡须，穿的也是脏兮兮的旧衣服。当他爱上了年轻的夏洛蒂，几乎突然就开始注意自己的发型，精心打扮自己，穿着华丽的新衣服。早在谣言传出之前，宫廷里的每一个人都已经很清楚了。他的这种态度变化源于对自己外表的一种新的意识。相反地，没有爱情可能会使人忽视自己的躯体，缺乏食欲。

情感还有内在的作用，促使人反省。心上人的仪容，她的眼睛，她的姿态，她的微笑，她的言语以及她身体接触到的每一样东西，对于爱她的人来说都是神圣的。在凡俗的或圣洁的爱情里都会有一种神秘的、来自天宇的力量将两颗心结合在一起。奥维德、维吉尔、但丁、彼德拉克及一些吟游诗人的情诗都在16世纪的贵族及其后的其他阶级中得到一致的、相当具体的再现。

尽管很微妙甚至有点自相矛盾，诗歌创作总是集中在爱恋接触的场景或者女性美妙的躯体上，甚至在一些个人情感的情书中还能找到骑士精神和田园理想的影子。通常，人们会用一些词语如"东西"或秘密的符号如星号来指代身体的某个部位或性行为，同时也对爱神充满幻想。就连那些由英国的绅士们用暗码记下的最显亲密、

J-B.帕特：《二重唱》。这名男子穿着亨利三世时代的装束，他将目光移向被称为“农家女”的那些歌曲上，乐曲行将结束。（巴黎，卡耶收藏）

最秘密的日记——以免妻子们看到——也免不了有诗情的宣泄。佩皮斯则用意大利文来记述他与伦敦女孩子们的性爱故事。而亨利四世——作为国王，无论言谈还是举止，都只能算是一般——向克里圣蒂（格拉蒙山伯爵夫人）描述了马兰斯附近的岛屿，将其比做爱的巢穴。他好色的本性通常表现在他对森林，特别是枫庭堡附近的那片令人兴奋却又寂静的林地的描述。年轻的女子常在这类林中，摆出各种模仿爱神维纳斯或猎神狄安娜的裸体姿势，供人作画。旁边有水，可洗浴，有时还有一两个土丘——和封闭花园一模一样！

陶盘，16世纪。（巴黎，卢浮宫）

物品的交换

绵绵情话常在一些生前遗留下来的物品中具体化：笺条、信件，甚至心上人亲手写的一个单词等等。在荷兰绘画里，老年妇女看书意味着虔诚及死亡，年轻的男女读信则代表着爱情。小姐们可能会把心上人的来信放在胸衣贴近心口的地方。有的情书则放在小皮包里，戴在脖子上，作为护符用。这些情书可能会用两人之间的秘密符号写成，或是别人也能理解的符号，比如“S”。“S”这个谜一般的符号象征了忠贞与爱情，14世纪就已经使用，1500年之后，渐趋普遍，亨利四世的情书中经常用到它。

常用的爱情纪念品包括女人的梳子、丝带、指环、手镯、手

由汉斯·霍尔拜因设计的项链垂饰。通过戴自己设计的垂饰，人们将自己与他人区分开来，这种做法正日益普遍。（伦敦，不列颠图书馆）

帕、腰带、胸罩、镜子、珍珠项链、袜带等等。男性则送给心上人丝带或戒指以换取她的丝带或手帕。到16世纪，请人画肖像开始流行，这可称之为情感商品，荷尔拜因、希里欧特等艺术大家满足了这种商品的市场需求。

当时的小说也记述了这种几乎是宗教信仰般的虔诚的物品交换。例如特里斯坦·L.埃尔米特的《失宠的仆人》，尽管有造作的意味和传奇色彩，这部小说对情人对话的内容、情感表露的地点、恋人间交换的物品等都有一定的描述。书中的女主角敏感、富有、慷慨，对于法国男性来说，这就是他们一直期盼的完美形象：漂亮的英国女士。作者写道："她的到来，让我激动万分，当时若有人轻触我一下，他就会从我快速的心跳中知道我是怎样的心动。"当她不在时，他吻她的衣服，造访她的房间，特别是她的私室。女主角摸着他的胳臂，请他收下"一小颗钻石"……来换取他戴的金戒指，"作为定情信物"。他的心上人送给他许多礼物，例如以天青石和银箔镶边的大理石画……书房里用的大烛台以及放在卧室床里间的银制小盘子。

他们在她的密室里见面，在那儿，"起初她是挽着我的胳臂，坐在椅子上…… 问我晚上是怎么度过的"。他们讨论爱情小说、音乐、嫉妒、放纵和死亡等。然后对天发誓，忠贞不贰，"我不停抽噎，激动不已，眼泪不停地流下来。"她用自己的头发编了个手镯送给他，上面还附带了一个十分精致的有铭文的玉扣。这些场景读起来就像是维米尔描绘的恩爱夫妻生活油画的解说词。后来特里斯坦收到了最后的礼物"一个镶有钻石的礼盒……里面的肖像画上放着一张精美的折了四下的纸，上面写着：'为了我的爱，请戴上这些东西，就像我愿意心中有你，一直到永远。'上面没有签名，只有一个记号，那是她在我面前用钻石在窗户玻璃上刻画过一千次的记号。"直到19世纪末，这种刻画在玻璃上的个人表达方式一直都作为一种传递爱情和死亡的模糊含义的标记。特里斯坦也一直将这一礼盒戴在心口。他的心上人身着晨衣来到他面前，他激动不已。为避暑，她住进了一个山洞，在那儿，神圣的和动物的没有分明的界限。

尽管这对情侣情深意笃，但女主角的家人横加干涉，硬是将他们分开。特里斯坦绝不公开这位美丽小姐的姓名，但也绝不会忘记

德国接生婆的标志，16世纪。“梳妆台”——镜子和珠宝——一度被贬损至次要的地位，这名妇女为优生正在听接生婆的三条指导。（盖佩昂城堡）

她。他的回忆录则成了这段私人亲密关系——不论是事实的还是想象的——的纪念物。后来他染上了瘟疫而神志不清，“他们在我的心口贴了张膏药以期给我力量，我当时双眼昏花，神志不清，错认为那块黑色的大膏药是我身体的一个开口，似乎我深爱的美丽女子从那儿将我的心给拿走了。”

微型画与珠宝

伊丽莎白一世时代的英国，画自己孤身一人在森林深处日趋憔悴的情景，很流行。这种原野背景的肖像画的出现大概是因为画中人受到了和心上人分离或是求婚被蔑视之类的刺激，彻伯利·L.赫伯特就曾让人画过这样的画。画中的他只身躺在林木深处。一位宫廷美女向奥利弗要了一张这幅画的微型版。后来有一次，赫伯特在宫中行走时，亲眼透过半开的窗帘看到这位美女独自一人，就着烛光在床上对着他的微型画沉思。

成千上万像特里斯坦收到的他美丽情人赠予的微型画历经了岁月的洗礼，并被保存下来。虽然还没有这方面的系统研究，但有一点是很显然的，在1500年以后，商人、自由职业者、贵族请人画肖像画在整个欧洲都是十分普遍的。现在幸存的这类肖像画的60%根本就没有名字，以后也不会有人知道画中的人是谁了。这证明请人作画的人是刻意这样做的，其目的是为了去获取或交换私人的亲密情感。

铁柜子，16世纪。上面装饰有一幅油画，画中是两个人在一座花园里。锁并非是为了防贼，而是保护私人秘密：钱、珠宝和情书。（阿维农，卡尔维拨博物馆）

微型肖像画极为流行，特别是在德国和英国。到了16世纪，肖像画更多的是用蓝色背景。从尼古拉·希里欧特的作品里,我们看到画家们越来越注意刻画人物的内心,这一趋势在大约17世纪60年代塞缪尔·库伯的作品中达到鼎盛，他画的常常是凝视着远方的个体。在他的一幅作品中，一个年轻的不知名的求婚者站在一簇野玫瑰当中，右手放在心口，他的眼神和姿势都流露着心中的爱恋和忧郁，这一点不会因时空而发生变化。年轻人被火焰包围着的画像也并不少见。火焰可以让被爱的人看到他心中的激情，她在看画时应当会想到男子心中所受的煎熬。

微型画时常还制作为首饰，挂在项链上。因此带钩的小礼品盒在18世纪相当流行，和19世纪带锁的日记本一般。通常，画像还用一绺头发缠着，从而在心爱的人和画像之间建立联系。有一个长1英寸，宽3/4英寸的礼品盒装着一个母亲和她女儿的微型画（或许

I.奥利维尔：《切尔伯利的赫伯特伯爵》。决斗者描述在每一次决斗前，他是如何独自在树林里度过整个夜晚的。在审判他的英国法庭上，他的臭名远扬和骑士风度打动了许多妇女的心。（根据波伊斯伯爵收藏品中的一幅肖像画印刷）

是姐妹俩），两个女人的几缕头发编织在一起，并用两颗金星将其固定到礼品盒上去。18世纪的微型画还流行只画心上人的眼睛，这些画或放在礼盒中或挂在手镯上，好让情侣们在分开之后，心中也能保持同样的情感。这样的设计表明了对亲密情感明显的渴望，身体接触的意愿并不逊于死葬同穴的愿望。

法国国家图书馆收藏着一幅猎神狄安娜的大型浮雕，其设计的目的便是通过视觉及触觉的方式激起对心上人的想象。雕塑的袒胸低领使其爱恋者能融进自己的快乐。而人们更熟悉无疑也更欢迎的是那种带挂钩的小指环，以及更富代表性的心形图案及其里面的花结和花环链。吉勒·勒加雷有关设计的书指出了当时流行的式样：打结的绳子，它和画中封闭花园里开花植物所形成的结一样，象征团结和忠贞，可以作为情侣们及夫妻之间交换的情物。那些流行的戒指往往也会画有头颅，让人别忘了死亡，同时也表征对情人配偶或朋友至死不渝的感情。

婚姻中的爱情和友谊

在18世纪那些常见的珠宝上，心形图案逐渐为其他图案所取代，比如一对斑鸠或是交织在一起的橡叶花环，而在戒指的内表面

N.希利亚德：《玫瑰花丛中的年轻男子》。他被野玫瑰环绕着，对于刚与情人分手的这位年轻人来说，这种情景是种折磨。（伦敦，维多利亚和阿尔伯特博物馆）

或外表面刻上句简短的格言或题词的做法，在整个现代社会的早期都十分流行。

艺术家们和工艺师与其富有的赞助人之间通常关系亲密，这促使人们努力在服饰、礼品及家具上表现自我。在彼得吕斯·克里斯托的一幅画中，圣爱理加成了一名金首饰商，画中的一对年轻人很可能是在选择结婚戒指，待售的戒指都陈列在一个小盒子里。圣爱理加正在称其中一个的重量，画中的女子做出了一个同意购买的姿势，她的未婚夫则拥抱她以示赞许。

经历了历史上几次禁欲主义运动后，历史上有关性爱的画作已所剩无几，但其真正存在过的数量，可能远比人们猜想的多得多。将女人画成女神的做法骗不了任何人。艺术家们既然愿意制作死人面具，当然也愿意运用他们的才能去满足其资助人的性幻想。而一些大幅油画，如《戴红百合的女人》、提香的《维纳斯》，可路埃画的所谓的《狄安娜入浴》等则引发了一个难题：它们该挂在哪儿？它们那么大，床里间根本就放不下，就算是有王宫那么大的房子，恐怕也放不下。亨利四世有幅他心爱的夏洛蒂的画像，没加相框，卷起来放在他的私人住所里或是挂在内室的一个暗门后。一般认为，表现女性身体美的大幅画作应当放到一间秘密的小房间中，以免被听告解的神甫或虔诚的亲戚看到。有一些小橱柜的门和抽屉上都装饰着春图的事实更证实了这种设想。这些画还配有钩子或锁，或是配上门帘，是为了把它们遮掩起来吗？

I.奥利维尔：《一个孩子的肖像》。这个孩子在他父母的屋子里不是临时的造访者，而将永驻在他们心中。（汉姆豪斯）

婚姻里的爱情一般用“完美的友谊”，或者地球上的两个灵魂通过圣洁的爱情实现的结合等来表述。“性”常常被提到，但在友谊里，理性压制了肉欲，而理性是非常圣洁的。17世纪的维舍哈龙家族很体面地生活在一个离勒皮伊二十五英里的地方。年轻的妻子给丈夫写信表达真挚的爱情和友谊：“我最亲爱的，很高兴能有这样的机会，在新年的第一天和你再次宣誓，我只珍视你一人，今生今世我将只爱你。我请求你，我亲爱的朋友，千万要记住我，只要你在想我，你就会知道，我的思想全在你身上，所以就算是我们人被分开了，我们的心也会永远在一起。”个人和夫妻都会在这种灵魂的结合中得到净化和升华。丈夫会适当地调整自己的性格去适应妻子和朋友，反之亦然。自我总存在于对方之中，理性与情感的冲

戴着珠宝和链状腰带的女人。手里拿的书以及戒指和衣服都表明她具有相当高的社会地位。有人想知道她是否知道如何阅读，因为她拿的书闭合着，书扣都没有解开。

萨缪尔·库珀：《一名妇女的微型画像》。在北欧，珍珠项链是一种象征社会地位的物品，这是一幅表达爱情的肖像画还是死亡纪念的遗像？（伦敦，维多利亚和阿尔伯特博物馆）

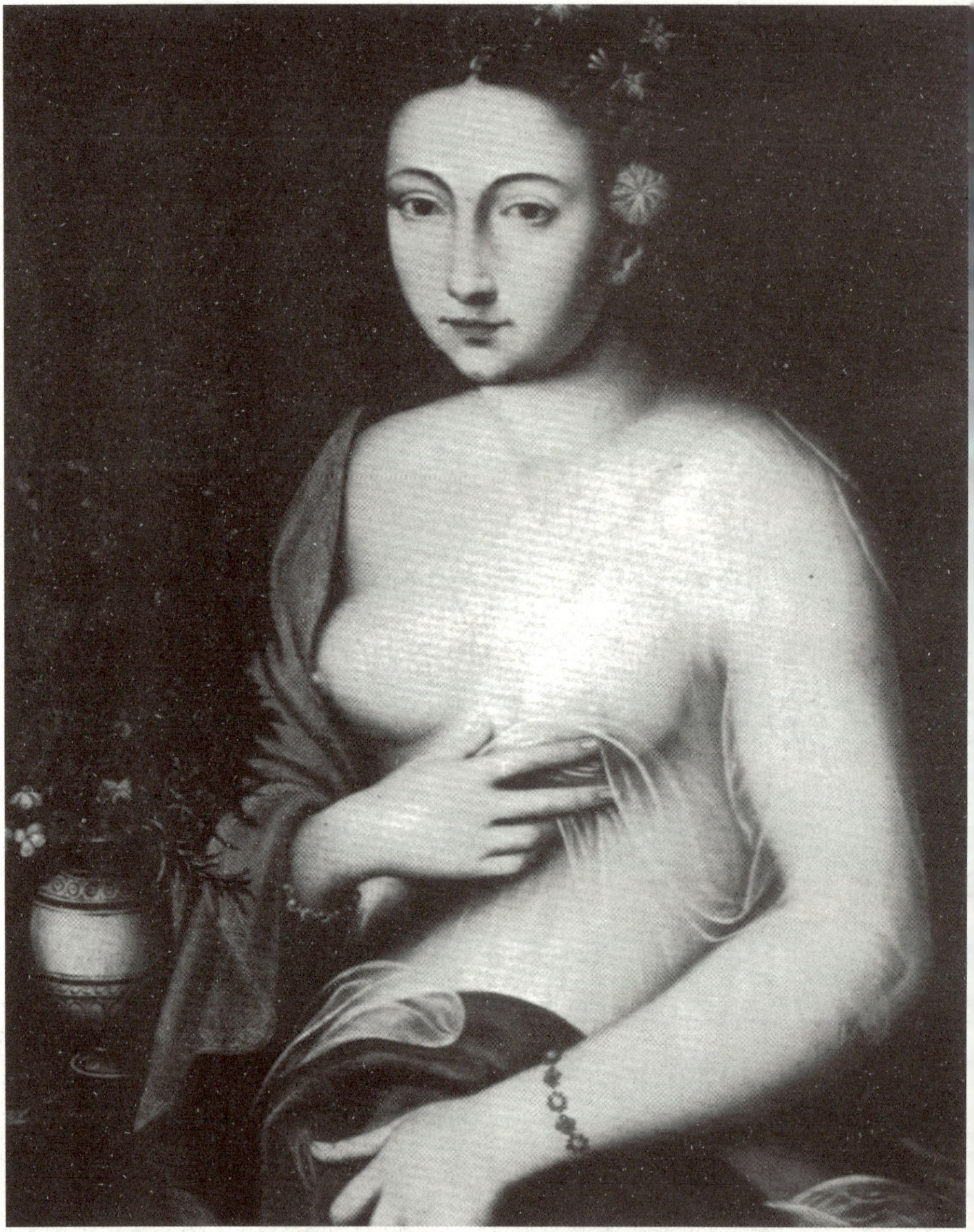

枫丹白露画派：《戴着红色百合的女人》，16世纪。一幅私人肖像画，是为了取悦她的情人而做，毫无疑问，是情人自己委托一名画家画的。这位画家的天赋只能算中流，但他能够画出通常的色情神态——头微低着，眼睛向上抬。（亚特兰大，高等艺术博物馆）

突也随之结束。在另一封信里，更明显地显露了维舍哈龙夫人用词的才华，同时又不失其真诚："我的挚爱，你已经向我证明了你对我的爱，我们不需要歃血为盟，因为我已经足够地相信你对我的爱。如果我还提出类似的要求，那就是说我在怀疑你对我的爱了。"

盖特夫人出身贵族家庭，个性极强，她是这样讲述她坠入爱河的故事的："我在王妃的宫室里看到一个身材魁伟的男人，他也老是看着我。回到父亲的家中时没有离开时那么自在，那个身材魁伟的男人让我兴奋、无法平静下来，虽然我还没意识到这是因为什么。后来我才知道这是因为我爱他，我想嫁给他。"那男子也已坠入爱河。几次造访之后，"他用最高雅的语言向我保证，他会对我忠贞不贰，永不变心"。随后战争迫使他们分开。"收到他的来信，对我是极大的慰藉，那几乎将我吞噬的忧伤也开始消散。"而她的父亲似乎反对这桩婚事，原因很简单，他选择女婿的权利被剥夺了。尽管如此，这对情侣还是在一些贵族朋友的帮助下结婚了。继承的问题使情况更加复杂。在一次各界名流参加的聚会中，她的父亲和丈夫"彼此都怒不可遏…… 盘子往挂毯上飞，我吓呆了……名流们全逃光了，这些绅士们都害怕麻烦，他们通常只会用笔去争斗……丈夫拔出了剑，眼看就快闹出人命了……我冲到父亲面前，用身体护住他，敞开自己的胸脯。我对丈夫说：'你刺我这儿啊！除非你杀了我，否则别想动我父亲一根汗毛。'"盖特夫人认为自己这样做完全是本性使然，但实际上肯定也受文学和戏剧的影响。因为在文学作品和戏剧中，情人间的对白有时也会超越理性的界限。

盖特夫人也曾因丈夫去拜访一位优秀的女士而心生妒忌，"我无法安静下来，我在任何地方都待不住，一切东西包括我的床，都让我无法忍受。一天晚上，在我丈夫面前，我来来回回踱了上千次，他问：'你到底怎么啦？老是转来转去，睡吧！求求你啦。''我睡不着……我头痛得厉害……你是唯一能治我头痛的人。'他又问：'你到底是什么意思？''好吧，我们来谈一下……我要说的是，如果你还要去见某某女士，我决心把你们两个全都毁掉，要怎样的结果，你选吧。'"

佩皮斯夫妇

塞缪尔·佩皮斯无疑深爱着他娶的这个年轻法国女人，而对方则成功地让他误认为自己是一个受压迫的胡格诺派教徒。他对妻子

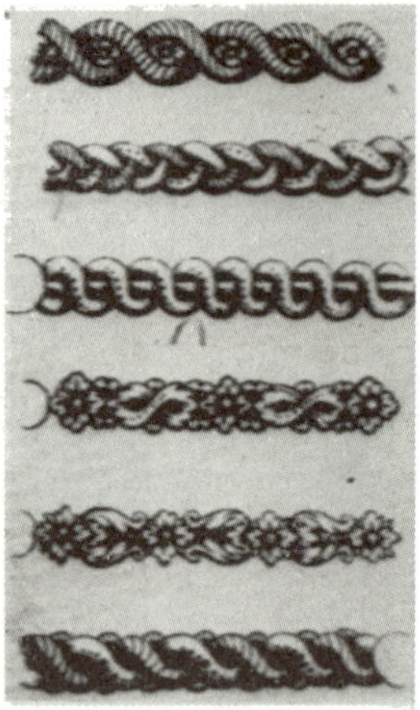

G.莱高里，《项链画》。交织在一起的项链把心紧紧地拴在一起，售价不高。（巴黎，国立图书馆）

的服饰发型非常着迷，而对陪她去集市、去教堂看戏则是更有一种发自心底的喜悦。他对妻子的爱几乎接近教徒对宗教的虔诚，特别是在没有妻子相伴的情况下，他尽力避免和英国女王见面。因为觐见英国女王是一种个人行为，往往有着爱慕、性爱、宗教和政治等多方面的意义。

一天，他回到家中，听到妻子和她的舞伴老师正在房间里练舞，当他们的脚步声停下来时，嫉妒让他出了一身冷汗。其实，他没有任何理由不相信妻子对他的忠贞，但由于自己在伦敦时对每个女孩都感兴趣，所以总是忍不住要怀疑妻子对他的忠贞。

在镇上，佩皮斯会遇到各种各样的女人，每次他总是试图把手伸到她们的裙子下面或插到她们的胸衣里面去。容忍他这样做的女性还相当的多，这表明此类行为是酒吧女及女仆的义务之一。在教堂里，他也总是位于一个能在整个布道过程中都能看着漂亮女人的位置。只要想到周日祈祷时可以看到这个或那个漂亮女人，他就会在一周中不时地激动起来，和某些女性他还可以“做”爱，但这种情形并不多，或许是因为涉及的女性并不特别“新鲜”或漂亮的缘故吧。他自己的女仆常常令他无比冲动，美丽的德比得为主人梳头，而佩皮斯总是忍不住要把手滑到她的裙子里去。后来佩皮斯夫人知道了情况，迫使丈夫将德比赶出了家门。佩皮斯便在大街上闲逛，希望能有次邂逅。丈夫对德比的感情使佩皮斯夫人既妒又气，曾拿着把热火钳跑到床边，想吓唬吓唬丈夫，而佩皮斯先生倒还真是英勇无畏，尽管他也被心中罪恶的情感折磨得快要疯了。他据理力争，非常烦躁。为了接近丈夫，帮助丈夫，佩皮斯夫人主动向丈夫坦白，自己并不是胡格诺教徒，而是个天主教徒，这让佩皮斯非常不安，并不是因为他的宗教信仰，而是他的政治前途，因为在17世纪60年代的英格兰，反天主教的情绪十分高涨。作为缜密的观察家，他则在日记中记录了妻子在生气的时候似乎比安静的时候更能领略性事的乐趣。

佩皮斯的房子里似乎并没有什么亲友赠与的物品或继承来的家具等。夫妇俩精心挑选他们的新家具。佩皮斯夫人对购买大宗物件是没有发言权的，但在选择亚麻布、帘子之类的东西时无疑完全由她做主。早先他们计划建一个婴儿室，但几年以后则成了佩皮斯夫人的卧室。佩皮斯曾一度打算买一个婴儿，后来庆幸没有真买。

约翰·海伊尔斯：《萨缪尔·佩皮斯》，1666年。佩皮斯为了取悦自己，让别人把自己画了下来。这幅画展示的是他穿着长袍，拿着自己所谱的乐谱。（伦敦，国家肖像画陈列馆）

他请人为他的政治提携人、他的妻子、父亲还有他自己作肖像画。在他自己的肖像画中，不用常见的山水背景，而让画家将背景留得模糊。画中的他身着晨衣，手中拿着一小页他自己谱成的曲谱。这幅画并不是对死亡的反思，其空洞的背景是为了仔细刻画这位大师的面部。刚才提到的曲谱是一首情歌，和那些优秀的作品相比，并不算什么，但佩皮斯却非常喜欢，因为那是他自己的作品。佩皮斯真诚地爱着他的妻子，一直是她的挚友，但却又放荡。他最为珍视的两样东西是：妻子的画像和自己的日记。

一些新教的激进分子倡言在一个更广阔的宗教背景下实现爱情和友谊的完美结合，例如路德派教众和一些英国新教徒就认为婚姻是圣洁的爱情和友谊的神圣结合，男女之间的“自然”纽带。他们认为独身并不是男性的最佳选择，圣洁的爱情只能体现在婚姻上。

维舍哈龙家族认为夫妇的心灵一直是连在一起的，即便是死后也不例外。然而那些新教徒们并不相信祈祷会让逝去的配偶生活得幸福，也不相信逝去的人会成为活着的人的调节者，对他们而言，对婚姻关系的任何危害都要格外地注意。革新的个人主义对爱和友谊之间的模糊关系产生了极为深刻的影响。丹尼尔·笛弗的《婚姻误区》是一本以上帝为中心的婚姻哲学著作，书中详细列举了自私的各种表现，相爱的夫妇应当杜绝它们。要了解关于婚姻中爱情和友情的观点，我们不妨看看萨拉·古德休这位美国妇女的说法，“亲爱的丈夫，我最知心的朋友，如若突然的死亡迫使吾与汝分离，请不要让汝之烦恼和忧虑将汝引入歧途。哦，亲爱的！若吾必将离开汝及汝之一切，吾将心甘情愿将吾之心及吾之手奉献给你。”萨拉·古德休写下了她不能对丈夫直说的话，而她丈夫则正在为妻子即将分娩而忧虑。她似乎毫不在意自己可能会死去这样的一个事实，却对自己的丈夫十分关心，这显然是她写下这张便条的原因。这里指称“知心朋友”所用的“bosom”一词有特殊的宗教色彩，即亚伯拉罕之杯也是安全之所。奉献心脏象征了她的内心，奉献手象征着朋友的忠诚，这些都再次映射出他们的结婚誓言。她选择使用“汝”这样的古词也再次表明她正在努力和丈夫、与上帝建立亲密的联系。

私人的友谊

现代早期，社会和职业方面的关系主要是友谊。在整个欧洲，市政当局、贵族等级、宗教社区、公会和那些显赫的家族，甚至那些学术组织都可以促进友情关系的发展，形成社会情感生活的基础。这种友情通过一定严格规定的行为表现出来。在16世纪，用“朋友”一词指称自己的同类人已非罕见。

当时认为个体能通过心脏、体液和精神的共同作用和别人建立更为亲密的关系。亲近友谊是爱的一种方式，其情感和激情由理性及精神来控制。对于现代早期的个体，没有身体方面的接触，就不会有真正的友情。故而有关友情的肖像画作总反映着肉体和灵魂的结合。

亲近的朋友总是对他们的初次相遇印象深刻。他们会互赠礼品，这并非是在社交上超过对方，而仅仅是为了使对方高兴或表示尊重。他们会互赠珠宝、衣服、书籍、梳子、镜子、祈祷用具等等，当然，这得基于友情的不断增加，而不仅仅是因为时间的消逝。朋友生病，会有很多人关心他，为他焦虑不安。在那些富有哲理色彩或带有宗教意义的伟大友谊中，自我的一部分会随着朋友一道死去，就如同失去了一个胳膊一样。朋友之间还会互赠肖像画，而阿尔维蒂则非常喜欢勾画朋友的脸。他的青铜自画像有一对深远的眼睛，那眼神表明友谊将会因这种凝视而延续下去。朋友之间还会互相帮助，如果需要衣服、钱财什么的都可以借给你。一个人最大的秘密、最大的恐惧都会告诉自己的朋友。基于理性，在同性之间，性爱这种最突出的躯体情爱方式是不可能的，但挑逗的言词和扫视还是可以有的。

这个戒指内侧的题字写道：“R.桑德斯的礼物，1744年”。这是件给儿子、侄子或者朋友的辟邪物，通过赠予有形之物来表达私人感情。（伍斯特，马萨诸塞，艺术博物馆）

婚姻还必然涉及肉体的结合，不是激情使然，也是为了应付义务。然而，性关系并不必然是亲密的、友善的。性事所要求的不是亲密而仅仅是隐私。如果夫妇不是出于爱而是出于利益结婚，他们之间缺乏精神亲密的性与其说是做爱还不如说是淫乱。当夫妇双方互不信赖，或者说向对方表白自己心灵深处思想的欲望已经消退或根本不存在时，他们之间的书信中必然缺乏友爱。通常丈夫会称呼妻子为“朋友”，否则便是种侮慢，然而，丈夫称呼妻子为“夫人”的也并不是没有。不论如何，没有了亲密情感，婚姻关系同样可以保持得很文明。

父与子

劳伦斯·斯通观察到，如果英国的贵族家庭中存在着亲密关系，那就是在父与子之间。大概在整个欧洲都是这样的，古代男性之间的友情有它自己独特的语言表达方式。如在法国，帕基埃家族、塔隆家族、阿尔诺·德昂帝宜家族以及勒非弗尔·德奥梅松家族等中的父子关系都非常亲密。当时社会不允许男性之间表达强烈的情感，这导致了一种新的文学形式的产生：信件和意愿，通过它们，父子可以互相表达对对方的爱。即使父子俩生活在同一个屋檐下，他们也会互相写信。

奥利弗·勒非弗尔·德奥梅松的儿子安德烈死时，这位父亲，毫无疑问带着对过去的怀念以及富有人性的法学家对内心深度的洞察力，写道：“他爱我，我也深深地爱着他，父子的名分只会增加我们之间的友谊，使之更加坚定，更合情理。这段友谊在他活着时给我带来了许多快乐，在他死后则给了我极大的痛苦……我失去了一个儿子，这种说法并不足以表达我的痛苦，因为失去儿子的父亲并不总是非常痛苦的。我失去的是一个我深爱的儿子。”

一般与不听话的子女间不可能建立起这种亲近的友情。阿尔诺·德昂帝宜就自己和父亲及岳父的温暖亲切的关系形成了一整套哲理理论，或许正是为了弥补自己和长子关系生分的苦涩。

在受过教育的女性中，很难找到表明她们和女儿之间有这种亲近友情的证据。能找到的这方面的资料本身就极少，或许因为妇女受的教育本身就极少。母亲们当然也可以超越情感上的禁区和女儿讨论各种各样的问题。这方面塞维涅女士是一个很典型的例子。这位伯爵夫人的住地离女儿的很远，两人多年没见面，因此夫人心中无时无刻不挂念着女儿。她对亲近而又独特的友情有一套自己的理

G.泰博赫：《阅读课》。展示一本大部头书籍（不仅仅是初级读物）的一幅风俗画。在阅读宗教和哲学书籍中，个人的内心世界发展起来。（巴黎，卢浮宫）

安托尼·凡·丢克《让·格鲁塞和他儿子的肖像》。（巴黎，卢浮宫）

17世纪荷兰的风俗画继承了14世纪意大利的传统，描绘终极的肉体享乐。该图来自薄伽丘《十日谈》的法文版（巴黎，1757~1761年版）插图。（巴黎，国立图书馆）

解，促使她去追求亲近友情的是她心中的仁慈，以及可以让朋友们永不分离的精神，一种人性的和宗教的力量。

而更多揭示这类父爱的友情则是那些艺术家及艺人的自传。博瓦尔·赛利尼、杜邦·德·内穆尔 、雅克-路易斯·梅内特拉等人的自传虽因时空各异，却都表述了一个共同的愿望，年迈的老人想向他人回忆自己的年轻时代。尽管梅内特拉在其自传的一开始便声称其自传的写作纯粹为自娱，却还是从头至尾都反映了师徒关系的重要性。

梅内特拉一直都担心自己的学徒会死于战争，为此而忧心忡忡。对这些艺术家、匠师们而言，亲近的学徒和心爱的儿子并没有什么明显的区别。在梅内特拉还没有确信他的儿子决心不继承父业之前，他的妻子就强迫他卖掉了玻璃店。尽管父亲对梅内特拉并不算好，但还是教了他手艺，并给了他一个店铺。而梅内特拉在生命的尽头却无法为自己的儿子做到这些。

虽然在选择职业时，父子可能会有争执，但儿子们都会承认自己继承了父亲的天赋。处于社会低层的自传者常会向别人炫耀这点，描述自己的父亲是如何地欣赏自己学徒时的作品。在与父亲争执多年之后，杜邦·德·内穆尔表示他可以按父亲的要求去做。他为父亲制作了一块精美的手表，并刻上了父亲的名字，有了这个礼物之后，父亲不再时刻监视他了。对这些艺术家，手具有天赋甚至力量，但这些既非完全继承而来，也非完全是天赋，不过他们认为肯定与智力没什么关系。

赛利尼对一个年轻的学徒怀有很深的感情，他自己将其比为父子情。他常和那小伙子一起演奏乐器。在瘟疫盛行时，甘愿为他冒生命危险，因为自己“不能弃垂死的朋友和艺术同行于不顾”。成人对待年轻人和年轻人对成年人的行为态度，都受社会普遍认可的才能和职业技术的制约。衡量物品的长度时，赛利尼可能会说：“12岁小孩的手那么长。”年轻的学徒们以拒绝婚姻的方式来保持“自由”。梅内特拉一直喜欢的生活是店铺里那种紧张的社交生活，并且可以经常交桃花运、外出旅行、和旅伴一同进餐等等。他并不怎么考虑金钱或是相对稳定的职业之类的东西，甚至在他决心“结束”单身也即结婚之后也还是这样。

朋友与妻子

赛利尼用来“取乐”的女孩子似乎并不是他个人生活的一部

分，很显然，他们的关系是肉欲的。梅内特拉和赛利尼的婚姻里都没有爱，虽然他们知道在这个世界上有这么一回事。在法国的朗格多克旅游时，梅内特拉爱上了一位信仰胡格诺教的寡妇，为她动了真情。作为一个敏感的女人，她完全符合作为他的爱妻的品质。但她的亲戚们要求她未来的丈夫必须能经营她的店铺，还必须能担负起她的先夫在社会和社区生活中曾扮演的角色。最后，梅内特拉觉得还无法放弃自己的冒险生活或无法放弃自己的工作伙伴。以后，梅内特拉总是带着遗憾回忆这一错过的美事。结婚后，他的妻子扮演的只不过是过去他继母所担负的角色。她表面上用他的钱作日常费用，实际上是补贴她的侄子们。

与梅内特拉亲近的朋友都感到他是个特别热心的人。大概每个朋友都曾在妓女身上花费过。他和其中的一位朋友，雅克-路易，一起做了一件可以称作是强奸的事情。他还和另一位朋友安排了和一个女人的一夜幽会，第二天他才知道那女人正是他父亲的情妇。他认为那女人承认和他在一起更快乐。然而他曾经还是为朋友着想，放弃了与其女友一夜风流的机会。

从小说、戏剧、话剧中，梅内特拉之类的卑微匠人找到了有关爱情和友谊的辞藻。有一个正在挑选丈夫的女人对他说："从你的话中我能看得出，你根本就没有爱过我。"他也承认："她说得没错，没有一个女人真正打动我的心，只有感官上的愉悦，别无其他。"他租赁廉价的房屋专供幽会之用，在圣日尔曼教区的一间位于第八层的房间里，他安了"一面墙的小镜子，以便从各个不同的角度都能看到在床上的自己"。这个秘密的场所似乎并不是完全用来获取肉欲的快感，但很明显，这种单身汉的小巢对其在情场上进行新的征服是必不可少的。即便是像梅内特拉这样的人，亲密的关系——年轻人之间或者父子之间的——也显然是生活的一种基本要求。

N.朗克雷：《火腿午餐》。（尚蒂伊，孔代博物馆）

品位体现的身份差别

由格朗·奥西在1782年出版的第一本《法国私人生活史》（共三卷）谈论的全是与食物及饭桌有关的习俗。这本书不能对这一主题倾注同样多的关注，因此我省略了最熟悉的话题，主要集中讨论17、18世纪饮食品位方面的变化，及吃喝在社会关系中的地位。

饭桌上举止的讲究

人们越来越重视举止及吃喝，这极大地改变了现代早期人们和别人一起吃饭、饮酒时快乐的本质。中世纪的礼仪手册（或许谈到这个时代时我们应用“殷勤手册”一词）在谈到饭桌举止时，总是谴责狼吞虎咽、坐立不安、不文明和缺少对其他客人的体谅等行为。这些恶习直到17世纪和18世纪仍受到指责，不过又添加了新的规定，通常与卫生方面有关。提倡使用个人的盘子、杯子、刀、汤匙和叉子，而用手指或直接从公共盘子拿食物到嘴里都遭到了禁止。

用具、卫生和个人性

这些变化不仅显示了人们对卫生的关注，也显示了个人主义的成长。在每一个食者的周围竖起了看不见的墙。中世纪时，人们自己从公共盘子里用手抓取食物，两三个人从同一个碗里喝汤，在同一个切盘里切肉，所有人用同一个在桌子上传来传去的杯子喝酒；刀和叉从一个人手中传到另一个人手里；面包和肉浸到同一个盐碟和调味壶里。相反，17、18世纪，每个人都有了自己单独的盘子、杯子、刀、汤匙、叉子、餐巾和面包。从公共菜盘、调味壶和盐碟里取任何东西都得用餐具，并先放在自己的盘子里，然后再送入嘴里。因此每一个食客都被一个无形的笼子罩住了。在巴斯德发现细菌前的两个世纪里，人们如此谨慎的理由是什么？他们害怕什么样的脏东西？或许他们最大的恐惧正是和他人接触。

17世纪关于卫生的资料多得惊人，尤其是有关食物及饭桌的。乔治·比加罗指出我们当前的卫生学概念与这一世纪有很大关联，事实上它是历史上最肮脏的一段时期，然而还有必要进一步强调17世纪卫生概念的模糊性。根据罗伯特的《词典》，法语的"干净(proper)"一词直到1640年才成为"肮脏"一词的反义词。至1704

N.阿诺尔：《庆祝里斯威克和平的宴会》，1697年。（巴黎，国立图书馆）

年，《特雷武词典》把法文的proper（干净的）释义为拉丁语的“华美的”（ornatus），“仔细安排”（compositus），“精修的”（compus）等词的同义词，并把“清洁”（propreté）一词解释为“文雅的，讲究的”（elegantia，concinnitas）的同义词。当人们说“女人在‘卫生’方面常更做作、更可笑”时，“卫生”的意思是文雅和讲究而不是干净。

的确，17世纪的法语极为关注厨房里的清洁，包括盘子和餐具及吃的习惯和那些他们斥责为“肮脏”、“可怕的”和其他在法国早期常见的“令人作呕的准备及用餐方式”，这些目前仍在其他国家特别是欧洲以外的国家流行。但“清洁”和“肮脏”并不是它们今天所指的意思。

佚名雕版画：《正午时光》，1697年。（巴黎，国立图书馆）

一些新的饭桌举止并没有理所当然的理由。食物不能用刀尖送入口，但刀尖可用来把干净的奶酪块传送给自己的邻居。大多数食品要用叉子来吃，但吃齐墩果要用汤匙，绿胡桃要用手拿。餐巾不要系在脖子上，而要平铺在胸前。对大多数这样的规定都有奇特的解释。不管它们的价值如何，它们都没有那些显示社会差别的饭桌举止重要。这在那些随着时间的推移，而被它们的反义词替代的例子里特别清楚。从15世纪到17世纪，所有的举止守则都建议用刀切面包而不是用手去掰，但从18世纪到现在，这习俗颠倒了过来：面包一定不能用刀切开而得用手去掰。饭桌礼仪似乎紧跟时尚。变化的重要性不是行为的理智或道德方面的意义，而是它与社会方式的一致性。

时尚的举止通常始于国王的随从及显耀的贵族，然而，它们也并不总是被毫无抵制地完全接受，有一些压根就没被接受过。以饭桌上的行为举止为例，1545年，纪尧姆·杜兰德用法语改写让·叙尔皮斯的礼仪手册，上面写道（1483年）：“富人习惯于想做什么就做什么，有着更多的傲慢而相对少一些理智。由此可看出他们在饭桌上更傲慢。他们或许习惯于把胳膊放在桌子上，但你可别模仿他们。”1613年，克劳德·哈代也对一些朝臣掰面包的方式言不尽意：“用一只手压着面包，并用另一只手的指甲和指尖撕开它，这是一种你只能留给一些宫廷人员享受的快乐。至于你，用刀体面地切开面包是适合的。”在17世纪初，昂布里西厄尔的阿尔图斯·托马斯在他的《赫马蓬代兹岛的描绘》里用漫画的形

18世纪，餐叉与我们现在所知道的样子一样，而匙则有不同的形状：汤匙、咖啡匙、甜点匙等等。（巴黎，装饰艺术博物馆）

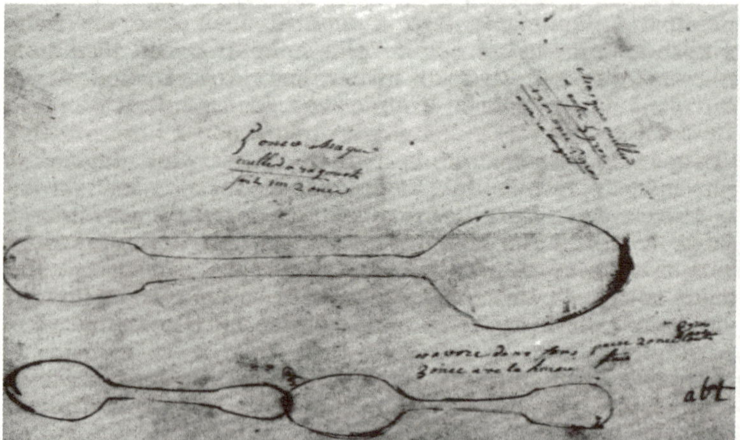

式讽刺了亨利三世的随从的做作姿态。他嘲笑他们不愿用手吃饭而使用刀叉。“他们从不用手而是用叉把食物送到他们伸长脖子的嘴边……他们用叉夹色拉，因为在这个国家里，不管这食物有多难捡，都禁止用手拿，他们都宁愿用这叉状的器具而不用他们的手……又上了一些洋蓟、芦笋和剥了壳的豆子，看他们用叉吃这些东西真有趣。对那些没有其他人灵巧的人来说，落回菜盘里的、他们盘子上的、地上的菜可能和到他们嘴里的一样多。”然而随着17世纪的推进，这类反对意见消失了，这一最具特色的习俗获得了社会各层的正式认可。

中世纪文学，尤其是在意大利，普遍把农民作为坏的举止的代表，尽管在15世纪末之前几乎还没有一例，但到16世纪时，已很普遍了。此后只要是体面的人实行的习俗就被认为是对的，而农民或其他普通人实行的都被认为是卑鄙的。

这样的社会区分并非偶然，几乎在开始使用餐具的同时就出现并日益普及了。穷人无力购买这些器具，拥有它们便成为社会地位的标志。新的饭桌举止和随之而来的语言及文学方面的变化，毫无疑问扩大了社会名流和普通民众之间的距离。

《刻字物品》，18世纪。为了防止仆人和无耻的客人偷走银器，汤匙和其他器具经常都刻有主人名字的首个大写字母。（巴黎，装饰艺术博物馆）

饭桌上的隔离

一个相关的变化就是饭桌上的隔离。可从如何避免使客人厌烦或恼怒的言辞中找到这方面的证据。《新礼仪》（1667年）建议从桌子上撤离的盘子不要当着客人的面擦干净，因为“那将使看见的人倒胃口”。几年以后，安东尼·德·库尔坦警告说盖着灰送上来的块菌，“绝不能用嘴吹”，因为“从嘴中吹出的气会使一些人作呕”。他还说使用汤匙吃东西之后，再次使用前应该擦一下，因为“一些人很讲究，他们不愿喝放有曾在你嘴里含过的汤匙的汤”。而且，餐巾不能弄得和厨房里的抹布一样脏，那将“使任何看到你用它擦嘴的人恶心”。

16世纪时，在罗马贵族的餐厅里，仆人们不允许坐在主人的饭桌旁。在17世纪，富裕的英国贵族越来越不情愿在他们乡村的房子里宴请贫穷的或位卑的邻居。在法国，很难找到像中世纪的饭桌上有不同社会地位的人共餐的证明。在宴会时，重要的人物和普通的人坐在不同的桌子上。有关普通就餐的描述很少有幸存下来的。然而，很多迹象表明饭桌上的社会隔离和日常生活的其他方面一样在

小让·米歇尔·莫罗：《精致的晚餐》。自由和日益增长的社会隔离导致18世纪出现葡萄酒冷却器和其他便利器具，这些东西省却了仆人及其经常在场的窥测。（巴黎，国立图书馆）

日益加剧。

至少到17世纪初，坐在同一饭桌上并不必然意味着吃同样的食物，喝同样的饮料。奥利佛·德·塞尔建议乡村绅士储存一些质量次一点的酒，以供那些普通宾客使用，而把最好的酒留给位高的人员。礼仪手册、烹调书、刀工手册和其他与食物有关的书，都是些该给房主及那些使蓬敞生辉的杰出人物准备什么食物的内容。

18世纪饭桌上的举止变得宽松，并更平等化，然而隔离制度却更加严格。私人之间"随便"的晚餐是一个特殊但值得注意的例子。没有仆人在场，饮食和谈话以外的乐趣是晚上娱乐的一部分。只有当所有就餐的人是相同的时，人们才能尽兴。

在什么方面相类似呢？财富和社会地位不是唯一的甚至不是最重要的标准。在17、18世纪的沙龙和饭桌上可见到贵族和普通人，富人和并不那么富的人混在一起。人们早已在追求文化、举止和品位方面的同质，并不仅限于食物。当然我谈的基本上是以欢宴为基本要素的交际场合，对于仍然存在的仪式场合，良好的举止就足够了。

和饭桌举止一样，食物品位在17世纪和18世纪也发生了变化。比举止更甚，它变成了时尚的目标和社会区分的制造者，一个新社会群体形成的支撑。17世纪及后来，品位的观念本身获得了新的重要作用。

吃喝的变化

从旅游书和烹调书来看，食物品位的确发生了变化。然而和饭桌举止变化相似，饮食的变化首先似乎显得相当荒谬，因为它不但没有扩大社会名流和地位低下者之间的距离，实际上反而缩小了这一距离。

在法国和其他欧洲国家，14~16世纪烹调法的特色是使用了东方的调味品。然而在17世纪，法国旅行家开始批评仍在欧洲其他国家使用的带有调味品的饭食。与此同时，法国厨师实际上比过去更常用胡椒、丁香油和肉豆蔻，但在量方面要少一点，他们几乎不再使用藏红花、生姜、樟树皮、马拉加葡萄酒、辣胡椒、良姜和肉豆蔻干皮等香料。

M.B.奥利维埃：《孔蒂亲王在当普勒府邸的晚餐》。客人不能与邻座私下交谈，他们陷入遐想或看报纸或听竖琴弹奏的乐曲。大而豪华的餐厅，众多宾客以及一些仆人在场，并不能阻止18世纪这类贵族式饮宴在沉默的气氛中大快朵颐，连狗都保持静默。（凡尔赛）

香料使用的减少

当地的香草和香料在中世纪贵族的厨房里没有得到广泛的使用，可在17、18世纪的烹调中流行开来：薄荷和百里香让位于细叶芹、海索草、罗勒，特别是韭葱、月桂和细香葱。中世纪经常提到的欧芹更受欢迎。中世纪的葱类调料更增加了青葱、韭葱和西班牙大蒜等。一直被当作是一种常用调味品的香草大蒜遭到一些厨师，如L.S.R.（《好职业的艺术》烹调艺术的作者）的拒绝但却受到其他人如梅农（他在《宫廷晚餐》里提到）等的推崇。这些普罗旺斯的刺山柑、酱、橄榄、柠檬和酸橘子等调味品占了上风。法国这一阶段的特色烹调法更是使用了各种各样的块菌及蘑菇。所有这些食物比外来的东方香料更易进入普通民众的家（无论如何在当地是如此）。这样，阶级的区别就似乎消失了。

肉类的选择

中世纪，禽肉和猎物成了贵族荤菜的主要成分；屠宰的肉，特别是牛肉，主要用于储存、碎馅和炖煮肉。结果，贵族所雇佣的厨师很少提到肉的不同切法。然而1400年至1700年间，厨师们开始更多

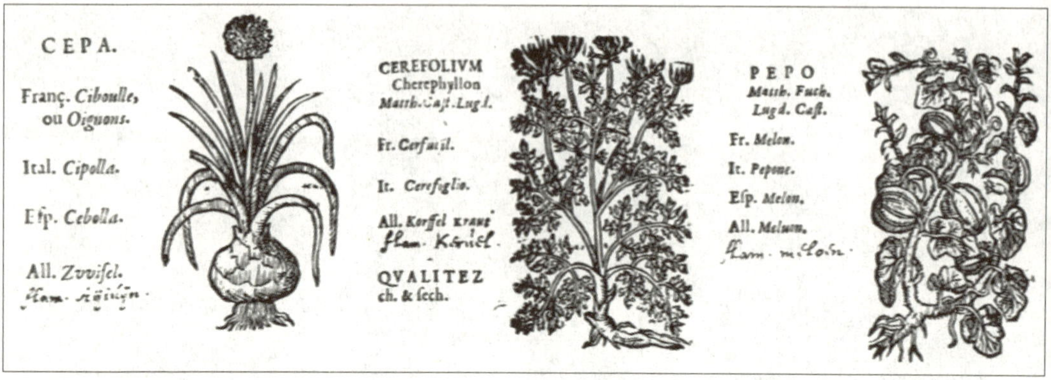

取自《欧洲植物史》（里昂，1671年版）一书中的大葱、山萝卜和瓜。（巴黎，国家自然史博物馆）

地讨论肉的切法，屠宰的肉除了储存、炖和罐闷外，还常用作烤肉。

奇怪的是，大多数的这些切法都为14世纪的屠夫所知，许多都在《巴黎家务》——一本资产阶级家庭的管理书中提到。没有华丽的宫廷宴中那么多的禽肉和猎物，相对寒酸的厨房得更好地利用这些屠宰的肉。17、18世纪贵族家庭雇佣的厨师似乎都步了资产阶级家庭厨师的后尘，一种无法用所谓的“大肉”质上的提高来解释的发展。

一种重要的社会分界线的位置变了，主要的区分不再是在吃禽肉和猎物的贵族和吃“大肉”的资产阶级之间，而是在讲究切法的贵族及资产阶级和吃粗块的、切法低级的肉的普通民众之间。关于切法的分类有许多可说的，因为其判断标准随时间和地点而变化，每一种切法又需要相应的烹调技术（或许所选择的切法是根据所需要的菜的）。没有任何质量的切法是不允许的。对切法的选择呈现出社会特色，能把民众和社会名流区别开，如一块从不洁的动物身上取的“大块猪肉”。我们通过研究伙食供应商和皇子及其他高贵人家的伙食管理者之间的契约，可追寻到这种动物遗弃部分的单子的变化。1659年的合同里不见猪耳朵，1660年不见了排骨，1667年不见了内脏和猪油，1670年后不见了脚、鼻子、背、小肠和猪果肉（屠夫的副产品）。其他包括国王在内的贵族不再购买除子猪、火腿和猪油以外的任何猪产品，而这些长期以来一直是烹调所不可缺少的，尽管人们越来越多地使用黄油。烹调书肯定地说有一种新的吃猪肉的方法。火腿逐渐替代了所有其他各种切猪肉的方法，这些方法实际在17世纪下半期就已消失。这也不是一时的时尚：20世纪的烹调作家肯定仍然赞赏资产阶级轻视其他部位猪肉的观点。

当社会名流日益注意各种肉块的质量时，普通民众借助辛辣的佐料使这些选择剩下的部分更可口。1746年，梅农在他《资产阶级烹调》的开始部分说道："在谈论菜牛的主要部分时，我不愿详谈我们所谓的基本块，这一部分只供那些地位低的人使用。他们用大量的盐、椒、醋、蒜和青葱来掩盖其异味。"

17、18世纪的好厨师不再使用那些掩盖食物自然味道的老办法。尼古拉斯·德·梅纳丰在他的《乡村乐趣》（1654年）里写道："第三本书的……主题是保留每一道菜的真实味道……尽力使你所准备的一切菜的味和色多样化，并相互有所区别。一道健康的汤菜应是一道普通的好菜，用精选的质量好的各种营养成分在小汤锅里慢慢地熬，而不需要肉、蘑菇、蔬菜及其他东西。它应该是原汁原味的，因而也可称作是健康的。卷心菜汤应该完全是卷心菜的味道，韭葱汤就应全是韭葱的味道，萝卜就应全是萝卜的味道，等等……你将会发现你的主人更健康，胃口更好，你和厨师也将得到赞誉。我关于汤的做法一般来说是对的，也适用于一切所吃的东西。"

为了保留各种食物所特有的味道，贵族的厨师形成了单独煮一道复杂菜的各种成分的习惯。例如，梅农提供了一种把萝卜和羊肉一起煮的办法，另一种办法是先单独煮，最后一刻才加入肉。

17、18世纪好厨师的另一种烹调技术是单独烧肉，上桌时不加入任何调味汁。1660年，皮埃尔·德卢内在《新烹调技术》里写道："鸭子和水鸟应不涂油就晾干放在铁叉上烤，半熟后再涂油烧焦，就着盐、白胡椒和橘子汁或胡椒调味汁一起吃。"（第83页）1674年，L.S.R.更进一步，他更进一步细述如何在铁叉上烤羊肉："就要烤熟时，仅在面上喷洒细盐，而别像那些愚蠢的小资产阶级那样，用白面包去吸肉里的汁物或在羊肉、牛肉上放无数切断的欧芹。"（第54页）至于雏鸟，"这些肉需要调味汁或胡椒调味汁，根据你的口味而定。但说实话，吃烤肉最好、最健康的办法是直接从铁叉上拿出来，不需过分烧烤，也不要过多的准备，那只会破坏东西的原味。"（第55~56页）他随后举了一个可怕的、仍然在资产阶级厨房里流行的旧式方法的例子："那些想吃一块牛腰肉的人，从架子上成块地取下后，把它放在水、醋、汤汁和盐的混合物里，其中有大蒜、青葱、柠檬和橘子皮、肉豆蔻、刺山柑和一大堆其他东西，肉在其中煮沸一刻钟之后，其特点也变了，比木材更粗糙、

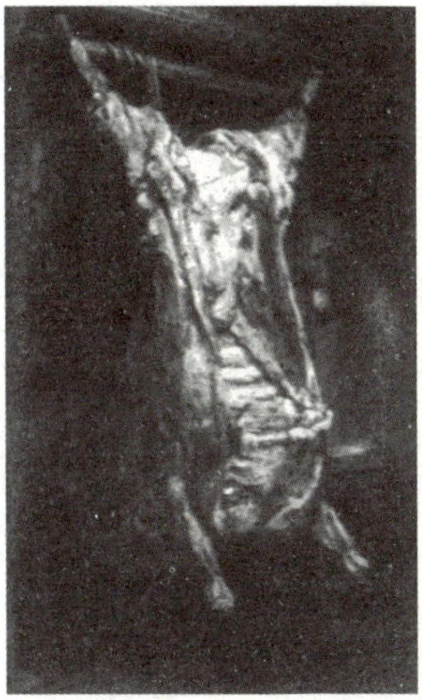

伦勃特：《被宰杀了的牛》。在中世纪，牛肉是下层阶级和资产者吃的，它在弗兰德斯很受欢迎。17世纪、18世纪，精选的牛肉开始出现在贵族的餐桌上，或炖或煮，有时候甚至烤着吃。（巴黎，卢浮宫）

E.热奥拉特：《铜壶》。18世纪，香草和根茎经常被用来煮低劣的汤，这激发了一些过着简朴生活的画家，但它们也经常用来做一些高级菜。（奥克塞尔，艺术和历史博物馆）

更无味。我认为烧烤牛排应根据它的厚度，开始用慢火，烧好后立即趁热就着它的原汁吃，除了一些盐和一点白胡椒外什么都别加。”

快速烹调不仅被建议用于烤肉也适合于芦笋等蔬菜。L.S.R.写道：“记住芦笋在被咀嚼时，应发出嘎吱嘎吱的清脆声，还要保持它的绿色，否则的话，它就多筋发软……你可从下端抓住它而知道这点。如果它很容易折断，那是烧得过火的标志，那样不好，失去原味了。”1651年的《法国烹调》更简洁地警告说：“不要烧过了头……尽可能地少烧一会儿，那是最好的。”梅农写道：“一刻钟的时间足够了；咬嚼起来，会发出嘎吱嘎吱的声响。”

诚然，17、18世纪的厨师并没有尽可能地推进这种崇尚自然的正确趋势。一些著名的厨师如马西亚对这个问题毫不在意。这一趋势只是相对于中世纪的烹调，而与20世纪的《新烹调法》相形见绌。

这一阶段还出现了许多典型的新特点：肉底香料的出现；烹调中黄油的使用大幅增长（在16世纪就更重要），尽管在高级的烹调中仍使用猪油；把甜的和咸的饭食分开，尽管使用时还有点犹豫，但已很普遍；对酸味的爱好已呈递减趋势，这和使用香料的增减不无关系。但我的目的仅是指出对社会关系转变产生很大影响的变化。

G.道：《卖蔬菜的人》。17世纪，卷心菜、洋葱和许多根茎开始不仅出现在下层阶级和资产者的饭桌上，也开始出现在贵族的饭桌上。原本在法国南部受欢迎的芦笋，开始出现在其他地区，用来做精致的菜肴。（尼姆，美术博物馆）

吃喝的精致化

烹调历史学家们提出了两个相关的方面。所有人一致认为中世纪的法国人是大食客但不是食物品尝家。“夸张的大量消费比质量更重要。”另一与之相关的是“对中世纪的食客来说，食物的视觉效果和它的味道一样重要，甚至更重要”的观念。其内含意义是17、18世纪的食客比中世纪的食客更讲究食物的味道。然而，两种断言没有得到明确的证明。

数量和质量

中世纪的宴会很丰富但很粗糙，而现代的宴请在数量上较少但在质量上更考究，这种观点早在17世纪就出现了。例如在《好职业的艺术》一书的前言里，L.S.R.写道：“今天在上等的宴会里，没有大量过剩的菜肴，没有那么多的炖肉片、烤肉和各种奇特的肉的集合，那些令人不解的品名、山堆样的肉不再适合精细的胃口，只需要做得相当精致的肉和精选的调味品、礼貌、恰当的服务、与人

A.博斯：《在枫丹白露授予骑士称号时，国王陛下为骑士们举行宴会的座位安排，1633年5月14日》。不是在中世纪而是在17世纪，餐桌消失在大量的菜盘下面。（巴黎，国立图书馆）

弗朗索瓦·A.德波尔特：《吃肉的午餐》。在18世纪的法国，有肉日和无肉日仍然占据着法国的菜单，但已经比中世纪要好少许了。（巴黎，私人收藏品）

数成比例的数量及对肉的质量和美观起重要作用的上菜的顺序，这给人以味觉和视觉的享受。”

有一个和这种观点不完全一致的麻烦的事实：没有任何一件中世纪饭桌艺术作品表现了一张在大堆沉重的食物底下呻吟的桌子。诚然，在《特富裕的幸福人》里，贝里公爵饭桌上摆满了各种食物。但实际上饭桌消失在清晰的菜肴毯下，是在17、18世纪，我们可看见装有各式各样肉的烤盘。如亚伯拉罕·博斯雕刻的路易十三1633年5月14日为圣骑士所举行的宴会，或路易十四1687年1月30日在巴黎的城区饭店里举行的宴会。注意在每一张点心、餐室和晚餐图上都可看见的金字塔式的锥形水果和蛋糕。和17、18世纪的宴会相比，大多数中世纪的餐桌似乎完全是空的。不论艺术家可能是如何地不现实，但显然14、15世纪的贵族宴会绝不是烹调方面的狂

《国王在巴黎市政厅举行的晚宴，1687年1月30日》。（巴黎，国立图书馆）

宴。

少数保存下来的中世纪法国菜单样品，包括记录在《巴黎家务》的二十五条，显然是铺张的。但在马西亚1691年出版的《皇家的或资产阶级的厨师》开始部分的描述也不亚于此，恰好证明了这一点。1690年12月27日，奥蒙公爵办的宴席包括16道汤、13道正菜和第二餐的28道冷盘，此外还有不少于57道点心，共171道菜，一些菜相当的丰盛，共42个客人。而《巴黎家务》中，最丰富的菜单也不超过36道菜。

的确，拉伯雷式的宴会在中世纪并非不为人知的。看一下为乔治·纳维尔，英格兰大臣，国王爱德华四世统治第六年（1466~1467年）时的约克郡主教上任所举行的庆祝宴。客人消耗了300夸特也即4吨的麦面，300桶淡色啤酒，100桶白酒，1木桶加香料的葡萄酒，104头水牛，6头野公牛，1000只绵羊，304头小牛，304头猪，400只天鹅，2000只鹅，1000只行鸟，2000头子猪，400只阉鸡，1200只鹌鹑，2400只瑞鸟（一种鸟），104只孔雀，400只野鸭和水鸭，204只鹤，204只小山羊，2000只鸡，4000只鸽子，4000只兔子，204只麻鸟，400只苍鹭，200只野鸡，500只石鸡，400只鹬鸟，100只麻鹬，1000只白鹭和500头鹿及4000张野味馅饼，1000道各种颜色的肉冻和3000单一色的肉冻，4000块冷饼，3000道加奶油的菜，600条狗鱼和800条淡水鱼，12条海豚和海豹以及大量的姜饼、糖果和饼干。

显然这里所消耗的食物量大得惊人，其他描述谈到类似的宴会，如果规模不是更加宏大的话，那么至少也是相当。但这都是公众场合，和法国大革命时代的市民宴会一样，会消耗同样大量的食物。参加约克郡主教的庆祝宴的大多是英国的大勋爵及其贵夫人、高层教士、高级官员和审判员、世俗的和宗教的贵族、城里的僧侣和地方乡绅及本地区的富农，69位皇家侍从、400多个仆人招待着各种杰出的客人，加上1000名仆人和侍者以及至少由177人组成的厨师队。总共约有2500位食客坐在摆在大厅、寝室、低厅、门廊、城堡的厨房里的无数的桌子边，或许还应加上约克市和周围村里的普通民众，他们虽然没有坐在里面，但肯定吃了没有被2500名应邀客人及仆人吃完的东西。

这样的宴会告诉我们更多的不是关于中世纪社会名流吃喝的精细或有无品位的方面，而是在中世纪社会地位如何确立的方面。一个约克郡主教这样的大人物设宴款待庞大的人群，尽可能地高高在上。相比之下，17、18世纪，宴会所考虑的不再是取悦大众，而更是为了使少数社会名流满意，这些人此时已日益脱离普通民众。质量和数量的两分法指的就是社会关系的这种变化。

在中世纪，这样的豪华宴会很可能会诱使一些人过度地放纵于其中。但没有证据表明这种过度出现在极显贵的人所聚集的头等桌子上，中世纪的素描画把这种餐桌描绘成几乎是沉闷的高贵。

厨房里的文学

有关烹调的文章告诉了我们一些中世纪和现代早期的人们举行宴会的目的。中世纪烹调历史学家使人们注意到点缀在中世纪餐桌上的一些精致辅盘：禽状馅饼，似乎一切开，就放飞了一窝活鸟；一种画有漂浮在平底船上的“天鹅座上的骑士”的彩色菜，这在梵蒂冈图书馆的《肉类制作》的第二部分有描述；一种菜表现的是受到一个野蛮人攻击的撒拉逊人的塔，另一道则表现了圣乔治从恶龙手中解救一位少女的情形，又一道描绘了圣马萨用皮带捆着一条恶龙。这些奇特的菜是典型的14、15世纪的菜，但从17甚至18、19世纪获取的例子也不少。人们没有必要吃这些肉馅糕点制成的人物形象和画在木架篷布上的景色，因为其他菜已经使他们饱了，他们对这菜盘的欣赏绝不意味着要他们牺牲吃的快乐享受。

一个更重要的变化就是不再流行上那种大的带全毛的鸟的菜。人们费力地去除这些鸟的皮，但不撕破它，然后把它放在小火上烤，上桌前又把它放回皮里，这可能无助于提高早已受到质疑的天鹅、鹤、鸬鹚、长颈鹅、苍鹭和孔雀等的食用价值。和装饰性的辅食不同，人们是要吃这些鸟的。

这一风尚最终过去了，只留下装饰性的野鸡馅饼和其他秀气的、头尾带有毛的鸟。这些倒胃口的菜单渐渐从烹调书里完全消失：鸬鹚在16世纪的某个时候，接着是1555年至1650年间的天鹅、鹤、长颈鹅和孔雀，最后是苍鹭，尽管1651年的《法国厨师》一书仍把它们包括在肉菜单系列里，但此后的论文里再没有出现过。放弃了这些大的猎鸟，人们开始吃各种小一点的鸟，其中许多在今天仍为餐饮中的佳品：沙锥鸟、普罗旺斯的鸣禽、加斯科尼的贝瑞斯或维瑞斯鸟、巫鸟、白尾鸟、车鸟和云雀等等。毫无疑问，这些鸟在中世纪法国的某些地方就被食用，它们可能曾上了国王和大贵族的餐桌，但烹调书很少提到它们，即使提到也是笼统地称为“小鸟”。用小的可口的鸟取代大的装饰性的鸟，或许强化了中世纪的食客着重于视觉而现代食客注重口味的观点。从17世纪菜单中白鲸、海豚和海豹的消失也可得出同样的结论。如果不能客观地证明天鹅、鹤、长颈鹅、和孔雀、苍鹭或大的海生哺乳动物在食用方面不如沙锥鸟、车鸟和巫鸟等可口，那么整个论点似乎有相当的民族中心主义，或者应该说“时间中心论”。

“味觉”词汇

比较中世纪和现代的烹调书所使用的词汇会有所收获。三本中世纪的手册表明了人们对所准备的菜的质量的关注。“好”一词出现了29次，“更好”出现了19次，“可口的”出现了3次，“美味的”出现了1次。但17、18世纪的四篇论文更经常地使用了更多词汇来说明菜的质量：“好”出现了56次，“坏的”出现了4次，“更好的”出现了22次，“精致的”14次，“美味的”2次，“极好的”10次，“珍奇的”2次，“精美的”7次，“无味的”1次，“味道不好的”3次和“可口的”3次。总共有124次，相对于中世纪的52次。

M.恩格尔布雷希特：《厨师》。

然而，如果说现代在评价不同菜方面的词汇更多，但在描述味道的种类时却不那么精确。“味道”一词的确在现代论文里更常见到，但一般来说较模糊，例如“好味道”一词与其说是一个描述性的词，不如说是一个赞美词。

中世纪的论文使用更专业性的“Saveur”（味道）一词，以及使用更多“味道”的词汇。为了描述当时十分流行的酸味，资料用了一系列词（aigre, aigret, aigu, aiguiser, vert, verdeur）和词组（abveur bien aigre, gout de verjus， assavourer de vinaigre），而现代的论文只用3个词组（aigrir, pointe, piquante）。中世纪的资料在谈“咸”时，使用了如“除盐”、“放盐过多”、“太咸”、“咸淡正好”等这样的词和词组，而现代的资料似乎不大在意这方面。再次，中世纪的资料用多种方式来表达“香”，而现代却忽视这点。另一方面，“苦涩”在17世纪的烹调书里出现过一次，但根本就没出现在任何中世纪的书里，不过中世纪的资料用“绿色、辛辣、煳味”等间接地提到了“苦涩”。“甜”在两个时代都有提到——中世纪资料里是10次，至少和现代的一样多。但“doux”一词在中世纪的使用中不仅指糖的甜味，也指缺少咸味。

总之，尽管17、18世纪的人们更重视味道，但似乎在14、15世纪的分析更充分。中世纪的烹调专家可能会说现代的烹调书使用了更多的修辞而不是辨别。对此，法国古典烹调建议者会争辩说这太复杂了，不能用简单的词汇如酸的、咸的、香的、苦的和甜的来分析。

在烹调艺术、香料组成、厨房卫生、对各种食品健康品质的信任方面的变化也是明显的。然而，再一次没有充分的证据表明烹调在后来变得更复杂，美观方面也不比以前的更讲究。

颜色的价值

真正重要的变化是烹调细节，尤其在颜色方面。并不是说中世纪烹调书中所提到的颜色品种没有现代提到的多或与现在的不同，但中世纪的厨师为了食物自身或为了视觉享受而对颜色感兴趣，而17、18世纪的厨师对颜色感兴趣是因为它说明了食物的质和味。

在中世纪，以颜色来区分的菜和以成分来区分的一样多甚至更多，例子包括牛奶冻、绿酱汁、白蒜、绿蒜、黄酱油、黄椒、黑椒、红炖物、绿炖物、绿炖鳗鱼、白色德国炖物等等。此外，除了白色，这些颜色通常被认为是菜的基本成分。

我们常常可看见这样的指示，如“加藏红花上色”，“拌点藏红花使搅拌物上红”，“加绿色”，“在绿色里加一点藏红花”，“烤一下面包以上色”等等。在大多数烹调书里提到的菜，如“蒸家禽”，主要关注食物的外表，其中颜色是最重要的，“用绿色和黄色点缀或掩盖，如黄色调料的话，拿一些软鸡蛋和一点藏红花一起慢慢地敲打，把调料放在另一个盘子里或其他容器里。至于绿色调料，把绿色融进鸡蛋里。在鸡被煮好后……将佐料淋在上面再放回火上两三次，直到上了色，小心别烧过了头。”（《肉类制作》梵蒂冈手册，92~93页）

各种办法和材料被用来给菜上色，开始用香草加绿色，其条目可在《肉类制作》（梵蒂冈图书馆）的结尾见到，列在香料之后，“欧芹、阿文斯香草、酸模、葡萄叶子和花瓣、无花小葡萄干、绿色冬小麦。”其他几乎可吃的色料包括用来染黄色和红色的藏红花；染蓝色、紫色和红色的太阳花；染暗红色的紫朱菜；还有染红色和粉红的红雪松。但其他在食物上的色素是否可吃还值得怀疑。《肉类制作》的第二部分列了亮天蓝色（粉状的天青石）、金叶、银色和那些不太高档的饮食宴所用的“白色、红色和绿听叶”。所涉及的菜不是装饰的而是要吃的。

中世纪根据所需要的颜色来选择成分的习惯不是一下子就消失的。绿色酱汁的牛奶冻至今仍在吃。17、18世纪的资料不仅提到本色的香肠，也提到了人工加色的产品，如绿底的、红底的和绿、红、黄、紫等色的果冻，是用从零售商那里买来的食物添色剂制成的。皮埃尔·德卢内把奶油和一种香草汁混在一起制成“绿色冰激凌”。

然而大部分在现代资料里提到的颜色都不是人工的，它们是食物的“自然本色”或是通过适当烹饪后所产生的颜色。借助于黄色和红色的萝卜、白色和绿色的菊苣、绿色和黄色的豌豆、绿色豆子、绿色葡萄干、绿色杏子和绿色李子等，来使这些食物的特殊品种带有和原来不同的味道和特色。同样，白色和绿色的韭菜有着不同的烹饪目的；白色鸡肉和黑色的味道不同；白色的鸡蛋和黄色的也不一样。这些都是明显的，不足为怪。

从味道和烹饪的历史的角度看，烹饪后所产生的颜色更有趣。

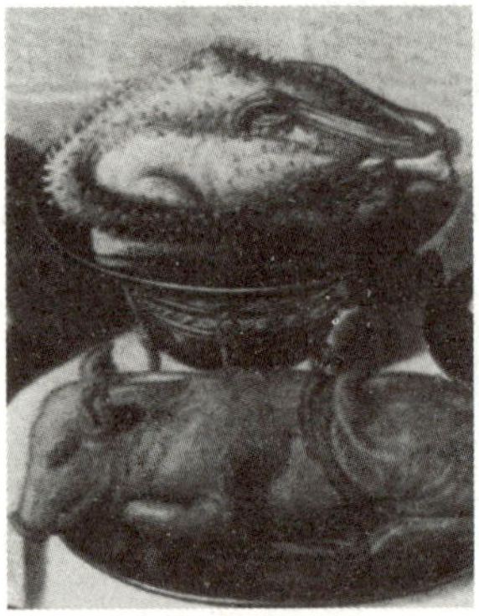

法国学派：《盛宴》，17世纪。（斯特拉斯堡，美术博物馆）

白汤和褐色汤不同是因为前者是通过煮鲜肉获得的，而后者是通过煮涂了褐色的肉所得。白汤汁用来做“白汤”和煮“白肉”，而棕色汤汁是用来做“棕汤”、“棕色菜”和“棕肉”的。所有这些品种显然都是文化产品，它们对法国古典烹调结构如此重要，以至于它们看上去显得极其自然。

“白色黄油”，也就是刚煮到融点的黄油；“棕色黄油”煮得更长一点，火温也更高，加上各种香料，这两种黄油为17世纪的两大类果酱——白色果酱和棕色果酱——提供了底子。

17世纪与今天一样，颜色的词汇被用来描述烹调技术。漂白并不意味着将肉菜染白，而是指简单地用水煮一下。棕色化是指把肉或蔬菜煮（可加也可不加黄油和油）到开始呈现棕色为止。烹调烤制食品或油炸食品的指南手册常常详细说明要把肉烹制到其开始呈现“好颜色”为止。当尼古拉斯·德·梅纳丰说牛排应该在“血红”时吃时，他并不是指要加上紫朱菜或红雪松，而是说不要煮得太熟。

这样，颜色既被用来指食物的质量也被用来指食物被烧煮的程度。据此，17、18世纪的厨师和食客对这些方面显然很关注。在谈论烹调“蓝色的”的狗鱼时，梅纳丰解释说它应该被“撒满盐并浇遍醋水”，这使菜“呈现出天蓝色，十分赏心悦目”。这意味着中世纪的厨师在他们的菜里加上“粉状蓝色”的喜好到这个时候仍在流行吗？梅纳丰接着说：“如果鱼活着，它将显示比死时更深的蓝色。”显然，这是喜欢烧好后的鱼的新鲜色的一个比较实在的理由。毫无疑问，相对于假定这是出于人们对蓝色的喜爱这种解释，后者似乎更有说服力。

总而言之，现代早期的厨师首先关心的不是他们的菜的烹调质量。中世纪和现代的厨师都关心食品的视觉，就如他们在言行中所显露的那样。但烹调和美学的关系发生了变化。假设我们不了解社会名流的品位，便很难说14、15世纪的厨师究竟为了视觉美牺牲了多少烹调乐趣。很显然，这两种品位在很大程度上是彼此分开的，以至于人们追求其中一种时就会损害另一种。相反，从17世纪起，食物的美观与烹调质量变得越来越不可分割，颜色赏心悦目的菜即意味着它味道鲜美。新鲜的表征比现实活物的复制品更为诱人。

由于我们无法去问那些吃饭的人对饭菜的感受，因此我们必须

J-B.拉勒芒：《资产者的厨房》。（第戎，美术博物馆）

研究那个时代的人在这方面记录下来的文字。休·圣-维克多在12世纪写的《论新制度》，在14世纪时被翻译成法语。在书里，他指责的主要不是人们对食物的贪婪而是美食家们过度精细的品位。没有必要不厌其烦地去追求“过分珍美的”或“过分罕见珍奇的”食品。对那些“无法下咽任何不丰腴鲜美的东西”的人，以及那些面对普通菜肴就借口自己胃不好或嗓子干而退出的人，他痛加指陈。同样应受指责的还有那些完全不沾“平淡无奇的菜肴”的人，他们指派成群的仆人去“拐拐角角”里搜寻，在“人迹罕见的山间野地”搜寻一些根茎、灌木或小鱼。他也指责那些趾高气扬的人，他们通过让自己的饮食美轮美奂来显示自己的与众不同，宣称自己“在道德上与在饮食上一样是独一无二的”；受到指责的还有那些美食家，他们“不惜陷入麻烦来准备食物”，从而发明出“无穷无尽的煎煮法、油炸法和佐味品”；或者那些像孕妇一般的人，他们要求菜肴“一时是软的，一时是硬的；一时是热的，一时是冷的；一时是煮的，一时是烤的；一时是带椒的，一时是带蒜的；一时拌枯茗，一时拌盐”。在总结论述过分繁杂的味觉这一章时，休嘲笑好酒者，说他们像“酒吧的招待，每喝一口酒总是抬起上颚以保留其味道”。

贪食者和美食家

面对这样的证据，如何才能认定直到17世纪时人们才开始更关心食物和饮料的质量而非数量？现代早期关于美食的文本中突出的一点就是，有点过分渲染复杂的品位，而贪吃则遭到了严厉的斥责。

在17、18世纪最为知名的字典里，“贪吃者”（gourmet）仅仅是“贪婪”的同义词。孚雷埃词典把“贪吃者”一词界定为“贪婪的食客，吃得狼吞虎咽而且过多”。在1649年至1789年间，法兰西学院把“贪婪”一词加到这个释义中去。1611年，科特格雷夫的法-英词典把gourmand一词释义为“暴食者”（glutton），并把“美食者”（gormand）作为可选的第二条释意。

虽然经常使用同样的定义、同样的同义词和同样的例子，但各种法语词典对“gourmand”和“gourmandise”的描绘要比中世纪的文本简练很多。在各种主要的大词典中，《百科全书》是唯一一本给出了一条模棱两可、混淆不清、冗长而与众不同的关于“gourmandise”的词条的，“对精制食物无法控制的热爱”。它用了两栏来详细阐释其定义，并引用了古代的例子：罗马皇室的人和意大利南部古都人的过度讲究，与荷马英雄较简单的饮食乐趣和早期罗马人、斯巴达人和古巴黎人的勤俭形成了鲜明的对比。“gourmandise”被描述为是奢侈的结果，这会导致腐败。复杂的古典美食遭到了痛斥，并成为了18世纪人的一个警告。

奇怪的是，耶稣会教士1771年版的《特雷武词典》尖锐地反驳了这一观点：“gourmandise，不像《百科全书》所解释的是对精美食物无法控制的热爱。这个词的确包含和显示了‘过度’之意，但不是指精美食物方面。gourmandise是一种贪婪无度地吃的恶习，是七种致命的罪恶之一。”作出这样的反应，除了因为两个多世纪以来词典作者一致反对外，或许还因为存在着另一个表达对美好食物的复杂享用的法语单词：friandise。

里什莱把“friand”一词定义为一个“喜欢吃好东西的人”。法兰西学院词典（1694~1798年）把之解释为一个喜欢精致美味的佳肴的人。同样据孚雷蒂埃词典和《特雷武词典》，“friandise”的意

查尔斯风格的婚姻雕版图。（巴黎，国立图书馆）

思是“对精美、味美的激情、热爱”，法兰西学院词典把它解释为“对美味佳肴的热爱”。

显然，这种耽于声色、口腹之乐的爱好，对道德论者来说是个麻烦。里什莱注意到这是“一种对精美可口的东西无法控制的欲望”。但“ friandise”远没有“gourmandise”和“gluttony”让人生厌，《特雷武词典》的耶稣会教士作者明确地说：“friandise是一种错误，但没有gourmandise那么可耻。”法兰西学院和孚雷蒂埃也表达了同样的意思。

为什么会出现这样的情形？如果复杂的品位传统上是一种贪食的形式，一种不可饶恕的罪，那为什么friandise没有gourmandise那么让人感到可耻呢？孚雷蒂埃词典和《特雷武词典》认为从派生的角度来说，“friandise也被认为是仅为了快乐而不是营养而吃的东西”。

取自G.F.格茨：《不同人物形象练习》，（奥格斯堡，1784年）。在17世纪和18世纪，美食家与暴食者是同义语词。

这意味着friand（喜欢吃好东西的人）的吃是为了享受而不是出于自然需要，这类似利用夫妇之间的特权是为了娱乐而不是生育。一个古老的传统认为，为了快乐沉湎于交媾之中比简单的沉湎，如贪婪，更糟糕。为什么当涉及吃时情况就不一样了呢？一种可能的解释是这一阶段的僧侣和世俗太看重每一种复杂的品位，而对享乐主义的指责没有对贪食者那样严厉。

如果在某种意义上，"friandise"（品位美食）或享乐主义是一个缺陷，那在另一种意义上它是一个品质。《特雷武词典》是这样表达的："一个好的美食家必须有享乐者的品位。"这里法语的食品品尝家（gourmet）用的是它的原始意义，指的是一个被酒商雇佣的酒代理人或品尝者（科特格雷夫，1611年）。1679年，里什莱把食品品尝家定义为"一个在巴黎港口品酒，看它是否合格和可以上市的人"。但这个词的意思在变化。几年以后，孚雷蒂埃词典和《特雷武词典》告诉我们这个词不再仅指那些职业的验证人员，而指任何能区分好坏酒的人。这种意义上的转变暗示在17世纪末前，需要一个表达酒行家的词，或许行家存在于职业头衔之外，并为自己的酒知识而自豪，就像品味美食者们为自己的"美味佳肴"知识而自豪一样。

使事情变得更复杂的是，friand（品味美食者）一词也用来指酒行家。根据法兰西学院词典（1694~1717年），"人们说一个人是酒方面的friand（同上），是为了说他有细腻的饮食并能识出好酒。"然而在gourmet和酒方面的friand（同上）之间有某种细微的差别。不过存在着两个相似意义的词表明人们更加关注复杂的品位。

饮食与气质

传统习惯，如拉丁语谚语"De guistibus non est disputandum（吃喝无需争议）"所示，应该容忍各种品位，1674年的《好职业的艺术》表达了这一点无可争论，该书1694年由法兰西学院翻译过来。这种容忍也体现在许多其他食物中，这在19世纪被称作是"法国风格的服务"。在取代法国风格的所谓俄罗斯风格（它至今仍在使用）中，各种饭菜一个接一个送到客人面前，每一个人都要品尝一下所有的菜；然而，在更老式的法国餐桌上，许多道菜同时放在桌子上，就像今天的餐具架和餐前冷菜。对6至8个人的一餐饭，《新的王室和资产阶级的厨师》（1742年）建议每道有7个菜。在条

M.德马雷：《阿尔巴公爵为庆祝阿斯图里亚斯王国王子出生在巴黎举行的宴会》，1707年。（巴黎，国立图书馆）

件好的家里，一餐饭至少有3道，因此总共得上21道菜。对20至25人的一餐，这本书建议每道上27个菜，总共81道。

并不是说古代的法国绅士很能吃。大多数客人仅仅满足于尝一下碰巧放在他们座位附近的一两道菜。但他们选择的自由空间比我们今天大，他们并不认为叫别人把一道菜从桌子的对面递过来是不礼貌的。

旧的烹调书和管家手册清楚地说明了为什么要准备大量的菜，是为了满足各种不同人的品位。《新厨师》建议摆好菜，以便“每个人都能够吃到适合他胃口的菜”。重要的是要避免把两个相同类的菜放在一起，而中间没有其他任何菜，否则就不合人意，并可能限制饭桌上一些人的胃口，人各有所喜。

这样贪享各种美食，在私人家里已不成为规矩了，却符合古代的饮食理论，这种理论认为每个人不同的需要和性情最重要。如《好职业的艺术》中写道（1674年）：“常遇到那些放弃并指责许多他们根本不能适应的好东西的人。在一群人当中，有人对不合他温和自然的饮食胃口的东西不反感，这少之又少，因此总要准备不止一种菜，以便于主要的客人都能找到最适合自己胃口的东西。”人们相信自然界有一种适合各种胃口的基础元素，饮食被认为是一个人的本性和一种特殊食物之间的同感，不喜欢产生于生理上的厌恶。这样的同感与厌恶可能是习惯，第二本性的结果，但主要还是

取自梅农《烹调新论》中的图表。马西亚洛在他的《新式皇家烹调》中写道：“没有什么东西比混乱无序更令人不快的了。”（巴黎，国立图书馆）

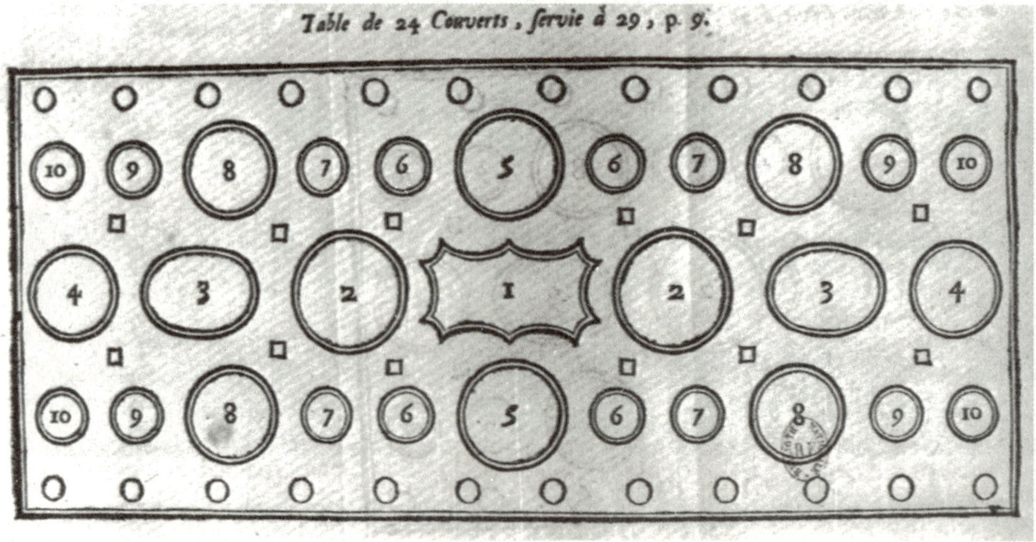

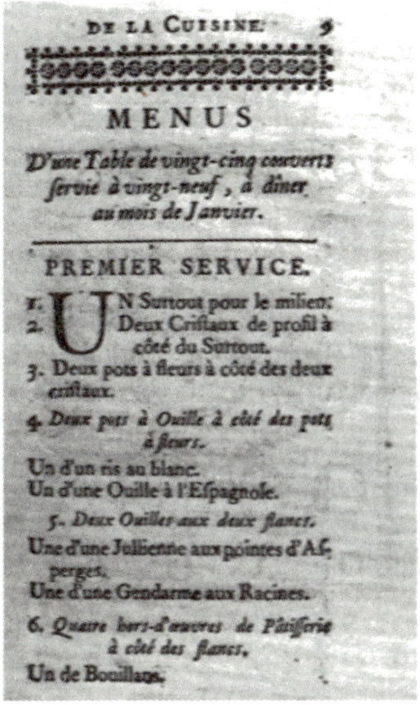

DE LA CUISINE. 9

MENUS

D'une Table de vingt-cinq couverts ſervie à vingt-neuf, à dîner au mois de Janvier.

PREMIER SERVICE.

1. UN Surtout pour le milieu.
2. Deux Criſtaux de profil à côté du Surtout.
3. Deux pots à fleurs à côté des deux criſtaux.
4. *Deux pots à Ouille à côté des pots à fleurs.*

Un d'un ris au blanc.
Un d'une Ouille à l'Eſpagnole.

5. *Deux Ouilles aux deux flancs.*

Une d'une Julienne aux pointes d'Aſperges.
Une d'une Gendarme aux Racines.

6. *Quatre hors-d'œuvres de Pâtiſſerie à côté des flancs.*

Un de Bouillans.

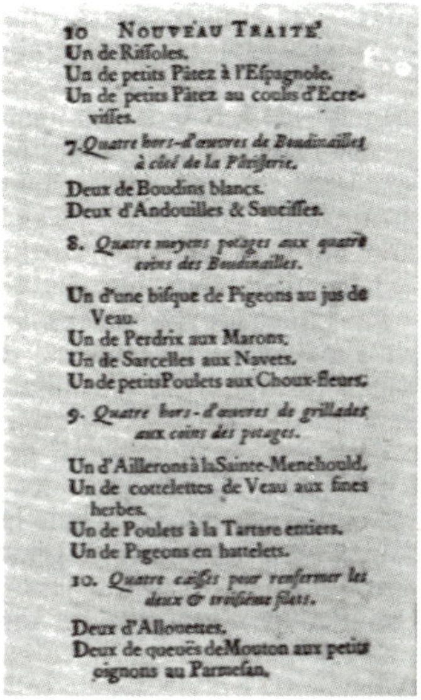

10 NOUVEAU TRAITÉ

Un de Riſſoles.
Un de petits Pâtez à l'Eſpagnole.
Un de petits Pâtez au coulis d'Ecreviſſes.

7. *Quatre hors-d'œuvres de Boudinailles à côté de la Pâtiſſerie.*

Deux de Boudins blancs.
Deux d'Andouilles & Sauciſſes.

8. *Quatre moyens potages aux quatre coins des Boudinailles.*

Un d'une biſque de Pigeons au jus de Veau.
Un de Perdrix aux Marons.
Un de Sarcelles aux Navets.
Un de petits Poulets aux Choux-fleurs.

9. *Quatre hors-d'œuvres de grillades aux coins des potages.*

Un d'Aillerons à la Sainte-Menehould.
Un de cottelettes de Veau aux fines herbes.
Un de Poulets à la Tartare entiers.
Un de Pigeons en hattelets.

10. *Quatre caiſſes pour renfermer les deux & troiſième flancs.*

Deux d'Allouettes.
Deux de queuës de Mouton aux petits oignons au Parmeſan.

一旦桌子安排被定下来了，餐宴的每一道菜都要按照这一次序来进行。这里是从一份菜单中得来的头四道菜，它们要与前图所示的桌子安排保持一致。

性情上的特征，也即组成每一个个体性情的四种气质元素相对重要的对比结果：血液、胆汁、黏液和忧郁。一个人的饮食口味和他的性情一样不可改变。

然而，随着时间的推移，这些自由的观念因为饮食理论的变化和烹调法的兴起而动摇。中世纪的医学者建议病人的饮食要不同于健康人的。疾病被认为是和过度的热、冷、急和潮等并存的，病人的饮食要校正这些。如果需要，病人可吃一些对健康人有毒的药。相反，“好的健康饮食”是为了保持正常的气色，也就是各种元素的糅合以适应个体的性情。建议那些本性温暖的人吃热食，他们会发现这种食物和他们的本性相容，那些本性寒的人要吃冷食物等等。这些建议出现在13世纪，如谢纳的阿尔德布兰迪诺的《身体王国》，至16世纪初的《法国菜板》等各种书籍里。

然而到16世纪末和17世纪初，健康饮食的原则完全变了。《健康的秘诀》（1607年）认为“本性上潮和热的”食物和饮料应该给“本性抑郁的人”（也就是干的和冷的）；“冷而潮的”饮料应该那些“性情暴躁”，本性上温而干的人；“温而干的”食物应该给“冷漠”，本性上冷而湿的人等等。1550年后，医学—饮食专家们开始把性情当作疾病来处理。他们相信健康人的气质应是平衡的，任何一个元素也不比其他的强，为了获得这样的平衡，人应该吃能弥补

取自G.F.格茨的《不同人物形象练习》（奥格斯堡，1784年版）。（巴黎，国立图书馆）

他或她的主要气质的食物。换句话说，饮食应能平衡而不是加强个体组成的独特点。

1600年后，厨房里引进了烹调原理。尼古拉斯·德·梅纳丰强调“保持每一道食品的真本原味”。应该保存其自然味道而不要用无数种“肉馅、鲜蘑菇和香草”及其他多余的成分将其掩盖。梅纳丰的目的不仅限于提供具体的烹调方法，而且在于建立普遍的厨房和烹饪原理。L.S.R.用更笼统但同样重要的方法在《好职业的艺术》中提出了类似的理论，如前面提到的烤鸽子的方法。

厨师们在让他们的雇主接受自己的饮食品位时，处境根本比不上其他技师。然而到17世纪，他们已摆脱了中世纪厨师惯有的屈从态度。15世纪优秀的马丁诺这样总结他的烹调书："根据通常的口味或你主人的要求，做成甜的或做成酸的。"他从不爱批评别的任何人的口味。1674年L.S.R.的观点与之截然相反。尽管他时常允许他的读者加一点或省一点成分，在菜里加不加特殊的调料都行，但像在肉里加甜调汁之类的习惯，对他来说是完全堕落的品位。例如烤野兔，他说："在边上放一份胡椒调味汁，如果谁喜欢就要一份甜调汁，这在我看来是十分离谱和滑稽的事情，你可以在平底锅里把红酒和糖、丁香及樟树香皮一起煮直到成为酱汁才能满足这样的客人。"

良好的品位

到17世纪中期，烹调书作者开始用"好品位"一词来谈论他们的艺术，他们视之为通用原理，而不分时间和地点。他们用这个原理去批评个体乃至整个国家的烹调误区。

1674年，L.S.R.抨击他的对手和前辈瓦雷纳，认为他的烹调法可笑。"肮脏的东西，只有阿拉伯人及地中海沿岸的人才能够容忍，而对于我们这样在纯洁气候里的人来说，干净、精致和好的品位才是最重要的事。"1691年，马西亚为这种厨房艺术辩护："不是任何地方的人都能有这样的辨别力，这是个人的理智和智力的结果……只有在欧洲，洁净、好品位和娴熟的调味法才能流行……而且，欧洲也很珍惜我们从这独特气候中所获得的特别天赋。总之，作为法国人，我们因为这方面及举止和其他千百种公认的优势比其他民族优越而自豪。"

并不是说法国人自古以来一直拥有好的品位。17、18世纪的法国人意识到他们拥有好品位的历史只有几代人的时间。耶稣会教士纪尧姆-海厄森斯·布尔让特和皮埃尔·布吕穆尔在《唐·德科穆斯》(1739年）的前言里说："意大利人教所有欧洲人礼仪，没必要否认他们教过我们怎样吃……同时，法国人熟悉上乘的烹调已有两个世纪了，但我要不带任何偏见地说它从没像现在这样精致过，烹饪工作从没像现在这样娴熟，品位也没这么好过。"没有食者讲究的口味，精致的烹饪就不复存在，法国厨艺艺术的幸运在于18世纪有了这样的品位，"在法国，我们有几个大勋爵，他们为了娱乐自己不以谈论烹调为耻，他们的奇特品位对法国挑选优秀官员很有帮助。”

因为这些原因，厨房艺术和其他艺术及文明一起发展，“烹调和其他因需要或快乐而发明的艺术一样，和民族的精神一起不断完善，当民族精神更精练时，它也更精美……烹调的发展……在文明社会里和其他艺术一起进行。”我们的两位耶稣会会士感到有必要把食物中的品位称作“物质的品位”，与在塑料艺术、音乐和文学中发展起来的“精神品位”相对。他们争辩说，人能“从物质品位上升到一种非常精致并在某种程度上和纯粹的精神品位分享的境界。”他们在该主题上这个相当尴尬的论述发生在17世纪末，其时最优秀的头脑都已在关注品位的性质。

对品味问题思考的热情可从词典里看出。尼科特（1607年）和科特格雷夫（1611年）词典里的文章很简洁，但只有一个不是关于厨艺方面的品位的例子。然而到本世纪末，我们在里什莱、孚雷蒂埃和法国的学会及《特雷武词典》中发现了更广博的词条解释文字，这主要和品位的比喻意义有关。

使用单词“品位”而非使用“味感”是修辞上的引申意义，人

被认为老布鲁盖尔所作：《品位故事》，1618年。中心人物据说是鲁本斯所作。在这则17世纪早期的弗兰德故事里，有肉、鱼以及各种水果。大约在同一时期的法国，A.波斯以一种非常不同的方式创作过同样的主题。他所描绘的餐桌上有意大利人使之流行起来的朝鲜蓟。他没有描绘粗鲁的暴食者形象，而是展示了一对精心修饰的男女。男的拿着玻璃杯，女的正在吃一个朝鲜蓟。因此，弗兰德粗鲁的饮食方式与法国品位的精制形成鲜明的对比。

们很久以来即已对此明了于胸。听听伏尔泰在他的《哲学词典》(1764年）所说的：“品位——我们赖以辨别我们所吃的东西的天然感觉，在所有的语言里都产生了引申意义，词汇品位表示在所有艺术领域对美与丑的情感，它意指如同舌头和味蕾般快速作出分辨，像它们一样无需思考。良好感觉中的品位，是敏感的，亦是向善的，它以鄙夷的态度拒斥坏东西。”人们相信，这种思想上的品位与身体感觉里的品位一样真切地存在着。每个人都同意，思想品位的判断与身体感觉里的品位的判断一样迅疾。这样的引申确实很符合此种类型的直觉的即时的判断。

这些思考无论其哲学和精神意义如何，它们都表明味感在17、18世纪文化中的重要性。很难想象，这种引申被一个不重视精致烹调和食物细微差别的社会精确阐释到如此程度。

这种引申含义的使用可能促进了烹调领域高雅品位思想的发展。品位思想在17世纪下半期的文化艺术思想里占据着统治的地位。根据布乌尔神父的说法：“优雅品位是发自灵魂深处的自然情感，是一种出自健全理性的本能。”伏尔泰在数部著作里都将食物方面的好品位和文学艺术方面的好品位等量齐观：“犹如口感中的坏品位仅借助于辛辣口味或外来调料，艺术方面的坏品位仅满足于做作的装饰而不顾自然美。”（《哲学词典》）

有关好品位与坏品位的思想是首先发轫于饮食方面还是文学艺术领域，这个问题仍然没有得到解答。17世纪初，这两个领域都没有发现这种思想，但在17世纪最后二十五年，它们被用于烹调和美食方面。尽管布乌尔神父和圣埃夫勒蒙或许此时也谈论过文学和艺术方面的好品位，马德莱娜·德·斯屈代里和舍瓦利埃·德·梅雷甚至更早就谈论及此。

在伏尔泰看来就等同于好品位的古典品位，首先是从哪里发展出来的？人们很自然地推想，是烹调手册的作者们追随了制定规则的大艺术家和作家们觉醒的步伐。然而，伏尔泰所推崇的纯净品位，也就是自然的品位，早在1654年尼古拉·德·梅纳丰的《乡村快乐》里就已出现，远早于文学艺术领域里古典主义原则的形成时间。那么，这个证据大大地提升了唯物主义解释——按照这种解释，艺术中的古典主义源自于早已在厨房里表现出来的趋势——的可信度吗？与好品位概念密切相关的是“有品位的人”的观念。尽管“有品位的人”（homme de gout）一词直到1932年才出现在法国学院词典里，但伏尔泰早在1764年《哲学词典》里就使用了它：“评酒家迅速地感觉并辨认出两种混合在一起的酒。有品位的人、行家，都会立刻注意到这两种风格的混杂，他会记下其缺点及长处的。”

炫耀和品位

17世纪旧式贵族家庭感觉到来自上升的暴发户的威胁，他们也的确受到了威胁。他们发起政治斗争以保住自己的部分权力。17世纪中期即已酝酿成熟的贵族反动计划，很大程度上在18世纪得到了实现。贵族和富有的资产阶级之间的对抗部分是象征性的，也即比拼阔气。例如，在《弗郎西翁的滑稽故事》（1623年）第五卷里，主人翁组织了一群“富有而优雅的”贵族去羞辱为穿着华丽衣服而沾沾自喜的商人之子。为了限制资产阶级对他们的财富的过度炫耀，几个世纪来国王们颁布禁止奢华的法令，但收效甚微，无法阻止资产阶级穿得像大贵族一样，无法阻止他们买官位、贵族头衔、房地产和城堡，也无法阻止他们建豪华的别墅和举办奢华的盛宴。在这些情况下，优雅品位难道不是贵族铸造的一把武器，以保护他们象征意义上的优越地位吗？

贵族沙龙的新文化，使得贵族阶层能够轻视哪怕是最博学的平民。同样，大贵族仍然作为新举止和新品位标准的仲裁者，使他们能够鄙视新富人的炫示。

17世纪的文学充满对资产阶级的抨击。孚雷蒂埃在他的《罗马喜剧》里嘲笑他们个人主义的和自然主义的行为方式，莫里哀则在《资产阶级绅士》和《可笑的宝贝》里嘲笑他们努力模仿贵族的行为。所有的语气都充斥着嘲笑。

贵族烹调书的语气也类似。在《好职业的艺术》里，作者把他想贬低的任何品位都归之为资产阶级的甚至更低层阶级的。从第一页起，他就攻击旧式烹调和服务的“乡村风味”，他严厉斥责这些不是因为太简单或太寒酸，而是因为“无用的、无止境的费用，大量无序的、不能带来利润及荣誉的不恰当的过度”。后来他又提醒人们，《法国厨师》是低级的和拙劣的，并表达了他自己的愤怒，“这样恶心的文章”居然曾“吸引和欺骗了（不仅）愚蠢无知的普通人”（他后来称他们为老百姓），甚至还有“一些相当开明的人”。在关于烤菜的一章，他嘲笑“小资产阶级的烹调法”，因为他

A-F.德波尔特：《展示皇家收藏的金银器的平静生活》。从路易十四统治的时代起，奢华和品位与这种平静的生活联系到了一起。根据那个时代的标准，有大量的金银器做装饰是不失品位的。画者力图展示鲜美的肉和水果。（J.黑尔费特收藏）

们在羊羔上喷洒面包屑和切碎的欧芹。至于做汤，他表达了一个更传统的、对资产阶级吝啬的偏见：“喝没有任何佐料的清汤，天啊！为了节约这么一点，多可耻啊！和资产阶级的调味品一起滚开吧！蛋黄和酸果汁搅拌在一起，加上其他类似的成分就成为一道重要的汤菜，有什么比这样的方法更机械，更异乎寻常的吗？”后来，在谈到炖鸽子时，他所赞成使用的配料,用于做汤则遭到他猛烈抨击,但谈及资产阶级，语气又不善起来：“如果你缺少上述所有配料……用最普通的资产者的做法吧，你将蛋黄和酸果汁搅在一起做菜。”

不用刀切而用手掰开面包是省事的贵族式方法。决定避免使用东方香料选择本土香草,以及使用传统上在烹调中才使用的黄油,也是贵族式的省事方法。长有漂亮羽毛的禽鸟，死在珍馐美味的祭坛上——是嘲笑暴发户们的另一种方面，而他们还认为在奢华表演方面他们堪与老贵族相匹。在服饰方面，比西·德安布兹来到卢浮宫后也采用同样的把式：“穿得非常简单朴素，但却带着六个身着镶金边服饰的侍从，同时大声宣扬那些最不讲究的人就是最高贵的人的时代到来了。”他的最高贵的人也就是衣着最为富丽的人。

不是所有的新厨艺时尚都是荒谬的或富于挑衅的，因为许多受欢迎的新鲜食物，如块菌和第一批收获的果实，总是稀少而又价

A.博伊斯：《洗擦者》。
（巴黎，装饰艺术博物馆）

高。重要的是厨艺风尚总在变化，而大贵族和他们的厨师一直是发动这些新风尚的重要力量。

文森特·德·沙佩特，切斯特菲尔德勋爵的厨师，后来又成为奥朗热王子的厨师，在《现代厨师》里谈到了变化的时尚，“这门艺术有普遍的规则，任何想练习这方面的人都必须遵守这些规则。然而这些规则还不够完美，需要不停地努力去提高已有的方法，而且和所有事情一样，得顺应时代的变化。因此顺应今天的规则是绝对重要的。如果一个大勋爵的饭桌上的饭菜和20年前的一样，客人们将不会感到满意。”发展的思维意识迅速掩盖了时尚的无用性和社会权威赖以存在的机械和野蛮。1785年，《伦敦烹调艺术》的作者写道：“烹调和其他任何艺术一样，正在缓慢地向完美推进，尽管上一世纪的厨师自吹已经把它推到了可能的最高峰，但我们在这个领域仍能看到日复一日的提高，任何依赖品位和想象的艺术肯定都是这样的。”正如我们前面所看到的，《唐·德科穆斯》（1739年）的前言阐明了类似的观点，即使它的作者也意识到，烹调艺术的发展在多大程度上归功于雇佣一流厨师的大勋爵。

上流社会的社会分化及阶级对立的状态似乎对品位概念的演化及艺术的发展有影响，但它们不能说明一切。因为一方面，“有品位的人”并不总是来自旧式贵族家庭，也不是所有贵族血统的人都特别有品位 。另一方面，如果新富起来的人是可恨的，那么17、18世纪作家笔下的资产阶级和小贵族也好不了多少。

而且，我们根本不清楚品位概念的出现是否与对新富起来的阶层的批评有关。直到1932年，法兰西学院词典才把品位和财富划分开来，到1835年才区分了奢侈与豪华。在17、18世纪任何主要词典里都没有这种内涵变化的线索。

只有一小部分人有幸获得品位。根据布吕耶尔的说法，“只有极少数人有可靠的品位天分”。《百科全书》在指出美丽“只影响敏感心灵”之后，总结说“这种为少数人掌握的美才是品位的真正目的”。

一些作家认为品位是天生的。圣埃夫勒蒙认为“品位是一种无法学会和教会的情感。它必定是源自我们灵魂深处”。《特雷武词典》（1752年）更详细地表达了同样的观念：“品位不是来自知识，人可以知道许多知识，可在接受高等教育之后，品位可能仍然很低。品位是来自内心的自然情感，和任何后天习得的学问无关。

J-A.梅索尼耶：《装饰手册》。为就餐使用而设计的托盘。（巴黎，国立图书馆）

在某些情况下它的确可被知识完善，但在另一些情况下也可被知识破坏……据此可知品位依赖本性。”

然而，所有关于品位的评论，没有一个认为它可被遗传或是属于高贵出身者的特有品质。在大革命前的法国，贵族们毫无顾忌地宣称勇气是他们的专有权，并垄断了佩带武器的权利，这种默认看上去似乎非常重要。显然其他人也可能有好的品位。

不仅17世纪的文学沙龙到处都有出身平民的知识分子，而且行家们和那些鼓励并用自己的恩惠支持最杰出的艺术家和文学家的恩主们，也绝不都是出身名门望族的贵族。作为皇家军官从事金融交易而积累了大量财富的富凯，在投石党运动后的数年里，发掘出了许多作家、画家、建筑师和园丁，他们中的大多数人带来了路易十四时代的繁荣。稍后，银行家朗贝尔要在圣-路易岛上为自己建造一座堪与劳桑公爵府邸相媲美的别墅。几位因他们的饭桌菜肴讲究而出名的人都是富有的资产阶级和新晋的贵族：其中格里莫·德·拉雷尼埃尔——烹调文学的创始人，其父是向国王纳税的农民——声名卓著。17世纪则有用自己的名字为调味酱命名的经济学家贝沙梅尔和雅克·阿姆洛。彼尔·德卢内因为雅克教会了他如何“取悦刁钻的口味”而对他心存感激，并把《新厨艺》献给他。然而，身为前间接税法庭庭长的阿姆洛，当莫尔格德侯爵的时间没多长，他的家庭于1580年被封为贵族。蓬帕杜尔夫人,一个普瓦松军火供应商的女儿，在作家和艺术家中选择门徒时显示出了自己特别的颖悟力，许多著名的食谱都以她的贝尔维城堡命名。

让我们离开18世纪，再次转向《弗朗西翁的滑稽故事》。主人翁是布列塔尼亚地区的一个小贵族，他痛恨皇家官员和商人。在成为一个大勋爵的门生后，他公开地表达了这一偏见："来自朝廷、财政和商业的绅士们每天都从我手中过，你很难想象当我用手使劲地击打他们的缎子长袍时有多快乐。那些自称是贵族的人没能幸免于我愤怒的后果，他们自己也没发现。"甚至在遇到他的主人之前，弗朗西翁组织了一伙年轻人去阻止富有的资产阶级人家的子弟在街道上的活动。哪些人属于这个团伙呢？"任何愿意遵守这些命令的人……都可接受……无论他是否是商人和经济学家的孩子，只要他愿意指责商业和经济。我们不注意教养仅注意美德。"

来自不同社会背景的年轻人自愿支持弗朗西翁的贵族理想。这些"英勇慷慨的"人维护的不是自己的阶级利益或某种宗教理想，而是选择生活方式的自由。随着17世纪的向前推进，共同的举止和品位把不同社会背景和阶层的人吸引到宴会桌上或沙龙里，所有人都有着相似的语言、文学、音乐、绘画、建筑、园艺、装饰、衣着、食品等方面的品位。在这些领域里，艺术功能不仅是为了使社会名流生活得更惬意，也是为了使他们能展示自己的好品位，它是一种新的社会分层的标准。

社会身份划分的标准仍然很多，因为社会生活是复杂的。拥有政治、经济或军事权力并不必然意味着在社会中占据主导地位，出身、财富、显耀和其他品质都对社会身份划分有影响。社会身份划分的标准多年来正是在城市社会中滋长蔓廷开来。中世纪将正直谦恭置于其他品质之上。后来，礼仪、文雅和礼貌等方面的标准开始流行。文艺复兴时代及后来都重视健谈。17世纪创生出优雅品位。

优雅品位，部分是个人的天赋，部分是后来习得，它是作为消费者的个体在所涉及的所有标准中最重要的。毫无疑问，在某种程度上，这种现象和大地主们失去了他们在17世纪时拥有的主要政治军事权力的事实有关，这样一来他们的主要职责就是成为大消费者。17、18世纪，社会名流中的各阶层发现在消费和奢侈方面更容易相互沟通。

优雅品位变成了基本的社会品质，这既是外在的也是内在的。礼貌和得体的言谈只涉及对待他人的行为，但品位影响个人及其对世界的看法。17世纪时的人们很注重外表，但没有我们可能想象的那样僵化和严厉，因为那也是人们开始关注自身感受，关注最内心深处的时代。

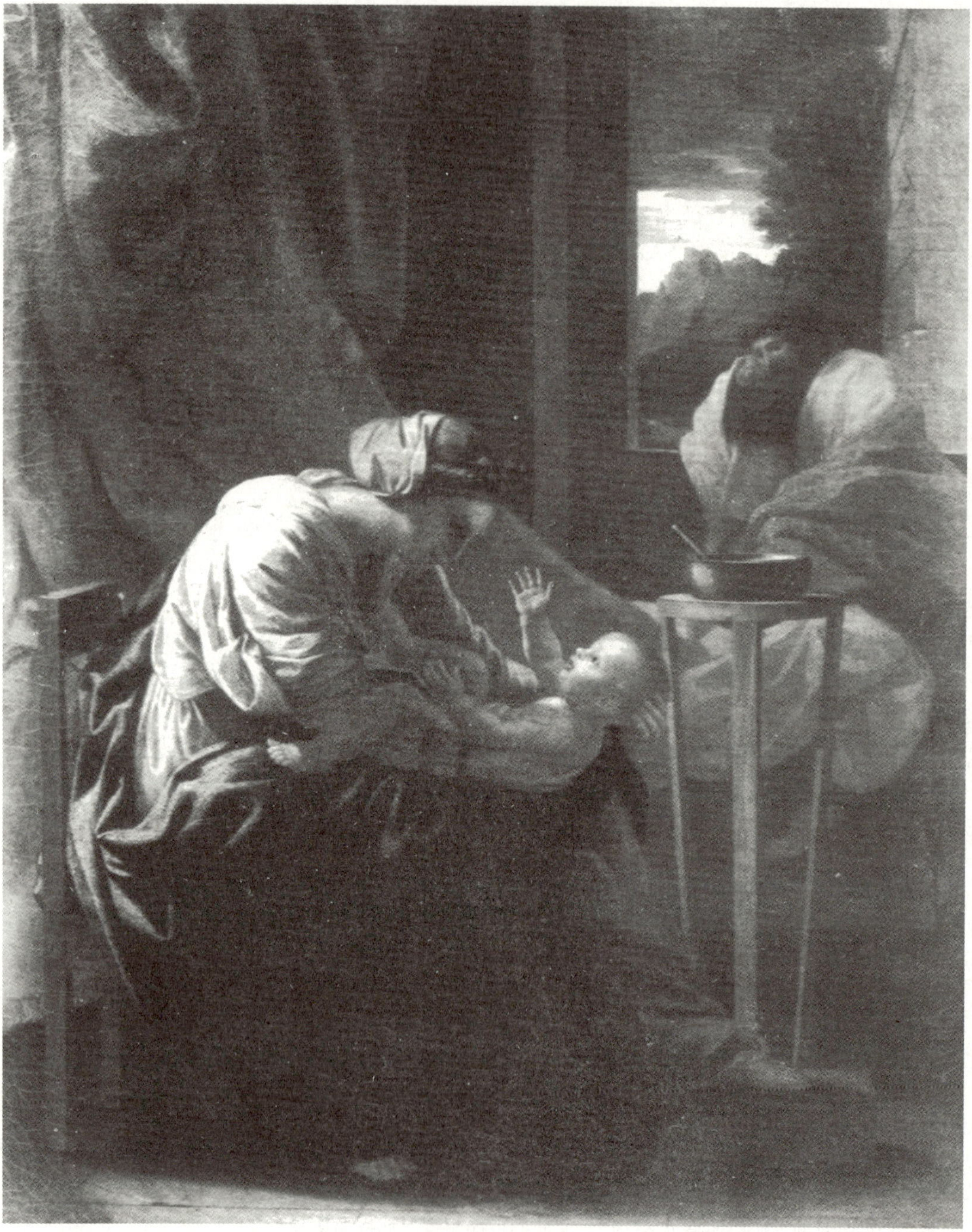

N.普森：《神圣家族》。一位神情专注的母亲正逗弄她睁着眼睛的婴孩，父亲则在一旁看。（底特律，艺术协会）

儿童：从湮没无闻到个性关怀

几个世纪以来，尽管西欧教会一直提倡更理性的生活观和时间观，但自然主义的观念甚为流行。在一个直至19世纪仍以农业生产为主的社会里，大地母亲自然代表着永不枯竭的生命源泉，保证了所有物种的繁衍。岁月流转，季节更换，从不间断地重复出现。一切都随之而周而复始。

在一个新旧不断更替的社会里，没有什么痛苦能比得上不育症。因为它一下子就切断了家庭的脉络，打破了循环的规律性。作为家庭中的一员，个人算不了什么，只有孩子的出生才联系了过去和未来，联系了上一代人和下一代人。这一链条若是断了，简直令人无法想象。妇女过去扮演着一个特殊的角色：负责生育、抚养家庭乃至种族所依赖的孩子。她们举行相关仪式，表达对“自然神物”如石头、树或者喷泉等的尊崇。据说这些东西有特殊的力量，可以保证多育。似乎通过某种指定的仪式，孩子就会从自然界中某些特定的种子里蹦出来。

每个人的生活就像一道曲线，长度则因人而异。一个人生于大地，归于大地，死后居于地底。但临终灵魂仍渴望能通过他的子孙后代延续。因此用祖父的名字来为孙儿命名的习俗流行了很长时间，似乎这种做法多少可以保证家族的延续。透过这些信仰风俗，我们可以观察到一种循环结构，生命的循环。根据这个规律，地球上的灵魂数字大抵不变，不过有些是生者的，有些是死者的。灵魂与尘世永别，便会加入到死者的世界里。

还愿物，18世纪。拿孪生子当还愿物是不平常的，只有圣母才能被授予这样的奉物。(布拉邦特)

身体：自己和别人

上述生活观，这种一代一代延续下去的观念，来自于与我们现在截然不同的对身体的观念。当时人们相信每个人都有一个自己的身体，然而血缘关系如此强大以至于身体又不完全属于个人，不能完全独立于家庭之外。我的身体是我的，但是它也属于别人，属于我这个大家族的成员，也属于我过世的先辈们。

因此，家庭集体里的命运和个人要品尝生活的快乐及拥有自由的权利之间产生了冲突。当然如今看来，这种个人想法无可非议。最终解决这种矛盾的办法是不惜任何代价确保家庭的存续。个人在自己的愿望与家庭利益不发生抵触时，才有对自己身体的主导权。在某种意义上，人类过去只是在延续生命，而没有真正被允许去过自己的生活。他们唯一的责任就是把生命延续到下一代。

基于这样一种生活观及身体观，孩子只被看成是家庭的后裔，或是家庭这棵大树上的一个分枝。单个的枝条有增有减，但大树屹立不动。从广义上来讲，孩子既属于他的父母，又属于他的整个家族，甚至可以说，他是一个公共的孩子。与此相反的观点是：直到断奶期为止，孩子和母亲的关系最为紧密。实际上，这种特别的关系反映了一种必然性：生而不完整。因为孩子不能满足自己的基本需要，母亲在妊娠期间通过血液供给孩子营养，而后又用自己的乳汁来喂养他，乳汁又被认为是一种漂白的血液。20、24或30个月后，孩子断奶了，日益进入“公共”教育期，但父母亲在很长时间以内仍会是他的主要教导者。

值得注意的是孩子自从出生那一天起，便成为了集体和个人共同关心的对象。首先他诞生于个人领地——他父母的卧室，但只有女性亲戚和邻居见证的出生是一个公共事件。他要么在安放祖先的墓园里，要么在教堂里，在家主的扶持下迈出他的第一步，象征着延续。这种公共仪式标志着他作为独立个体的开端，他首次迈出的小脚步证明了家庭血脉的延续。

洗礼仪式被看作是消除原罪，走向社会化的标志，又可神奇地保证婴儿的声觉系统无恙。仪式以后，牧师离开了，父母把孩子的身体在祭坛上弯曲几下，以使其肌肉强壮，长大后不会变成驼背或瘸子。教父和教母还应在离开经过教堂穹顶的时候吻孩子一下，以确保孩子长大后不会口吃或成为哑巴。年轻人有时在这一仪式中也起重要作用。20世纪初，在奥弗涅的马塞伊克村，洗礼仪式过后，村里的孩子们要跟在行列后面，把锤子和拨浪鼓等敲打得热热闹闹的，这样那个孩子长大后就会不聋不哑，若是女孩子，长大后就会嗓音甜美。

法兰西画派：《拿着玩具的小女孩》，18世纪。在《爱弥儿》盛行的时代，这幅拿着玩具的孩童图表明了那个时代孩子产生的新兴趣。（格勒诺布尔，绘画和雕塑博物馆）

一所乡村房屋的公共房间。（巴黎，国立图书馆）

童年早期是学习的时期，蹒跚学步的孩子探索着自己的家、村子和周围的村庄。他学会和同龄人玩耍，和更大一点的孩子们在一起会学得更多的知识，也更勇敢。他学会了照料自己，遵守社团规定，在生活中奋力开拓。孩子的父母在这一早期教育阶段起很重要的作用，七八岁的男孩子就开始跟着父母下田，以便有一天可以为某个邻居或亲戚干活；女孩子一般就在家里跟母亲待在一起，学习她们迟早要承担的妇道的基础知识。童年期和青春期可以锻炼体质、训练思维，学会面对逆境，最重要的是逐渐学会将来怎样做一个父母。团体的影响使每个孩子成为集体的产物，使他们按照社会的要求来行事。在这种情况下，个人感很少，但不管怎样对大家庭的归属感会逐渐加强。

“我绝不会让她死掉的！”

16世纪90年代早期，塞沃勒·德·圣马尔泰，卢丹镇的镇长、审计师，他的一个儿子在婴儿期时就病了。把最好的医生请到他床边，“但没有任何效果。治愈几乎是不可能的了。”塞沃勒却不打算接受独生子早夭的命运，“他是一个很慈爱的父亲，又非常有学

M.盖拉尔：《孩子迈出的第一步》。一个孩子在他父亲、保姆和教母的看护下迈出了自己的第一步。（马萨诸塞剑桥，哈佛福格艺术博物馆）

让·斯泰恩：《画家及其家庭》。在17世纪的荷兰——一个走在时代前面的国家，孩子会因他们的雅致和聪慧得到赞赏。（海牙，皇家博物馆）

识，他便把庸医都打发走，打算接受挑战，设法自己来治疗孩子，并为此勤勉地研究与儿童性格和面色有关的著作。作为一个聪明而且思想活跃的人，他看透了自然和身体的最深层里的秘密，充分利用知识，并利用这些将儿子从死神的手中夺了回来。”我们之所以能对这个模范父亲略知一二，是因为他随后突然想到为后代“保留自己有益的探索”，所以用拉丁文写了一首诗“儿童营养学”，涉及如何喂养婴幼儿。

到14世纪末，有迹象表明富有的城市家庭对儿童逐渐采取了一种新的态度。这变化并没有改变对待孩子的态度，即主要是要保护他们的生命。两个世纪之后的塞沃勒·德·圣马尔泰可以被认为拥有了新文艺复兴精英的典型观念。17世纪出现了更强烈的阻止孩童早夭的决心。德·塞维涅夫人就是一个不愿接受最坏结果的例子。当得知她的孙女生病了，她大叫道：“我绝不会让她死掉的。”

伤心欲绝的父母们想尽一切办法来医治生病的孩子，把他们从死神的手中夺回来。而且，有一点是肯定的，无论什么时候父母都

G.梅特苏：《生病的孩子》。（海牙，私人收藏）

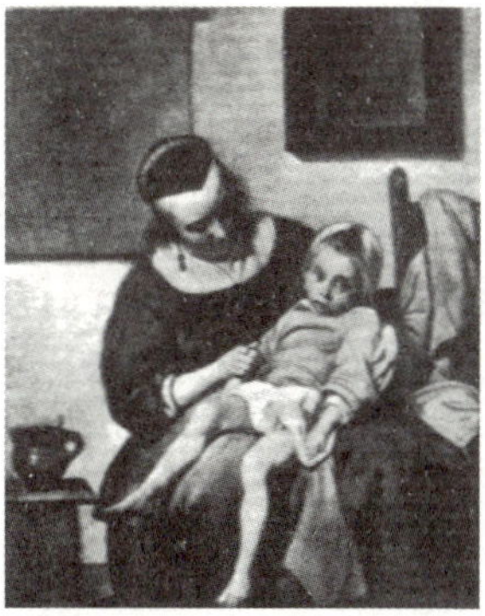

还愿物，18世纪。一直到18世纪，人们在病魔面前仍然很无助。死亡经常掠走婴儿的生命。（上雷恩）

不愿接受所爱孩子夭折的事实。但过了些年后，由于看到了生命的循环往复，死亡也变得不那么具有决定性了。父母在无奈地失去一个孩子后，别无选择，只有再生一个。不论打击多么沉重，家庭的延续仍是最关键的。因此，拒绝接受死亡是一个标志——至关重要的标志——标志着对生活和时间的新观念。人们常会去医院，以期延长生命，解除痛苦。16世纪时，对医疗服务的需求是如此强烈，以至于人们对健康的看法发生了根本的变化。不幸的是，医学的发展缓慢，不能马上适应新的角色，直到17世纪也无法满足社会的需求，这在莫里哀的戏剧中有所体现。1693年，约翰·洛克的著作《关于教育的一点想法》在伦敦出版，彼埃尔·科斯特在1693年把它译成法文，这本书已成为反映欧洲18世纪教育情况的经典著作之一。洛克提醒读者，预防是保持孩子健康的最佳办法，“我在这里

涉及的关于健康的看法，并不是医生通常对一个生病或狂躁的孩子采用的办法，而是教导父母在没有医生的帮助下，如何使自己的孩子保持健康，至少孩子的体质不会太弱。”

我的身体，我的孩子

把家庭的需求和个人不断增长的欲望调和起来，可不是件容易的事，个人开始想过自己的生活，选择自己的职业。过去一个忠心耿耿专心为家工作的人，把自己看成是家族链中的连接点，很少考虑到自己，而今天，个人现在和未来的利益成了主要的考虑对象。因为自从学会数数之后，人类就知道了自己的生命是有限的。

为了解决这一矛盾，家族的行为方式发生了改变。精打细算的精神不限于商业，也影响了家族。借钱算利息是罪恶的吗？这个问题在经过许多争论之后，教会一方终于妥协了，做生意的方法也随之发生了新变化。同样的，家庭和个人之间的矛盾在经过一系列的协商妥协后也解决了，随之而来的是家庭中心观念的淡化，个人力量得以加强。

阿冯工作室：陶制人物雕像，17世纪。（拉罗歇尔，奥尔比涅博物馆）

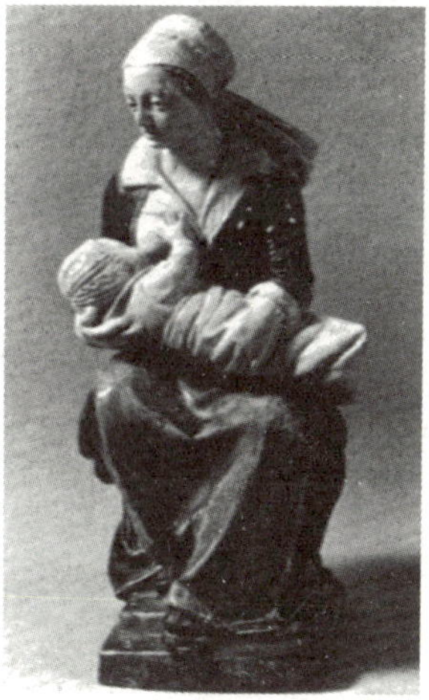

随着个人和集体关系的改变，一种新的身体观日趋显露出来。身体被看成是个人的所有物，而不是家庭的。“我的身体是我的”，因此我要设法免除它的疾病和痛苦。因为我知道它迟早会消亡，因此设法使它在我孩子的身上延续下去。这种身体的象征意义是个人意识脱离家族的表现，也是解读17、18世纪行为方式的关键。比如说，我们明白为什么孩子能渐渐在父母的心目中占有如此重要的位置了。

时间的循环性逐渐让位于更直观、更片断性的存在观。这一观点首先影响了富人，然后又影响到了穷人，首先是城市，然后是大城镇，最后波及农村。个人不再生活在家庭的掩护里，而获得了自己的独特个性。

对童年的新态度

这种对于孩子的态度改变，具有深远的文化影响，经历了很长一段时间，速度也因地而异。城市当然最快，现代的核心家庭开始在15世纪的欧洲出现。在文艺复兴时代的城市中，人类和大地母亲的密切纽带变得疏远了，对于季节更替的意识也消失了，原先对于祖先的关切程度也淡化了。城市里留给死者的地方越来越少，花在他们身上的时间也越来越短。生育问题也不再被看成“自然”魔力可解决的问题。在新的人造环境下，文艺复兴时代的城市日渐产生了“自然术语的概念化”，而且核心家庭导致了私人家庭成员间的亲密关系。意大利城市，尤其是佛罗伦萨，早在14世纪就在这方面遥遥领先，在接下来的两个世纪里，英国、佛兰德斯、法国的城市也相继跟上。

然而，在17世纪的某些时候，这些变化在法国即使没有实际倒退的话，也是受到了阻滞。前一个世纪的宗教剧变，以及波及大部分欧洲的猎巫狂热，都是深刻的价值危机的征兆。在16世纪早期可见种种有关儿童的新观念。这期间的文艺和医学典籍涉及了我们常常认为是18世纪的主题。看一下婴孩的襁褓，孩子在刚出生时就进入了一个充满束缚的世界，限制自由的襁褓也即成为限制自由的象征。16世纪的外科医生，如西蒙·德·瓦拉贝尔等宣称，缺乏自由只

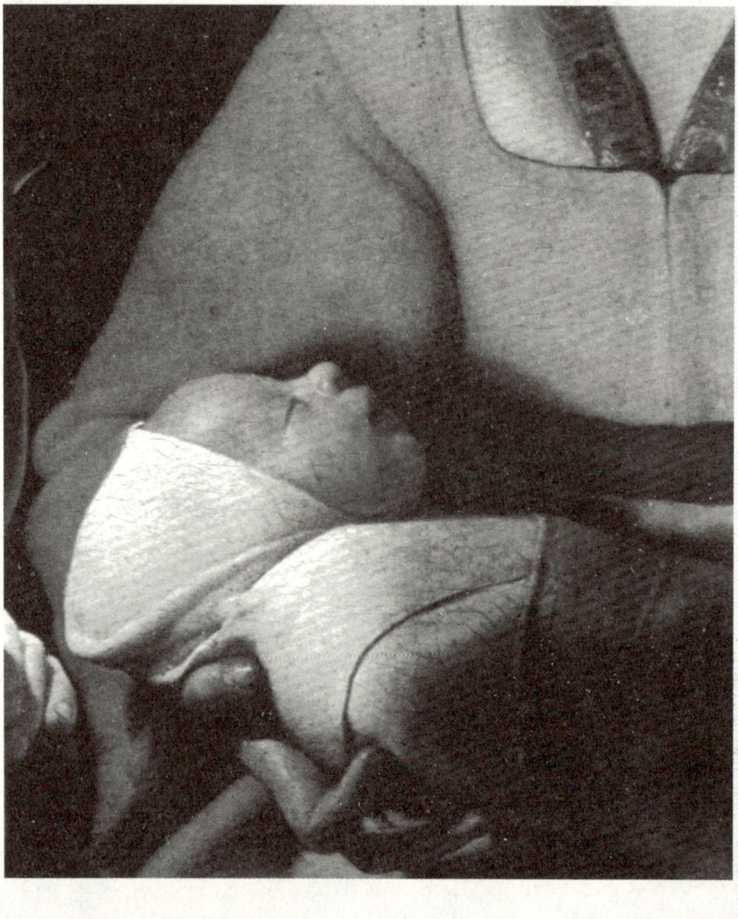

G.德拉图尔：《新生儿》。(雷恩，美术博物馆)

J.雷诺尔兹：《乔治·克里夫（?）及其家庭》。富裕的家庭孩子很少，但他们在家庭中心有自己的位置。（柏林）

能对孩子的健康发展有害。为了迎合理想的审美标准而用圆帽和其他帽子来矫正孩子的头形也受到类似的批评。使用奶妈也不被认同甚至受到了谴责，“雇佣来的乳汁”据说很危险。人们都相信“看护培养天性”，因此借用的乳汁既影响精神也影响身体，对孩子的个性是个极大的威胁。因而，使用奶妈的问题成了公众讨论的热点，即关于天性和养育的问题。

使用奶妈并非是16世纪的创新。在佛罗伦萨，这一现象早在14世纪晚期就已出现，并在15世纪更加流行。但将母亲和孩子分开时常会导致孩子的死亡，因此受到了医生和道德家们的强烈谴责，他们坚持认为即使动物也自己喂养自己的幼仔。但是许多父母亲却不理睬这一批评，新的价值观开始在城市里流行，与农村地区不同，这一时期的孩子和奶妈们住在一起。雇来的奶妈使富人的妻子们摆脱了一个沉重的负担。妇女们不用哺育孩子也因此容易更快地再次怀孕，但在两次怀孕之间，她有更多的自由时间来谈话、阅读、四处散散步。可是对母亲来说，采用这种新观念的代价颇高：疏远了可爱的孩子，而更加依赖自己的丈夫。把生孩子和养孩子分开，改变了对待妇女的观念及妇女在生命循环圈中的地位。更容易把妇女的作用限于生育功能，多生是对她们的唯一期望。妇女怀着丈夫

C.德·福斯：《艺术家及其家庭画像》。（布鲁塞尔，皇家艺术协会）

的孩子，然后赋予他生命，因此在城市里，孩子属于父亲和父系一族。

有些父母把孩子送到奶妈那里，另一些父母在孩子们的相伴下找到了“快乐和愉悦”，其实这两种观念并没有冲突，只不过证实了选择的可能性。实际上，“天性说”仍然支持孩子由母亲抚养，但母亲的生活并非只由单纯的责任组成。妇女们要求自身的权利，他们的丈夫也赞成她们要保持身体洁净、漂亮。但这一选择并不那样轻松，有时不得不在孩子的兴趣和母亲的兴趣之间做一权衡。因此答案是多种多样的，这毫不奇怪。

父母、孩子和教育

父母和孩子之间关系的变化影响了孩子的行为，16、17世纪的作家们极力倡导“新型孩童”事业。他们说，这类孩子更机警，更成熟，有时候其特色令人惊讶不已。早在17世纪，路易丝·布瓦乔亚，即法国王后玛丽·德·美第奇的接生婆，在给女儿的《教诲》一

让·斯泰恩：《混合学校》。(爱丁堡，苏格兰国家美术陈列馆)

Q.梅齐斯：（布鲁塞尔，古老艺术博物馆）

书中提到“如今的小孩极其聪明”。道德家对溺爱孩子的父母加以谴责，“因为一个只穿着小褂的小孩就已习惯于自己的各种愿望能被满足，那等他长大之后自然更是要求大人听他的吩咐。”

这并不代表道德家们谴责孩子养育的私人化，但他们确实害怕父母会做得太过火。溺爱只会培养软弱，而有些母亲表现得相当令人可叹。雅克·迪瓦尔医生是说，有的母亲尚未从生产的疲惫中恢复过来，就“忍不住要拥抱亲吻自己的孩子”，他补充道，“她们对孩子轻率的溺爱就像猿猴一样，据说猿猴出于对幼儿的热爱，有时甚至会把它们拥抱得窒息而死。”

为了抑制这种极端行为，17世纪一群作家试图制定恰当的行为规则，对私人教育采取克制的态度。私人教育被公认为太过软弱，太溺爱孩子了，由此导致了教会和政府来承担教育的重任。学院（大约等同于我们的高中）里实施的改革迅速赢得了父母的支持。他们坚信自己的孩子容易被个体意志所控制，因此这种意志应该被压制，并“屈从于理性的控制”。把一个孩子放到学校里，就是将他从野性中挽救回来。

新的学校之所以成功，并不仅仅因为这个原因，还因为他们也训练了孩子的头脑，迎合了更丰富的个人需求。核心家庭中的私人

针线活与虔诚的阅读将清纯少女训练为贤妻良母。（巴黎，国立图书馆）

教育和社会上的公共教育并无冲突。随着老式的大家庭走向没落及对个人成就的强调，有必要让外人来向孩子们传授从父母那儿学不到的知识，父母亲自己也意识到家庭教育可能不会让孩子们满意，因为他们没有能力把自己从社会中学到的知识传授给孩子们。因此，就像大家庭让位于核心家庭一样，旧式的、公开的社区形式的公共教育和社会化进程也让位于一种公共学校系统。

公共模范，私人利用

孩子地位的变化并不只是家庭结构演变的结果，教会和政府毫无疑问也起了作用。大约在16世纪早期，应当时的道德和政治观念的要求，对儿童的新观念在立法中有了明显体现。新法规的执行力度虽然不大，但却显示了政府保护儿童的决心，并且从更广泛的观点来看，体现出政府已介入人口计划之类的事务。

教会和政府最重要的作用是提倡思想道德模范。模范儿童和当时的普通儿童相当不同，然而却改变了人们对儿童的看法。教会使两种儿童的形象深入人心：神秘型的和基督型的。通过赞扬那些意志坚强、勇于和身体痛苦做斗争的孩子们，神秘派强调的是个人品质，他们创造了儿童圣徒的规范：卢森堡的彼得或西恩纳的凯瑟琳。他们在很小的时候就立志献身于上帝，他们对上帝的爱使他们自己能忽视了尘世的东西和羸弱的身体。对神奇儿童的赞扬完全不同于“自然主义”把家庭看成一个整体的观念。家庭不能容忍威胁到生死循环的行为，但“神秘主义”却鼓励独身生活及以冷静的态度看待没有子女的生活前景，或者它预想的是具有更崇高的精神状态的后代。

培育思想有时候需要通过历练身体来进行。（巴黎，国立图书馆）

在17世纪的法国，红衣主教德·贝吕勒、天主教加尔默罗圣母会的修道士们和一些演讲先辈们致力于推广基督式的儿童形象。祈祷手册里强调了“神似的儿童”所具有的人的特点，那种甜蜜和天真的形象深深打动了围绕在圣诞祭坛边的人们。奥尔良的一个牧师，彼埃尔·蒂罗在他的著作《圣婴耶稣》中，提到了主教辖区一个阴冷的小镇沙托维厄。那里的学校里有一幅很大的铜版圣婴耶稣雕刻像。圣婴在襁褓中，却将手伸向所有像他一样天真、弱小的人，特别是向孩子们伸出了他的双手。300年以来，教会一直宣传肉体动摇灵魂的危险，现在基督形象成了新的展示内心虔诚的代表，为大家所关注。

图尔的西蒙·弗朗索瓦：《天使化身的膜拜》。天真甜美的“圣子”形象在17世纪非常受大众欢迎。（卡梅利特收藏）

较为世俗化的形象是一些天才儿童。1613年，一个9岁的小孩克洛德·阿迪竟然将伊拉斯谟的一本关于礼仪的书译成了法文并出版发行。1630年，一个叫勒·帕蒂·德博沙托的孩子出世了，7岁时他就会说几门外语，12岁时已出版了一本诗集。当然，18世纪有神童莫扎特。

一个有皇室血统的孩子，自出生之日起处于公众的关注之下，因此不必急着证明自己。一个未来的国王是不存在私生活的。他的一举一动都处在众人关注之下并会被记录下来，看看御用医生埃罗阿尔关于路易十三世的记录吧。这位继承人是在皇室的密切关注下长大的。尽管他是他臣民们的未来主宰，却很少与他们有接触。他的形象被雕刻出来，尤其被印制在硬币上。17世纪下半叶甚至到18世纪，王子的诞生常是铸造新币的借口。铸造钱币成了皇家的专利。“民众典范”理论相当流行，硬币上的形象常是国王、皇后居中，孩子们聚拢在两边，以此来号召人们学习皇室的典范。

儿童时代：热情和冷漠

孩子们学习的必要知识部分来自家中父母的教导，部分源于公共场合，这两种影响常是互补的。在17、18世纪时，两者间的相对作用发生了改变，难以置信的是，曾有一段时间人们对自己孩子采取了很漠然的态度。不过，多亏了“进步”和“文明”，这种不闻不问的态度逐渐转变为热切的关心。热情和冷淡在任何社会中都是共存的，在某一特定时期，由于不可避免的社会文化等原因，某种情况可能会占上风。中世纪的这种冷淡态度很难被后世理解，但在16世纪，众所周知，父母对孩子的健康幸福极为关切。

因此，18世纪里对于孩子的观念的新变化——即我们现在的这种观念——应被看成是一种思想结构和信仰上的巨变的标志，是西方对于生活和身体观念的一种前所未有的巨大转变的标志。生活的概念曾以家族和社团观念为基础，现在则让位于核心家庭的形式，孩子过去无论是在家庭的私人生活还是在社团的公共生活中都有一席之地；而此时它既属于母亲，更属于父亲。这种思想逐渐演变成了个人主义，为了使孩子充分认识到自己的潜力，父母在教会和政府的鼓励下，把部分权力和责任转给了职业教育家；农村模式让位于城市模式；男人和女人生孩子也并不为了保证生命的延续，而仅仅是因为爱和被爱。

法兰西画派：“孩提时代的路易十四”，17世纪。从出生起，这个王室的孩子就是公共人物。(伯恩)

C.E.B.安诺内：《伴随着书的平静生活》。（拉印博物馆）

个人私生活文学

要深入了解过去人们的个人生活或内心世界可不容易，因为个人生活常和公共生活混在一起，而内心生活又是看不见摸不着的东西。所以查阅诸如传记、日记和家庭记录之类的东西并不是为了获取佚事或各种事实，而是为了得知人们过去是怎样看待隐私的。换句话说，我感兴趣的对象不是私生活本身，而是对于私生活的态度，这不仅包括他们所说的，也包括他们未说的。

类型界定

回忆录、日记以及家庭记录是17世纪晚期和18世纪主要的个人写作方式。当时的字典对这些不同类别的写作方式给出了宝贵的评价。孚雷蒂埃的字典曾下过这样的定义："回忆录的复数形式，指由历史学家撰写的书，或由那些参加或目睹过重大事件的人撰写，也指描写这些人物的生活及主要行为的书。拉丁民族称之为commentaries（实况报道）。"定义下面还列出了很多例子：叙利、维尔托里、红衣主教黎塞留、泰米内斯将军、巴松皮埃尔将军、布朗托姆、蒙特雷索、拉罗什富科、蓬蒂斯人等的传记。与之相反，生活记录指"一个富裕的一家之主或商人记录他收支情况的书，对所有事情保持一个系统的记录"。

对比是明显的。回忆录是由历史学家或亲眼目睹过历史事件的人撰写的，涉及的都是些重要行动。家庭记录则是由精明的户主来记载的，牵涉的都是些收支情况。

历史回忆录

17世纪的回忆录多是由公众人物撰写的，他们记载下英勇的行为，描述他们曾近距离观察过的人物或事件，目的是让人阅读。没有路易十四世，就没有圣西蒙的《回忆录》和当若写的《札记》。没有亨利四世、路易十三世和一段段充满赫赫战功的人生，也就不可能有巴松皮埃尔的《回忆录》。没有奥地利的安娜公主，也就没有德·莫特维尔夫人的《回忆录》。没有战场上的光荣业绩，也就不可能有维拉斯的《回忆录》。

马克·富马罗利指出，16世纪晚期和17世纪的回忆录实际和历史记录很相似。回忆录作者已经“花了太多的时间来扮演公共人物”，因此很少有时间给自己所创作的形象润色。回忆录描述的是那些几乎没有或根本没有私生活的人物在公共场合里的生活情况。

玛格丽特·马克戈万曾以巴松皮埃尔的情况为依据，试图分析历史回忆录的内容。她相信，作者是以旁观者的身份来撰写自己或他曾以密友、仆人或同伴的身份服务过的人的情况的。他设想别人处在他的位置会看到些什么，他不泄露个人内心的秘密，也不对此加以剖析。传记将揭示那些没有时间对事件进行思考的活跃的个人。巴松皮埃尔是个“对事件的复杂性颇觉惊讶的人……他向自己的同情者描述自己，但应战争需要而有所掩饰”。

以我们今天的思维方式来看，这些17世纪的作者没有意识到内

普罗旺斯地区公告主任，《耶利米式预言者》。（布鲁塞尔，皇家艺术学院）

心自我。与其说他们是自传家，还不如说他们是准官方文件的作者。用伊夫斯·夸罗的话来说："我们已习惯于更个人的回忆录，坦诚甚至轻率地供述，毫无遮掩地记述和自我描写。"夸罗在给圣西蒙的回忆录写的前言中进一步对自我中心主义和自我进行了区分，"圣西蒙对圣西蒙公爵的称号极端沉溺，他的极端自我中心主义使他的回忆录里没有自我……不像现代其他回忆录那样令人愉悦。有些读者甚至很失望地发现，圣西蒙从未着晨装登过场，而且较个人的场景几乎全都和别人有关。"

布儒瓦和安德烈，以及西拉内斯屈等对一系列回忆录做了系统分析，结果证明了前面的评论。连题目都非常明显地证明了这一点。许多题目很短，像《回忆录》，或《……的回忆录》。长一些的标题加上了军队、政治或外交主题，但采用的仍是一些基本格式：《……的回忆录》、《献给……的回忆录》、《包括……的回忆录》、《涉及……的回忆录》、《为了……的回忆录》、《解释……的回忆录》、《看待……的回忆录》。有的标题长达二三十个单词，提到该著作所涉及的历史阶段，证明其写作的必要性。个人生活的回忆录一般没有这种多样化的标题，或许是因为历史性回忆录根本不是个人材料。

当牵涉到个人化的问题时，任何概括性的描述都可能让人误解。比如说，亨利·德·康皮翁就在书里承认了对小女儿路易丝·安娜的偏爱；德·马罗勒神甫写到了他的童年时代；丰特奈·德·马勒伊声称把对自己生活的描述献给他的孩子们。

历史性回忆录不该和自传相混淆。自传出现得晚一些，菲利普·勒热纳将之定义为："一种以散文写成的对个人生活的回忆性描述，着重于个人生活尤其是个性的发展过程。"但在历史回忆录中，个性只属于第二位，历史才是最重要的。

日记和家庭记录

日记和家庭记录——为简单起见称之为日志——在17、18世纪颇为流行。这些琐碎的写作相比历史回忆录，语气更加谦恭，不再显得那么雄心勃勃，因此十分分散，不为现代学者所注意。起初的记录就是账本。哪怕形式上再漂亮，核心因素仍是记录。每天发生的事情尚未在头脑中淡化就已被记录在纸上。内容是散文化的，通俗易懂，记载的活动也是很普通的日常行为。

记录将一天中的时间和活动分成许多段，时间段绝不会超过一整天。这样，活动就显得零碎，但没有将各部分串起来的形式，叙述、描述和别的文体要素都被排除在外了。因此，记录算不上是文学。伊丽莎白·布尔西耶观察到："17世纪的每日记录并没有成为文学创作，作者们也未曾想到用自己家里普通而单调的记录去满足公众的好奇心。"而历史回忆录，以及随后的传记、忏悔录、自传性日志等的写作都是要出版的。有时会马上被出版，有时会耽搁一段时间，但从不会被埋没。与此相反，日记和家庭记录往往会被湮没，直到历史学家和人文学者把它们挖掘出来，作为资料。

那么从这些资料中可以了解些什么呢？它们会提供许多细节，使过去栩栩如生地再现出来。吉勒·德·古贝维尔坐在劈啪作响的炉火旁；一大早，一家之主还没起床，人们就已聚拢在他的卧室里；某一个二月的晚上，他从图书馆里拿了一本书，然后大声地读给家人听。时间的流逝不仅以时刻来记录，也按节日来记录——圣徒日、主神日，甚至还按太阳的运转来记录。我们零星地了解到他们的感觉如听觉、触觉，还有疾病和健康状况。语言简洁明了，但不像医生的文字那样晦涩难懂。

尽管有些记录厚重庞大，跨越了很长时间，但多数记录仅有几张纸，并且很快即被遗忘或被丢弃。另外有些不过是村庄的记载，记下的内容包括洗礼、婚姻、死亡及一些当地事务，很少涉及内里的生活。这些记录本身很枯燥，形式短小，表达简洁，且缺少连贯性，也没有内心的倾诉。若是把同时代的英法记录比较一下，这些特征更是明显。

这些材料需要仔细阅读和正确地理解。每个家庭记录都是与众不同的一份个人记录。我将重点放在几个有代表性的典型例子上：吉勒·德·古贝维尔的记录及生活情况，以及写作风格相当接近的几个人：保罗·德·旺代、普瓦图区蒙莫里荣的查尔斯·德迈拉松、帕斯科泽区安厄尔的彼埃尔·布吕和安古莱姆区帕尔芒的一位律师，以及分别来自尼姆和阿维尼恩的贵族特罗菲姆·德·芒东和弗郎索瓦·德·梅尔斯。此外，还有一份奇特的由一个名叫玛格丽特·梅西耶的妇女写的记录。最后是一个叫让·马耶费的商人记录下的科尔贝的同代人及亲戚，莱茵河一个杰出的居民的个人生活情况，使我们得窥一斑。

还有几则更个性化的回忆录值得玩味。龙骑兵，或者说普瓦图地区对胡格诺派教徒的迫害极大地影响了让·米戈的生活，他是莫泽地区一个中学的校长。他将流放过程中自己和家人所受的迫害记了下来，并给了每个孩子一份。迪蒙·德·巴斯特凯也曾受过长期的流放，他把过去清晰地再现于自己的回忆录中。还有一类回忆录被贝尔尼·伯尼奥称之为“退隐回忆录”，如好斗的绅士亨利·德·康皮翁在女儿死后写的回忆录，以及德·拉·盖特夫人的回忆录。她是为数不多的尝试这类写作的女人，因为当时写回忆录几乎是男性的专利。

让·约瑟夫·霍尔芒：《激昂的音乐会》。（第戎，美术博物馆）

有些由医生和仆人写的日志揭示的主要是别人的私生活情况。医生的日志很少有流传下来的，但凡保存下来的都具有很高的质量。比如，埃罗阿尔医生对路易十三世健康情况的记录，及路易十四世的御医瓦洛、达坎和法贡对其情况的记录。这些记录多是片段，与其说是日常记录还不如说是总结，但详尽地记载下了国王对于疾病的反应。仆人的记录流传下来的更少，我在这里仅举两个例子：路易十三和路易十四的侍从迪布伊的记录，后由安东尼兄弟抄写过，他们俩也是仆人。还有一份是奥地利的安娜公主的密友及陪侍，德·莫特维尔夫人的记录。

埃罗阿尔的日志

最有趣但最不为人所知的日志当属让·埃罗阿尔写的日志。从形式上看，它是一分单调的重复国王健康情况的记载，不涉及收支费用等，奇怪的是这份记录在结构上很像小贵族古贝维尔的记录，而且我们可以用同样的方法来研究这二者。

埃罗阿尔记录了路易十三自出生到27岁时的生活。内容千篇一律，全是关于这位小王子的疾病和健康状况。我们从中了解到这位皇室成员为增强体质而做的锻炼，以及他每天四次的饮食情况：早饭，正餐，点心，晚饭。我们还了解到小王子的手势和话语。这些都是按实况记录的，包括每隔一小时，每隔半小时，甚至每隔一刻钟的观察。如此算来，在 其记录的27年，总共一万多天里，大约有十万多次的观察，每天至少4次。几乎没有提及公共生活——或者偶有涉及，但也没有同时代其他回忆录的那种系统陈述，所有的记录涉及的主要是王子的私人生活。

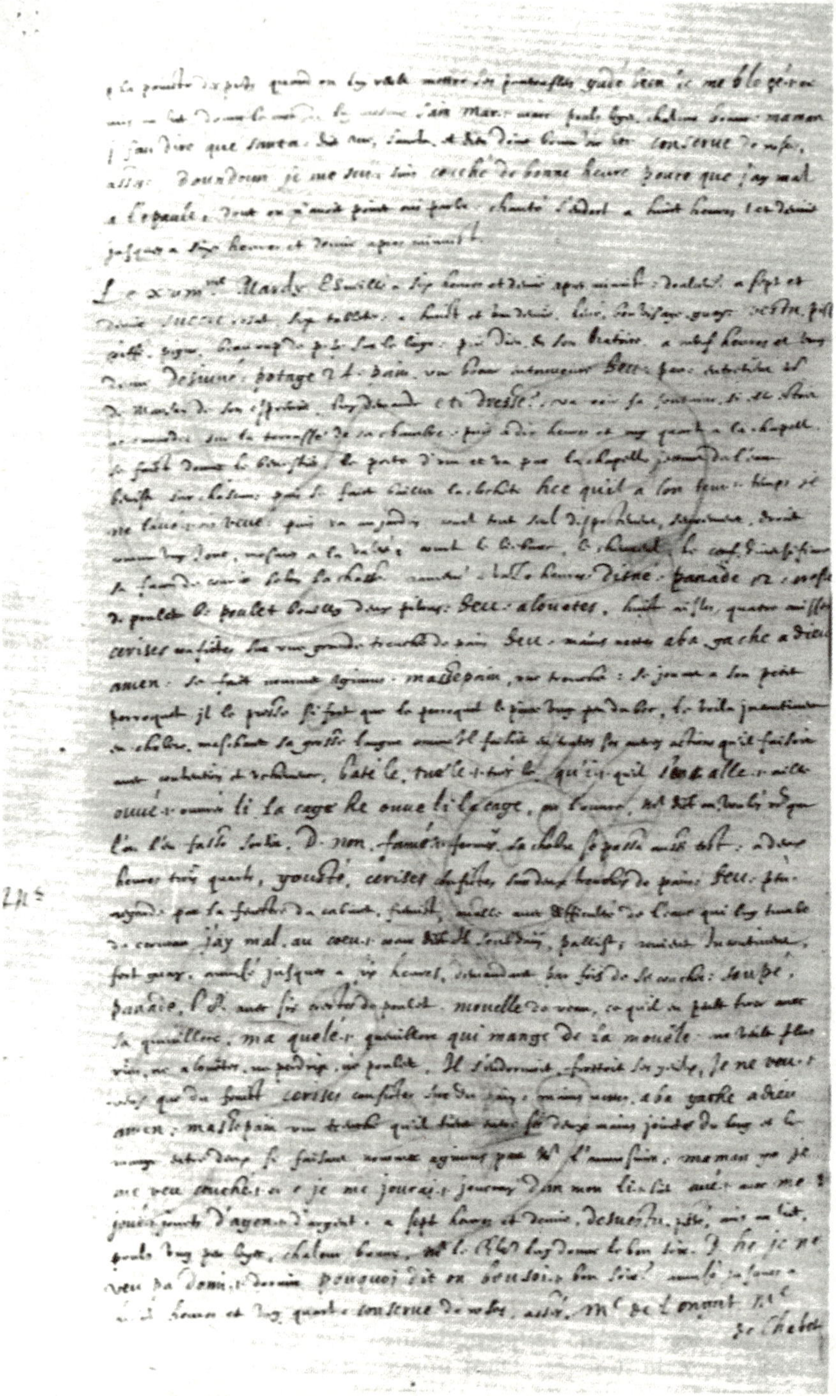

埃罗阿尔日记中的一页。（巴黎，国立图书馆，ms4022，第131页）

尽管记录本身是科学化、职业化的，但是埃罗阿尔也带着父亲般的慈爱来观察小王子。每页纸上都充满了感情，真实地再现了小王子跑步、玩耍、跳舞和谈话的场景。

记录中最有价值的部分是关于路易十三前十年的生活情况。因为在这期间，这位皇室成员完全处于埃罗阿尔医师的详细观察之中。由于职责需要，埃罗阿尔须照料王子就餐和玩耍，甚至在写记录的时候也得让王子待在身边，这可以从书页上的那些胡乱涂写看出来。他还得陪伴小王子到公园漫步，参加一些儿童游戏，打猎时也要跟随、照看他。

这些宝贵资料的价值不仅在于它是一份医学记录，其价值远大于此。我们从中了解到王子的日常生活节奏，了解到位于圣热尔曼的古老城堡的内部，了解到周围的公园，甚至可以在头脑中构想文中所描述的新城堡的外观。里面的皇子和周围人物，不是记录在皇家日常文件上的无生气的人，而是处在栩栩如生的表现谈话、争

蒙彼利埃人。国王查理九世、亨利三世和亨利五世的御医埃罗阿尔在蒙彼利埃研究医药学。当他做路易十三的御医时已年届50，他一直担当这个职务一直到78岁去世为止。在他慈祥的脸上，父亲或祖父般的亲切显而易见。（巴黎，国立图书馆）

小王子坐在埃罗阿尔的旁边，练习写信和绘画。这名御医精心地保留了这些练习草稿，并在上面注明日期，将它们安插在自己的日记里。（巴黎，国立图书馆，档案编号：ms4022）

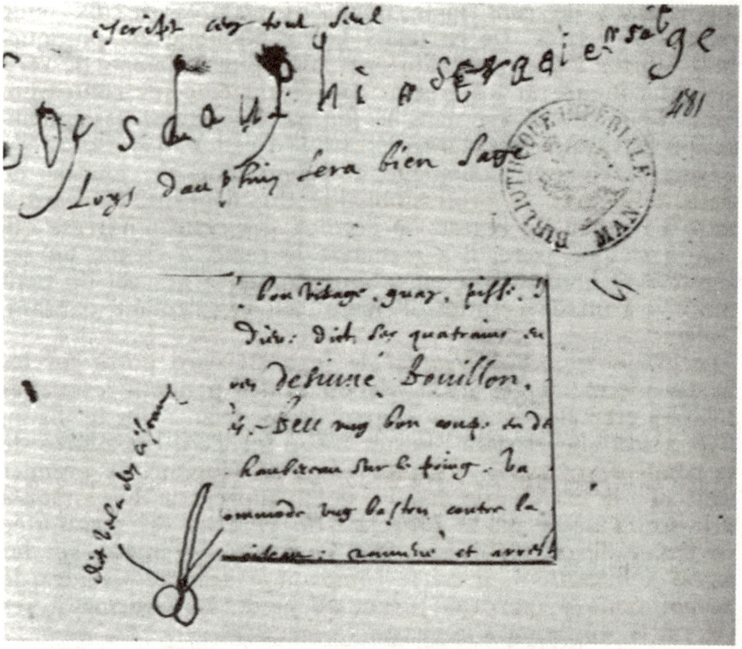

亨利四世的第一位宫廷画师福莱米内，在路易十三的第一次绘画练习中手把手地教他，其时这位小王子4岁。（巴黎，国立图书馆，档案编号：ms4022）

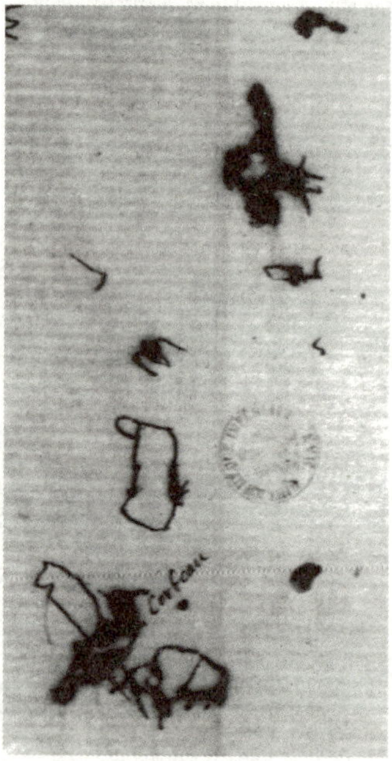

1606年9月21日：“他在纸上画画自娱自乐，画了只他自己称之为乌鸦的东西。”路易这一年9月27日应该是5岁。（巴黎，国立图书馆，档案编号：ms4022）

论、冲突的宫廷场景中。我们了解到了国王、王后和他们的儿子一起度过了多长的时间：从1602年至1606年，国王和王子待在一起的时间总共有366天，王后是346天。我们了解到他们是如何为人父母的。尽管埃罗阿尔写作的主题只是法国皇太子，但在此背景下我们也可以稍微了解到一点别的皇家子弟和私生子。我们还了解到和王子生活颇为密切的其他人物：家庭女教师、内科医生和护士。他们是未来国王的第一批老师。我们还结识了他的侍从和女仆、军官们以及陪伴保护他的普通士兵，甚至还有维修其住所的工匠们，总之，大约有五十名仆从，组成了一个小社会。未来的国王身处其中，以恰如其分的尊严来对待皇室成员，但也和任何孩子一样，学着和其他人相处。

最后，这份日志还告诉了我们一点王子的教育情况。小路易要学习礼仪和自我控制。如果说德·蒙格拉特夫人严格地管教这孩子，动不动就威胁要鞭打他，那么埃罗阿尔则暗示自己的方式更倚重于呵护和安抚。

因为篇幅所限，埃罗阿尔的著作我在这里就不作全面探讨了，而仅就一个方面来谈，也就是埃罗阿尔写作的初衷：路易的健康状况。

私人空间

菲利浦·阿利埃斯在他的引言中指出，中世纪末期的私人生活和公共生活是紧密结合在一起的。这一时期一些农村家庭的记录更加证实了他的看法。这些记录显示了公共空间和私人空间之间没有显著的界限和区别。然而，尽管家庭记录有不可否认的资料价值，但并不是研究私人生活的最好资料。简短、片段式的笔记无法与绘画、印刷和雕刻相媲美。当牵涉到内部装修、家具、艺术品、绣帷、织物时，财产清册更有益。这些材料远比记录来得有价值，因为通过研究这些东西，我们会发现当时人们的周围环境是否拥挤，光线是否暗淡，生活是否舒适。

伊丽莎白·布尔西耶对传记作家的说法同样适用于记录作者。“他们似乎没有家，没有房子，没有床，并且从来注意不到街道上发生的任何事。”尽管研究的是英国作家，但就这一方面来说，法国作家也是如此。她继续评价道：“家庭生活的背景情况很少被描

埃罗阿尔画作的欣赏者对着这幅圣日耳曼公园景象沉思时，不仅对其几何图形印象深刻，而且想象着年轻的皇太子鲜活、动感的形象，想象他在学步、锻炼和在野外戏耍的情景。

述到。尽管房屋一再被扩大，变得更现代化，但仅有最近的变化才被提及。”我们也从未在其中发现对周围景色的描述。

私人空间只有在与每日经历直接相关时才能得窥一斑，而且常隐含在字里行间。比如说，我们知道查尔斯·德迈拉松的一个女儿出生在“楼下卧室”，而另一个出生在“赤褐色”的房间。当修缮保罗·德·旺代的房间时，我们了解到房间各部位的名称：大厅、厨房、食品储藏室、楼上寝室（通过一段楼梯抵达）。偶尔也提到使房子更加舒适的工作：墙被粉刷了，地板铺了瓷砖，壁炉也弄得更有效了。当吉勒·德·古贝维尔家的地板碎片都掉到地下室时，他把它修理了一下。厨房地板和壁炉被重新擦亮了。磨房也维修了一下：墙壁被修补了，屋顶换了，还组装了一辆新的手推车。虽然没有具体的描述，但通过三个月不断重复的笔记，我们能够隐约看出这所木头和石头建成的房子看上去是什么样子——这是一个从家庭记录本中获取信息的绝佳例子。

突发事件会泄露出发生场所的性质。迪蒙·德·巴斯凯特是名新教徒，在流放期间被迫写就的回忆录丝毫没有对私人住地的描写，但1673年8月31日的一场大火却使其环境成了焦点。主人的孩子们和一名女仆住在一间房里，用绣帷和主人的卧室隔开。巴斯特凯的大女儿睡的房间里“满是床和家具，上面是尖形的屋顶”。而在巴斯特凯的房子里，床头装有壁龛和衣橱，还装饰有他和妻子的画像。有漂亮的木制楼梯，石板瓦和铅做的屋顶。地产目录会更详尽地列出房里的物品，但日志却让我们了解了一场大火：恐惧，呼救声，疯狂地跑上楼梯，跑到烟雾弥漫的房间，家具被扔出了窗户，孩子们没穿好衣服就被送到了村中。

埃罗阿尔和古贝维尔的记录让我们大开眼界。埃罗阿尔使我们对圣日耳曼产生了一种感情，包括它的新城堡、梯田、洞穴、喷泉等。小王子在这些地方闲逛的场景都用速写画了下来，内部结构有所提及，但没有具体描述，比如王子的卧室、护士的房间、德·蒙格拉特夫人的卧室、埃罗阿尔的办公室。有时王子也会去别的地方，像小礼拜堂祷告室、大舞厅、国王和王后的房间。我们还得知在城堡外部这个孩子玩耍和散步的田野、公园，而且这种场合总是有医生陪侍，一路上我们还会见到庭院、草地、人行道以及竖琴手圣奥菲斯、海神、众神使者的墨丘利的神龛，还有泉水的泼溅声。

只有王子参观过的地方才在日志中有所提及。

古贝维尔的日志中从未描述他的地产的自然外观。这地方至今仍有人参观，包括一处宅邸、教堂、四周的农场、封闭式的牧场、开垦过的几片土地。作者只提及牵涉到他的社会生活的周围环境，作者本人才是他周围世界的中心。

熟悉和殷勤

古贝维尔的日志在关于殷勤和熟悉的材料方面的丰富性是无与匹敌的。他把每天出现的最基本的社交手势和行动都一一记录在案。因此，我们首先便发现了存在于乡村主仆间的亲密关系，他们的住处一般离得很近，无论是在家里还是在田地干活，两家人常待在一起。每天主人向仆人下达任务，工资也由主人亲手交给他们，男女雇工共同在田地、草场和森林劳作。

常会有熟络而不拘礼的谈话，讨论的内容少有提及，但我们能够猜到：天气、农场的工作、乡野传闻等。古贝维尔还留下了数不清的记录，提到那些在大路上或田地里的偶遇，相互间频繁的拜访。星期天的集会是重要的社会场合。不难设想当时在梅尼尔-奥瓦尔村的集会场景，因为这个村子现在被保护得像过去一样。教堂边、墓地里，还有在通往镇里的大路上，忙活了整个星期的农民们相互打着招呼，弥撒之后，贵族们一般要邀请牧师到自己的宅邸吃饭。

社会生活充满了收割庄稼等繁忙事务，古贝维尔的日记帮助我们欣赏到这种繁忙的社会生活。（巴黎，国立图书馆）

殷勤好客是社会生活的一个重要组成部分。古贝维尔的珍贵记录不仅告诉了我们牵涉重大场合的场景，更有关于自发的、日常待客的场景。一般是在宅子的厨房内接待客人，偶尔也会在大厅里，但很少在主人的卧室。当客人抵达时，我们听到“在我醒来之前”、“伴着初升的太阳”、“凌晨”、“我尚未起床”等语句。由此我们触及了农村社会传统习俗的一个重要方面：没有为私人生活专门保留的任何时刻或地点。在我们认为是不恰当的时候闯入主人的卧室，在当时却不被看成是侵犯个人隐私。

如果客人在快就餐的时刻到达主人的厨房，他们常会被邀请吃饭，主人不仅时常让他们留下吃晚饭，并让他们在主人的宅院里过夜。在梅尼尔-奥瓦尔村临近黄昏的时候——“太阳落山了”，“太阳光渐渐减弱了”，“公鸡叫了”，吉勒·德·古贝维尔会邀请他的来访者留下来过夜，在他那坚固的屋顶下过夜，这样便远离了夜的黑

《贡波尔与马塞之爱》。这里是距古贝维尔居住地不远的一个地区的私人生活图景，该图以织画的形式保存了下来。（圣洛博物馆）

暗和危险，远离了久远的对于黑暗的恐惧。被邀请的人包括农夫、村民、工匠、法官及贵族。

疾病和死亡与重要的社交场合相关联，也与公众生活和私人生活不分的时刻相关联。古贝维尔的日志向我们表明，悲伤、难过、忧郁等的爆发并不属于私人情感，而是村子里公共生活的一部分，健康的村民匆忙赶到病人的床榻边，活着的人赶到死者的家里，带去礼物并提供帮助。由于最近的医生或理发师离村子都有好几英里远，稍有能力的村民便尽其所能来帮助病人缓释痛苦。受折磨的人绝不会被一个人孤零零地撇下。

死亡有时也会在家里发生，活着的人挤在死者的旁边，表达他们最后的敬意，同时会叫牧师来聆听临终者的遗言。古贝维尔对死亡场景的简短记叙，使我们仿佛置身于16世纪的梅尼尔-奥瓦尔村。

W.亨巴赫：《厨房》。在梅斯尼尔-奥瓦尔庄园里，厨房是日常生活和待客的中心。（纽伦堡，国家图书馆）

古贝维尔的日记显示了，帮助病人和垂死之人是个人生活的一个基本组成部分。（巴黎，国立图书馆）

家庭

家庭是社会生活的中心。吉勒·德·古贝维尔终身未婚，因此他在日志中描述的家人只包括兄弟、姐妹和仆人，要了解更多家庭情况，我们须得查找其他资料。

日志本质上不包括此类关于家庭生活的叙述和证据，只有通过仔细分析文本，我们才能提炼出字里行间的信息。谨小慎微是当时的一种普遍风气。作家们也不畅所欲言，很少表露自己的情感，此外，妇女们很少有记日志的。由于大多资料是从男性的角度来描述情况，所以我们缺少关于妻子和母亲这些关键角色情况的资料。

妻子

比如说，从帕斯科泽区的彼埃尔·布吕爵士的日志里我们对伊丽莎白·德拉沃的情况了解到些什么呢？她和彼埃尔共同生活了十年，经管着他的家务（这点文中常有提到），并给他生了一大群孩子，那么这对夫妇相处得如何呢？当伊丽莎白去世四年之后，彼埃尔又娶了让娜·普雷韦罗特，她也同样操持家务和生孩子，但不久也去世了。彼埃尔在书中写道："哦，上帝，我们的伴侣是多么可爱啊！"那么这两个妻子中他是否有所偏爱呢？他的第二个妻子是不是比第一位更勤快、更胜任家务劳作呢？书中对此没有丝毫暗示。

一个来自蒙莫里荣的小贵族查理·德迈拉松也很少谈自己的妻子，在三十九年的记录里大概只提到过二十来次。查理觉得他的妻子并不比他自己更值得特别注意，所以我们从没有发现关于她在房里担任主妇角色的描述，最多只有几笔关于她是怎么管理女仆的记

G.梅特苏：《家庭》。日记很少揭示家庭生活的细节，但从日记的字里行间却能读到有关家族成员感情的本质。(柏林)

录。然后当她碰到分娩困难时，她的丈夫微妙地露出了自己的不安。“当天夜里十点，由于妻子的病，我姐姐从莱拉赶来，分娩给她带来了极大的痛楚。”这种焦虑也显现在另一事实中，那就是德迈拉松，这个著名旅行家在随后的几个月里一直待在妻子的床边，没有出门。当她再次怀孕时，日志里的记载变得更简洁，记录的次数也更频繁。

在面临死亡的时候，这对夫妇的亲密关系最终展现出来了，“星期五，凌晨两点钟的时候，我亲爱的妻子阿内·克拉夫蒂耶去世了。她是一个非常高尚、贤惠的妻子，自我们结婚以来我一直过着幸福的生活。”

在法国南部的边陲城市亚耳，特罗菲姆·德·芒东对和他一起生活的女人也没有专门多说什么，据西尔维·法巴雷泽观察，“他很少提到他的妻子玛格丽特，除非当她生了个孩子，或是他叫她做什么事情，或是当她帮他管理家务时”，作为家庭主妇的她既要掌管丈夫的财产，经管他的生意，还要抚育孩子们。但是特罗菲姆并没有给我们留下有关她的描述，她成了一个幕后的助手。但她的丈夫也对她的去世感到极大的震动。细心的读者会意识到，贯穿在整个记录里的温柔在他妻子死亡的时候突然爆发出来，“1666年1月5日，星期三的早晨，我最亲爱的、贤惠的妻子将她高贵的灵魂奉献给了上帝。”

处于不同社会背景和地理环境的作者写出的不同文本中，有许多都包含着一个典型的模式。家庭主妇只被轻描淡写地提一下，对于她的长相、她和丈夫的关系、他们之间可能存在的矛盾，还有她担任母亲的职责等等，我们一无所知。几乎每年都发生的生育问题常被谈及，尤其提到了在生产和产后的艰难时期丈夫对妻子的钟爱及深情。至于生孩子的过程和顺利生产的情况则很少提及。只有在面临死亡时，缔结已久的美满婚姻才显现出来。然后，随着配偶一方的逝世，记忆也随之提高、升华。在迫害普瓦图地方的胡格诺派教徒期间，一个胡格诺派校长让·米戈眼睁睁地看着自己的结发妻子去世了。在他给孩子们写的回忆录中，他们的母亲占据了一个重要的角色。“在我的一生中大概有十六七年的黄金时期，那是在我心爱的妻子，也就是你们的母亲伊丽莎白·富雷斯捷的愉快陪伴下度过的。因此，尽管上帝召唤她的灵魂不久，我在记录早期她和我一起为避迫害所经历的苦难时，仍能从中得到极大快乐……这也是为了让你们当中即使最年幼的，也可以通过这种方式逐渐了解生养你们的女人。”这些令人感动的话语出自一个深受迫害的男人笔下，他描述了很久以前发生的事件。

法国日志几乎都是由男人保存下来的，很少提及诸如孩子诞生这类私人事务。油画和雕版画却能告诉我们很多关于婴儿降生和照顾幼婴的情形。(巴黎，国立图书馆)

孩子

童年早期也即生命中最脆弱的阶段，是私人生活核心内容的一

奥布里：《家庭生活场景》，孩子在家庭中的位置。有关父亲对孩子的温情，日记里鲜有提及，这里却极好地给我们提供了这种画面。（巴黎，装饰艺术图书馆）

部分。日志中对儿童出现的场面甚少提及，关于他们的活动没有什么记录，也没有肖像画描绘他们的外貌，更没提到别人对他们的感情。然而生活日志却不仅记录了家庭账目，也是一本家庭记录——一份重要的、尽管有很多省略的家庭文件。关于孩子的情况我们只找到很短的记载，而且若想在头脑中重现他们，需要读得非常仔细。有出生的记录，就像一份官方记录文件一样，没有祝贺场景的描写，但随后的洗礼仪式却记载很详细。因为孩子是上帝的创造物，在他们的身上可以看见未来的基督徒品质。“愿上帝保佑这个孩子接受圣灵，保留洗礼时的天真，将会按主的戒律行事，并最终在对主的敬意和爱戴中去世。”彼埃尔·布吕在他的每个孩子出世时都重复类似的仪式。同时在该国的另一端，特罗菲姆·德·芒东写道：“愿上帝以他的荣光保佑你”或“愿上帝保佑这个小女孩”。

要抚养孩子长大，家庭就要雇奶妈，随后到他上学的时候，还要付学费和寄宿费。这些费用都有记载，但对孩子的长相或行为、勇敢和性格都没有说明。书中缺乏表露感情的迹象并不表示父母亲对孩子漠不关心。慈爱的情感有时候可以从昵称中推断出来：特罗菲姆·德·芒东把自己的孩子分别称作马戈、方雄和小托热，但却一直按姓氏称呼大儿子弗朗索瓦，以此提醒他将要担负的家庭责任。著名的泰奥弗拉斯特的儿子厄塞布·勒洛布是巴黎的医生，他常在孩子的名字前加上昵称，称他们为“曼侬”、“卡托”、“小弗朗索瓦”，有时也称“佩佩”，但他总是用骄傲和严肃的语气称呼大儿子为“我亲爱的同事”。

孩子们受到疼爱，但人们对孩童并没有感伤情绪。如果一个孩子死了，日志里很少提及，这并非由于人们对死亡无所谓，而是因为他们当时的情感表现方式与现在不同。我们可以看到让·米戈在他的“小罗利”得了致命病痛时感到的害怕恐惧，还有查理·德迈拉松的5岁和7岁的两个孙子相继死去时，他的情绪极端沮丧，但是他的哀伤情绪很快得到克制。“他只有5岁4个月22天大，但无论身体还是思想都如人们所能期望的那样完美。”对于第二个孩子他写道：“他的聪明无与伦比。”佩洛特描写昵称为佩佩的小弗郎索瓦的死亡时，好似它自出生起便注定了，“他出生时双手就叠放在一起，带着圣徒般的姿势。他死后确实成了一名圣徒。”另一个孩子去世时，父亲对他的慈爱和深切的悲伤在日志中也有简短的记录，“我们将永记住他的美丽、温顺。他就像是另一个亲爱的佩佩。”

家庭记录几乎总是由父亲来记录的，没有什么明显的女性观点。然而，我们确实有巴黎资产阶级玛格丽特·梅西耶的日志，并从中认识了小南妮特。在她出生前一个月，家里买了一个柳条做的摇篮，一个篮子，一个盖子和一个小床垫，她出生得比预期稍早一点，随后不久，他们买了“1码的斜纹布放在她的摇篮里”。随后这个孩子被送到一个奶妈那里，但仍不断出现在家庭的记录里，8个月时她收到了一双鞋和两双袜子，1岁时又收到了一双鞋和“一双鹿

斯林格劳特：《吹泡泡》。除埃罗阿尔的伟大著作外，私人日记里很少提及孩童时代所玩的游戏和玩闹。（里尔，美术博物馆）

皮手套”，9个月大的时候她就得到了一把“童椅”，1岁时有了“儿童玩具”，18个月时又得了一个玩具。

这个小女孩大约两岁时回到了父母的家里，起初玛格丽特·梅西耶称她“我们的孩子”，而当这个小女孩和奶妈待在一起时，她又成了La petite，即小女孩的意思。既然她又回家了，她又变成了南妮特，母亲和孩子间就有了一种新的更亲密的关系。但是不久南妮特生病了，她流血了，请了医生，但书中没有关于她疾病的详细记录。她的身体似乎逐渐好转，因为她又收到了一双鞋子和长袜。此后不再提她，但后来家务记录中的一行字暗示了南妮特的死："6月1日埋葬了我可怜的孩子。"唯一流露出伤感的词是“可怜”。但是手稿中的字迹颤动，不规则，而且在这个孩子生病期间“忘了写作”这句话在文中出现了三次，这在以前从未出现过。

这种模糊的文本需要极细致的理解。这是不是表明玛格丽特·梅西耶是个冷酷的女人，一个缺乏细致情感的女人？从字面上看，她女儿的去世触动了她，但并未真的造成多大震动。生活日志，基本上是个记录本，并非倾诉悲伤的地方。然而，无意中记录下的悲伤情绪在字里行间能窥见。玛格丽特·梅西耶在别的地方，或许在信件或便条中，会发泄她在这本日志里的一个词和颤动的手迹所泄露出来的痛苦和爱。

回忆录为强烈的情绪提供了更多表达空间，看看亨利·德·康皮翁对女儿路易丝·安娜的钟爱，“我无法表达爱她的温柔情感，”他在她死后写道，“我在家中非常愉快地打发时间……和我的女儿玩耍，她尽管还小，但任何看到她的人都会喜欢她。”这样的情感坦露在当时很少见，“许多人认为这不太好意思”而回避。这个小女孩死于1653年5月10号，才4岁。她的父亲不顾当时的习俗，公开地表示自己的悲伤，“人们说这样强烈的感情因成人而发还情有可原，为孩子则不太值得。”他不同意这种观点，这个孩子临死前，“她清楚而悲伤的样子”填满了他的回忆。新教徒迪蒙·德·巴斯特凯也写道：“使我悲伤的是我刚失去了一个儿子，这个小男孩是个俊美的孩子。”

英国的私人日记

伊丽莎白·布尔西耶分析了和上面讨论过的日志同时代的英国人的日记。类似的是，英国当时显示家庭亲密性的画面不仅和我们目前知道的，而且和我们在其后几十年的私人写作中所看到的都不相同。

日记作者并不单纯地记录家庭生活，他们似乎比同时代的那些法国作者更坦率一些：法国的日志对婚姻中的问题丝毫没有提及，英国版的日志却暴露出了丈夫和妻子间的性格区别和冲突。亚当·爱记载下了他妻子暴躁的脾气和诅咒；纽卡姆牧师一方面提倡夫妻间的相互感情和良好关系，另一方面却掩盖不住对他妻子的怨恨；汉弗雷·米格梅爵士也在日志中吐露了其妻子易变的脾气。

法国和英国的日志之间的另一区别是，英国的对妇女的活动有更多的记载，似乎有更多的妇女记日记。16世纪，无论贵族妇女还是农夫的妻子都过着充实、活跃的生活。克里福德夫人每天早晨三四点钟起床，骑马去视察田庄。“我大部分时间都得工作。”她写道。自丈夫去世以后，她便整天忙着管理她的地产和家务，看管裁缝们的工作，监督厨师们腌制食品，另外还要重新装修房子。关于家庭主妇的活动，没有哪份法国日志记载得有霍比夫人那样的详细：缝纫修补、煮饭、腌制水果、肉类和制造蜡烛等。老小姐伊丽莎白·伊萨姆记录下了她干了大半辈子的各种针线活。农村的妇女们拜望病人，帮助生产的女人克服害怕和疼痛及度过危险。无论是男人还是女人的日记中，都有对艰难漫长的生产过程中痛苦的描述。

居伊贝尔：《仁慈的医生》。“在这本小册子里，我向你描述你在家里可以进行的治疗法，这些治疗法是许多优秀而有信誉的医生日常使用的。”（巴黎）

尽管英国人比法国人更不讳言他们妻子的缺点，但在面临疾病或死亡时两者都意识到妻子不可或缺的存在，一下子变得滔滔不绝起来。汤姆斯·梅温尔瑞爵士逐日记载下妻子病情的发展，当她最终病愈时，他备办了一场感恩礼拜仪式。亚当对妻子的坏脾气并不放在心上，而且带她到伦敦治疗。安东尼·艾什礼的妻子去世不久后，被描述成一个美丽、忠贞、感情丰富、能干的家庭主妇。亨利·斯林斯比的妻子在他们结婚十一年后去世了，他在日志上把她描述成一个贤淑、虔诚、脾气极好的女人。

在谈论孩子时，英国作家也更加坦率。乔斯林牧师告诉我们，他的小汤姆斯一岁时就会自己爬楼梯，一个月后他竟设法自己去关门。约翰·格林担心他的一个儿子亚历山大的肩膀一边比另一边宽，而且学走路很慢，两岁了还得用带子牵着走。克里福德夫人说她的女儿玛格丽格在学步时跌了好几次。但童年是短暂的，孩子们不久就离开了温暖的家庭，被送到学校上学，为进入严峻的成人生活做准备。

塞缪尔·佩皮斯的日记

塞缪尔·佩皮斯的日记即使在英国版日记中也以其坦诚而闻名，

佚名：《伴随着书的平静生活》，17世纪。诸如古贝维尔和佩皮斯的日记本来并非是供阅读的，而是意外地被保存了下来。前者的日记由私人收藏，后者则收藏在剑桥大学马格达勒恩学院里。（柏林）

这是独特的资料，记录了从1660年到1669年英国中产阶级的生活。写作风格比上个世纪的古贝维尔的更丰富，更叙事化，把我们带入了私人生活的核心。佩皮斯以尖锐的目光看待自己的婚姻、风流韵事甚至身体。吉勒·德·古贝维尔讳莫如深的地方，佩皮斯却口若悬河。

精力充沛的佩皮斯，30来岁时，写了他和一个年轻的自称是胡格诺派移民的法国女人的婚姻：上床，我们很早就上床了，在上床前去吃晚饭，然后上床。这些短语多次重复出现。“我们在床上待了很长时间”或“我和妻子待在床上，享受和她共度的快乐”，“待在床上抚慰我的妻子，唠些闲话”。在另一场合他说两人讲和了，四五天来第一次一起去睡觉。但婚姻的平静并没维持很久，因为尽管夫妻仍能感觉到彼此的爱，但也会有嫉妒的心理和剧烈的争吵，之后又会彼此讲和。伊丽莎白·玛钦德由于丈夫不忠而嫉妒并大发脾气。我们读到，在1668年20日，“当我回家时……我发现妻子躺在床上，正在发火，用最难听的话骂我，然后又坐起身来，骂得我狗血喷头，竟然还忍不住打我，揪我的头发。”1669年1月12日一个更激烈的场面发生了：“她闷声不语，我则不时求她快上床来，突然她发起火来，说我是个流氓，对不住她。”然后“约一点钟，她来到我的床边，拉开帏幔，手里拿着一根两端烧得通红的火钳，那架势似乎是要把我用火钳叉死，我沮丧地起了床，用几句话劝得她放下了火钳。”这对夫妇的婚姻已经受到冲击但尚未破裂，他们的关系最终会怎样呢？由于这份日记截止到1669年5月31日，因而对此没作说明。

身 体

身体部位以各种形式出现在写作中：健康时、在进行锻炼时、在公共场合里——或者就像卢森·克拉尔在研究德·皮尔神甫时说的，以炫目的“景象”出现。我们还发现人们在病痛中对身体的态度要比在健康状况下的更亲密、更坦白。

在法国的生活日志中，对疾病的记录很简略，只能算是一个短的插曲。身体不仅是健康的，而且无隐私处的描写。当涉及性时，话题变得含混不清，以至于根本无法解读其意。但有些作家可能由于健康状态或长期受病痛折磨，不知不觉写出了更坦白的日记。在这方面吉勒·德·古贝维尔和让·马耶费就大不相同。

古贝维尔日记中的沉默和秘密

古贝维尔总喜欢用模糊的语言说某人生病了，但偶尔也会提一下疾病的名称：感冒、头疼、肚痛并伴有呕吐、肠胃问题和疝气等小毛病。有几次他染上了更严重的病，“我病得厉害，下不了床。”他遭受过“剧烈的牙痛”。还有一次，“我感冒了，忍不住要呕吐，一直躺在床上，心脏、头和胃都疼得厉害”，没有对病情进行分析，也没有叙述。尽管染上了梅毒，他却从不提这名字，我们仅从他提到的治疗方法上可探知一二，像洗澡、熏蒸法，还有购买水银等。很显然，古贝维尔对自己要比对别人考虑得多，因为在涉及和他关系密切的人或是他本人时，与疾病有关的词出现得最频繁。他姐姐的病使他十分担心，以至于他不顾严冬，抛下手头的一切，赶到了她的床边。生病的频率也是社会阶层地位高低的一个标志：最易得病的恰是那些有时间和闲情躺在床上的人。仆人和农民不得不拥有良好的健康状况。不管怎么说，这些人很少在古贝维尔的记录中出现，然而，一旦他们之中有人“生病卧床”，古贝维尔总是很关心。

性生活和疾病一样，在书中少有提及。对婚床和性交的话题避而不谈已成为规矩。家庭记录描述了一幅平静和谐的婚姻生活画面：不受诱惑，没有越轨行为。然而古贝维尔打破了这种平静，他用希腊语写就一系列语词，以防被人窥见。这种奇怪的行为可能很常见。大约同一时期英国的冶金及哲学家约翰·第也采用了同样的手法。“或许是为了隐藏其记录的内容，”伊丽莎白·布尔西耶评价道，“他甚至用希腊文字来记叙其夫妻生活的细节。”除此以外，我们还知道古贝维尔无论是对冶金或是英国都并非漠不关心。

与此类似，我们发现同一时期或稍迟一些时候，农民和贵族们的记录在写到疾病和性生活时也都显得谨言慎行。在玛格丽特·梅西耶的日志中，尽管她女儿的不治之症让她十分痛苦，她也很少提及。日志作者通常用词吝啬，少有叙述或描写。

让·马耶费的疾病

这一普遍规则的一个显著例外就是让·马耶费，莱茵河区的一个资产阶级，他至少用一个例子显示了家庭记录是朝着我们今天所说的私人日记的方向发展的。

马耶费和古贝维尔处于两个极端。古贝维尔的乡村世界与马耶费的都市生活截然不同。后者是纺织行业的知名人物，而且是科贝的远房表亲。因此两人对待道德、文化的处理方式完全不同。古贝维尔读书但却不与书的作者苟同。马耶费是蒙田的勤勉读者，把文集的作者当作自己的导师和模仿对象。在日记里，他把自己与他最喜爱的作家做比较，“我同蒙田在对永久平静、平凡生活的喜爱方

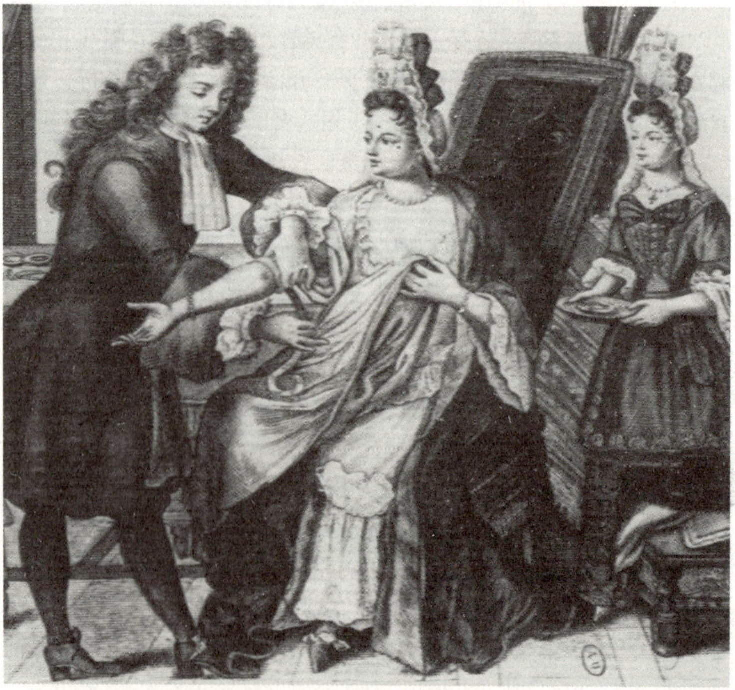

《百科全书》：“很少有治疗法像放血那样被广泛地使用。”（巴黎，装饰艺术博物馆）

面是一致的。”在其他方面他又说：“了解我们自己非常必要，目的是要控制我们人生历程中的行为。”很显然，马耶费的日记继承了这种谨慎、沉默的家庭记录的传统，但也增加了两个新的方面：自传体和蒙田式的哲学思考。以一位伟大的作家为模仿对象，掌握娴熟灵活的写作风格，他的文章把家庭记录的形式和私人日记的现代特性融合在一起。

马耶费试图把自己刻画成“酷似蒙田”的人物，他透露，同他的著名模仿对象一样，他也不愿意在吃饭、睡觉上花费大量的时间，也相信“生死由命”，也能勇敢面对逆境。身体的痛苦成了文学的一个主题，从而促进了从家庭日记账（lirre de raison）到私人日记的转变。我们了解到马耶费听觉有问题、牙痛、背部经常摔伤，但这些信息简略而又零碎，依然是轶事趣闻形式的。然而，肠疝气使马耶费生活在痛苦折磨之中，而且进一步揭示了他的身体状况。频频发生的症状促使他不时作下笔记。在列举自己的疾病时，马耶费使用的词汇反映了他身体的疾病信息：“肠脱出、肠突出、尿分泌、内脏、擦伤、绷带（详细描述），还有我的医生们”。有些章节描述的全部是诸如此类的事情。1673年，也就是他患上肠疝的第十年，马耶费花了整整四页来描述他的痛苦，“我写这一章是为了供我的孩子们参考，以防他们患上此病。”几年后，当病情得到控制时，他写道：“1678年10月21日之后，我将不会再谈论自己的疾病。那时我67岁……16年前，我得了肠突出症，一直持续了27个月。”在这一时期，没有任何东西能比得上马耶费的日记，它标志日记向更个人化的文学形式跨越的一大步。

下面的例子就是被称为阿格德主教的圣西蒙先生的没有发表的信件。这些信件以独特的方式记录了主教本人及其身体状况。他年轻时在朗格多克的沼泽地感染了疟疾而且患上气喘。在一些涉及他糟糕的健康状况的信件里，他花了大量的篇幅任意地描述自己身体的不适和毛病。他谈到他害怕夏日的夜晚，这时候时常有一种窒息的感觉把他从屋子里赶出来。他描写了他的神经状况：“你们可以从我的信中看出我的神经系统并不健康。”他充满自怜地描述了腿部的疼痛、可怕的失眠，以及隐私处的疾病。他也讲述了他的饮食是以药典里最好的食谱为依据的。

圣西蒙的信件和让·马耶费的日记的风格都来源于他们长期的疾病。如果没有遭受病痛，他们就不会有如此直言不讳的风格。他们并没有预料到这种类型会成为一种文学形式，但在未来的几个世纪里，这种形式得到了广泛的认可。

英国的日记作者比同时期法国的日记作者更关注自己的身体状况。一点微不足道的小毛病都要做最仔细的检查。一连好几个月，杰弗里·斯塔基记录他的咳嗽、吐血和发烧。托马斯·梅因沃林时常受到牙痛的折磨。亚当·史密斯记下了他几次腹痛持续的时间。对约翰的·格林来说，最轻微的感冒，其病情的发展都被极为详细地记录下来，然后是对身体的各个部分：鼻子、嘴巴、喉咙、耳朵、头部和腹部等的检查。贾斯汀·帕吉特警觉地关注着身体的每一个疾病：感冒、喉咙痛、鼻出血。这种对身体的关注并没有以后的日记中出现的那种明显的、放纵的自我陶醉，而是在疾病和死亡面前带一种不确定和焦虑。健康并不是塞缪尔·佩皮斯的主要关注焦点，尽管他25岁时（1658年）做的胆石手术一直使他的身体处于虚弱状态。然而他确实也提到了他所遭受的许多病痛的折磨：胃痛、肠道毛病、极度害怕冷，还有令人不可忍受的腹痛。1664年5月14日他因疼痛而大叫起来。这一记录很简短也很真实，且丝毫没有自我放纵。病痛刚结束，他就感叹健康又回来了。

王子路易十三的身体状况

还能有比医生的日记对身体状况更好的描述吗？从医生那儿我们不仅能了解到疾病的诊治方法，还可以了解到对身体的态度和印象。路易十三的御医埃罗阿尔和法贡提供了有关国王身体状况的独一无二的珍贵材料。埃罗阿尔以一位临床医学专家的精确提供了小路易每天的脉搏、体温、尿液和大便的数量。我们还了解到王子的饮食，这也是每天必须描述的。当大量这些数据信息最终被编成索引而且归类后，它将会告诉我们当时的饮食状况，其他资料都比不上它。

埃罗阿尔对婴儿时期的路易做的唯一扩展性描述，是他对这个玛利·德·梅迪西斯新出生的孩子详细、职业性的描述："块头很大，骨架结构很结实，肌肉发达，营养很好，皮肤光滑，脸色红润和精神饱满。"这个婴孩躺在摇篮里，或是睡觉或是大哭。他吮吸自己的手指和乳母的乳房。

我们还能了解到一些细节，而这些细节是其他作者不能像医生那样忠实地描述的。小孩的身体，尤其是头和脸，都因为奶妈的奶水不足而长得不好。很早的时候路易就开始吃稀饭，第一次在10月14日，当时他只有17天。他没有得到恰当、充分的清洗。根据埃罗阿尔的描述，他看起来、摸起来都不是一个非常令人喜欢的孩子，双眼肿胀，面部满是“红疙瘩”和“干燥的斑点”，耳后有渗出物，脸上有小疹子。1月份他的头“被一圈像是一顶王冠的疥癣围着”。连续7个月同样的语言反复出现，表明不良的健康状况和不美观的外表一直没有得到改善，这样的记录最终越来越少。到了8月份，埃罗阿尔写道：“头上的东西正在消失。”孩子在成长，力量增加了，健康恢复了，并且开始走路了。1602年9月19日，他“被人抓住胳膊底下牵引出的带子，开始信心十足地走路”。孩子似的优雅终于显示出来了。但王子的卫生状况仍然不行。他被彻底清洗了一次，但他什么时候洗澡？什么时候沐浴？“洗澡”和“沐浴”这两个词在第一年中都只出现了一次。7月4日“他的头发被梳理了一下，并且第一次感到欣喜，他竟主动让人洗”。后来的几年中我们读到王子每天清晨被“梳洗干净，穿戴整齐”，但是日记里面再也没有提到更为完整的装饰。每餐过后，他都洗手，像日记中的词“清洁手”所表明的那样。正如菲利普·厄兰格所描写的“一种以不修边幅为豪的习气笼罩着朝廷”。埃罗阿尔的日记证实了他的话。

我们看到路易的第一幅肖像确实令人不敢恭维，但是医生的职责使他必须忠实记录下自己所看到的。当年轻的王子长大成人后，这一形象逐渐退隐不见了。他是个健康的孩子，这位御医记录他健康状况的词既简单也无变化，“微笑，可爱，俊秀的一张脸，很快乐。”接着在日记中记录了使王子的随从们都感到震惊的进步。4月15日，在六个半月时，他长出了第一颗牙。他是一个活泼的孩子，能够认出他周围各种各样的人。当他含糊不清地发出第一个几乎不可辨认的声音时，埃罗阿尔急切地记下了这一切，并且以令人惊讶的天真去解释。一个月零十二天时，有人问这孩子“那人是谁”时，埃罗阿尔坦诚地记下了他的回答，“除了说话者自己谁也不懂，但他毫不犹豫地说：‘Eoua’。”他的头发越长越长，越来越漂亮，“他的头发变成金黄色时，他显得容光焕发”（3月27日，六个月大时）；“他棕色的头发正变成浅栗色”（5月4日，七个半月大时）；“他的头发颜色变得更浅了”（7月13日，接近十个月大时）。

到此时，埃罗阿尔已经被这个孩子迷住了，除了通常对卫生的记录，他还记述了小路易的古怪举动，这些使日记的内容生动起来。接下来的一段是从1602年12月11日起许多记录中的典型一段。这位14个月大的小王子健康而富有活力，生气勃勃，这些记录极好地捕捉了他的一举一动，同时也反映了埃罗阿尔的写作风格："10月1日，星期三，8点45分。恼火、气愤、迅速且暴躁地用铁皮棍子打蒙格来特奶妈的手指。她试图把棍子拿开。王子大哭，猛地打她，像蛇一样扭动着。他被打斗逗乐了，突然向后猛冲，忽地一拳打过去，打在他的仆从贝尔热的额头上，起了一个大包。他坚定地、昂首挺胸地到处走，心里乐滋滋的，嘴里含含糊糊地讲着话。"

关于王子性意识的开始和性行为，埃罗阿尔的日记是独一无二的信息来源。虽非个人日记，但它带我们走进了王子最隐秘的私人生活。性手势、放荡的挑逗和事先知道答案的问题都来自菲利浦·阿列埃斯的有影响力的《几世纪的儿童时代》中最新的一章。

如果认为日记里充满了对路易性行为的观察，那就错了。这样的记录都是散布于其他记录之中，而且也是以同样乏味的、插曲式的风格写成的。1601年到1610年之间（共3285天），有101条记录是关于性的，但都是寥寥几词的描述。毫无疑问，实际性行为的频率要高一些，很显然，埃罗阿尔并没有把重点放在这类观察上。像这样的记录第一次出现在1602年7月24日，当时据说10个月大的路易被乳母抚摸时竟"狂笑"起来。到1606年（路易5岁时），关于性的记录为数众多，但1607年以后几乎没再提及；在1609年和1610年两年中只有两次提及。换句话说，对王子性行为的特别关注是在儿童时代早期。

这个孩子在场时，并非是各种言行举止的消极旁观者，在高度重视这位皇家龙种的随从侍仆们的簇拥鼓励之下，他是现场的主角。性游戏既用不着躲躲藏藏，也不需要羞羞答答，"让人去亲他的阴茎"，"逗他的阴茎玩"，埃罗阿尔不带一丝忌讳和约束地描写这些情景。

小路易的随从不仅包括男仆、女仆，还包括负责王子教育的人。国王、王后，尤其是埃罗阿尔——《王子教育》的作者，都坚持认为："我们的小王子是由上天指派来统治的……从自我开始，通过学习知道不要变成欲望和享乐的奴隶是国王的责任，他必须意识到要用理性约束无意义、无节制的愚蠢……要他知道完全的幸福并不存在于无所事事和满足自己的欲望中。"埃罗阿尔对于童年有一种特别的感情并视之为生命中最宝贵的一段时间。他在许多场合中特意把路易的注意力吸引到自己的生殖器上（1602年12月12日、1604年8月12日、1604年8月27日、1605年4月2日、1605年7月1日、1605年8月19日、1605年10月17日），而且激起他的反应（1605年9月

17日、1606年7月21日、1606年11月30日)。他观察着所发生的一切，详细地记下了孩子的态度，并且着重记录下伴随着性游戏的笑声。1606年5月15日，在一次直观的展示之后，他在页边空白处加注道："(他)天性喜欢享乐。"

国王痛苦的身体

路易十四的御医在一本日记中记载了一个生病、受苦的个人的身体形象，此手迹至今还在。这本日记中没有记载辉煌的行为，只有一个备受折磨的躯体的痛苦、照料他的记录和这些照料所起的日常效果。

日记描述了国王一生中所遭受的各种严重的疾病：1647年的天花、1658年的加莱病、1663年的麻疹、1684年的牙病和1686年一次大的肛瘘手术。这些疾病大都为公众所知。但国王还经受了一连串小的病痛：消化不良、胃充血、感冒、胃疼等等。从医生们的描述中我们可以看到公众舞台后的国王。我们以一种任何其他作家不允许的方式了解他的身体。

这里有一些法贡所做的记录。国王患上瘫痪性痛风后，无法入睡，"左脚的痛风有点使他睡不着"(1688年11月21日)；"夜里疼痛……使他几个小时无法入睡"；"晚上情况非常糟糕……几乎彻夜无眠"；"疼痛……变得非常厉害，在十一点和半夜十二点之间几乎无法忍受(1694年10月3日)"。引起失眠的另一原因是脖子上的脓肿，"早上当国王戴上假发时，感觉到脖颈后很痛……整个星期六晚上国王没合眼"。疼痛和痛苦并没有使国王停止履行自己的职责，但却迫使他采取了一些在特殊情况下必须采取的措施，"痛风使国王不再穿通常穿的鞋子"(1696年5月)，而是被迫去穿"橡胶套鞋"。1699年5月6日在寒冷、下雨的马利举行游行时他不得不坐在轿子里。当疼痛变得实在无法忍受时，国王就卧床不起，但仍在床上继续处理国家事务。1705年1月，他患了痛风性的黏膜炎，"早上国王感到起床的疼痛极大地增加了他的痛苦……国王下不了床……他躺在床上听弥撒曲，此后一直都是这样，在床上召开委员会议，疼痛使他无法站立。"

国王的健康带来的影响在1685年时更加明显。这正是"南特赦令"被废除的一年。这一年及接下来的一年，路易经受了拔牙引起的下颌剧烈疼痛。他甚至下决心接受肛瘘手术，并且勇敢地承受了后果。

同样的，公共事务影响了国王的健康。军事战争令人疲惫不堪，

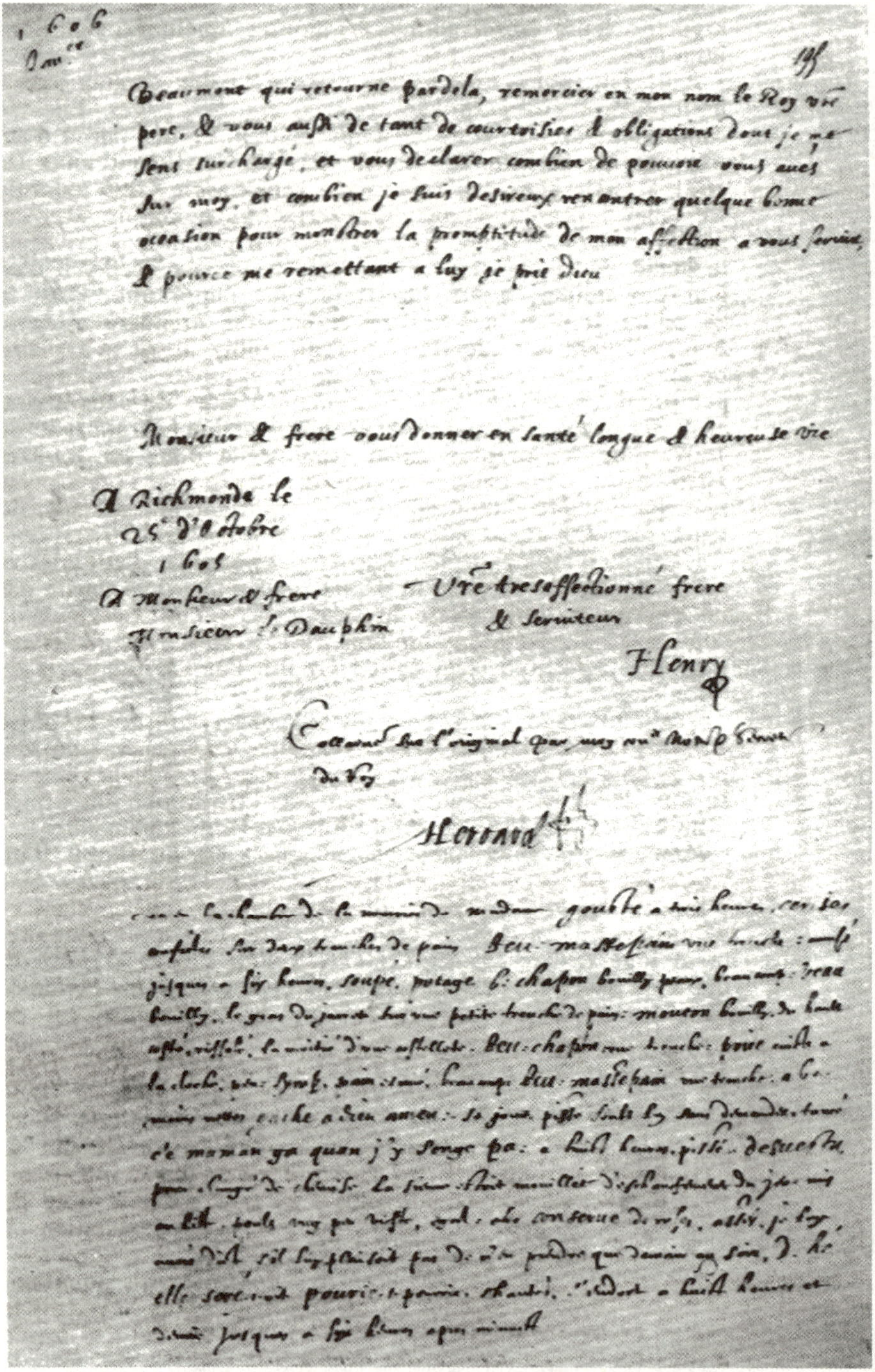
1606

Beaumont qui retourne pardela, remercier en mon nom le Roy vre pere, & vous aussi de tant de courtoisies & obligations dont je me sens surchargé, et vous declarer combien de pouvoir vous aves sur moy, et combien je suis desireux rencontrer quelque bonne occasion pour monstrer la promptitude de mon affection a vous servir, & pource me remettant a luy je prie dieu

Monsieur & frere vous donner en santé longue & heureuse vie

A Richmonde le
25e d'Octobre
1605

A Monsieur & frere
Monsieur le Dauphin

Vre tresaffectionné frere
& serviteur

Henry

Collationé sur l'original

Heroard

来自埃罗阿尔《日记》中的一页，其中有一封信的片段，是威尔士亲王即未来的查理一世致路易王子的信。埃罗阿尔复制并签了名。（巴黎，国立图书馆，档案编号：mx4022）

瓦洛1658年时这样写道："国王不遗余力，在马尔迪克战争中为了围攻敦刻尔克和贝尔格，一天一夜没有休息。"当时的路易才20岁。1691年法贡写道："围攻蒙斯时，由于长期的困难和辛苦操劳……他脚部得了痛风。"

路易十四孜孜不倦地处理国事，这使他经常出现与大量案头工作有关的毛病，"通常，当陛下晚上离开委员会时，都会感到头很沉重、疼痛，而且时常会突然眩晕。（1670年）"而在1674年，"户外的空气以及运动对他有显著的好处，治好了由于长期坐着和勤勉处理国事而引起的疾病。"

个人的悲伤不可避免地影响国王的身体健康，虽然法贡称他"在痛苦和危险中具有无比的勇气"。1711年"太子殿下死了"的消息如同"晴天霹雳"（法贡的话）彻底动摇了国王。"国王连夜赶到马利，巨大的震撼使他突然眩晕并浑身颤抖起来……从此以后这种悲痛状况时常出现，国王在下命令时常提及这件事，他承受着这一不幸所带来的无时无刻不在的痛苦。"不知什么原因，法贡的日记在提供了这些极其珍贵的资料后没几天就停止了记录。他将如何记录1712年出现的痛苦，包括使王位继承陷于危险的勃艮第公爵及公爵夫人的暴死？

我们不仅了解了很多私人生活中身体和感情的许多方面，而且也知道了人们对于私人生活的态度。个人活动和个人感情（公众对此无法知道）在17世纪下半期之前并非写作的主题，我们所能看到的这几个例子不应该掩盖这一事实。我们从古贝维尔那儿了解到的私人生活是从他所陈述的事实中看到的，尽管他对此话题并不感兴趣。他的日记具有典型的干巴巴的特征，有过多的省略，且缺乏叙述技巧，他十分保守。法国日记的这些缺点显然是与同时代的英国日记相比较时才显现出来的。英国的日记内容极为丰富，风格更为自由，结构也更加复杂，被称为同类题材的先锋。

在法国揭示私人生活的文章应归功于公众人物，但并不是他们自己写自己（如后来巴伐利亚的路易二世所写的），而由他们的一位亲戚、一位医生或一个仆人以这些公众人物为主题写文章。这些作者并没有抱着草率的态度，他们只是在尽自己的责任。关于私人生活的写作，埃罗阿尔、法贡、杜布瓦和莫特维尔夫人在17世纪是无可匹敌的。

德夫朗斯·德·列日：《在米内尔瓦标牌前》。随着阅读活动日益私人化，书籍成为文化交流的主要工具。（第戎，美术博物馆）

文学实践：公开个人生活

中世纪的文学是口头的和大众化的，有英雄史诗、纺织歌（妇女们在纺织劳动时流传的歌谣）、讽刺寓言诗等歌谣文学形式。这些文学形式表明文学消遣还没被看成严格意义上的个人行为，这种情况与当时的文学创作及阅读条件有很大的关系。从题材来看，描述集体生活的题材居多，要么是封建贵族或教士们对基督教的维护，要么是他们之间争权夺利的斗争，《玫瑰传奇》的神秘象征主义对他们来说是很熟悉明了的。圆桌骑士间的纽带关系也反映了亚瑟王时期的集体生活的特征。

大部分中世纪的文学作品基本上都与宗教有关，这种宗教的特点反映了一般包含个别的写作方法。甚至，19世纪以来一直被认为是近代抒情诗歌鼻祖的弗朗索瓦·维龙，在他的作品中抒发个人内心感情时，也更多地抒发由于违反宗教团体规范而意识到的不愉快。不愉快缘于隔绝，读了维龙的《遗言集》，会不由自主地追想起那个个人热衷于血统关系与交往的社会。维龙用平常的经历来哀悼时光的飞逝、时代的变迁，他在诗歌中处处流露出与他人、与宗教团体重新沟通的愿望，“我们之后的人类同胞们……”或“告诉我在那儿，在那个国家……”他以歌谣叙事手法来抒发他苦闷的内心以及对重新融入团体的愿望。

中世纪文学中，大部分作品的作者都是不为人所知的，他们一般属于这类群体：吟游诗人、传教士、宗教传奇和大众剧本的作者等。他们的存在只是因为某一团体——修道院、兄弟会或城市——需要他们的作品。这个通过具体文化活动来表现自身的团体是这些作家存在的缘由，他们的作品满足这个团体的需要，给这个团体带来声誉。

私人空间与近代早期文学

人们沿用至今的、从社会学的角度来诠释文学作品的传统是建立在内容分析的基础之上的。个人生活的材料可以从英雄史诗及风俗习惯的细节中拾取。这种方法否定了文学对历史记载的补充作用，而把文学文本等同于历史文件。像克雷毕庸之类的作家描写的有关放纵行为的小说，一般都发生在卧室里、闺房中以及园中小亭里等，这无疑是有趣的。而其他小说中的故事情节一般都发生在漫长的旅途中。小克雷毕庸所写的《索菲》、《误入歧途》及《黑夜与此刻》和狄德罗的《命定论者雅克》或阿贝·普莱夫的《曼侬·列斯戈》形成鲜明对比，在后者的小说中主人翁都是在到处漫无目的地游历。

在分析文学作品时，有人试图诉诸统计法。有多少游记小说？有多少描写个人私生活的小说？但是能说明趋势走向的数字仍需进一步探讨。如果这些描写放纵行为的私情小说能给个人带来乐趣，那么不可思议的是这种个人的乐趣却展现在公众面前。在新的社会交往规范使情爱生活越来越隐私化、秘密化的那个时代，描写私情的小说打破了这些新规范，它们不仅描写那些本应缄言的事情，而且把那些本应局限于私人领域的事公开化。这种表现个人私生活的小说对新规范的违反是表面上的和有误导倾向的，读者在这种小说的引导下，一步一步充当偷窥者的角色，私下偷窥别人假装的隐私行为。

阐释需要谨慎，因此我将集中探讨私人空间的出现，这表现在新的叙事方法与新的文学思想观及作品的出现。重点将集中在后来逐渐发展成不同文学类型的个人日记、回忆录、自叙体小说，以及逐步发展成新文学形式的乌托邦小说等文学作品，还会涉及界定文学作品正当性的新规则的发展情况。此后的作者可以像卢梭在他的《卢梭与让·雅克的对话》这部作品里所表现的那样，运用他们自己的道德准则来证实他们作品的真实性。除此以外，文学领域还出现了许多新的题材：描写表现自我的题材（如卢梭的《忏悔录》）、自传及在18世纪下半叶文学作品创作中占重要地位的言情文学等。所有这些都是关联的：新的题材、新的叙述方法及新的写作方法(即关于作家与文学创作的新的思想观）都以错综复杂的形式联系了起来。私人生活是特殊的,它以否认自我而强行保持沉默。它必须与公共生活分离开来，且被视为寻求退隐的场所，因此对私人生活中的这种那种物事作出明确区分总是不那么容易。个人生活题材在文学领域的特殊情况没有给早期近代文学的广泛重新阐释提供依据，文学的问题在于它给作者与读者带来了什么新的东西。

文艺复兴时代的冲突

16世纪是一个转折时期：中世纪后期文学中的变化与分歧仍然持续着。在这里，我不详细论述与探讨文艺复兴时期文学艺术的无穷宝库，但是有三个人物我必须要提到：蒙田、拉伯雷与龙萨尔。他们的作品向人们揭示了个人生活是如何影响文化习惯的。

蒙田，或知识观念的变化

蒙田的《随笔集》体现了知识的特点与社会地位的改变。这部作品绝不是中世纪的知识大全或经院哲学的派生物。知识大全是系统的，而《随笔集》是一部散文作品，没有严谨的体系与结构；经院哲学的集注是对一部完整作品的注解，而《随笔集》汇集了多方资料，无所不谈。使之贯为一体的，首先是蒙田自己，他是自己的参考资料和问题的唯一掌控者，他是自己资料库的创造者。他形象地把阅读方法比作“掠夺”,自己的思想和别人思想的碰撞。对他的方法，我们可从他的《论闲适》(II:8.21页引文引自唐纳德·弗拉姆的译本) 中找到最好的说明：“后来当我退隐归家时，我打定主意不去理睬任何凡俗杂事，只去享受我剩下不多的安闲幽静的生活。我本来认为任何东西都比不上让我的思想更自由地在大自然中享受休憩…… 可是我发现 ……相反的, 我的思想像脱缰的野马, 无数次地给自己带来麻烦，脑中涌现各种奇形怪状的怪物，一个接着一个，毫无目的和章法。为了随时审视这些愚蠢与奇异的念头，我已开始把它们付诸笔端，希望能及时让我对这些想法感到羞愧。”

法兰西画派：《蒙田》，16世纪。（尚帝伊，孔代博物馆）

在这揶揄的风格下是追求自由的决心、对自身能力的肯定及对自我需要关注的肯定。在《随笔集》里，蒙田通篇都在重申知识甚至智慧从来都是人类探索的主要内容，人们自己选择并组织知识。由于知识的构成是主观的，蒙田否定任何现成的知识概念，他认为知识的获得在于对已有事实、定论及规范化的常识的探索，没有什么是确定无疑的。蒙田不仅把审视和反思自我作为所有知识的基

础，还把这作为他思考的首要问题。体现他这些观点的文章很多，如“这些是我的构想，通过这些构想，我不仅认识事物还可以认识我自己”（II:10《论书本》296页），“我不仅敢表现自己，而且只说我自己”（III: 8,《论讨论的艺术》）。蒙田的这些反复申述是在他受到批判时所做的辩护。

并不是禁止人描绘与表现自我，而是自我是知识与智慧之源的观点还没有得到认可。自我存在吗？对自我的迷恋说好听一点是一种愚蠢的光阴浪费，说严重一点是一种罪恶。圣·奥古斯丁就是这样认为的，蒙田充分意识到他在改变写作的意图，但他一点也不感到内疚。“这本书忠实地描绘了我自己，它从一开始就提醒大家。写这本书，我并没有什么目的，只是展现一个普通的自我，既没有取悦他人，也没有炫耀自己的想法。”（《致读者》第3页）蒙田的介绍是简洁的、可借鉴的。它以一种鲜明的镜子般的直白方式，陈述了他个人写作的过程及是如何应用这一原则的。

引起分歧的拉伯雷

弗朗索瓦·拉伯雷及他的作品在文艺复兴时期的文学中占有显著的地位。米哈伊尔·巴卡丹认为拉伯雷继承了中世纪通俗文化的讽刺传统。在他的作品中，《卡冈都亚》和《庞大固埃》不仅为人文主义者们辩护，也是中世纪通俗文化的传播手段。这可从巴卡丹所称的“市场语言”中反映出来，这些语言部分是传统的，部分是自创的。拉伯雷借鉴中世纪喜庆活动中的变性者、巨人及癫狂者们的形象和形式也反映了这一点。从广义上来说，拉伯雷的语言创造了脱离奇怪的身体的观念之外的一种生存哲学，他提倡朴素的物质生活观，不同于贵族、基督教徒、人文主义者及高雅品行的生活观。因此，巴卡丹认为，拉伯雷不是一个文艺复兴时期的作家，他的作品遵循传统文学历史观。他的作品被认为违反了“文学艺术创作的规则与规范”，因而只能被解释为是在文艺复兴时期幸存下来的中世纪喜庆文化的产物。

通过巨人加尔甘图阿巨大的身体、无穷的实体和精神渴求，拉伯雷将关于人类和世界二元论的巴罗洛观念戏剧化。（巴黎，国立图书馆）

我个人的理解不同于巴卡丹的，他认为严格反映了中世纪喜庆文化传统的，也可能反映了从本质上来说不存在于私人空间的一种社会形态。先看看拉伯雷作品中对身体器官的描述：对擦屁股的讨论（《巨人传》第13章）或卡冈都亚在前来敬奉他的巴黎人身上撒尿的那一章（《卡冈都亚》第17章）。这些只不过是被社会认可与接受的

行为的文字描述，而在16世纪下半叶，之所以引起人们的震惊，只不过因为当时新的礼节行为规范已经开始形成，这类本能的生理行为已为人们所忌讳。类似的落后粗俗的现象在拉伯雷笔下人物的言辞上、巨人们的行为中及他的四部剧的上千章节中都常能见到。

从这个角度来看，拉伯雷的作品充满了矛盾与对立。一方面，作品描述了中世纪开放的、公共团体的喜庆节日的活动；另一方面它也对当时宗教与政治的权威进行批判，支持各种反权威的社会活动。拉伯雷的百科知识也很丰富，和蒙田的观点一样，这表达的是一种选择，肯定个人有权为自己确定标准，抛弃已有观念与信仰，从而构建自己的认识体系。然而在很多方面，这种追求全知全能的结果所显示出来的只是新的时髦外表掩盖之下的中世纪的知识大全。

龙萨尔——个人的自我表现

龙萨尔及其七星诗社可谓是近代抒情诗歌的开创者。后来的浪漫主义者把这种诗歌定义为抒发个人情感与经历的诗歌。龙萨尔

在克雷韦邦斯岛上的暴饮暴食导致呕吐和醉酒。（巴黎，国立图书馆）

的许多诗歌是当时盛极一时的歌曲形式，很多诗歌在当时就谱成了曲。龙萨尔并非完全不受社会与文化交往的集体（虽然已不再是公有）形式的影响，这一点人们可从他的《论时代灾难》及《法兰西亚德》（一部维吉尔式的史诗）两部作品中略窥一斑。但他不再是维龙类的诗人，他们因与信仰者的社区隔离而痛苦，与团体疏离的感伤意识限制了他们创作的激情。龙萨尔的抒情诗不仅在形式上采用了颂歌及十四行诗等新诗体，而且他的诗歌基本上都是在抒发对个人命运的感悟。他把对时光流逝的感叹用主观的热情、个人的愿望、苦闷与爱等形式歌咏出来。龙萨尔临死前所写的诗歌，极好地体现了他用一段话表达一个主题的独特的创作风格。

我已瘦得只剩下骨头，像个骷髅一样，
没有肌肤，没有神经，没有肌肉，也没有精髓，
死神的无情之剑已击中了我：
不敢瞧一眼我的双臂，唯恐心寒颤抖。
阿波罗和他的儿子，都是无上的主，
却都不能治愈我，他们的圣责
已欺骗了我。
永别了，怡人的阳光！我的眼神已涣散，
身体已在分崩离析。
我的朋友，当你看到我这凄惨景象时，
不要用你那悲伤、潮湿的眼神望着我，
当死神已为我抹上双眼，让我安睡时，
抚慰躺在床上的我吧，且亲吻我的脸颊；
永别了，亲爱的同伴，永别了，亲爱的朋友！
我且先去，也为你寻找一片安睡的净土。

与维龙的诗歌不同，龙萨尔的诗的字里行间根本没有提及宗教团体，这意味着叙述方式上的巨大变化。孤独被认为是一种不幸，死亡只被看作是个人肉体的衰竭。群体由独立的个体构成。对于苦难与肉体消亡的真实描述是中世纪文艺题材的一部分，这可从教堂雕刻及墓室的雕像中找到印证。这些题材由个人以自叙的方式叙述

罗索之后的R.布瓦文所作的雕版画:《三种命运》。(巴黎,国立图书馆)

出来,然而却仍出现在公众的文学领域。这种情况是矛盾对立的,因为根据当时的新礼仪规范,这种描述应该避人耳目。

通过对16世纪这三位主要作家的分析,我们可看出他们正处于新、旧文艺转折时期,其间一些旧的因素没变,而新的因素已开始亮相。拉伯雷的作品充满了矛盾对立;龙萨尔站在新古典主义诗歌将取代自然诗歌这种变化的边沿上;在蒙田与七星诗社诗人们的作品中,可看出诗人与其作品存在着一种新的联系。作者的主观意识决定和限制着他们的作品,无论是抒情诗还是像《随笔》这类表达知识在于过程的散文都是如此。自我,其自由和历史,已成为写作的理由。这种变化隐约预示着私人空间的形成,而这种私人空间的形成既不是为了掩盖秘密,也不是为了避讳。

个人生活:隐秘的和外露的

有理由认为在文艺复兴时已表现出来的趋势在新古典主义时期(17世纪和18世纪)得到了进一步深入和发展,然而实际情况远不是这样。尽管保尔·斯卡龙、查理·索莱尔、安东尼·孚雷蒂埃等人巴洛克风格的小说被认为是继承了拉伯雷的传统,但这个时期的其他文学,无论是抒情诗还是戏剧,都避免描写个人隐秘生活方面的题材。

普遍的基础

17世纪的戏剧与中世纪戏剧的功能并不同,一个明显的区别在于它们与城市生活的关系。和中世纪的神秘剧与喜剧不同,新古典主义戏剧不是城市或宗教活动的一部分，既不涉及基督教社区也不为它所针对的群体服务，但它的确代表城市贵族与有教养的大臣们的特殊趣味。这时的戏剧已被作为一种纯粹审美意义上的艺术，也就是说除了一些细枝末节，它从不谈戏剧之外的东西，基本上脱离于人们的日常生活及经历。宗教悲剧已成为一种独立出来的戏剧类型，且拥有它的一群作者：波瓦尔（《朱第斯》1696年）、杜谢（《乔纳森》1699年；《阿布沙龙》1702年）、纳达尔（《索尔》1705年；《埃罗阿尔》1709）。

拉辛的创作可分为两个方面：宗教题材的戏剧与凡俗戏剧。一部戏剧，无论是宗教的还是非宗教的，要么取悦观众，要么使观众不满；公众对一部戏剧及其与剧院关系的态度，取决于它是否能给他们带来乐趣。还有一种“游乐场戏剧”——意大利风格的活泼轻快的剧种，勒萨日与德·奥涅瓦尔在他们的著作《游乐场戏剧或喜剧，包括在圣·日耳曼及圣·劳仑特集市表演的最优秀戏剧》（10卷，1723~1737）中对此进行了归纳。还有皮昂的粗俗语言剧（1719~1730）以及所谓的夸张剧，是一种用低级肮脏的语言写成的，供高级官员与法官私下里消遣的戏剧。当戏剧的功能发生了变化，这些类型的戏剧都烙上了一层怀旧的色彩。

包括塔巴兰罪行在内的各种大众戏剧，在第九桥或巴黎市集上上演，反映了对旧时代公共戏剧的怀念。

在新古典主义时期的戏剧中，有一系列规范限制对个人生活方面的内容进行描写及表现。有关这类戏剧的著作，如拉梅斯纳哈蒂耶的《诗学》（1639）、德·奥比尼亚克的《戏剧理论》（1657）、佩利松的《论撒拉逊人》（1656）及哈班的《关于诗歌语言的思考》（1674）等等，告诉我们，在戏剧中即使把个别人物的命运放在特殊情景里，也总是在表现普遍性的人及其杰出的天性，个别仅是表现一般的手段。戏剧作家们总是千篇一律地把这种准则写在他们的前言里，他们之所以这样做是因为那时的人们认为情感是普遍的，永久的。

公开情感的价值主要在于它具有的代表性。像拉辛的《巴雅泽》，借用古代或东方的题材，来表明保持距离的愿望。展示个人内心的情感只是一种接近逼真效果的方法。在语言运用方面的许多限制(废弃一些低级、粗俗、下流的词句）及其他关于戏剧的规范更突出了这种新古典主义文艺潮流。关键是戏剧语言的得体和功能。制定这些规范是为了避免观众受到戏剧的一些消极影响，

法国学派：《格洛斯》，17世纪。意大利的戏剧演员与巴黎第九桥的演员一样，都是活跃的、戏剧化的和喧闹的。（巴黎，卡纳瓦莱博物馆）

如观看戏剧时摆着欠妥的偷窥隐私者的姿态，防止他们和剧中人物的命运对号入座，拥有剧中人物的内心困惑和狂喜。这样，一种表现非个人情感的题材的模式确定了。尽管有外在的不同，喜剧的发展还是走着同样的道路。为莫里哀与列雅尔所斥责的各种罪恶，从对社会造成影响的角度被表现出来。宗教的虚伪性、贪欲、虚饰、愤世嫉俗、对赌博的迷恋等等都被描述成造成社会关系扭曲变态的根源。

如果试图寻找新古典主义时期的抒情诗歌，那是徒然的。除了拉封丹的几首诗、拉辛的几首隐秘的心曲及阿贝·布莱蒙的关于对纯音乐定义的几首诗以外，根本没有什么抒情诗。七星诗社的抒情诗体已被抛弃。我们可把龙萨尔的几首关于海伦之死或他自己对死的期盼的诗与马莱伯的《慰问杜比埃尔先生，一个外省的绅士，正处于女儿之死的悲痛里》进行比较，了解新古典主义诗歌的发展程度。一种建立在诗人主观情感之上的情感抒发方式被一种抒写普遍的非个人情感的抒发方式所替代，后者被称作非个人抒情诗。个人的痛苦与遭遇为尊严与屈从的面纱所掩盖，人们不愿意公开当时认

A.瓦托：《在法兰西大剧院》。（私人收藏）

让·勒波特尔之后的西尔维斯特所作的雕版画：《凡尔赛宫的娱乐》。（巴黎，国立图书馆）

为应该在私下进行的与团体无关的行为，同时极为赞扬普遍性和统一性的东西。

诗人们理所当然地不再被看作是一个不幸的人或一个富于灵感的人，相反被认为是“傻子”。马莱伯讽刺他们：“一名优秀的诗人对国家的价值并不大于一个玩九柱戏的人。”莫里哀把诗人看成可笑的迂腐之流，有失礼仪的粗野之人；马蒂兰·雷尼耶（《讽刺11》）把诗人描绘成一个大嘴大下颌的人；波瓦洛及许多其他人用漫画来讽刺诗人。诗人的形象已沦落到这种地步，个人的经历及个性已不能再成为他写作诗歌的正当理由了。

抵制

帕斯卡对蒙田的各种尖酸谴责得到了普遍接受与认可，如“人

拉格里埃：《图解谚语》。这幅一个男人在呕吐的画面，是一种过时的大众文化的遗存。（巴黎，国立图书馆）

马耶：《正在采集药草的让-雅克·卢梭》。（巴黎，卡纳瓦莱博物馆）

本身是可憎的”、“自我描绘的行为是愚蠢的”。文学创作应遵循新的艺术行为准则，这些理想的行为准则包括谨慎、缄言、顺从。然而这种改变并非没有遭到抵制。诚然，抒发个人情感的抒情诗没有紧随的后继者，但这种表面上顺利实施的新规则，也含有其局限性，这可从荒诞剧得以幸存下来的事实中略窥一斑，甚至也体现在莫里哀的早期作品中，如《画家的嫉妒》、《冒失鬼》、《情怨》、《多情的医生》。巴洛克式小说中充斥着许多淫秽低俗的描写，这也是对当时新规范的违反。斯卡龙的《滑稽故事》（1651、1657年出版）以其庞杂的叙述方法、粗俗的幽默形式来讽刺当时社会的一些禁忌。排泄物——当时是隐私——被认为应隐藏起来，是让人感到羞耻的、不可言说的东西。斯卡龙坚持用最粗俗的动词并描述身体的自然本能；他偏爱用“夜壶”、“私厕”及“网球员的汗”等词语而不是沙龙式谈话中的高雅言辞；他热衷于描写床、桌、醉酒、呕吐等场景，他的这些行为既显示了他对当时社会风气的抨击，也体现了一种怀旧的情绪。且他的用词也是与场合一致的，如一些侮辱性的词（奸夫的胡子，母狗的女儿等），他以充满想象的不受约束的语言表达出来。斯卡龙的作品与索莱尔的作品（《弗朗西庸正传》，1623年），甚至孚雷蒂埃的作品（《市民故事》，1666年）等都表明那种古老过时的社会习俗的确幸存了下来。因为对产生秘密、声音、气味的机器——躯体的掩饰伴随着对内心情感生活的掩饰，巴洛克派小说还可当作具有怀旧色彩的幸存品来欣赏。

对公共交往的怀念

纵观18世纪，人们深深地留恋过去社区性喜庆活动的习俗。卢梭在他的作品不论是小说《新爱洛绮丝》，还是他更富哲理性的著作如《致达朗贝的信》（1758年）中，经常流露出对这种喜庆欢乐的怀旧情绪。他写道：“比起那些相爱的总在一起的人，人们更有理由经常聚集在一起，建立充满欢乐、愉悦的亲密和谐的关系，……我们不要去看那些把一小群人可悲地围在黑暗的舞台前的戏剧……幸福的人们，那些不是你们的娱乐。在天空下，是一片你们可以聚在一起，享受那幸福甜美感觉的开阔天地……那些戏剧的目的是什么？它们将向人们展示什么？……什么都不是。自由自在地，人潮涌到哪儿，幸福就在哪儿。在广场中央竖一根顶端装饰花环的柱子，把人们召集过来，你们就会拥有一个欢乐的节日。最好让群众在自己的戏剧中表演自己，每个人在别人的眼中看清自己，热爱自己，那样他们就会团结起来，联成一体。”这种在市民间建立透明和谐关系的想法，一直萦绕在晚年痛苦地孤独生活的卢梭的大脑里（《孤独散步者的遐想》）。虽然这种想法看起来像是对人类较为原始的生活方式的怀念，但远不止这些。这不仅仅是卢梭一个人的观点。他在《论科学与技术》及《论人类不平等的起源》中阐述了他的观点，他认为处于自然状态下的人类不知道什么社会激情，准社会家庭推动了公共交往。高尚野蛮人的神话不仅是从外部来表现当时社会状况的简单哲学和文学方法，它也体现了当时人们对一种不存在隐私、秘密、隔离的公共团体的留恋。在狄德罗的《布甘维尔旅行记补篇》中，两名欧洲人关于大溪地社会的种种好处的对话，也充分表现了这一思想。狄德罗认为，对性行为的羞怯感与秘密性不是天性使然，而是习俗规范造成的：“男人处于狂喜的高潮，不希望被打扰而分散注意力，高潮之后是全身易沦于敌手控制下的无力。所谓的羞怯感出于自然可能仅限于此，其他的则受习俗的影响。…… 当女人成为男人的财产时，偷欢就被认为是一种偷盗的行为，‘正派’、‘节制’、‘规矩’等概念就应运而生了，想象的恶性与德行也产生了。简而言之，两性之间的界线开始被划分，这样让他们不至于相互引诱而违反刚刚实施的规范，然而这种界线的存在会激发人们的想象力，刺激人们的欲望，从而导致相反的后果。当我看见宫殿四周的树木、妇女胸前的衣饰，我就感觉回归到神秘的森林里，并感受到古老居住地的那种自由生活的召唤。”

不要被我关于森林的意象所误导。这段话其实是想表达对那种纯朴透明的生活的追忆。在狄德罗的《倒霉的雅克》中也表达了这种思想。在这篇小说中，雅克的主人，不屑于尊重别人的隐私，他不停地追问雅克的爱情经历。叙述者用长篇激烈的言辞来反驳爱情与语言的虚伪性，“什么让你对那么自然、必要和正当的生理行为避而不谈，似乎谈论这些就会玷污你的口耳眼舌。”此外，狄德罗在他的《盲人书缄》里也对此类现象作了唯物主义的解释。启蒙时期的作家们常对爱的情感规范提出质疑。除了伏尔泰外，他们都把人类的原始社会看作理想中的天堂。这肯定是他们对当时社会交往

《少有白人的黑人区》。高贵的野蛮人是白人的另类，无论是国人还是裸体的人，都是他们的历史先祖。

形式反思的结果。

当时人们十分看重的关于教育方法的争论对此类道德规范问题也有所触及，如卢梭的《爱弥儿》（卢梭在《忏悔录》中承认对裸体主义不满）。当时人们热衷于真实或虚幻的教育性实验，继而争论这种隐私行为是否是自然的。德·洛朗斯在他的《伊米丝，自然之女》（1766年）中持这一观点。而在《野地女孩的故事》中，孔达米纳则提出相反的观点。围绕着各种情爱仪式的争论一直没间断过。

乌托邦

18世纪，乌托邦式主题盛行一时。在1700~1789年间，出版了约80本此类题材的作品，当时人们对传统政治制度遭到破坏非常忧虑，乌托邦小说应运而生。乌托邦文学反对专制主义，公开并揭露专制主义的意图。乌托邦城是人为杜撰的和超越时空的。乌托邦小说所涉及的是过去的故事，有人曾说，乌托邦描述的是过去的未来。

每个乌托邦都有一个奠基法典：莫尔的《乌托邦》（1516年）中的乌托普斯法案；瓦伊拉斯·达莱斯的《西瓦哈伯斯的故事》（1702年）中的西瓦休斯法案；雷蒂夫·布列多纳的《南方发现》中的维科安法案。这种奠基法典决定了每个乌托邦社会的独特特征，开创了它们超历史的存在。乌托邦完美性的第二表现是，在乌托邦社会中，一切都是共有的：人们一起吃饭，享受集体的共同教育，整个社区的人在一起欢度节日。个人从不独处，每个人都处在其他人的观察之中。在狄德罗的《布甘维尔旅行记补篇》中，年轻的大

该图取自一本莫尔《乌托邦》1730年的法语版。在这种令人惊讶的不庄重场景中，我们看到这个社区的再生产是如何进行的。

溪地人甚至在公共场合性交，受到旁观者的鼓励。在乌托邦里，人们住在既无窗户也无门的房子里，因此根本无隐藏的余地。在格雷维尔的《无名小岛》（1783年）中，社会开始于一对兄妹的海难遭遇，他们漂流到这个小岛上，此后他们的子孙开始在岛上繁衍起来。因此在这样的一个群体里，乱伦象征着在这个新世界中人与人之间相当亲近的关系。

此类的例子举不胜举，有些是直白的，有些以隐喻的方式表现出来，表明乌托邦文学被一种特殊的矛盾所支撑。在大部分乌托邦作品中，国家的权力相当大，几乎无所不能，无处不在，以至于乌托邦文学被称之为极权主义文学。国家决定公共的社会交换和交往方式。居民受到国家的监控，个人的情感生活是公开的、透明的，受国家的调节与限制。乌托邦似乎是一种想调和不可能调和的社会现实的方式，调和过去自由生活的梦想与当时存在的各种约束禁忌的现实。隐私的缺乏不在于公有制，而是事无巨细都由国家来组织安排。（从这点上来看，说乌托邦是极权社会也许是合理的。）隐私权不像奥维尔在《一九八四年》中所解释的那样，是从国家争取到的自由领域，相反，它被认为是一个人把自己与其他人隔绝开来的手段。狄德罗，也许是想起他的对头卢梭时说："那个惹人厌的家伙总是孤单一人。"一个人的退隐不被看作是对当时权威监视不满的一种反抗，而被认为是一种精神、道德上的病变。奇怪的是，在个人政治权利刚被界定的年代，对个人进行品行与社会能力方面评价的标准，是以个人对其他人坦白的程度为准的。

该图取自《一个飞行人员的南方发现》（巴黎，1791年版）。（巴黎，国立图书馆）

我们还可从新的舞台艺术上来阐述这个问题。狄德罗在他的《论戏剧艺术》（1759年）及《关于私生子的谈话》（1757年）中提出了新舞台艺术的一些基本规范。被狄德罗、塞代纳、路易·塞巴斯蒂安·梅西耶甚至博马舍等人定义为资产阶级市民戏剧的剧种，把表现社会情景作为主要目的，个体人物性格次之。人性的界定不是根据他的自然性而是据他与社会的关系、他所充当的社会角色、他对社会的作用及他所参与的社会实践活动。在对人物内心世界的刻画方面，甚至比新古典主义戏剧更甚（只是以不同的方式），资产阶级戏剧避免刻画人物的内心世界，主角的性格通常通过他们最外部的特征刻画出来。从某种意义上来说，资产阶级剧作家从帕斯卡

那儿借鉴的东西只是为了强调他们的无用性，帕斯卡的确展示了服装、职业及外表等的重要性，但只是强调其作用甚微。然而，在把这些搬上舞台时，讽刺意味消失殆尽，这些习惯与规范无疑是些清规戒律。社会地位本身决定了什么是道德高尚的，决定了人们的行为方式。

在新古典主义文学的争论中，这些充分讨论过的不同观点，向我们展示了许多关于私人空间的范围、有价值但常可能自相矛盾的戏剧作用的理论与实践。在《致达朗贝的信》中，卢梭对戏剧的影响进行了猛烈的抨击，他认为戏剧使男人们道德败坏，女人们被展示，优良品质被嘲弄；对卢梭来说，戏剧显示了家庭价值观念及社会交往的堕落；舞台是人们聚集在一起又分开的地方，是失去的天堂的讽刺画（可能有怀旧意味）。卢梭把戏剧与他所提倡的大众喜庆活动进行比较，喜庆活动中，人们既充当演员又充当观众的角色。他的这种代表私人空间的主张最初不被认为是积极进步的。

回忆录与日记

16世纪开始流行写回忆录。宗教战争、奥地利的安妮公主摄政、弗龙德事件及路易十四时期的战争等，这些引起混乱与争端的事件为回忆录的写作提供了丰富的素材。可以想象的是，在贵族社会，大部分回忆录都由一些社会上层人士来撰写，如将军们、派系领导们及著名的法官们。地位低下的人很少有留下回忆录的，即使他们有写回忆录的文化才能。甚至如今，我们仍然会意外地读到这些有身份的名人贵族的名单，如盖特夫人，一位下等军官的夫人和1757年写下了《一位新教徒的回忆录》的让·马哈特耶。

回忆录写作一时极为流行，除了一些非典型的情况外，大部分回忆录作者都遵循这种文学类型的固有原则。作者作为已知公开事件的参与者，在写作中努力表现他们自身的角色并为之辩护。回忆录的风格主要是贵族风格。在回忆录中，个人的行为都是公开行为。从某种意义上来说，回忆录在涉及私人生活时就戛然而止，与公共生活无关的内容都不在回忆录叙述之内。当然，许多回忆录作者常声明他们无隐私或个人内心生活，即使有，也是毫无趣味的，不适合公之于众。读过雷兹主教回忆录的读者，找不到一点关于雷兹童年的叙述。读过圣西蒙回忆录的读者也是如此，他

旧社会，回忆录是贵族的产物。（巴黎，国立图书馆）

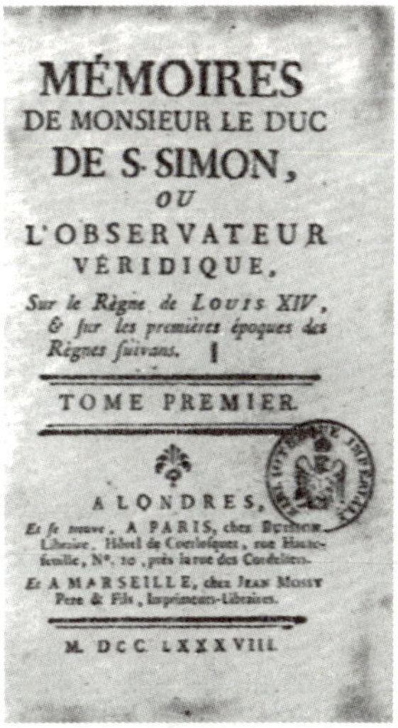
MÉMOIRES
DE MONSIEUR LE DUC
DE S. SIMON,
OU
L'OBSERVATEUR
VÉRIDIQUE,
Sur le Règne de Louis XIV, & sur les premières époques des Règnes suivans.
TOME PREMIER.
A LONDRES,
Et se trouve, A PARIS, chez Buisson, Libraire, Hôtel de Coetlosquet, rue Hautefeuille, N°. 20, près la rue des Cordeliers.
Et A MARSEILLE, chez Jean Mossy Pere & Fils, Imprimeurs-Libraires.
M. DCC. LXXXVIII.

的回忆录从叙述他家族的家谱开始，接着就是他初次踏入社会的情景，从没有任意的冗言。尤其有趣的是，圣对别人的堕落行为言之颇多，他的回忆录体现了这样的一个观点，非公开的事情是不可言说的。

更准确地说，个人生活在回忆录中的表现是模糊的。回忆录一方面表明关于个人生活，即便是在公开场合的，也没什么可说的，另一方面，它又表明个人内心情感生活是不宜说出来或写出来的。两种情况都表明只有公众生活才有价值。

可是，当进一步深入研究时,我们会发现即使是公共事件的描述也常被严重地扭曲。它所描述的事件可能是众所周知的，但其隐藏的动机或不为大多数读者所了解的动机，也被揭露出来了。这种附加的信息可被解释为对公共领域的扩展，或是对其划定界限。读者与作者的关系不确定。回忆录通常是作者对某一行为的辩解，或者体现作者对自身成就的满意感。固然，回忆录表明个人只有通过公共生活才能实现他的抱负，但同时，它又认可以忽略集体形式题材为代价而突出个人题材的重要性。回忆录所证明的英雄统治，与其结果又是矛盾的。

突出个体而忽略集体题材的思想在日记写作中尤为明显。当然，日记作者的兴趣不在于赞美夸大自己或为某一事件辩护。然而

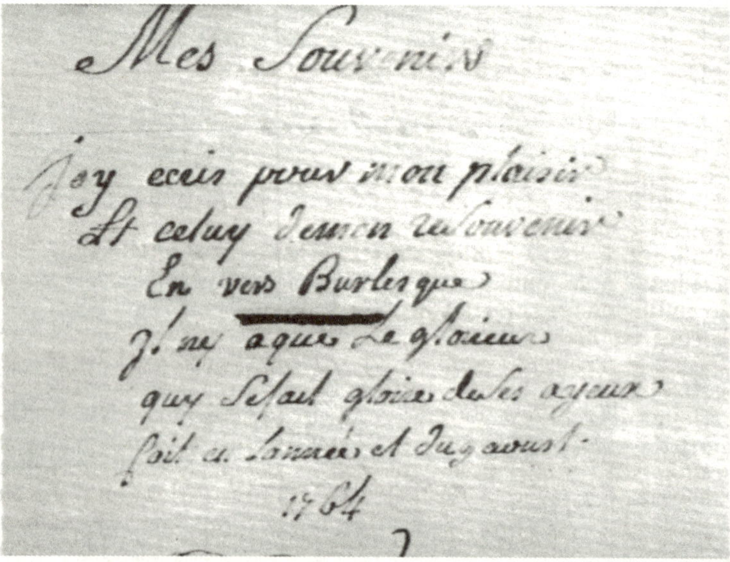
Mes Souvenirs

En vers Burlesque

1764

梅内特拉的日记和贾迈莱-杜瓦尔的回忆录标志着一种新的社会实践的开始：它们由自学成才者和被社会排斥的人所写，这种人通过写作使自己被社会认同。

他觉得可以说一些事件主导角色无法叙说的。日记作者的见解是独特的，作者把他所看到的、听到的或从当时发生的快要忘记的事件中所推断出来的东西记录了下来，并从普通的、旁观者的角度来分析它。这样我们可以从有意让自己置身事外的作者的角度，对集体活动做出个人的判断，这比它表面上看起来的出入要小一些。写日记的初衷并非为了发表，即使被发表了，那也是日记写成后很长一段时间的事了，且常常是偶然的。这就是日记与写给公众看的回忆录之间的区别所在。

新古典主义时期，日记写作越来越流行。写日记的通常有城市居民、旅行者及家长们（是对生活记录的补充）。个人的见解越发重要，个人所说所见的比公共舆论更有分量。实际上，私人写作（不欲发表的私人写作）并不是私人空间状况的直接证据。我这里所描述的日记还不是以作者个人为中心的私人日记（如19世纪本杰明·康斯坦特或亨利·阿米耶尔的日记）。我所说的日记与这种私人日记不同，是因为作者把自己作为证实所叙事实真实性的依据。悖谬的是，私人日记真实性的保障来自于它是非公开的，来自于它的私人性和隐秘性。真实不是需要被证明的东西，与主体的公开行为没有关系，它不属于群体，也不受公共舆论所左右。相反地，它完全属于个人对这个世界的事物的看法。日记作者从他坐下来动笔时就已意识到这种特权。

写作的新的合法性

小说的真实性

真实性应该从日记和更广泛的文学形式来评价，后者奠定了故事真实性的标准。18世纪的小说经常以很大的篇幅来阐释文学文本的可信度。如《玛丽安娜的罗宾逊·克鲁索式生活》，据称这部作品的手稿是在一个小阁楼或柜子里找到的。书信体小说《小爱洛绮丝·危险的关系》声称小说的内容源自于已寄出或发现的信件,作者只是充当抄写员的角色。小说之所以显得真实，是因为他们表现的不是作者本人一时的观点，而且他们并不想出版它们。整个世纪的这类小说都有一个特点，那就是在小说的序言中试图解释这部作品的私人化的特征。这就是为什么这类小说那么频繁地受到攻击。朗格莱·迪弗雷努瓦把它与历史相比较，指出其弱点；其他的评论家指责它会对那些把它的虚假当真的判断力弱的读者带来

J.海摩尔：《帕梅拉》。这部小说在揭示18世纪法国私人生活方面占有很重要的地位。（伦敦）

腐蚀性的影响。

自叙体小说也越来越常见。分析这种现象的方法之一就是从政治意识形态来分析。对自叙体小说题材的重视是怎样在意识形态领域中显示出来的呢？这种新的自叙体小说的新颖在于它独特的叙述方法，也即用一个能确保故事真实性的主人翁的口气来叙述。因为这是叙述者直接对读者讲述的，读者相信他或她所说的事情。这种自叙题材的真实性源于它非公开的私人性、秘密性等，因此，值得我们用全新的眼光去审视它流行的原因。17世纪出现了一种新思想观，小说的叙述者在肯定自身的同时，也接受了那种新的思想观，但是，故事的真实性日益依赖于个性化的叙述方式。自叙体小说的真实效果源于读者对作者的个人认可，这有助于说明为什么惊险小说，无论是从西班牙翻译过来的还是法国的改编本或模仿本，都会取得成功。随着勒萨日的《吉尔·布拉斯》的畅销，这些小说也随之流行起来。改编作品的流行可能是因为自叙体小说与口头故事十分近似，无需通常的文化媒介就能够给读者创造一个与作者直接交流的幻觉。

从更广的视界来看，17世纪后期与18世纪早期的所有文学都受到肯定个人生活的意识的影响，这种情况很不容易诠释。那种被当时人们称之为“秘史”的小说类型建立于这样的假想之上：公开事件存在着一个隐蔽的、因而更真实的一面。例如，在任何革命事件中，除了显然的政治动机之外，通常还有绝对的私人动机：嫉妒、欲望、不受控制及不可控制的激情。反映这种情况的作品很多，如戈蒙·拉福斯夫人的《勃艮第的玛丽秘史》(1694)和《卡斯蒂耶亨利四世秘史》(1695)、尤斯塔治·勒诺布勒的《艾德格特，挪威皇后，或高尚的爱》和《亚伯拉·木勒，穆罕默德五世的覆亡》及莱斯康维尔的《德·奥比尼陛下》(1698)。这类作品的写作手法是简单的，如勒诺布勒所说：“把知识传授给那些想学的人有两种不同的做法，最简单、最普通的一种就是把知识归纳成箴言的形式来教导人…… 另一种较为高级的做法就是借助文学的手段把这些教导蕴涵在历史故事中，借这些故事潜移默化地把知识传输给人们。”(选自《最著名的阴谋家的秘史，帕奇对梅迪奇的阴谋》)

17世纪后期，个人生活已成为小说的基本素材，同时也被看成小说真实性的基础。我们很容易假定这种演变是相当简单清楚的：私人空间的确出现了，且它的出现遭遇到阻力，从而成为新旧价值观转移交汇的地点。但是有证据表明这个发展的过程实际上是相当复杂的，私人空间与社会交际空间并存，注重个人内心情感的新价值观与崇尚做一个公众人物的思想观相互影响。对那些让人们疏离内心真实的娱乐活动或对蒙田式的内省加以指责的并非帕斯卡尔一人。不过，对此有两种不同的反对意见。对帕斯卡来说，谴责外表和社会权力的外在表现，并不说明他对表现个人内心情感世界的方式完全认可。他要求信仰者自省，责备那些信仰者为了社会娱乐而不去进行必要的反省,但是他不认为个体生活是文学的合适题材，担心会因此产生过分的自我陶醉而疏远上帝，他批判蒙田的“描绘自己的愚

取自拉克洛的小说《危险的关系》的书页。(巴黎，国立图书馆)

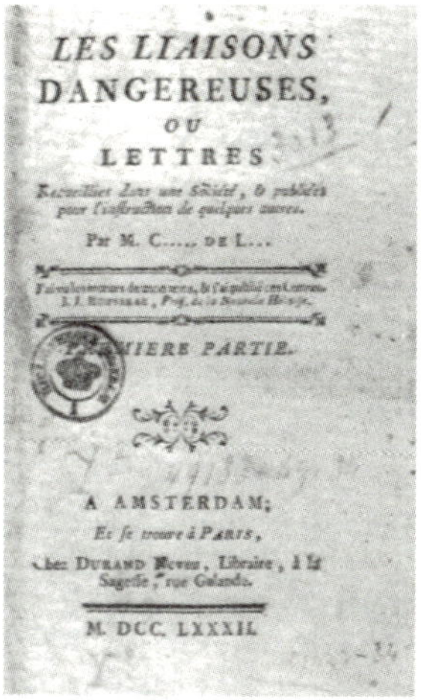
LES LIAISONS
DANGEREUSES,
OU
LETTRES
Par M. C..... de L...
...MIERE PARTIE.
A AMSTERDAM;
Et se trouve à Paris,
chez Durand Neveu, Libraire, à la Sagesse, rue Galande.
M. DCC. LXXXII.

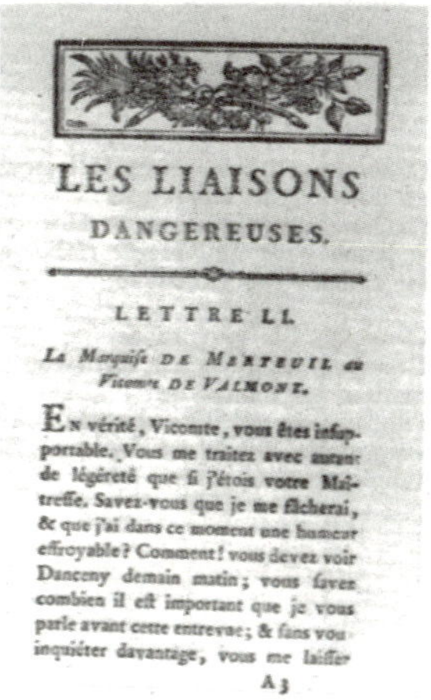
LES LIAISONS
DANGEREUSES.
LETTRE LI.
La Marquise de Merteuil au Vicomte de Valmont.
En vérité, Vicomte, vous êtes insupportable. Vous me traitez avec autant de légèreté que si j'étois votre Maîtresse. Savez-vous que je me fâcherai, & que j'ai dans ce moment une humeur effroyable? Comment! vous devez voir Danceny demain matin; vous savez combien il est important que je vous parle avant cette entrevue; & sans vous inquiéter davantage, vous me laisser
A 3

蠢行为”的做法。

书信体小说在18世纪盛极一时，它与自叙体小说有着相似的发展历程。自叙体小说的叙述方式创造了一种真实的氛围，那是因为个体叙述者使读者认为他是故事真实性的监护者；同样书信体小说的真实性也由其个人特征体现出来，它的真实性（或更准确一点，真实效果）一方面在于它以非小说的面目呈现出来；另一方面是因为书信是一种严格意义上的个体间亲密联系的手段。让·雅克·卢梭在《新爱洛绮丝》，雷蒂夫·德布列多纳在《堕落的农民》，小克雷毕庸在《侯爵夫人的信》，及肖代洛·德拉克洛在《危险的关系》等中都宣称所用书信的真实性，这些信件是别人委托他们妥善保管的，他们后来将之编辑成册。没有一个人承认自己是这些信的作者，尽管卢梭在他的小说冗长的前言中，确实写了他关于小说的评论。书信体小说的结构不仅可以巧妙地处理故事发生的时间,而且故事的情节可在人物的一系列通信中铺展开来，那样就把作者所知的一切转托给读者，同时也提高了故事的可信度。拉克洛在他的“编者的话”中写道：“这部作品，应该说是这部文选，读者也许觉得它太庞杂了，却都是许多信件中的精选部分。”然而“出版者的话”却可笑地强调了这些信件具有小说的特征：“我们不能保证这部文选的真实性……我们甚至有充分的理由认为那只是一部小说。”

因而，我们知道这是增强文学逼真性的一种文学创作手法，我们不得不去分析其所蕴涵的深层含义。不可否认，逼真效果取决于个人活动的戏剧化。然而，这种手法的运用再次让故事叙述处于一种尴尬的境地，私人性的内容给人以真实性的印象，但这样一来，私人性的内容却又被公开了。文学自身违反了私人生活不可公开的规范准则。而私人的素材只有公开了，才能保证故事的真实性。当瓦尔蒙特和梅尔第的公开态度不一致时，信件揭示了他们内心的秘密。信件是人物向自己妥协，吐露心声的地方。甚至当写信人为了欺骗收信人而撒谎时，读者也知道真相是什么。读者没被欺骗，往坏处说，他是一个同谋，阅读这些信件使他成为内心最深处隐私的窥探者。读者，亵渎了私人空间的神圣性，总是知道比主人公在他们信件中所显示的更多的事实。荒谬性在于私人空间的秘密性只有在其不成为秘密时才产生效果。

从某种意义上说，启蒙运动仅是教育技术革新：书信、字典、哲理小说都是教育民众的新方法。那些得益于此新方法的人，试图让这些新方法合法化。启蒙时期的作家们不停地追问什么给了他们发言的权利，反复地探索其与真理的关系。他们也时不时地履行起牧师的职责。伏尔泰“新宗教”的暗喻不无道理，这不是因为伏尔泰不是虔诚的宗教信徒。问题在于要确定已有的模式对启蒙时期的思想、作家自身思想的形成及他们反“迷信”斗争的影响程度。有意义的是，这位哲学家把自身看成是这个世界上的存在。在《百科全书》的《哲学家》篇中伏尔泰认为：“文明社会即是尘世的神性。”他的命题的真实性建立在理性、证据与观察的基础上。他把天生的才能与方法、勤奋结合起来，他是一个著名人物。“我们的哲学家没意识到自己独自游离于世外，也没意识到自己处于敌人的疆域之内。他想享受……”接着他又写道，“理性需要哲

插图的局限性。右边的雕版画是小莫罗为卢梭的《新爱洛绮思》所作的，但被作者拒绝了。（巴黎，国立图书馆）

学家去经历、学习、工作，并因此而获取适应社会的能力。”安东尼厄斯反复说：“哲学家必须参与到政治辩论中去，当哲学家担任国王时，人民会幸福的。”哲学家在运用他的“天生的才智”去追求真理方面发挥了有限的作用。在很多方面，启蒙时期的哲学家都从宗教的观点来看待真理，有些人似乎以为自己是受到神灵启示的人。在狄德罗的《论品质与美德》的文章里，他提到一位哲学家把他自己与他的兄弟进行对比，他的兄弟是一名在大教堂中任职的教士，他认为他兄弟执行着和他同样的使命。

作为真理基础的自我

有关哲学家与真理的关系的观点因受到卢梭的强烈反击而被改变。卢梭否认通过理性或上帝赐予的灵感就能发现真理。相反地，他试图从道德、精神的角度去定义哲学思想的地位。他说哲学家不是一个“书虫”或一个“文学家”或一个“可鄙的密谋家”，而是应内心需要而写作的人。卢梭不时地记下他在去樊尚的路上受到的启发，而冒出的“思想火花”触发了他关于道德、政治哲学系统的思绪，他在他的《论人类不平等的起源》、《论科学与艺术》及《社会契约论》中都论述了这些。他这样描述当时的情形：“突然，我感觉我的脑海里千道灵光涌现，无数生动的想法有力而混乱地涌向我，以至于我陷于极端的混乱之中。”（《给马莱斯哈伯的信》，1762年1月12日）

那些仅仅为了“出书”而写书的人追求世俗的成功。他们所做的都只是出于虚荣心、名利心，对时髦与流行的观点趋之若鹜，屈从地服务于有权阶级。他们只是为了迎合这个世界而生存，影响他们性格特征的公共生活也是他们疏远之源。相比之下，卢梭认为哲学家的存在仅因为他是自由独立的。自由对他来说是最基本的，因为如果没有自由，他就失去通往真理之路；由于是自由的，他疏远了世俗的利益，尤其是显贵人物的兴趣。因而，他能够为自己选择发表意见的立场。

卢梭的“改良”（“改良”开始于他拒绝穿长筒袜，佩戴假发与长剑，接着坚持做抄写这个工作来维持生计，退出巴黎上层社会，与狄德罗及编写《百科全书》的一帮人决裂）是他深思熟虑后作出的决定，同时也是他致力于哲学研究的开始。走向通往真理之路需要社会生活方面和道德方面的苦修。对让·雅克·卢梭来说，真理是可接近的，因他是一个有道德、正直且从不妥协的人。换言之，不受社会的各种禁锢与约束是认识真理的最基本的条件。当卢梭漫步在圣·热尔曼森林，探索人类是如何生活在自然状态之下时，我们会报之以会心的微笑，他的漫步是他的哲学思考的重要部分。由于他反社会的态度，这个热尔曼的厌世者遭到了与他同行的哲学家们的排挤。把卢梭孤傲的退隐看作是神经有问题的证据尽管有一定说服力，但过分简单化了。他称赞个人的自由是接近哲学真理的基础，一个人只有跳出这个纷繁的世界，才能看清真理。

卢梭去樊尚路上的感悟经历常被比作是通灵者的狂喜感受。他的用词促使人们去比较，他把他在路上的感悟形容为顿悟，一种对真理的出乎意料的炫目的洞察，这是由内心信念的力量激发出来的。这种内心的洞察与在《忠诚的职业》中对上帝的感性认识没什么区别，没什么理性可言。哲学更多地体现在感性认识而不是理性认识上，这就是卢梭的独特写作风格。他的作品（也许《社会契约论》除外）更多的是唤起读者的感情共鸣而不是启发他们的智力。

针对他的批评者的攻击，卢梭坚决地为自己的行为品行进行辩护。最后，他坚称他的行为品行本身（或至少大部分）确定了他的哲学思想体系的真实性。在《卢梭审判让·雅克》中，他戏剧化地把他的问题置于案例中，来表明他的行为是高尚的，因此，他的哲学具有真理性。他已从个人世界过渡到内心世界，话题集中在哲学家的思想与行为里，证人与法官使他袒露自己的内心世界。在他看来，德行是界定个体之间关系及更无辜的内心理念的准则。

19世纪，证实真理的标准从诸如空泛的理性、表层的观察等外在标准转移到自我认识、内心信念的感性标准。但是在18世纪，持这样看法的只有与卢梭这样的名字相联系的少数人。然而，这是启蒙时期哲学界观点分歧的第一个标志，成为偏离17、18世纪占主导地位的文学意识观的标志，最终会导致与新古典主义时期完全不同的新的思想观的盛行，以及完全不同的作家与思想家的形象，这都与新古典主义的理想有很大分歧。

N.高善为卢梭的《忏悔录》（1793年）所作的雕版画。（巴黎，国立图书馆）

必然的自传

卢梭在《忏悔录》中反击了他的对手对他的攻击，但毫无用处，因此他觉得应写一本书来阐明自己的哲学观，分析自己的内心世界。他的自传记录的不是普通传记里的事件，而涉及他研究哲学方法的基本逻辑。自我解剖对他来说不是偶发的而是必须的，他在文章里反复强调这一点。卢梭对内心探究的愿望不仅仅是“不愉快意识”的结果，而且是他整个哲学思想的源泉。

卢梭在《忏悔录》的开始就宣布了自己的意图：“这仅仅是一个在过去、现在或许将来存在的个人画像，这是完全按照我的天性进行的完全真实的自我描绘。”他说他想给大家一张没有任何润饰、没有任何做作的自画像，一本向大家描述一个既拥有最高尚品行又有最可耻恶行的人的书。那是绝对真实与诚实的，当中没有任何折中与妥协：“我想表现……天性中完全真实的一个人，这个人将是我自己……我已按我本来的面目把我自己表现出来，有时可鄙、可恶，有时善良、慷慨、高尚，我完全敞开自己的内心世界。”（《忏悔录》第1卷）

在一开始，卢梭就决定论述那些通常被压在心底而不敢言的事情，他讲述了他被打屁股的经历，与华伦夫人的爱情以及他受到的种种诱惑。他的自传的主题是个体的经历，侧重于内心世界，隐藏着自我。随着把私人生活展示在公共场合，公共生活与个人生活的界线已不存在了。在撕开社会的伪装后，读者被迫来了解这个被藏匿的自我。卢梭利用最具影响的事件来描述他的个性。他撕开面具，洞察谎言，记录下影响他生活的一连串事件。菲利普·莱日恩注意到，卢梭偏爱用这类词语：“已在那时”、“还是现在”，卢梭把过去与现在的经历作比较，以便更好地了解自己、认识自己。对这一系列间断的经历的重复，是为了解剖内心世界。

自传题材在多大程度上开创了新的文学类型，值得人们去关注。那些18世纪撰写自传的人，从某种程度上来说，都是与当时社会环境格格不入的人，除了卢梭，还有更早些时候的瓦伦汀·詹牧尔·迪瓦士，他早期是位农民，后来成为维也纳帝国图书馆馆长，他给我们留下了一部关于他当农民时生活的回忆录。自传与传统贵族风格的回忆录是迥然不同的，回忆录涉及的是公共领域的事件，而自传描述的是个人的私生活；回忆录描述的是有什么，而自传描述的是是什么。

回忆录的内容前后是一致的，它是对个人在公共生活的行为及所充当角色的公开记录；而自传在这点上是矛盾的，它把作者内心最深处的情感秘密揭示出来，把私人生活展现在公众面前，读者被迫作为见证人，从某种意义上它否定了个人生活的秘密性。因此莱日恩把读者与作品的这种关系称之为“自传的协定”。读者接受作者所说的话且认为作者对自身生活的叙述是真实的；怀疑作者的真实性就是否定作品的自传身份。因此读者必须如此，一种无形的关系在读者和作者之间建立起来，读者放弃去证实作品的真实性，相信作者的诚意。虽然结果是苍白的，但它是人与人之间透明关系的真实反映，这种透明的关系对卢梭来说是原始的，且尚未被社会腐蚀最显著的特点。自传因此使阅读成为更私人化

取自R.德·拉布雷东内：《堕落的农民》。（巴黎，国立图书馆）

的行为，这也许是自传存在的最好理由。

色情文学

色情作品没有被明确地界定。“淫秽”一词没被广泛地运用。“色情的”，严格说来是关于卖淫行为的描写，“殷勤的”、“色情的”及“好色的”在某种程度上是近义词。无论如何，色情文学取得了巨大的成功。在18世纪，这种文学作品的经典被大量地出版：热尔韦斯·德拉·拉图什的《堂·布格雷传》(1718年)、阿尔让斯侯爵的《圣哲》(1748年)、米拉波的《艾罗提卡·比布利庸》(1783年)以及布列多纳的《反朱斯坦》(1793年)，这些作品被无数次重印。在18世纪的先锋作家中，没有人能逃脱尝试写作色情作品的诱惑。狄德罗写了《冒失的宝贝》,孟德斯鸠写了《纳德的圣殿》,而伏尔泰在他的故事中也穿插了一些色情轶事，如在《老实人》中老妇人的故事。甚至连德行很好的卢梭也提到了他年轻时的荒唐事。然而虽然这些作品中的一些的确很拙劣，但色情文学仍是18世纪一个重要的文学现象，甚至比革命手册这类作品还重要。同时它对插图文学也有着很大的影响。如果梅尔锡的话可信，那么色情文学在当时无处不在，在公共集市、工厂、闺房、沙龙聚会等地都广泛流传着。

从色情作品的本质来看，故事都是在私人场所发生的。性活动是隐秘的，身体被宽大的衣服与缎带遮盖。而色情文学，借用一系列文学手法来描述人类最隐秘的行为。与阅读其他小说一样，读者被置于偷窥者的位置，但是他更像是个人侵者。如果一篇小说以主人公吃惊于一对正在进行性活动的情侣开始，它的目的在于提醒读者该去怎样读这篇作品。

色情文学是否体现了对随意展示身体、性活动不受限制的年代的怀旧呢？或者，它的流行是否与个人化的阅读方式有关呢？这种现象是相当复杂的。色情作品不仅反映了写作特点的变化，而且反映了新的社会活动造成的冲突。因此，它值得我们严肃地去思考。

色情文学运用了各种新的文学创作手法：书信体结构、自叙体叙述方式、对话形式等等。萨德侯爵在他的作品中充分运用了这三种文学创作手法。私人亲密行为与公开化的矛盾在色情作品中比在自传体中更突出，因为阅读色情作品从本质上来说是偷偷摸摸的、个人的行为。

萨德的小说不能简单地理解为色情的或淫秽的，他的作品不能与典型的色情故事混为一谈。明显的区别在于，他的作品在当时遭到禁止。萨德的作品不仅描写一般意义上的身体暴露，而且把性过程写到令人无法忍受的地步。在他的作品中，充斥着对人的生理器官及身体内部结构忘形的赤裸裸的描写。因此，他很明显违反了隐私不可暴露的禁忌。

写作过程，阅读方式

有人可能会对我的观点提出异议，那就是我把私人的与个人的、公共的与公有的混为一谈，不加区别，把前者等同于个人，把后者等同于集体。然而我认为这些必要的模糊性准确地反映了文学的独特地位。虽然文学受到社会历史的影响，但它不以任何简单的形式来反映历史。文学把各种社会变化收拢来，把一件事添加到另一件上，以至于这种过程从不严格按照社会的发展来进行，它从不能作为对任何历史命题的直接阐释与说明。

还有一个得考虑的问题是由文学文本本身所导致的阅读方式问题。每个文学文本都创造了一个想象中的读者，作品对他诉说,要他来当所叙述事情的见证人。在文学实践中，对公开的与隐私的之间的争议明显是相关的。需要进一步系统地研究这种现象，卢梭写作风格的变化是探讨这个问题的较好切入点。在《论人类不平等的起源》、《论科学与艺术》及《社会契约论》这几部作品中，他的写作风格还是社会性的、公开的，读者也融入其中，题材与写作的目的是一致的。而他后期的写作风格就较矛盾了，它的主题主要是描述他自己，脱离了其读者——法国公众。最终在《孤独散步者的遐想》中，他的写作主旨与目的重新得到了统一，在这里，他说他写作的目的不仅仅是为了更好地认识自己和回忆所带来的乐趣，“我的事业与蒙田的一样，但是我的目的却与他相反，因为他是为了别人而写作，而我写作的梦想仅是为了我自己。即使在我临终前夕，我仍然希望我还能拥有现在的性情，浏览这些文章将使我忆起我写作时所品尝到的甜蜜的喜悦，通过重现过去的时光，使我感觉到我的再生。”（《第一次漫步》）

再一次，文学向背离人们之间交流方式之外的方向演化，然而，这只是一个空想。反映一个孤独者的愿望及其复仇希望的

《孤独漫步者的遐想》，不能算是最具典范性的作品，最多是追溯了一个个体的发展轨迹。即使在19世纪，许多文学作品都效仿卢梭的做法，作品题材集中在对个人生活的描述上。《孤独漫步者的遐想》只是私人写作范例的一种，大革命后的日记写作继承了这种传统。大部分文学起初都是朝着不同的方向发展的，这种文学为一群特殊的读者所服务，且为他们创造了一种亲密交往的幻觉。后来，随着文学发展的多样化，社会、思想观的变化，大量的矛盾再次出现，这种矛盾的多样性寓示着新古典主义时期到了。

雅克·雷韦尔
奥列斯特·拉努姆
让-路易·弗朗德兰
雅克·热利
马德莱娜·富瓦西
让-马利·古莱莫

法兰西画派：《圣英诺森宫殿和喷泉》，18世纪。（巴黎，卡纳瓦莱博物馆）

3

社区、国家和家庭：发展轨迹和紧张关系

导　言

从16世纪到19世纪，人们开始用一种新的方式去想象、去体验，并去保护个人的私生活；当然，这种变化既不顺利也不平稳，更不是很明显。菲利浦·阿利埃斯提出一种可能的三段分法：首先，个人主义膨胀的时期，个人置身于群体之外；第二，个人逃离自己新创造的独处，而加入他们自己选择的小团体的联合（比村庄、邻居、班级或行会小，但比家庭大）；最后，个人活动范围缩小并以家庭为单位，这甚至还变成了即便不是唯一也是最基本的亲密相处和感情投资的中心。在这里，我们采用这种时期划分，是为了揭示一些早期现代个人生活的主要冲突和紧张状态。在某些情况下，有必要放弃比较的方法，而采用更多的具体事例分析。但无论用什么方法，目的是一致的：追寻个人生活的复杂的历史轨迹。

为了丰富个人生活，必须克服种种障碍，尤其要在公众代表的职能和个人隐退的私人领域之间划出一个清晰的界限。法国旧政府统治时期的很多人拥有办公室和权力；所有人，无论是统治者还是平民百姓，都得在公众和个人的圈子里划分时间和空间，区分职责和实际的行为。政府职能的转变使之成为可能，它在直至当时一直被个人、家庭、当事人群体所统治（无论是通过合同还是公开的冲突）的领域里强制执行法律和限制令。

因为人们小心翼翼地区分公众集体的需要和保护个人生活及隐私的需要，公众权威的作用彻底地消失了（法国革命前档案的管理始终不明不白，那些档案被看作是公众的文件也是个人的材料）。因此，政府的职员们过着某种意义上的双重生活，大革命更重视和强调这一情形。这使得强制性的、夸大的公民义务，并不总是得到相应的个人感情的支持。在一定意义上，这种双重性预示着19世纪出现的家和工作地点之间，以及家庭内的行为规范和平时的举止行为之间的对立。它不仅影响到公众人物而且会对每一个个体产生影响，它要求每个人借助合适的举止和适当的面部表情来体现他的社会地位。

私人生活和体现社会地位的规范要求之间的对立也许非常激烈，特别是在某些国家的政府试图规划社会生活的方方面面——不仅关系到平民老百姓还有国家的统治者时。19世纪的法国是一个典型的例子。长期以来人们一直力图在家庭控制之外营造个人生活。尽管在19世纪，家庭几乎成为私人生活的同义词，但在此以前，家庭却是个人自由地生活的障碍之一，妨碍了他在自己择定的朋友或同伴中间愉悦地生活。忠诚的友谊、屡屡的碰面、在各种团体——有的规范严格，有的组织松散——中自愿或被迫加入的成员身份，这些都促进了一定人群当中特别紧密的关系的形成。这样的关系是自由的、轻松的，它没有政府官员间的正规性，也没有家庭成员间的种种规矩。里什莱（1679年）对私生活（privé）的定义为不仅有“熟悉”的含义，而且有点像英语中的“随便”，比如他提供的例子：他在这里特别放松，他和某某先生很熟。在人们的心中，自由选择社会关系和个人隐私之间有关联。这样的独处并不需要与人隔绝、隐退或竖立保护墙，主要是指随意挑选能一起消磨时光的伙伴的能力，而不是沉迷于日常的杂务及杂事。不论是家庭型的还是学者型的，僧侣还是少年，秘密的还是公开的，这些自由选择的社会团体允许愉快的亲密，而这正是家庭生活所不能容许的。

因此，现代意义的“个人”，取决于与共和体制和家庭秩序的距离，也受到社会传统习俗共同压制自由的限制。事实上习俗曾提供了“无名社交”的具体形式，根据亚瑞艾斯的说法，在16世纪和19世纪之间，这一形式慢慢遭到破坏。在这一语境里的“无名”并不是指人们与不相识的人混在一起。而相反地，传统建立了制度、仪式及刑罚，用以强行执行普遍接受的规范。人们得了解和内化社会规范及社会角色，违规则要受到惩罚。每个个体的决定得服从严格的社会管理，这些管理措施中的一些由诸如“年轻的修道士”之类的特殊群体强制执行，另外一些则体现在宗教仪式上，或为整个社区所采用。

这种集体的监督渐渐遭到反对、怀疑和指责，被认为是无法容忍的，它违背了个人选择的自由或家庭的独立权，是对个人权利的一种侵犯，因为私人领域不在社会的管辖范围之内。在法国的南部地区，这种对个人意愿的集体压制在19世纪受到强烈的挑战。在其他地方，特别是在大城市里的资产阶级阶层，个人主义情绪珍贵的滋生土壤上，这种挑战很可能来得更早。

社会曾经努力规范丈夫、妻子和家庭生活之间的婚姻关系。家庭成为了个人的中心。首先，它有了自己的空间。在这个时期，大多数家庭有已婚的夫妇和他们的孩子，即使一个家庭由几个相关的家庭组成，每个小家庭也都会拥有自己的领地。甚至在城市里，住所的这一特点使某些滥交不可避免，个人、夫妇和家庭在租住的房间或配有家具的公寓或阁楼上享有自己的隐私。家庭成为了情感生活的中心。在18世纪，个人的荣誉与家庭荣誉间的密切关系已不稀奇了，很多19世纪的喜剧已经证实了这一点。在年轻时或因工作或偶然的机会建立起的友谊能与家庭和婚姻关系相抗衡，但是，对孩子的新观念和对祖宗新的尊重方式说明了19世纪的个人生活以家庭为中心。

然而，家庭的隐私由于社区的干涉和家庭成员的草率行事不断受到威胁。为防止丑闻发生，需要可靠而强大的联盟。家庭被迫求助于公众的势力，首先也是最重要的是向国王的权力屈从。它不仅能保证维护家庭荣誉的秘密，同时还消除了威胁着家庭分离的混乱；它还能保护每个个体的自由不受习俗的集体压制。面临危机的家庭能得到来自法庭或教会在很多方面的帮助，但原则总是一致的：家庭内的麻烦必须完全暴露在公共权力机构面前；相应地，权威人员会慎重地、隐秘地给予解决，而不诉诸习惯上的惩罚机构。在这样一个现代国家里，不仅划分了公共领域和私人领域的界线，而且更重要的是维护和捍卫了因此而产生的个人权威，因此它对家庭生活的影响正逐步得到认可。

J.弗雷尔：《城市角落》。门廊和窗户是主要的观测点，它们标志着家庭领域的界线。街道部分是公共的，部分是私人的，这里是聚会、交流消息和评论当前事件的地方。（阿姆斯特丹，私人收藏）

公众和个人

公众的和私人的不可避免地有个交集点，用塔列朗的话说，“城市市民的生活必须用围墙隔起来”。很明显，个人生活是通过围墙而形成的，但墙两边是什么呢？如今看来很清楚，一面是和平的港湾，实质上是一个家庭式的避难所，也是一个邀请朋友和进行个人追求的场所；另一面是公众生活的范围，体现着工作中的等级纪律以及各种束缚性的义务。这样的两分，提高了私人保留地的价值——这块私人领地被描绘为经常遭到公共权威致命的侵入。

然而这种解释并不适于18世纪和19世纪的情况。当时，不同空间的含义被不断地重新定义，对公众和个人的角色，人们存在不同的看法，当时的人们一直努力分清两者的定义。然而，乍一看他们的生活不是全部的公众生活就是全部的家庭生活。谁还能像路易十四那样生活得既高贵又愉快？这位国王对百姓实行高压政策，剥夺人们的个人权力，甚至生命。在公共领域，死是多么容易的事情啊。直到17世纪大多数贵族的命运都是如此。阿乌拉的特雷沙观察到：“大人物们根本没有什么个人生活。”她观察她的朋友得拉·塞得太太，一位杰出的女士时说：“根据她在社会中的等级，而不是她的喜爱去选择在许多东西面前都处于奴隶地位的屈从状态。”

只有朴素的民间生活才是完全的个人生活。靠年金生活的资产阶级和相对贫穷的地方贵族，只要愿意就能完全享受到狩猎和餐桌上的乐趣。一个加斯孔绅士坦白地承认，他无权支配自己，除了“无聊地想那些想象能得到满足的女孩子”。也许改变公众和个人的角色及空间的需要与社会地位相关联。但我们如何理解当时那不勒斯的穷人呢？法国的布鲁斯法官用明确无误的言词描述他们的贫穷："这些人没有家，他们在大街上度日。"从国王到那不勒斯的穷人，有一条统一的规律：生活不是全面的公共生活，就是完全的个人生活。然而，通过对不同事例更详细的研究，我们能看到一个更加复杂而传统的局面。

家庭观念淡化

自由就像独立一样，首先是从家庭中赢得的。旧制度时期（法国革命前）的家庭绝不是充满爱的港湾。抛开等级不说，个人得听从家庭的命令和任务的分配，人们采用严明的纪律来保护家庭荣誉和遗产。然而，对团结一致的过分要求并没有限制住个人，不需要作乱反叛就可以逃离家人。

童年

四到十四五岁的男孩子，一旦不需要妈妈抱时，基本上就要独立行事了。最初，男孩子们要被送到田间劳动，或被送去学习做生意，或被送去上学。来自地位较低的朗格多克（普罗文斯语）的一位绅士，毫不犹豫地把他三个儿子的死归因于他们被过早送到了弗莱什的寄宿学校。许多男孩避免了这种命运，他们上的是日校，并在家接受额外的课程。从家到学校的路程为男孩子们提供了重要的机会，这体现在诗人特里斯坦·埃尔米特的自传中，他是在亨利四世的皇宫里长大的；或能在丰维尔的儿童故事里见到，丰维尔1760年出生于图卢兹一个资产阶级贵族家庭；或能在贵族纪尧姆·埃拉伊的儿童故事中见到，他是买下阿盖莱斯的锡里格那克地产的富商的孙子。尽管他们处在不同的时代、背景，所接受的教育也不相同，但这三位在年轻的时候都酷爱恶作剧。他们过着双重生活，表面上是好学生和诚实的孩子，却在他们自己的世界里自得其乐。特里斯坦·埃尔米特与一位同龄的小王子一起吃饭、一起上课、游戏、运动，并从一个城堡游玩到另一个城堡。作为回报，他必须在这位小王子"眼睛一睁到晚上闭眼睡觉"的一整天里侍候他，逗他开心，在他生病的时候让他振作。因此，他故事家似的神奇天赋派上了用场。他无尽的想象力很快抓住了这位小王子的心，"啊！小仆人，我猜得出你准要说狼将要吃小羔羊，我求求你说狼不会吃小

路易·勒纳安：《年轻的玩牌者》。在一个获取财富缓慢、娱乐活动单调的社会里，对奇迹的期盼等同于赌博的热情。这种社会模式甚至影响到了孩子。（私人收藏）

羊！”他因此赢得了他主人的喜爱，自由得到了保障，而无需时刻受奴役。

不像埃尔米特，丰维尔和埃拉伊在家长大。作为家庭中的长子，他们的成长受到密切的关注。对他们的教育目标很宏大，并受到严格的监视。他们最初接受的是家庭教育，后来才去学校接受教育，辅之以家庭教师的额外教育。可能是因为父母之间的分歧无法协调，当他们五六岁时，摆脱了来自家庭的随时监视，二人都感到如释重负（父亲沉溺于狩猎和做生意，母亲忙于社交活动）。

男孩必须知道怎样掩饰他的真情实感。在忏悔室，埃拉伊和丰维尔都装出虔诚的样子，他们两个只要在家，口袋里就装着宗教小册子。两人都因他们在拉丁文、数学和字母方面的进步而自豪，并泰然利用他们的所学去取悦因无知而无法判断是非的女性。他们匆忙而熟练地抄写作业，也很谨慎，总是上交作文，并且得到好分数。如10岁的顽童那样，他们隐藏了对娱乐、游戏和美食的爱好。

免受家庭纪律束缚的关键是充分利用时间，从一个管辖权限区逃到另一个管辖权限区。埃尔米特借口执行从未准确规定的职责，而在宫廷的走廊中闲逛，他与随从、卫兵、小王子，甚至来表演的

取自《图解萨都尔宁和埃斯帕罗土地登记册》（加斯科尼，1773年版）。表现了一个孩子非常渴望接近一只驯服的鹊鸟，孩子经常与牲畜玩耍。

戏子们混在一起。自他被要求逗主人开心以来，总有充分的理由去游历巴黎，比如寻觅一只被驯服的红雀或受过训练的熊或其他奇异的生物。这些游历也成了他四处闲看、结交朋友、参加活动的绝佳机会。19世纪末，丰维尔和埃拉伊也抓住相似的机会，在上学和回家的路上，和其他伙伴一起到城镇和乡村去探索。离开家或学校后只要有时间，这三个男孩都会沉溺于他们的“激情行为”：阅读(骑士小说、戏剧、滑稽剧)、养动物（鸟和猫)、养花，但大部分时间还是在玩牌和赌博。由于天性贪吃，他们在5岁时就品尝过了帕泰斯酒，埃拉伊自吹在11岁时独自一人喝过一瓶。

自然，这些娱乐活动也需要花钱。当一个小伙子口袋里有钱时，他的私人生活便已经开始了。我们的这三位主人公，承认他们不缺钱，而且对钱的来处也供认不讳。侍童埃尔米特在书中提到他的钱来自于提取鸟食和供应王子项目中的贿赂。埃拉伊和丰维尔就是简单的偷，偷家庭储藏的谷物，再拿出去卖钱，最后到直接从家里偷钱。埃拉伊说“他的双手是有黏性的”，他说服自己“钱只要是来自家里，就不是偷”。通过偷小数目的钱，每天15到20苏，他积存了一大笔钱，因而能随意花费。然而其实他从不缺钱，他父亲和祖父提供给他崭新的金币，但他必须一一说明他的开支，这被作为家庭资产开支的证据，而且可以让孩子不浪费。

在年龄小的时候，这样的自由生活方式并不会引起麻烦，只要孩子精明得足以寻找到家庭内部的保护者和同谋。小主人和演员们藏起了这个任性的小仆人，并且保护他免遭家教老师的责骂，即使情况糟糕透顶，他也总能得到王子的庇护。“一两滴眼泪就能得到宽恕。”丰维尔和埃拉伊毫不羞耻地利用了一个母亲对长子的偏爱，实际上他们甚至更依赖于与仆人串通一气。方雄与丰维尔同睡一张床，丰维尔缺席时他替他掩盖，并帮他出售偷来的谷物或兑换偷来的钱。

埃拉伊说，他更喜欢仆人的陪伴而不是和他父母亲在一起。因为佣人们鼓励他的胡作非为，从中他们获得恶作剧的快感。在后来的日子里，他评价说仆人们的行为是有害的和腐败的，毫无疑问，他还是想恢复自己的清白。

不独像这三位富裕人家的孩子的自由受到限制，普通的乡民和工匠的儿子们，甚至一个鲁埃尔格公证人的儿子也知道怎样靠吹号角生活。对于这样的年轻人，首要的事情就是为家庭事务服务，但他们知道如何在工作之余玩乐，怎样利用和仆人、学徒、职员甚至顾客们的关系。简而言之，他们多少都坦白地承认喜欢他们自己的生活，尽管通常会受到约束。

妇女的私生活

这个时期的妇女被限制在家中，因此谈论她们的个人生活似乎有点荒谬。她们被限制在公共办公场所之外，也没有家庭之外的责任，无论是政治、管理、市政还是公司等都与她们无关，这正如纳塔莉·戴维斯在里昂事件中所说明的那样。她尖刻地指出女人能承担一些非正式的事务，但肯定不能履行官方的职务。

女性的职业完全是家庭内的，家庭是她的舞台，她的职责是维护教堂和社会所认可的妻子和母亲的形象。荣誉——也就是有脸面、忠于家庭和名声好等方面——很好地概括了这些责任。女性的职责是伺候她的家庭成员，供应他们食物，在他们生病的时候照顾他们，在临死的时候陪伴他们。尽管女性在生产方面不断地奉献，但人们还不习惯去赞美女性的奉献或在遗嘱中记载她们。如阿卡里夫人——未来法国卡莱利特秩序的奠基人——对她的家庭和女儿们的奉献。她稳稳地控制她们，把她们一个接一个地笼络到身边，以

J.加默兰：《家内情景》。家庭是妇女的领地。毋庸置疑，男人在饭桌前要被服侍，但在这里他不是在吃饭。（卡尔卡松，美术博物馆）

P.德·霍克：《德尔夫特的一所房子的院落》。（伦敦，国家美术馆）

此建立“和她们的友好关系，并教导她们，以赢得她们的心”。她的工作是一种不断的服务。另一例是奥尔巴龙男爵的岳母艾内夫人，每年夏天，她不仅在格兰得瓦尔城堡里招待她的孩子们，还有许多客人，包括狄德罗。在18世纪60年代狄德罗曾是经常光顾这里的客人，他赞美她具有了完美的家庭主妇所应有的所有美德。他告诉我们，她对别人持续的关心是出于为别人谋福利和让他人快乐的愿望。“如果你对一盘菜显示了兴趣，第二天你就能吃到它。所有的事情都是这样。”

这位女性，因此既是家庭的仆人又是家庭的女主人。男主人已完全授权给她去完成她的任务，相应地，要求她有谦虚、奉献和节俭的美德。她只是分享男主人的权力和职责，并非一个严厉的二级家庭头目。菲利普太太，罗兰夫人的母亲，是巴黎一个著名雕刻师的妻子。她管理着家庭，就像她丈夫掌管着雇工和职员混在一起的车间一样。她不仅管理家庭的经济、分配女工的活计，而且还操心女儿的教育问题。她想把女儿培养成传统式的完美无瑕的少女。为此，她亲自挑选女儿的家庭教师，而且监督他们的工作，女儿因此受到了所有艺术方面的熏陶，被打扮得楚楚动人，看上去很高贵。自然，没有母亲的允许，她们不能去市场、去教堂，甚至不可去拜访亲戚。星期天的下午，全家人就一起到国王的花园里散步，夏季

P.德·霍克：《家庭日用织品壁橱》。华丽的壁橱是家庭生活中一个实用而和谐的背景。

时就去苏西，或者去莫登。

菲利普太太很喜欢和她女儿亲密地、爱意融融地在一起，然而她对家庭事务的注意力也从未减退。家庭生活研究当中的问题是要确定可能的自由和隐私的范围。处于贫困线上的女性们是无需设防的，因为她们有婚姻合同的保护和立遗嘱权的保护。合同书如同圣餐一样是婚姻的基础，在有钱人当中，它被严格地执行，保护妇女的嫁妆，并赋予她们支配自己财产的权力，因此成了个人采取策略的手段（不过，通常受家庭政治的影响）。甚至让娜·法布雷，一个谦恭的尼姆家庭主妇，用36埃居的礼物和几块布匹就安排了女儿的婚事。拉长佩乐侯爵夫人改立遗嘱，留了一定数量的遗产给她的孙女。为此，这个女孩将被图卢兹的马尔特塞修女养大，而且得对她的捐助人（恩人）“回报爱”。一个女人能随便支配她的财产，即便那样容易引起别人的愤慨。波拉斯特罗夫人，一个加斯科尼的贵族的妻子，凭着她的身份便拥有了一半的财富，并继承了一些家庭财产。为了她自己的爱好，为了成全一桩美满婚姻，她给她一个小表妹的嫁妆增加了3000埃居，虽然当时用价值200埃居的布就足够了。她这样做不仅出卖了蒙在鼓里的丈夫，也夺去了她的孩子们的一部分遗产，但在她的权力范围里她是合法的。

隐私的焦点

信件和法院的记录表明女性享有很大的自由，一种充分的自由足以让她们偶尔去掉她们的面具，用出人意料的方式行事。例如女

签婚约。婚约保证妻子的嫁妆、其他财产以及守寡财产的分割，为妻子在家庭经济中的独立性提供保证。（图卢兹，保尔-杜普伊博物馆）

仆的选择权总是留给女主人。一个生活在18世纪70年代的上层妇女，不仅自己挑选女仆，还有她的家仆。所有的佣人她坚持“要长得标致而且要未婚，但她紧紧地控制他们的开支，不允许他们碰她的钱袋”。她也掌管惩罚，为了强迫一个偷了小物件的仆人坦白和交出被偷的商品，她下令鞭打这个仆人。显然，这样的行为对受害者的妻子来说是正常的。然而，她不仅严加管理全体佣人的工作，甚至还和他们住在一起，名义上是亲近，实质上是监督。索菲·沃兰在她母亲不知情的情况下，通过她忠心耿耿的女仆和狄德罗交往(索菲当时40岁)。波拉斯特罗太太一辈子很平凡，她住在乡村城堡或欧什的家，她的精神指导者认为她过度地和年轻女仆在一起，她宁愿要她们陪伴而不是和家人在一起。这位女主人在她女仆面前嘲笑她丈夫的粗鲁，并谩骂她的父母亲。

J-H.弗拉戈纳尔：《帝沃利的堕落》。(巴黎，卢浮宫)

女性并不参与外界的经济活动，除非是一个寡妇或者上层社会的成员。她们在市场不做交易。管理遗产、处理钱财以及借贷钱款，一般来说都不在她们的权限范围之内。一个图卢兹妇女承认她羞于向做店主的丈夫要钱。

然而，女人们的确私下里背着丈夫们掌管钱、生活用品和其他开支，女人的投资不大而且也不会落空。在蒙特帮，有一个工人的妻子，从邻居那里借了几个索尔给女儿买丝带，因此她女儿能去碰碰运气吸引小伙子。三四个农妇经常一大早带着鸡蛋和蔬菜去最近的市场卖，无论赚多赚少都是她们自己的。一个来自拉沃尔的贫穷妇女，表现出对她朋友的无比信任，她把自己私房钱的秘密告诉了一个朋友（她把装在一个袋子里的12索尔塞进壁炉里的一个洞里)。她们俩发誓用这笔钱为自己做寿衣。私房钱并不总是用于家庭。来自蒙彼利埃的一个妇女把她3年的工资交给一个朋友保管，她私藏这笔钱是为了能建一个自己的家，她不愿把她的财富贡献给家庭。

对大部分妇女来说，生活在她们自己的世界里并不是与外界隔绝。门无论是开着的还是关着的，都既是象征的又是现实的，不论是在富人的豪宅还是穷人的茅房都是如此。在农村，一个男子进入另一个仅有女人的家被认为是不道德的。晚上门关起来了，正常的来往也停止了——这是一个被注意并被评论的令人吃惊的事实。但是家不是监狱，和别人建立独立关系的机会始终存在着。

友谊不是空话。狄德罗在格兰德瓦尔城堡用有点讽刺的语调来写他所钟爱的朋友索菲·沃兰，格里姆称之为集男女优点为一身的人："晚饭后，妇女们回到房间，我们留给她们一点点互吐心声的时间。当她们在一段时间内没见到彼此，便需要彼此习惯性地拥抱。"

对那些和社会打交道不多的人，友谊仅限于邻居和亲人间。拥挤的城市有大量的发展机会。在图卢兹郊区一个三层楼的房里，住着一个有16个手艺人的家庭。空间的不足、舒适感的缺乏迫使人们走出家门去寻求水、寻求温暖、寻求光明。妇女们便去洗衣房、染坊、灶房和磨房。在法国南部，妇女们常两三个成群来往，和邻居们能聊上数小时。

我们曾认为是室内的工作和活动，现在都涌到室外去了。门

J-H.弗拉戈纳尔：《在喷泉边的年轻妇女》。（私人收藏）

口、街道甚至公共广场都被妇女们占领了。在19世纪，据说她们总是成群地集聚在图卢兹，分拣药草和喂孩子。一个酒吧女招待当然是要刷洗玻璃杯子的。总之，我们所能见到的是不能被严格称之为家庭的世界，而是公共权力控制下的世界。要想把这些个人活动赶回家里及与家相关的庭院、花园和楼梯，需要许多年强制的法令和管理。

17世纪和18世纪之间，公共和个人之间的界线正在发生变化。有许多更深层的迹象表明个人行为常发生在公共的街道上。比戈尔的一个妇女被丈夫打了，两个邻居“出于友谊”会去大街上送食物给她。当一个母亲得知她的儿子死了时，她不是在家里悲伤而是冲到街上，在邻居的怀抱里号啕大哭。

具有自由功能的宗教

节日和供神的日子是逃离家庭堡垒的机会。在法国南部，姑娘们不准肆无忌惮地大吵大闹，但通常她们还是被允许有一定的自由，即使只是施展魅力来吸引对象。当然她们从来不被允许单独行动。在凯尔西的圣-安东尼，姑娘们手挽手在公共广场上散步，天主教徒和新教徒都是如此。夏天，她们在一棵古老的榆树下翩翩起舞，丰维尔感叹地说，“成群结队，是那么的可爱，那么的靓丽，那么的敏捷”，然而又是如此地难以接近，他当时是专卖皇家盐的官员。节日和其他集体的宗教仪式主要是年轻人的活动，姑娘们也抓住了这个机会。

婚姻在女孩的一生中是一个重要的转折点。她的角色突然变了。她老得无法再与年轻人一起活动了。作为补偿，她信奉了宗教。如同市场所提供的小活动，教堂提供了一个在家庭之外与朋友相聚的场合，但免不了处在家人关注的目光下。信奉宗教不仅需要参加活动还要去听教会牧师的传教和季节性的朝圣。妇女们需要逃避，宗教使这一逃避合法化。1709年在布迪-蓬特的郊区阿尔比，梳羊毛工的妻子们在她们的丈夫去酒馆时，坚信世上没有什么能阻止她们晚饭后去听法兰西传道士的传教了。

反宗教改革无意中扩大了女性个人生活的空间。圣-弗朗西斯·塞勒设法调和社会中需要救助的那些人的要求。他的《虔诚生活入门》的影响是深远的。新的布道技术，尤其是传教的使用，促使新的女性信仰模式产生：不管来自社会上层还是下层的女性都信仰宗

A.瓦托：《野外欢庆》。各个阶级、不分性别和年龄的人聚集在河岸，后面的背景是纪念碑。（阿让，市政博物馆）

教。在伟大的基督教真理面前，妇女们被鼓励更虔诚地去体验。在传教士和忏悔者的鼓动下，妇女在她们的日常计划里安排了隐修时间。18世纪50年代一位图卢兹外科医生的妻子就是这样。一个勤勉的家庭主妇，除了偶尔和朋友一起吃饭或和邻居们一起去教堂祷告外，从不外出。每天四点钟通常是一个人，有时也和一个邻居一起去教堂做个人祷告，还去祈拜基督圣婴。

已不再只是家庭内部事务的教育，显然影响着这些发展。那些城市小资产阶级的小姐们常要在女修道院里待上两三年，在那里她们看到了意想不到的未知领域。17世纪中叶，欧什的埃拉伊太太在女修道院找到了友谊，她被一个名叫瓦瓦雷特的法官的女儿所吸引，瓦瓦雷特对生活很热爱。她们的友谊持续到结婚后，她们常互相去对方的家里住很长时间。很多年来她们彼此信任，一起计划，保持着频繁的联系，甚至频繁得干扰了家庭生活，使她们的丈夫很不满。曼农·菲利普有着相似的经历，在她12岁时，她要求父母送她到郊区圣-马塞尔的一个女修道院去，以改变精神面貌为未来生活做好准备。没料想她背着家人交了几个朋友，包括两个主动给她用她们单独房间的修女，在那里她能安静地看书，自由地说话。除此之外，她还与另一个寄宿生索菲·卡内相遇，索菲一直是她忠诚的朋友，直到去世。“我和我的索菲分享一切”——爱好、阅读、思想。因此，修道院学校提供给姑娘们体验生活、接受家庭之外考验的机会，如同大学为男孩所提供的。

私人生活的结构变得日益复杂。然而，当时的一切几乎无助于形成独处或与他人亲近的需要，这需要独特的自由和文化。作为一个孩子，曼农整理了她自己的壁龛，在晚上去那里读偷偷从父亲的工人那里借来的书，她没有告诉任何人。她的母亲看见过，虽然替她保密，但还是注意观察她所读的是些什么书。但达到这种境界的女性微乎其微，即使那些具备一点文化的也很难做到。在图卢兹和蒙特派尼的一些商人家庭中，一些妇女爱好看书，她们从家庭生活的繁杂事务里挤出时间交换书籍，并在傍晚相遇时一起交流所看的书。

从流言到丑闻

不过总的说来，女性的生活变化不大。她们的角色有点尴尬。在家里是女主人，在外则道听途说传播的流言。她们的名声总是如此。她们一无所知但善于交谈，特别是关于他人的私事，这得益于她们在洗衣房和大门口的交谈，因而比其他任何人都知道得更多。据说这是由于生性好奇，下层社会的女性会毫不掩饰地承认这点。一位女性坦白，她“情不自禁”尾随一个过路人；另一位则承认她忍不住偷听他人谈话或忍不住窥视一个邻居。无论她们注意什么都会被传播。至于偷窃或私生孩子这样的事，全镇人不知道是不可能的，匿名更是难做到。在培泽那镇，如果一个店员多看了一位姑娘几眼，一群妇女会马上跑去告诉她的母亲，即使结婚还八字不见一撇，就会打趣女孩“什么时候我们能吃到喜糖呀”诸如此类的话。人们不会看重这样的流言，因为它的不可靠性人皆共知。对于有责任心的男性，尤其是官员们，自然需要更审慎。

反宗教改革运动促动了私人崇拜，尤其是对耶稣圣婴的虔敬。（该图取自《图解萨都尔宁和埃斯帕罗土地登记册》）

然而当家庭的秘密变成了臭名昭著的事情时，情况就完全不同了。受害者得寻找补救办法，否则他的好名声就会丧失。当正常秩序被打破时，妇女在丑闻出现的过程中起着决定性的作用。1780年，在贝达里约，一个女人和当地的医生同住一间房便被认

康斯坦丁：《风景》。（马赛，朗营博物馆）

为是妓女，她一次又一次地怀孕、流产。只要她在怀孕期间闭门不出，流言蜚语就没有了。丑闻是在她公然搬进租住的房子并由一个女仆侍候她之后出现的，“规矩、体面、贞节都不复存在”！

女性是社会控制的重要工具，也经常伤害到她们自己，因为她们是主要的目标。另一方面，作为家的保卫者和家庭道义的捍卫者，她们又在施展自己的特权。为此，她们使用有力的武器。她们靠传播丑闻激起公众的舆论；她们打破平淡无奇的家庭日常生活，但这只出现在发生重大错误时。把她们所知道的揭露出来，这样便给她们不断变化的领域带来公正。

角色的重新界定

“太阳王”的统治从1643年到1715年，其中完全亲政的有54年。路易十四1683年在凡尔赛隆重地登基了，这位年轻的国王已经成熟，从此开始了艰难的岁月，在欧洲人的意识里那是充满危机的年代。人们对世界的看法和人生的观点改变了。政府通过法院、警察和财政机构加强其影响。与此同时，开化的市民们渴望能参与到政府中来。人们感到有必要明确区分公共、个人和家庭的界限。从公共生活中退出不再意味着退休。前大臣蓬查特兰，圣西蒙称他的隐退生活为“处于生死之间的一段智慧和神圣的时限”，把他的一生奉献给了国王、国家以及家庭。在他年老的妻子去世后，他永远地离开了宫廷。但是到19世纪，男人们离开宫廷并不意味着不再效忠国王，却是为了体验一下库尔·布里耶纳所说的“个人生活的乐趣”。

两幅妇女肖像画。没有头的人物形象说明这样一句民间俗语：“愚蠢的深渊、不幸的源泉、唠叨的嘴、争吵的缘由，以及地狱的煽火者。”下面一幅图是一名妇女正在读一位圣徒的生活记录。阅读日渐普及，尤其是在城市里。

仪式和休闲

路易十四在世的时候，第一缕变化的微光就已显现。在凡尔赛，王子和他的臣子们占据着主导地位，扮演着君主的后备军和君主政体追随者的角色。在豪华的政府会议室、沙龙和皇家公园及所有的公共场所，国王过着公众化的生活，他是他自己和他领域里的神秘主人。几乎没有私人生活更不要说家庭生活；一切都是象征性的礼节行为。国王占有一切人，他要求一大堆达官显贵像人质一样住在宫廷里，因为害怕他们叛乱。这些贵族不仅放弃了个人生活也交出了政治上的权力。作为交换，这个了解每个家庭的秘密、无处不在的主人，也给他们些许恩惠。国王本人成了贵族的保护者，当一个贵妇人无限悔恨地发现自己在很不合适的时间怀了孕时，国王成为她坦白的秘密听众。为了保护她的名誉，国王会派遣她的丈夫立即去战场。

因此对于这些贵族们来说，被迫住在宫殿里气味难闻、地方狭窄的楼梯间和阁楼里，也是很体面的。为了聆听国王说话的特权，只好牺牲与家人和朋友的相聚。所以一个世纪以后，当曼农·菲利普看到巴黎的大主教只是为了“每天早晨能悄悄地感受到国王的影响”而住在离凡尔赛很近的地方时，十分恼怒。因为出席是强制性的，而人群是如此的庞大以至于相互很难看见。

在侧厅里，演员们可以有一点休息的时间，国王本人也有溜进几乎无人打扰的私人住处的习惯。不论是谁在公众场合都能和国王打招呼，但在他的密室里与他谈话才是得到宠爱的标志。在很少被描述的私人住处里，国王取下了他的面具。韦内齐安大使普里米奥·维斯孔蒂注意到当国王一跨过门槛，“他的表情就变得不同了，

巴黎的罗亚尔宫。奥尔良公爵将这座位于巴黎市中心的宫殿变成了各种思想的会聚所和交集带。（巴黎，卡纳瓦莱博物馆）

好像出现在舞台上是很无奈的”。私下里他和知己及很宠爱的侍从们生活在一起。他看望他的孩子们并接待他的建筑师，仔细检查他们的计划。当然对权力的控制即便是在曼特农太太的住处也从未停止过，数年来国王已习惯和她一起过正常的夫妻生活。但国王密室里有大量听众的事实，让对此很沮丧的圣西蒙也被激怒了。当国王与一两个大臣私下里工作或接待一位来访者时，曼特农太太总是在场，她是一个永远的知己，被路易称之为“基石”。她知道怎样使他放松，并通过欣赏戏剧和参加舞会来转移他的注意力，那是特地为宫廷内小圈子的人安排的表演。她也说服他去马尔利，路易想象为“小规模和冷清的”地方。那里少了很多麻烦的礼仪、礼节，以至于王妃帕尔坦很是愤慨：“国王几乎不存在了。一切都打乱了。宫廷也瓦解了。”

这样，只要礼仪中有休息的机会，国王和宫廷会很快地自娱自乐，朝臣们重新获得自由——但已不是他们在17世纪初所享受到的自由，因为国王改变了生活方式，他还会一直改变下去，开拓他全新的角色和一种新的自由，当然这由他自己决定。

巅峰时代

18世纪，一种新的生活方式在贵族之间盛行，并在18世纪50年代至60年代达到顶峰。宫廷奠定了基调，国王在执行权力和不让权利完全吞噬自己两个方面树立了榜样。

路易十五不像他的先辈那样热爱国王宝座。他疏远国王的宝

座，谈起国家大事时好像他并非君主似的，“他们认为最好这样做，那就这样做吧。”随着君主政体变得更官僚化，皇室地位在某种程度上变得更遥远了。宫廷仪式的规定仍然未变，国王在忍受这些规矩的同时，希望自己被允许有自己的空间。首先在他的个人密室，后来包括占据皇宫里较高楼层的几处公寓里，他能免于礼仪的限制。他的私室包括沙龙、画廊、一个图书馆，甚至一个鸟舍。对那些获准入内的无比荣幸的人来说，国王的住处是令人愉快的去处，其他人则把它看成是一个老鼠窝。国王厌烦家庭生活，在18世纪，几乎无人赞美家庭的美德。国王大部分的时间与情妇和朋友在一起，要不就一个人待在图书馆里。至于丰盛的晚餐，他会邀请许多常来的朋友，他们在仆人的侍候下大吃大喝。这些聚会的气氛是自由的。国王在公众场合是严厉的、沉默寡言的，而私下里却是快乐的、和蔼可亲的、谦虚的。他把工作负担放在一边而更多地转向他爱好的小型沙龙，那里被谨慎地装潢成灰色和绿色等阴暗色，并被安排得很舒适。国王在这里过着贵族和浪子的生活，他也是一个惯于久坐的人，一个热衷于扑克牌、书籍、猫、太阳镜和咖啡的人。

在国王的带领下，宫廷甚至完全地从礼仪的压制下解放出来。在凡尔赛，反对派仍然发挥着影响力，但朝臣们一只脚在宫廷，另一只脚却在巴黎。贵族们不是在修复过的城里的旅馆打发时光，就是在帕

国王接受洛林公爵的致敬。与所有公开的王家行为一样，致敬仪式和演说都按照严格的规则进行，这些规则强调王权的至高无上。（巴黎，国立图书馆）

P.米格纳尔：《大王子及其家庭肖像》。这是一幅官方的王室太子肖像，他的教育委托给了博絮埃。一只小狗平衡了华丽的场景，它是这个孩子的玩伴。（巴黎，卢浮宫）

在马尔利之前，特里亚农是一处相对私人的地方，国王经常来这里小憩，先是来这里吃顿午餐，后来发展到国王与客人来这里做短暂的驻留。(巴黎，国立图书馆)

格雷文布洛克：《拉缪埃特宫》。一个古老的皇家猎狩驻地。拉缪埃特宫是路易十五1764年修建的，位于布瓦·德·布洛涅的边缘，周围环绕着风光迷人的公园。路易十六经常来这里以逃避宫廷烦琐的礼仪。(巴黎，卡纳瓦莱博物馆)

西或欧特市郊的小房子里消磨日子，更不要提那些无名人士了。他们有时故意去寻求只有巴黎才能有的乐趣。巴黎和宫廷相竞争。公众舆论在巴黎而不是在凡尔赛形成，巴黎已具有了自己的风格。

进一步的亲近现在变得严格而不可缺少，因为自我观察和分析已不再被认为是可恶的了。无数作家不再谈论让-雅克的《自白书》，而去一试自己的身手。但启蒙时期也有它的阴暗面，其中很多是有关欲望的。那些贪图酒色的享乐主义者需要秘密的玩乐场所。其中最著名的当然是为萨特所青睐的修道院，虽然它对外界是关闭的，但对那些被允许进入的人是敞开的。18世纪后期激增的色情小说，详细探讨了性方面的情况。安德烈·内尔西亚，肖代洛·拉克洛同时代的人，在《我的越轨》一书中描述了一个浪子的一生。这时建筑起着重要的作用，它保证了享乐的秘密。一架笨重的升降机在公寓楼层间加塞材料的柱型空间里升降，真正创造了一个淫荡的迷宫。只要配备了合适的钥匙，任何先生都能坐升降机下来，经过一面倾斜的镶板进入某个他渴望的秘密房间，房间本来的入口已被封闭，这样确保别人不知道谁进去过。除非房屋的主人，悉尼阁

精心喂养出来的可爱的猫和狗，它们得到孩子般的待遇。贵族阶层尤其重视猫。路易十五曾有一次因为他的猫被侍从虐待而勃然动怒。家庭宠物的流行表明，一种对自然和动物的新态度正在出现，自然和动物不再被看作是“野蛮的”。(巴黎，国立图书馆)

下，要满足自己能窥测整个迷宫的秘密的欲望。建筑师为他在两层楼间建造了一间秘密的房间，通过柱子里的声音话筒和窥孔与每间卧室相连。这样窥淫狂可以躲在暗处，确保了他的不可告人的秘密不为人知。

贵族阶层的成功典范

现在说一说狄德罗，一个来自朗格勒的刀剑制造商的儿子，50岁时已成为文学界的领衔人物，为许多非常有名的沙龙所接受，包括巴龙·奥尔巴赫沙龙（在上层贵族间也有信他哲学的虔诚信徒）。由于他在许多方面是一个“新人”，这使他能清醒地去体验生活方式改变的程度。过去人们生活在亲人中间，结成小团体，经常光顾小酒店。群体不接受年轻人，姑娘们更是被排斥在外，甚至连她们的母亲也不例外，男子在一边，女子在另一边。如今人们混杂在一起，18岁的年轻人也加入了进来，他们出于无聊而赌博。人们也习惯分开来生活，小孩几乎不睡双人床，大人也各自有了自己的住

奥尔巴赫男爵肖像。18世纪60年代，奥尔巴赫男爵在格兰德瓦尔经常接待狄德罗和格里姆。男爵慷慨好客，自己也是一位哲学家，使他获得了“哲学家之家的主人”的美誉。（尚帝伊，孔代博物馆）

卡蒙泰勒绘制的埃皮奈夫人之母与其仆人和女儿的家庭教师一起下棋的肖像。（尚帝伊，孔代博物馆）

处。生活分成了两种职业：淫荡和事业。一个男子要么在办公室里和职员在一起，要么和情妇待在他的小别墅里。

不同年龄、性别和地位的人因此比以往任何时候都更多地掺合在一起，但事业和娱乐之间的差距拉大了。据狄德罗的描述，他的家庭生活简直不堪忍受，他的家很难算是和平的港湾。他娶的是一个坏脾气的纺布女工，她是一个脾气暴躁、爱挑剔的女人，他觉得自己是不幸的，对婚姻根本不满意。他的女儿对泼妇母亲也只能顺从和忍受："什么样的健康身体能受得了？"狄德罗回到家里安慰女儿并负责她的教育，但他真正的生活是在别处：在那些年里，他忙于写作和出版《百科全书》。他上午和作者、印刷商、书商和雕刻师做常规的讨论，"在写作和工作上我用尽了心血……用坏了眼睛，看着盘子也净是文字和字母。"每到晚上，朋友、娱乐、女儿的功课占据了他的时间。一天，他和格里姆在图勒里吃饭，饭后两人在巴黎散步，"我们聊天"。有时他去剧院看戏，晚上的时间经常是消耗在沙龙里。尽管他的日常事务很烦冗，但私人生活明显给他提供了权利、义务和自由。

法国学派：《出发去打猎》，18世纪。在18世纪的油画中，室内情景是相同的，与前一个世纪相比，它们较少拘泥于刻板的气氛，表现出更多享受自然和社会的意愿。（奥尔良，美术博物馆）

在一个秋天，他生命的高潮期来到了，他和巴龙·奥尔巴赫去了格朗瓦勒，在那儿住了很长一段时间。他在那里发现了怎样使18世纪的生活变得有意义，那就是舒适和自由。他住在一处安静、令人愉快、温暖的公寓里，这栋房子最舒适的地方，因为他喜欢舒适，因此农村便是一个绝好的地方。他的房东也不对他做任何要求，任他自由读书、写作或休闲。许多下午都是他自己的。但格朗瓦勒也不是隐士居所，来访的客人们不仅给餐桌上带来愉快，也给思想上增添了乐趣：“冰淇淋！哦，朋友们，多好吃的冰淇淋！你们在这里真太好了，你（索菲）是如此爱它……在这里不可能忧郁。我胖得像个球一样，我的肚子伸到了桌子，我的背靠近了炉子。”乡村生活的魅力是：可以忘记一切负担，人可以从写作的劳苦转移到社交的快乐中去。下午或晚餐时，男爵的朋友们或如埃皮奈太太的邻居们聚拢来，半是调侃、半是严肃地谈话，谈谈长毛狗啊，或去思索阳光下无所不包的事，因为开明的大脑应该能理解人类全部的知识。谈话中没有任何的约束，只需机智和得体的言语。客人走了后，几个知己仍然在一起品味，甚至度过更快乐的时光。狄德罗喜欢火炉边的闲聊，喜欢和法瑟·胡普坐在山谷的斜坡上长谈。晚上，妇女们准备沙龙的晚餐，男人们则戴着睡帽穿着长袍悠闲地说话。狄德罗认为，要避免过多的寂寞，因为寂寞往往是“坏脾气”的来源。这篇有魅力的乡村度假叙述展示了一个时代，一个不是简单地把私人生活想象为流放、宗教和老年问题的时代。

角色的多重性：外省

宫廷和城市领导着潮流的方向，外省则追随着它们。1686年，出生于图卢兹的马尼班省长，对省里的贵族改变生活方式产生了相当大的影响。作为图卢兹议会的首要主席（法国第二重要的议会），他最初似乎把他全部的生命都奉献给了国王，职位和头衔的职责压制了他个人的生活。他的家人属于上层阶层（因为任职于司法办公室需被认为是贵族身份），但实际上只是徒具上层外表。他家的财产到17世纪中期，由于精心经营已经增长到约一百万锂（法国古币单位，全文同）。

马尼班注定拥有最高权力，特别在他离开图卢兹去巴黎任职十年后。他没有从图卢兹贵族中挑选一位新娘，而是在巴黎得到绝配。他1707年娶了拉穆瓦白，她给他带来了24万锂的嫁妆，他也因此和在巴黎议会里居于领导地位的家庭有了接触的机会。他变成了大臣拉穆瓦白尼翁的妹夫和报纸杂志主编梅尔舍伯斯的姑父。频繁地来往于巴黎，使他与姻亲的关系加强了，他开始和大臣定期通信。在写有“只告诉你”的信件里，他和盘托出他的观点、他的痛苦、他的醒悟。1722年马尼班被任命为图卢兹议会的总主席，直到他1762年去世。作为国王忠实的臣子，他深受公正的精神和和平的渴望的激励。然而他也拥护议会，议会内部时常为宗教和政治观点吵闹不休。强烈的责任感使他放弃了去追求友谊和自身利益的机会，他从不允许主观愿望干扰纪律和工作。作为一个模范官员，他在凡尔赛王宫维护着图卢兹人的利益，同时在他的管辖区域，他极力加强国王的权威。例如在1727年9月，他在巴黎获悉泛滥的洪水已淹没图卢兹的圣-西普里安郊区，他立即去察看现场。他积极努力，动用了国王赠送的95000锂的礼物来援救受害者。秩序稳定后，国王及时得知了他的政绩。

象征主义在马尼班的生活里起着重要的作用。一个宫廷官员几乎离不开礼仪。他坚决为年轻的地方官员制定规矩，要求他们表情严肃，步伐缓慢，“他计算着步子，令人惊奇地知道正好前进或后退多远……他认为一个官员大笑时，脸上的肌肉绝不能抖动”。所以他总是以官员形象出现，举止完全符合自己的角色。他具有敏锐的眼光。他属于被称作是忧郁的忏悔者的贵族公会，这也是议会总主席的职责，同时还是转化的犹太教的教父。他的继承者加入了“完美友谊会”，他是学者们的保护人、科学院的支持者。他对穷人慷慨大方，穷人们把他看做“人民之父”。他的旅馆欢迎任何人。这也是他对陛下贡献的一部分，因为事实上他并不喜欢科学、图卢兹的沙龙和剧院。作为回报，他获得了人民的尊重甚至是崇拜，不论何时只要他在公众场合露面，都会受到很多人的欢迎。

对于他来说，过奢侈生活是一个官员的义务。马尼班过着无比奢侈的生活。外省的任何人到他家吃饭都受到欢迎，每天晚上他在萍斯旅馆举行晚宴，隆重招待重要的客人。1754年，朗格多克的总指挥官，马歇尔·黎塞留成为他一次晚餐的尊贵客人。那次宴会共4桌，每桌有25人。国家的重大事件，像1752年国王的婚礼，以及1744年他恢复健康后随之而来的皇太子的婚礼，都要用烟花爆竹、

俱乐部、咖啡馆和哲学协会，是启蒙思想汇聚、交流信息和在家庭以外交谈的地方，它们使“公共精神”在一种半私人化的背景中流行起来。(巴黎，国立图书馆)

旅馆的灯火、喝酒来庆祝。

所有这些都是人们所期望的。一个伟大的贵族必须维持一个华丽的家，尤其如果他代表着国王。他的工作，一年仅提供给他15000锂的收入，这自然不能满足他的开支，但他私人年收入约60000锂左右，这才能使得他收支平衡。所需的花费很惊人，外省的贵族习惯上依靠他们自己庄园生产的产品，但那些代表君主政体的贵族们却得从巴黎购买物品：精致昂贵的衣服、仆人穿的制服、照明、焰火、一个有四个座位的马车和马匹（其中六匹是1751年花大价钱买入的）。厨师每年须付120锂，大桶装的糖和调料得从波尔多订购（在1741年11月是331 埃居）。一种在巴黎从未听说过的酒从勃艮第用船海运来，为此，马尼班在1730年花费了525锂，即使他自己还在阿马尼亚克拥有很多的葡萄园。他雇佣了17个佣人（一般议员家庭是6个），3辆马车和多顶轿子（相对于他同事的一辆马车和一顶轿子）。除此之外，他还得付一个专门替他处理通信的机要秘书工资。所以，当他在1752年检查他的账本时，发现60000 锂已所剩不多时感慨道：“只有公众的财产才花不完。”

约瑟夫·加斯帕尔·马尼班为议会主席的特权付出了昂贵的代

新古典风格的旅馆，建于热衷于简单线条建筑理念的世纪。（图卢兹，保尔-杜普伊博物馆）

价，官方和个人的职能没有显著的区别。当然按要求为国王效力，也带来恩惠和养老金。为公共服务的越多，他希望从国王那儿得到的越多，马尼班的期望很多，但他很失望。他在写给他当大臣的内弟的秘密信笺里措辞激烈，因为他在家里几乎没有机会发泄失望情绪。流行的婚姻排除了夫妻间的亲近，于是不管在狄德罗和索菲之间，还是马尼班和拉穆瓦白尼翁之间，信件成了发泄情绪的一部分。

马尼班独自居住在一家对人人开放的旅馆。他没有家庭生活，很可能是时尚的巴黎式婚姻的结果。尽管婚姻合同里有规定，拉穆瓦白尼翁小姐还是拒绝在图卢兹省居住，她的生活不能没有宫廷和巴黎，正如侯爵怨恨地指出的，那里的生活费用很高。至于说孩子，她只给他生了两个女儿，这也让他很失望。因为这样，他的职务和财产在死时只能传给他的堂弟康皮斯特农。两个女儿当然在巴黎长大，最后都在宫廷里找到了极好的配偶（马洛兹侯爵和利夫里侯爵）；国王签署她们的婚姻合同。她们各自获得了450000锂和500000锂的嫁妆，其中50000是现金。马尼班被迫向朋友借钱，因为他妻子拒绝拿钱，在谈判结束时，他感叹说："一个男子需要大量的耐心。"不过他的确很爱他的女儿们。

马尼班的生活总是在履行永无止境的职责，只偶然和家人联系一下，次数少得可怜。他也没有什么隐私。直到1748年他才给自己买了件礼物：作为补偿的一处宁静的休息场所，一个消遣的地方。他为此花了很多的钱：48000锂，为修缮它又另外花了23000锂。这个庄园在布拉尼亚克，距图卢兹三英里远，不能带来任何收入，但它是马尼班在情绪低落时能去“放松和享受乡村”生活的地方。作为一个已有好几处城堡的男人，他不需要再多的了，但这一处却让他感到满意。那里的一切都是新的，甚至床，重新的装修无一丝多余的豪华。不用戈布兰和其他的挂毯，马尼班更喜欢刷得雪白的墙壁和坚固的家具。他节俭开支只注重真正的舒服。与在旅馆的生活相比，这种生活方式是质朴的，因为在乡村，那种夸张的形式是不需要的。仆人也是少有的忠心，马尼班只保留了一个私人秘书和两个园丁，然而，尽管他没有谋取利润的兴趣，他还是坚持营造了一个花园和公园作为享受乡村生活的基本

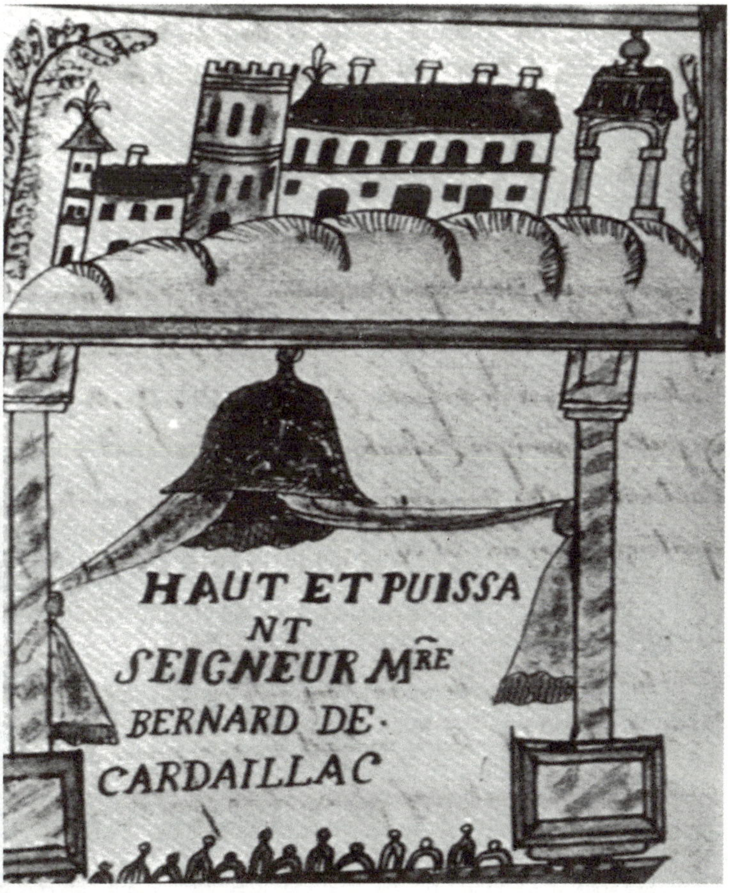

一座乡村剧院和一座乡下城堡，图卢兹高等法院的法官们在这里度过他们的司法休假期，这里没有不适当的奢华。(该图取自《图解萨都尔宁和埃斯帕罗土地登记册》)

设施。两英亩半的花园给他餐桌上提供了芦笋、朝鲜蓟（花头）、草莓和其他时新的水果和蔬菜。他明确要求在25英里的公园周围建造围墙，但他不在意图形设计和雕像塑造，任由来自加龙河的宁静凉爽的微风吹拂。

马尼班在这里毫不铺张地生活着，甚至很节俭，穿着随便。他很少单独住在那里，因为他害怕孤独。他喜欢邀请朋友们来这里，他们欣赏他的情趣。他说："如果只有我一人在那里，我会厌烦死了，但我总是有许多来访者，因为这里离城市近。"总而言之，马尼班的生活在他的时代和像他这样身份的群体中很典型：为补偿自己长期肩负的职责，允许自己有一处私人的住宅，不是和家人而是和秘密圈子里的朋友在一起。马尼班在年老和疾病缠身时更渴望隐退的生活。拉穆瓦白尼翁全家请著名的菲济医生给他治疗疾病，菲济医生也给卢梭看过病。马尼班的女儿，利夫里侯爵夫人，亲自来安慰他，在他去世前的3年里，她甚至来图卢兹居住。对死亡这件

王后的哈姆雷特曾被广泛地复制，敏感的灵魂享受孤独的幻想和乡间劳作。实际上，"野性"被事先精心地布置好，为追求自由和简单生活的贵族提供方便。（巴黎，国立图书馆）

贵族阶层的赌牌者参加赌博游戏，在赌博密室的紧张气氛之外，在这个设计高雅、满是名花异草点缀而显得迷人的环境里，他们也没忘记其他娱乐活动。巴黎高等法院对文明社会中赌博盛行痛心疾首，悲叹自己无力扫除这种陋习。赌博在社会层面上成为一种罪恶，让许多家庭家破人亡。（巴黎，国立图书馆）

事，这位地方长官战胜了自我，他在遗嘱里陈述道："我要葬在我的教区的公墓里，不需要任何装饰，也不需要葬礼悼词，我明确禁止它们。"但实际上他的葬礼很隆重，所有议会主席应得到的豪华仪式他都得到了，甚至还超过了。20年后，思想观念改变了，他的继承人皮乌尔特遵照了他的遗嘱，被简单地埋葬了。

一种生活方式的结束

到18世纪末，人们已明显厌倦敏锐的才智和空洞的理性主义，一种禁止文人自发性的风格兴起。热情洋溢的激情又开始流行，"回去，挥霍者，回到自然去。"（奥尔巴赫）继狄德罗的布甘维尔旅行记之后，大西洋的旅游故事、塔西提岛原始社会的描述，都表达了人们要在自然怀抱里重新寻找快乐和纯真的愿望。在上层贵族之间开始盛行在离巴黎不远的乡村寻找一个地方，在那里能欣赏荒野的幻影。这些在过去都被认为是傻事。最突出的例子是在凡尔赛的帕蒂·特里和圣-克卢：国王送给王后的礼物是作为20岁的王后隐退后的居所。严格说来，这些是个人财产：任何人甚至包括国王如果没得到邀请都不得进入。它们只是简陋的乡村房屋，面积不大但里面的设计和陈设却很精致。哈姆雷特之后在凡尔赛，也能在建造精巧但外表简单的公园中过农民式的生活。

大量的证据表明，即使是国王也渴望一种没有宫廷礼仪限制的生活。“我不在乎宫廷，我要像市民一样生活。”自由的生活来源于友谊和共同爱好的快乐，几乎没有义务和礼仪。人人爱做什么就做什么。王后没带随从，穿着白色的细薄棉布长袍四处闲逛，“她不再是王后了，”她的反对者们叫道，“她只是个时髦女人！”然而，不要想象君主制礼仪在凡尔赛的宫廷里有丧失的危险。王后尽可能地住在她自己的房子里，与仆人和朋友在一起。她坚持要她的服装师贝尔坦和理发师莱昂纳尔继续拥有自己的顾客，这样避免她们失去灵感。

显而易见，王后热切希望逃离君权的负担，去体味更实际的生活。结果是她把君主制从自然环境里分割了出去。年老的公爵夫人不愿去见她，因为她们从不知道王后是否可以接受她们的敬意。她局限在自己选择的圈子里，容忍他们令人吃惊的自由方式，特别是她的朋友波利尼亚克公爵夫人，竟说：“我认为陛下正是希望来参加我的沙龙，没有理由排斥我的朋友们。”王后屈服了。这样，对君主权力的一种限制得到了确认：他人的私生活与自己的私生活一样值得尊重，是不可侵犯的。公众对私人权利空前的发展却产生了反感。最开明的市民们只是想摆脱礼仪社会的种种限制，从而最终参加到政治决策中来。

革命性的变化

我们来看看1789年，启蒙运动的最后年代，一个对现存的社会制度广泛批评的时代。许多人像罗兰夫人一样有了“考虑人和社会的关系”的习惯。在政治体系正在重新形成，人的权力正在被争取的时候，这个问题非常重要。统治他们的旧秩序和旧法规已被废除，个人的首创精神领域被打开。许多人因此更关心市民个人特权的扩大而不是可能被滥用的政府权力。

借助于私人的记录材料，我们能追溯古农一家的生活轨迹，外省的一个贵族家庭。1798年家里的主人约瑟夫是富裕商人。他1725

年出生于图卢兹，在生意中发了财，成为了一个城市的地方官员，并通过购买一处庄园而获得了贵族身份。他娶了一位贵族家庭的女儿做妻子（她家有几个人在图卢兹市政办公室上班），因而被人们称为古农先生，卢能斯勋爵是旧体制下的头衔。然而，他通过商业获取财富的事实是值得提的，在议会统治下的城市一般都是通过拥有土地而取得财富的。通过官场和占有土地取得的荣誉比从商获取荣誉要更普遍。

在约瑟夫顺利地发迹从而成为杰出人物的过程中，他的主要兴趣只在于他的家庭和管理他所在的城市。约瑟夫和他的兄弟们继续像以前一样生活着。最小的弟弟被送到巴黎，代表图卢兹在皇家机关的办公室任职，为傲慢的官僚们充当职员。他们一家消极地接受启蒙运动的思想，虽然这在城市的杰出人物中已成为普遍的潮流，但他们从不使用贵族的礼仪。每月他们都互相通信，有些信标着“机密”字样，然而，没有一个人使用朱兰·莱斯皮纳斯或狄德罗的冷漠的自由语调，但也不十分亲密。他们仅仅表达了在所有的艰难困苦甚至面临官司时的不可动摇的关爱和团结。约瑟夫坦白地说：“我总是为着我们的名誉着想。”

家庭肖像。一个是法官的传统形象，他佩戴着自己官职的标志物。在私生活里，他是个细心的父亲，在妻子亡故之后他没有再婚。这幅图描绘的是当时的风气，他摆出一副最有尊严的姿势。（私人收藏）

像菲利浦·阿利埃斯指出的那样，古农一家对他们的孩子倾注了不同寻常的关爱。他的妻子很年轻时就去世了，之后约瑟夫一直未再婚，他的大部分时间都花在了三个孩子的教育上。他的个性可从他对自然科学的爱好上略见一斑，这是他和兄弟们及朋友们一起分享共有的讨论的兴趣所在。他从巴黎订《自然科学》杂志，并订阅了不同的报纸。他对农艺学、气象学、经济学以及所有与他管理财富和作为公众官员身份有直接关系的科学都显示出非常的好奇。

考虑到约瑟夫·古农广泛的科学兴趣和作为公众官员所显示出的能力，人们就不难想象他对公共事务表现出的积极兴趣，这些事务主要是在凡尔赛处理的。多亏了他的弟弟，他能及时知道发生了什么。他曾一度在朗格多克庄园作为他城市的代理人，因此他比其他大多数人更清楚地知道，像图卢兹一类的省会管理主要依赖蒙彼利埃州长采取的措施或国王的议会签署的法令或一位大臣寄来的信。有时候这会激怒他，然而兄弟俩都不想当改革家，都不准备去提出一个具体的方案，为了其他像他们一样的人能在政治圈里更成功。为了跟上传统，他们只简单地罗列了他们的伤心事。不久，全法国的城镇都把充斥着相似苦情的案卷摆在了国王的面前。

阅读老手们不仅将阅读作为一种独自思考的活动，而且是发出热情评述的活动。从图中人物，我们可以读出各种各样的表情，有中庸的、迟钝的，还有武断的、虔敬的。（图卢兹，保尔-杜普伊博物馆）

古农一家批评宫廷的巨大浪费，他们反对阿德米拉尔·埃斯

坦，支持内克尔的回归。他们被议会的要人激怒，抱怨专横的皇家官僚主义，给城市的仆人发放的工资过高（那些人声称自己每年挣一千多埃居，而且来办公室仅仅为领取工资）。所有的批评中没有新颖的东西，仅是批评对穷人的税收太高，反对对君主的忠诚，支持改革。他们兄弟赞成现代改革，也希望自己进一步加入公众生活。对新社会的提倡，他们既不盲目乐观也不过分空想。

然而，约瑟夫·德·古农，一个前市镇官员，也是一个傲慢的地主，他刚刚让一个封建法专家清理过他的土地登记册，并提起诉讼加强自己的狩猎权。约瑟夫一边极为好奇地关注即将到来的第一次革命，同时也不希望与过去突然决裂。全家人像每次遇到不寻常事件时那样，都更靠近了。地主们先是担心封建权力的废除，后来又担心纸币的流通和税收系统检查。那些没有在竞选中获得权力的人做出了最大的反应，试图继续能对国民议会的成员施加影响。他们在巴黎收集信息，然后传给在图卢兹的通信员，以便对迅速变化的形势做出反应，这时候信息发挥了作用。例如，1790年的秋天，在面对来自“人民的敌人”的威胁时，古农一家毫不犹豫地签署了一项既忠于国王又忠于国会的声明。实际上他们正逐渐从公众生活中隐退。他们不与人来往，只小心翼翼地旁观。他们最大的愿望是革命能迅速结束。

与过去决裂

1792年，一切都突然变了。战争和君主政体的瓦解推动了革命。新共和体制着手创造以社会契约为基础的社会。它将成为所有市民的社会，每一个市民都渴望所有人的好处。一个新世界开始了，这是一个想象中人人都接受并被法律所规范的社会，应该具有透明、和谐的社会关系。同时，在诺言实现之前，共和国处在危险之中，受到来自外面的敌人和内部的叛徒的双重威胁。全体市民被期望在共和国需要的时候加入进来，成为不可分割的一体。

对于古农一家和其他类似的人来说，他们对卢梭的政治主张一无所知，革命的变化标志着一个他们所了解的世界的结束。建立理想的共和国需要打破旧体制，全家显然对此持怀疑态度，

“我们的身体上有三个洗刷不掉的标记：我们是前贵族，我们的财产言过其实，我们已到了该平静度日的年岁。而现在人们只要提到前贵族或以前被封的贵族时就会勃然大怒。”他们为了被新政府接受，只得证明他们的忠诚。一种方法是购买证书——一种新的可以用钱购买官爵的方式（像旧政权里的皇家官员一样进行粗俗的移位），这对任何希望被看作是爱国者的嫌疑犯来说不可缺少。古农一家不知道该转向哪条路。已习惯恺撒式的政府的他们现在得面对不流血而产生的新政府强制性的要求。他们被迫对付发放忠诚和居住证件的生计委员会和办公署。在1794年，他们必须上交每一次征用单上所要求的谷物和干草，否则就得面对死刑。他们必须交纳税金，必须向政府捐献义务贷款，是不再偿还的贷款。

作为市民，古农在图卢兹附近的庄园里寻求避难，他在那里度过了很长时间。履行他的公民义务是他的全部任务——一个艰难的任务。在旧体制所有使家庭地位抬升的东西都成为新体制批判的对象。约瑟夫在写给他在图卢兹的一位表弟的书信里，道出出身良好的他被迫正视主张人人平等的新社会带来的痛苦、他的辛酸和不解。每一次旅程，每一次新证件的申请都需要出示证件和护照，“我的所有证件都必须很好地保存。”这个前贵族就这样沦落到类似旧体制下无家可归的流浪汉那样的境地。

更繁重的负担在1793年来到，大面积的征兵以及对国家的热爱，要求所有人做出牺牲。让·姆蒂亚斯·古农，家庭的长子，立即被送往部队，在那里他对长官的野蛮和战争的艰苦感到恐怖（腐烂的食物、在户外度过冬天的夜晚、白天挖战壕、疫病）。根据让的观点，只有农民们才能忍受这些恶劣的条件，他特别羡慕他们的刚毅，“但它对我们而言则无法忍受……要是能回家该有多美呀！”

在这样无法预知未来的情形下，仅仅彻底奉行法律和法规是不够的。忠诚必须用具体的方式来表明。古农一家很快认识到新的教训，“基督教的美德是好，但它们在当前不适用。”目前所需要的是爱国的好名声。充分记录每一项忠诚的举动是必要的。一次又一次的捐送，在图卢兹的表弟建议捐送给市政当局的金钱（1794年革命政府发行的一种纸券或纸币，价值400锂）换来一张收据或更好一点的，一份公社的宣誓书，"宣布你是一位真正、良好、有贡献的共和国公民"。在1793年的冬天，他表弟本人送给共和国的俱乐部一个"匿名的礼物，叫一位搬椅子工人送去价值130英镑的床单和桌布，并附上信件"（他把这送给约瑟夫，作为示范，并叫他立即送还）；他坦白承认，他确信正直的人都能根据亚麻布制品的标记、信里的准确表达知道捐献者是谁。

革命的风声在1794年更紧了。表弟的建议比以前更多了，他建议在"理性庙"（大革命时代为了炫示理性，将巴黎圣母院改名为理性庙——译注）露面，但避免去仍旧开放着的两个教堂，因为有传言说市政议会已经决定"登记去听弥撒的所谓的优秀爱国者的名字……我将参加我自己的特别弥撒，我不会只是为了看祭坛上的牧师而打搅平静"。不过，去参加邻近地区组织的各种庆祝活动是明智的。在晚餐时间，大家把一张桌子放到大街上，摆上一两碟菜。人人唱着爱国歌曲，在利伯特广场跳舞。"我们都很开心。全家人都在一起，包括孩子，一点也不顾及寒冷。我们也不想剥夺他们美好和欢乐的享受。"从这我们可以看出，集体交流中一个最初的意图，是为了克服传统的冲突和个人的积怨。

避难

古农一家不是坚定的革命支持者，尽管他们声明对公众有信义，其实那只不过是安抚的动作。以前他们从来不像这样完全从公众生活里退出，但现在他们一个住在富尔克维克斯一处遥远的乡村房子中，另一个则畏缩在图卢兹的屋子里。除了一位忠实的朋友偶尔来访外，后者唯一的快乐就是他的科学爱好：阅读雨水测量仪。他的生活完全个人化，常常戴着眼镜看着窗外感叹道："多悲哀的生活啊！"

事实上，这种生活是双重的。履行被要求的仪式以确保安全，低调的生活使之幸存。全家求助于可靠的同盟者，他们的委托人和交往者。请求一个生计委员会的成员，"我们的一个亲密的熟人"不要再发征用文书或免除让·姆蒂亚斯·古农的兵役，因为其视力不好。在富尔克维克斯，家人为让租了一间房子并在一家小饭店定了三餐饭，这样他免于和他的战友们一起住在野外。活命是一切，能活下来比以往任何时候都更要依靠关系。得到食物是一个大的考

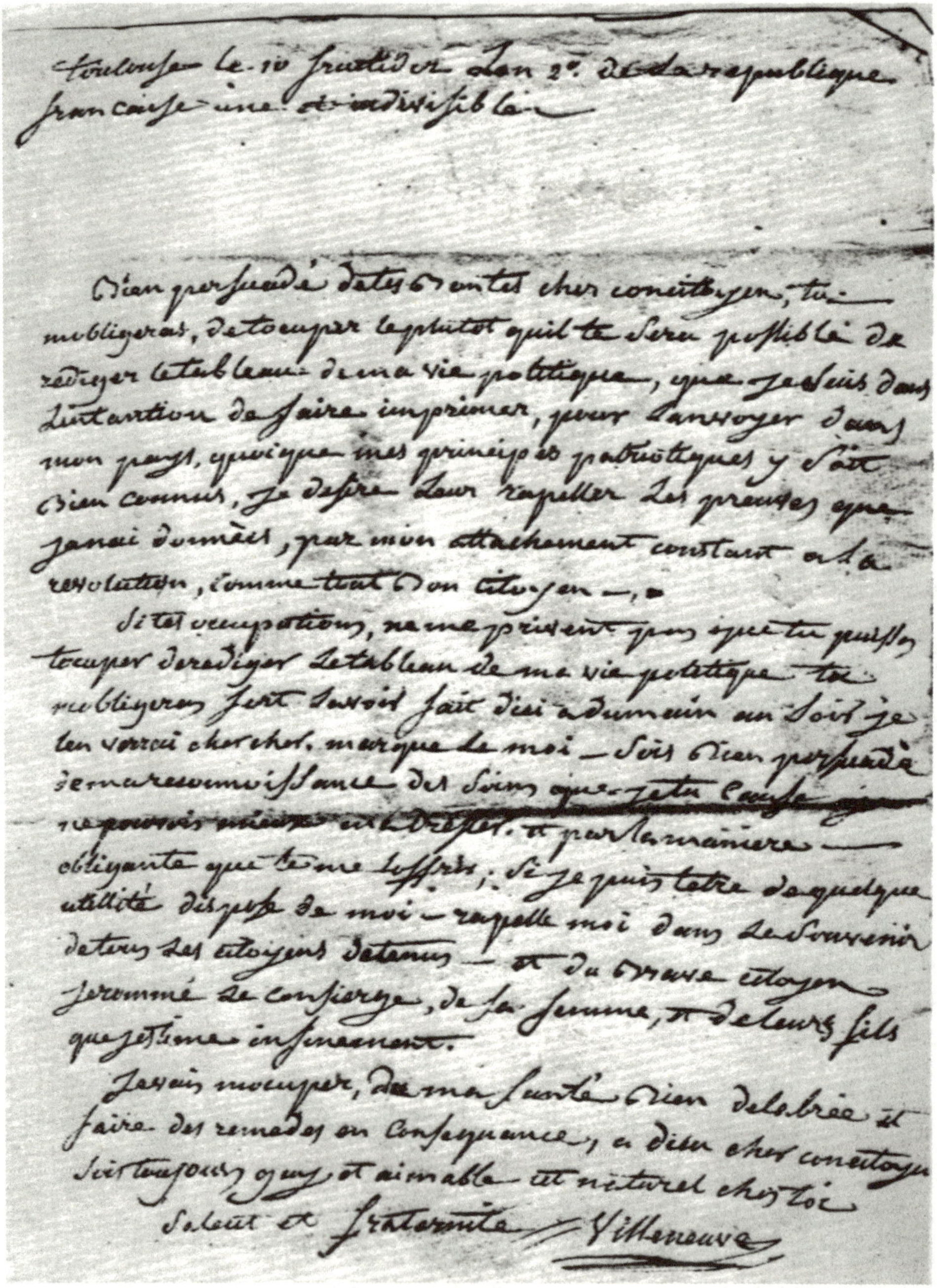

Toulouse le 10 fructidor l'an 2e de la republique francaise une et indivisible

Bien persuadé de tes bontés cher concitoyen, tu m'obligeras, de t'occuper le plutot quil te sera possible de rediger le tableau de ma vie politique, que je suis dans l'intention de faire imprimer, pour l'envoyer dans mon pays, quoique mes principes patriotiques y soit bien connus, je desire leur rappeller les preuves que j'ai données, par mon attachement constant a la revolution, comme tout bon citoyen —.

Si tes occupations, ne me privent pas que tu puisses t'occuper de rediger le tableau de ma vie politique tu m'obligeras fort l'avoir fait d'ici a demain au soir je l'en voirai chercher. marque le moi — Sois bien persuadé de ma reconnoissance des soins que je te cause ~~que je pourrois mieux en desirer~~ et par la maniere obligeante que tu me l'offres; si je puis t'etre de quelque utilité dispose de moi — rappelle moi dans le souvenir de tous les citoyens detenus — et du brave citoyen Jeromme le consierge, de sa femme, et de leurs fils que j'estime infiniment.

Je vais m'occuper, de ma santé bien delabrée et faire des remedes en consequence, a dieu cher concitoyen sois toujours gay et aimable cet naturel chez toi

Salut et fraternite Villeneuve

在大革命后，信仰活动不再是参加教堂活动，而是如何将私人美德表露在公共舞台。男人们公开阐释自己的政治信仰。（私人收藏）

验。生活物资因种种原因（他们提到通货膨胀、价格上涨、保障部队必需品的供应）很难得到。图卢兹经历着物资短缺。在1793年，人们在清晨六点钟就在肉店门前排队，还常常空手而归。

事实上，在图卢兹的表弟，尽管已到了该是无牙的年龄，却仍是一个美食家和贪食者。他做梦都想着多汁的肉、脆脆的蚕豆和精制的陈葡萄酒，但自从规定葡萄酒必须用玻璃瓶装并以固定价格出售以后，这一切都不可能了。但是他不喜欢酸酸的新葡萄酒、黑黑的面包和咬不动的肉。所以他得找一个办法，一位机灵的小仆人设法在镇上找到了食物，另外的供给是利用种植者给生计委员会送食物的车从富尔特维克斯送来的。约瑟夫送来木头和干菜，他的表弟大喜过望，说："你送的东西让我高兴死了。"他记下每样东西以便日后还钱。他本人依靠可信任的朋友，扮演着既活跃又隐蔽的角色。像许多其他人一样，他与人交换难以找到的奢侈品，像烟草（可得到的最好东西）和巧克力，并直接从巴约纳换取阉鸡和舞鞋。

一个人很难这样进行双面交易。古农一家，不管他们做什么，别人都怀疑他们只不过是在努力保护他们的家族和财产。他尽量满足公众的希望，说着爱国的话，遵守第九个特默多声明（结束了恐怖统治），"可怕的消息突然从公共安全委员会最著名的委员那里传出……人人都在好奇地等待下一步会发生什么。"古农一家用含糊的共和国措辞描述着，"祖国现在比任何时候都更需要内部的协调和和平，在边境需要到底的战争……我们必须有坚定的决心去穿短裤。"然而，他们的烦恼没有随着恐怖统治的结束而结束。1797年，一度又面临政治和金融危机以及新一轮的逮捕，约瑟夫写道："似乎革命才刚刚真正开始。"

最终他们的良苦用心得到了回报。表面上爱国的他们，从公众视线里隐退，等待着，一边沉默一边关心着新闻和传言，信中什么也不写，除非是由所信任的信使专送的。1794年，一个他们熟悉的城市官员对他们说："你们还抱怨什么？所有的前贵族都被捕了，只有你们还待在家里！"对于那些经历过雄心抱负和官场世事的人来说，都对正义和理性改革抱有一份希望，这样的举止行为是理想化的，少数人说服自己追随卢梭的禁欲榜样从世界中退隐。对于其他人来说，重新分配权力和自由是困难的。他们对通过市民

自由树，作为最高的自由美德和合法性工具的世俗根基，是由主权人民树立起来的。(图卢兹，保尔-杜普伊博物馆)

参与甚至牺牲来创造一个理想的平等国家的理想毫不理解。他们所看到的，只是个人生活领域所遭到的威胁。

从这两个世纪的概况中能得出什么结论呢？传统的社会无论是现实的还是人们所期望的，绝不是同一的和统一的，它被少数特权者统治着，他们能用新方式思考公共和个人的分界。对于那些少数的统治者，他们受到法律和社会制度的保护，享有个人生活是自由的标志。但对于其他人，那些很卑微的人，特别是分散在农村的大批的农民，他们根本没有自由。家庭和工作压得他们几乎没剩下多少空间去寻求变革，除了那些愿意以自己的生命和忍受长期的等待为代价的人。

放弃了传统的人几乎没有幸存的。当控制放松的时候，人们有机会一起致力于共同的事业，或者从一起跳舞、赌博或狩猎中获得乐趣。在一个知道如何等待时机和掩盖需要的社会里，是不会缺少这样的机会的。个人生活不是用个人的词语来表达的，它包含了或多或少的公开活动，填满了集体义务的空隙。并不是说人们不寻求亲近（在婚姻里）或者隐私。也许个人最关心的是钱：积攒、藏着、传给子孙或经过耐心考虑后再投资。

乔治·斯特尔特在他的书《车轮匠的车间》中，质疑个人生活是否能在所有传统社会存在。思想、行为、商品和服务的交换都是如此的仪式化，以至每个个体的生活反映着根本的和充满生机的大众化生活。然而人人都有自己的工作、职责和感情。一个人可能与另一个人很相像，但每个人都有自己的交往关系。虽然个人的生活的确存在，但它和必不可少的社会是不可分割的。

R.德·图尼耶莱：《火腿午餐》。（凡尔赛，朗比内博物馆）

朋友和邻居

追随着人类学家的步伐，在最近二三十年里，研究近代早期的史学家已经对家庭倾注了大量（甚至过多）的关注。众多的资料使对家庭的研究不断向前推进。无穷无尽的文献讨论着日常生活、家庭建筑、社会关系、家庭法规和家庭的经济问题。个人生活的历史也许能归结为围绕家庭历史的三个主题：由家族和婚姻引起的较大结构的家庭关系；一个家庭和其他与之竞争、和解的家庭之间的关系；家庭和权威机构诸如教堂和政府之间的关系，它们试图管理和控制家庭的行为。渐渐地，个人成功地取得了公认的新权利，一部分和家庭相违背，一部分靠家庭的支持。

从语源学上，“个体的”意思是“有限制的”。个人的领域能用表达同轴范围的词语来定义。这些词语有些被沿用下来，有些则在数年中又被重新划定，其中的一些特别重要。这些改变是一系列重大的和具有时代意义的冲突事件带来的结果。最后的结果是“市民的生活一定要被封闭起来”，司汤达在1823年10月23日的一封信里，把之归结于塔列朗现象。

然而，把历史解释为“家庭专权”的确立和随后瓦解的问题，是过于简单并令人误解的。调解、调解人和仲裁人在家庭和社会之间，在个人和家庭之间是从来不会缺少的。的确，贯穿现代早期阶段，他们数量庞大且不断变化着。家庭既没有占据私人领域的全部，也不是感情的唯一场所和养成个性的唯一学校。没有孩子会在家里度过他所有的时间，他会很快学会担负家庭的一些责任。17世纪和18世纪，把婴儿送给奶妈的城市旧俗在大城市日渐流行开来。

将孩子交由乳母抚养在18世纪的城市里盛行起来，令人厌恶的母亲、保姆和农夫掩盖了这种做法的残酷性。（巴黎，国立图书馆）

那些处于社会低层的人发现，临时地或永久地放弃对孩子的养育是有利的，因为这样，费用就由慈善机构来承担。大一点的孩子被送去上学或当学徒或被安置做帮佣（这经常让17世纪到英国旅游的意大利人感到震惊）或做守卫，其监护人不一定是亲人。孩子的教育、职业培训和社会化等涉及家庭之外的人和家庭之外的地方。不仅对于男孩子，在英国，17世纪早期“短期的服务训练通常是一种使贵族的女儿为唯一对她们开放的使命——婚姻做好准备的方法。”某些家庭因其教育子女的方法变得很出名，像亨廷登伯爵夫人，“她的教育（女孩子）能力……像伯格莱斯勋爵教育他们的兄弟的能力一样得到广泛的认可”。

个人就这样获取了一定的社会经验。其中的一些经验，在他们的生活安定后将被遗忘。有些早期的联系将被淡忘，但另一些将发展为毕生的友谊。信件里或私人日记里没有记录关于友谊方面的事实，并不影响其真实性。在每个个体的周围，血缘关系和友谊组成了一张纵横交错的网，一张对称的或不对称的关系网，有些是平静的，有些则充满了冲突。每一种关系都赋有一定的权利和责任，对它的阐释，人们常采用一种微妙的诡辩术。每种困难都有合情合理的解决办法。若古在百科全书里的关于“友谊”的文章是这类文章的典范。与斯多葛传统——它喜欢用非此即彼的词汇提出这些问题——形成对比的是，我们在这里没有发现任何一个单一的定义或规范，只发现了“根据友情程度和性格”而变化的“友谊的责任”。

例如，“除了文学上的爱好外，没有任何共同点的朋友”或“可能是因兴趣、高雅谈话而有感染力的朋友”，与“能给出忠告的朋友”被仔细地区分开来，后者没有权利得到人们仅给予同时是家人和亲戚的那种朋友的信任。人们指出，每一种基于礼物的友谊有一种本质的不平等：期望或要求“宁少勿多”，“总是或多或少”给予。也有一种平等的愿望，友谊必须“去找寻去培养”。然而友谊能“做的不比有血缘关系的多”，因为在“身份很不相同”的人之间，友谊和亲情都无法使“尊敬”变为“随便熟悉”。不过友谊能成为“双方满意”的和“快乐”的源泉，快乐来自共享的思想、爱好、疑问和艰难困苦——但总是限制在一定范围内。换句话说，友谊被定义为持有相同的基本态度，如同A. R.拉德克利夫·布朗在《家族》里分析的（尊重、幽默、回避和亲近）观点；克洛德·施特

S.德·布雷。咖啡馆、俱乐部、书店、印刷厂和画廊前，是17世纪人们聚集和讨论时最爱去的场所。（阿姆斯特丹，里吉克斯博物馆）

劳斯用交流和亲密、债务和信誉等词来为之下定义。

然而，在罗伯特·布雷恩之前，没有历史学家和人类学家研究过友谊本身，不过爱——因为显而易见与当今时代现实有联系，一直是关注颇多的对象。人们借用友谊的词汇来表达爱使得这个问题混淆不清。教堂把爱当作“物质”的友谊；更体面些，爱被称为“温柔的”友谊，“love”这个词只为上帝所使用。无论友谊如何被规范和系统化，在欧洲社会，它从未等同于任何稳定的或明显的社团法规，直到基于“自愿、任选、灵活”的成员身份的“社团”出现，在这方面自由共济会长久以来一直是主要的例子。不过，友谊公开或隐蔽的方式影响了不是全部也是多数的社会团体，甚至达到让它们倾覆的程度。例如，家庭和社会曾一度被分割成对立的部分，后来通过友谊的纽带联结起来。友谊也能对某种社会团体的性质产生影响。正如今天所发生的，一个政治党派或商贸组织或官僚机构甚至政府被“朋友的朋友”所接管。

友谊很难分析，因为它可以用两种极端对立的方法来审视。一方面，它经常被混淆为日常的社会关系，而另一方面，它又被看作是高尚的东西，它和爱一样有自己独立的历史。人们的观点在两种不同的说法之间摇摆。

亲戚、邻居和朋友

在某些方面，友谊像安排好的婚姻，保证它成功的不是个人的情感，而是物质因素诸如地位、财富、家庭计谋和父母的支持等。当洛伦佐·阿尔贝，莱昂·巴蒂斯塔的父亲，生病了并为孩子们的前途担心时，他的两个表兄阿多瓦多和利奥纳尔多让他放心，他们不加入和他兄弟里恰尔多的竞争，他们说：“我们要使大家认识到，我们是你友好忠实的亲戚，如果友谊比家族还要强大的话，我们愿意像真正的公正的朋友那样做。”于是洛伦左发誓，他将像“亲爱的亲戚和忠实的朋友”那样尊重他们，那些个人“和我通过血缘而发生联系，我竭尽一生，通过善行和爱发展这种关系”。

亲情和友谊间的这种密切关系，在某种程度上和某种生存体系相关联（在意大利的一些地区和受罗马法律传统影响下的法国部分地区为法律所保护），很多人一起居住在一个房子里，处于一个首领的绝对领导下，这很有意思。在托斯卡纳(意大利中西部的大区)这种系统被称为梅扎德里。它也存在于蒙泰罗，罗伊·拉迪星指出。

房子是“关系网”的中心，它“除了亲人关系，还包含两个不同房子主人之间的联盟”和“友谊”，这种“友谊”或是出于天性或是因为相同的教父母关系或是因为最终的“接近关系”。人们相互提供经济援助、共同养育孤儿、教授技术和其他的职业培训，在解决利益冲突和遇到不可避免的世仇时互相帮助。

然而在诺曼底时代词汇“亲戚”和“朋友”之间就有联系，当时的社会受习惯传统而不是罗马法律的制约。在1700年，一个婚姻合同要“在新郎和新娘的亲戚和朋友在场并同意的情况下”起草。另一个词汇“邻居”经常与它们一起出现。词组“亲戚”、“邻居”和“朋友”经常在意大利的文献里见到。这种关系的重现，反映了存在于教区的内部通婚，这仍然存在于今天法国的一些地区，在那里一个村庄的居民认为他们互相都是有亲戚关系的。但是这种关系所揭示

P.德·霍克：《家庭聚会》。在房子和街道之间的院子和窄巷，提供了一处中间地带的聚集场所。家庭显然没有必要将自己隔绝起来，他们与邻居和朋友共享这片空间。（维也纳）

的可能不限于此，可从科莫主教管区的阿尔卑斯地区农民们的请求看到这点，他们在16和17世纪时要求教堂的权力按照亲族关系重新分配。

在信件里，他们强调要恢复更依赖于朋友、邻居关系的旧联盟。友谊不是一件奢侈品，而是这些农民家庭间必不可少的社会联系的基本组成。这样的友谊是脆弱的，“它需要不断的或定时的验证，靠交换女人而巩固”。友谊对家庭的束缚大于对个人的，或者说它通过家庭束缚了个人。这种刻意的友谊巩固和加强了家族和婚姻的纽带，把它们转换为实际的关系，并把相应的责任延伸到两三代之外。因此人们寻求补充和积累这种基本友谊的资本。同宗婚姻不仅允许“家族的进一步统一”，而且“更新”或“增加”“一直要好的朋友”之间的友谊。它也会结束敌意，或像在诺曼底，制止可能的冲突。必须预防潜在的危险，一个几十户人家的小村庄，婚姻是解决它的最理想的方法，“我们不去别的地方找妻子，邻近村庄的姑娘也不愿来这儿。”但是这种内部婚姻本身是分裂的因素，只有友谊能克服它。当然也有不同程度的友谊，从点头之交到亲密无间。

友谊和友谊的多样性

友谊是普遍的、平凡的、必要的。它呈现出多种形式，是社会关系结构中的一部分，它也帮助塑造了社会关系。它使社会机构运行顺利。然而当友谊牵涉到的两个人自由选择了对方，除了他们自己，没人能结束它，这是卓越的、独特的，把朋友从社会里的其他人中区分出来。这样的友谊是极少的，因此，蒙田吹嘘他和艾蒂

D.泰尼耶：《乡村狂欢》。这里是一个聚会之所的乡村版，这位城市里来的画家显然将之理想化了。在夏季的劳作结束后，人们与朋友和邻里乃至整个村庄在户外聚集，饮酒、跳舞和谈天。（马德里）

安·德·拉博埃西的友谊，认为它的概率只能是“三个世纪一次”。人们常从与普通的社会交往相对比的角度来解释个人的友谊，它源于斯多葛派，并适应了当代的现实。

家庭培养了自然的友谊吗？蒙田告诉我们，孩子们对父亲没有友谊只有尊敬，因为“最伟大的不同”将他们分离了开来，父亲向孩子交流“隐秘的想法”是不适宜的，免得孩子们“产生私下的误解”，一如孩子们向父亲提出“友谊中列于首要位置的忠告和纠正”也是不合适的。兄弟般的爱——尽管真正的兄弟名义听上去美丽而充满感情——在由“所有权混乱、家庭分裂和一（兄弟）富一（兄弟）贫的现实”所引发的竞斗气氛中，是很难存续下去的。作为等级体系的家族，是建立在不平等的基础之上的，且不断制造着这种不平等，它加剧了它所极力想压制的东西。

“对妇女之爱”，蒙田说，“是我们选择的结果。”这种爱在家庭中具有决定性的至上地位，因为“父子之间可能性情完全不同，兄弟之间也一样”，然而，爱“是炙烈闪耀的火焰，不停地跳动变化着”。它不像友谊，“享乐会毁灭它，以色欲为目的会使它滑向纵欲过度”。“只要它进入友谊的界线里……就会弱化，变得奄奄一息”，直至激起仇恨之心，就像《雅克·勒法塔利斯特》里描述的德·拉蓬迈莱伊夫人对德·阿尔西夫人的仇恨一样。而婚姻则是“一桩交易，只有在入口时是自由的……它通常会导致其他结果”，因此它是容易受外部影响侵扰的。“实际上尽管如此，但这种自由而自愿的关系能够建立在灵魂与肉体的双重愉悦上，使得整个人类都能沉浸其中，那么确定无疑，它将会带来更圆满的友谊。”但在显然不相信两性平等的蒙田看来，女人不能建立真正的友谊：“她们的灵魂似乎不够坚定，难以承受友谊的紧张而持久的张力。”

至于“希腊放荡的爱”，尽管“我们的道德规范憎恶它”，蒙田发现它比男女之间的爱更可靠，尽管“情人的年龄及身份不同”，但成功克服这些最初的不平等，并超越“外表”，在教育、模仿、相互的信任中，选择“内部的”心灵美，它也能成为“终结的友谊的爱”。

对比蒙田的“现代式”和“传统的”友谊形式是很有收获的，后者和亲属及邻居们有关联。从“传统的”发展到“现代式”是自

取自R. 德·拉布雷东内：《堕落的农民》。这两个男人之间关系暧昧并不是什么新鲜事。但在想象中同性恋无处不在的18世纪，既鼓励同性恋，同时又谴责亲密的男性友谊。（巴黎，国立图书馆）

让·弗美尔：《功课》。父亲教儿子或教师教学生，教授阅读是男子的事务，它强调了知识的等级传承性，为年轻的孩子成年后承担责任和寻找职业做准备。（伦敦，国家美术馆）

F. 肖沃：《精神享受》。（巴黎，国立图书馆）

然的事情，那些有教养的杰出人士，率先坚持和使用一种新形式的友谊，可以自由地选择，没有自私自利的动机，这一观点似乎是有道理的。因此，友谊中自由权的行使超过了爱的行为中的自由权，因为自由挑选朋友并不必然与家人产生冲突，并且也很容易与家庭的责任相调和。这样，选择朋友的能力为选择自己的配偶作好了铺垫。

但这种解释容易引起误解。蒙田与拉博埃蒂的友谊直接沿袭了古代斯多葛的传统。蒙田将之与"因某种机会或巧合而形成的熟识关系和亲近关系"进行的对比，这些关系都与他的家庭无涉，它们建基于他生活的时代涉身政治的成熟男人的意向和决定之上。它们带有性情——即"能获得并维系珍贵高雅友谊的性情"——相投的特征，"与情趣投合的熟人关系如此紧密地联系在一起"，但"普通的友谊……绝非是贫瘠而冷淡的”。友谊也没有妨碍他激赏“美丽可敬的妇女们的……优雅交往”。蒙田设想了一个“经历丰富的灵魂……无论命运如何他都安之若素”，并且在每一个层次都能进行轻松得体的社会交往。因此，他屡屡预期，在弥散的、无差别的、无选择的社会关系中，友谊将会消解，这种社会关系是“离散的个人”（按照人类学家的说法）组成的现代社会的典型特征。

最好避免陷入潜藏在各种各样的友谊理论里的陷阱（不管是进取的还是悲观的，文学的还是科学的）。每一个时代，每一个社会都会有这样的理论提出，毫无疑问，我们可以在它们当中找到单数的友谊和复数的友谊之间的张力。变化——最可能存在于具体的实际交往中，它决定友谊的规则：它在哪里发生，在多大年龄时发生，按照什么礼节，涉及什么权利和职责。在1500年和1800年之间，这些变化缓慢地调整着个人和团体的行为和策略。家庭在很久以前就占了上风，它通过说服、驯化和高压力求使它的成员社会化，胜任自己的角色，为自己的长久生存及维持与其他家庭及较大的团体，如社会或国家的关系，而完成必要的任务。

农村和城市的人们都假装忽视或至多容忍同辈人之间的、未被

H.里戈：《凯旋门》，置身法国花园的几何线条中。消遣和娱乐游戏加剧了严格的礼仪规则与需要保护隐私的个人之间的紧张关系。每个人都生活在公众当中，接受包括国王在内的其他任何人的审视，但每个人都戴上了面具。（巴黎，装饰艺术图书馆）

社会认可的友谊。作为完美互惠关系的概念化，友谊有点“特别”，和正常的社会关系有所不同。它存在于家庭之外，公共机构，像学校、青年联合会和部队，经常取代家庭成为临时或长久的基地。这种友谊的存在，暗示了一种自由氛围的存在。朋友的出身不是由父母或亲戚来选择，友谊的存在也不是由于双方同时出生于某一特定的日子，这不同于人类学家在某个非欧洲社会研究的事例。两个男人能在他们的孩子出生时，决定他们长大后结婚。1698年，德勒和沙米拉尔都是高等法院的参事，又是“亲密的朋友”，他们约定，如他们的妻子生的“是一个儿子和一个女儿”，那么这两个孩子将在20年后结婚。但他们无法规定儿子和女儿应该互相喜欢。德勒的儿子长大后成为一个“非常勇敢的男子汉，但愚蠢、忧郁和残暴……他的妻子不管是离开他还是和他在一起都不够开心，因为他根本配不上她”。

圣西蒙：通晓数种语言的人、战略家、友谊的主人

在所有现象和语言中，圣西蒙先生的《回忆录》提供了友谊的最好写照。为了完全欣赏到他的作品的伟大，你必须透过他企图娶博维尔公爵的一个女儿这个背景去看，从他为博维尔公爵写的悼词里可以看出他是一个失败者。“他吸引我的，不是他的财富，更不是我从未谋面的他的女儿，而正是他本人让我着迷，使我想和博维尔小姐结合”。吸引的开始和结束，一定是在大脑里产生的。博维尔“总是记得我父亲和他父亲是好朋友。他本人也继续和我父亲保持友好的关系，尽管有着年龄的差距，地位和生活的差别，他对我总是很关心”。

博维尔娶科尔贝的女儿为妻，是一位国务大臣，财政委员会的负责人，是内阁里的首要人物。对于圣西蒙来说，试图娶他的女儿将与博维尔的婚姻会有着相同的结果：“谈话在非常亲密、非常关切和最温馨的友谊中结束。他说他将在一切方面为我服务，所有事情，无论是小事还是大事，他都会给出他全部的意见和信任。从今以后，他会把我们的关系看作岳父和女婿的关系，它被无法取消的契约连接着。”除了这精神上的婚姻，圣西蒙享受着和洛奇元帅女儿真实婚姻所带来。然而他的婚姻，没有阻止他和寡妇岳母之间的部分分歧，她不愿意促进他和他妻弟的友谊。

因此，在18岁父亲和母亲去世时就开始了人生的圣西蒙，在许多年的准备后获得了双重的成功。圣西蒙出生于1675年，出生时父亲已近70岁，母亲还不到30岁。他母亲“老是说”，他最好去找个能让他实现价值的靠山，因为他“一个单独闯社会的年轻人，路易十三宠臣的儿子，父亲所有的朋友不是死了就是处于不再能帮忙的位置。母亲从小是被一个亲戚，年迈的公爵夫人安古莱姆养大的，公爵夫人已经和一个年老的男子结婚了，仅仅和他们的老朋友来往，从来没有机会结交她这样年龄的朋友”。母亲甚至与近亲都失去了联系，除了“两个没有身份的哥哥，年纪大的已破产了”。在世上闯荡，没有财产是不能的，而财富要发挥作用，就要大手大脚地花钱。朋友和姻亲与关系一样重要。友谊比亲属或婚姻有更宽的圈子，也是它们的补充。在基于交换的体制里，这样的关系是重要的。朋友，能像个人的财产那样传给下一代：父母的朋友，甚至在他们去世后，还会保护着圣西蒙。友谊因此是资本，一半是继承来的，一半是靠一辈子的积累；相应地，如经营得好，它能在死亡时传给他的后人。

和任何的资本投资一样，应该慎重地使友谊多样化。在朋友当中，人不仅需要地位差不多和地位高于自己的朋友，也需要有不如自己的朋友。事实上后者往往能成为最好的朋友，假如他们心存感激之情，他们会永远背负着情债。圣西蒙的祖父将近破产，他让两个儿子做了路易十三的听差，“那时大人物也都想把儿子安置于宫里”。做听差的小儿子十分机灵，使自己“很被宠爱”，从而获得大量的财物，他也没忘记对哥哥的责任，另外他“在几种家庭用品的投资上运气不错，换来可观的财富”。图维尔，未来的元帅和水手的父亲，是“他的绅士中的一个”；他的秘书有一个儿子叫弗雷努尔，成了卢瓦手下的一名高级官员；两个“家庭外科医生”，事业上获得了辉煌的成就；两个贴身男仆，一个是著名的邦当的父亲，因为他而发了财。因此，在他父亲去世后的第二天一大早，圣西蒙去看邦当和博维尔，他们为他安排了国王的接见，正是那个下午，他父亲被确定为布莱伊省省长的继承人，曼特农太太的一个哥哥向往的位置，孔代亲王自己也想得到这个职位。迅速行动让他成功挽救了危局。

1698年，圣西蒙攀附了另一个国务大臣蓬查特兰，后者次年即当上了掌玺大臣。如果结局“让他付出太多的尊严乃至难以启齿说”之，那么他采用的方法必定十分被动。与博维尔不同，蓬查特兰不是他父亲的老朋友，所以任何直接的接触都将被看作是别有用心的。主动权在蓬查特兰。1697年，蓬查特兰的儿子娶了圣西蒙太太的近亲侄女，这个婚姻像圣西蒙期望的那样“仅仅为了联系他们……尽一切来利用他们”。第二步，是建立两个表姐妹之间的友谊，“(在两个女人之间) 很快形成了共同的美德、品位和精神，友谊最终变得非常亲密，她们之间几乎毫无保留，就像两个姐妹那样。”同时，圣西蒙太太和莱斯吉埃公爵夫人建立了亲密友谊，两个人“一起生活，不像堂姐妹，更像亲姐妹”。接下来，蓬查特兰“迫切地”需要圣西蒙的“荣幸的友谊”。再一次让圣西蒙吃惊的是“年龄和职业的不平衡”，圣西蒙明白他得选择立场，“我告诉他……我已经有了一种友谊，它将总是凌驾在其他一切友谊之上，那就是和博维尔先生的亲密关系，和他在一起，我也知道他不友好，但即使这样，如果他还想要我的友谊的话，我也会很高兴地给他，并为拥有他的友谊而喜出望外。”声明之后，是情感的表达、彼此的拥抱及誓言：“我们彼此发誓，我们两个在博维尔先生死之前都记住我们的话，保持彼此最深的亲密和最完全的信任。”当圣西蒙坦白告诉博维尔这一切后，后者“亲切地”拥抱了年轻的公爵并赞美他的行为。这个秘密未对第二个人透露，“不寻常的是，蓬查特兰对他的儿子和儿媳妇只字未提，我也没有。很长时间，宫廷里无人对这种非同寻常的事情起疑心，也即这样两个差异很大的男人之间的亲密友谊。”

“没有调和宽容之心，就没有拯救。”当众亲吻，或表示一种新友谊的建立，或表示在上帝面前和在“基督教的道德”的目光注视下修补旧的友谊。(巴黎，装饰艺术图书馆)

对于蒙田来说，友谊象征着激情；对于圣西蒙来说，友谊代表着精心设计的婚姻，比如他自己的婚姻就创造了深远长久的友好关系。事情由寻求联盟而起，因两个女人间“亲密的友情”而进一步加深，她们由堂姐妹变得像亲姐妹，最后以两个男人之间的、虽没有书面形式却被严格遵守的合同而告终，最终是他们不在意他们不相称的身份，彼此信任，共享秘密。

同样的情形发生在圣西蒙和另一个大臣沙米拉特之间。沙米拉特在1699年成为了法国的财政总监。国王因他是出色的台球手而把他当作一个朋友。(圣西蒙的父亲赢得路易十三的欢心，是因为他把在打猎时弄到的马作为礼物送给了国王，而国王不必下马就能从本来的坐骑上跳到新马上。) 沙米拉特也和谢弗勒斯公爵及其姐夫博维尔关系

A.波斯之后的圣－伊涅创作的雕版画：《正在闲逛的年轻人》。在之前一个世纪，城堡花园是邂逅爱情的场所，但奇遇从来没有导致真正的婚姻。(巴黎，国立图书馆)

不错，这是因为他试图贩卖一定家产。第一步，又一次是婚姻：圣西蒙的内弟娶了沙米拉特的第三个女儿，这场婚姻是沙米拉特的岳母根据她的另一个女婿，洛赞的指示安排的，没有让沙米拉特知道，他一度还在公开提倡另一门婚姻。

圣西蒙知道，沙米拉特不喜欢这门婚事，但作为仅是“官场上相熟的人”，圣西蒙还是去拜访沙米拉特，向他表示祝贺。“在两个了解得如此少，职业又是如此不同的男人之间，从未有过双方都充满信任的谈话，尽管首先是受了沙米拉特言辞的鼓励。”紧接着，沙米拉特主动要求和圣西蒙发展友谊。“我和他在一起的情况，与我和大臣蓬查特兰在一起很相似。我自然地对他坦白，我和蓬查特兰的私人关系，我和他儿子的关系，我太太和堂姐蓬查特兰夫人的关系。比起两个亲姐妹还要亲。我告诉他，在当时情形下，如果他需要我的友情，我会全心全意地奉献给他。我的坦率打动了他……我们互相发誓，我们到死都要小心地忠诚地维护我们的友谊。”然后圣西蒙告诉了蓬查特兰和他的儿子，像四年前的博维尔事件一样，他们也一样高兴地接受了。结果像预期的那样：内弟的事业和婚姻都失败了，元帅的妻子洛奇太太沮丧地从社交中消失了，而圣西蒙却享受着“沙米拉特信任带来的快乐，我能帮助朋友的快乐和自己得到帮忙的快乐”，更不要说大量的“关于宫廷和政府”的信息了。

大胆而热情的好奇心使圣西蒙发现自己处于一个巨大的情报网络中心，他把从他的许多女性朋友那里搜集到的新闻补充进去：沙米拉特的女儿们、皇宫里的女士、维列尔特公爵夫人和其他各种各样的女人，她们“告诉他无数女性认为不重要的东西，但经常比她们想象的要重要”。他缺少的只是科尔贝的侄子，第四任大臣托尔西的友谊。尽管卡斯特里是他们共同的朋友，但这两个男人间的友谊一直到1721年才开始，当时托尔西和卡迪纳尔·迪布瓦之间发生了冲突，圣西蒙充当他们的调停人，他文雅的调停改变了托尔西以前对国务大臣的敌意。“托尔西对我的努力非常感激，我们相处得极为融洽直到他去世。”为此，圣西蒙可阅读托尔西的自传，及那些邮政官员根据他的授权公开的一些信件，这成为了解信息的一种极其宝贵的来源。

坦率和信任如此有效地弥补了年龄、地位的不平等，其力量有点惊人，可能会使人怀疑圣西蒙的诚意。然而他的叙述，揭示的正是统治着宫廷、家庭等级社会及围绕着它转的交往体系的规律。精于算计是成功的关键，有时谨慎需要冒很大的风险才有希望获得巨大的回报，这就是圣西蒙坦率的含义。但一个人也必须知道什么时候该说不，像圣西蒙对迈内公爵说的那样。他的举止异乎寻常地如一，热情的声明和请求、不断的维护和毕生的誓言，所有的细节他都小心履行，这是友谊的实质。

圣西蒙利用宫廷势力慢慢编织的关系网，并不包括他所有的朋友。他在远离谣言四起的凡尔赛宫外，还有其他个人关系。一个曾是他父亲的朋友，著名的郎塞，是离圣西蒙定期过来隐退的拉菲代–维达姆庄园仅五里的特拉皮斯教修道院的革新者。圣西蒙的“主教区的”沙特尔主教，也“和他父亲的一个老朋友一起”来看他，“渐渐地我们之间产生了友谊，信任也随之而来。”在同一个修道院，他还和勒沙梅尔伯爵相遇了，伯爵为了拯救自己的灵魂已经从社会隐退。

约瑟夫·韦尔内：《从特隆普特城堡鸟瞰的波尔多港口》，1759年。在18世纪，防护墙两边的平坦空地失去了其在军事上的用途，成为非常受欢迎的散步之所。（巴黎，海军博物馆）

另一方面，圣西蒙和查特雷公爵有着特殊的关系（后来是奥尔良公爵），后者在路易十四死后将成为摄政。两个男人有共同的背景，还是孩子时就在巴黎罗亚尔宫里一起玩。“我比他小8个月，实际上我和他一起被养大，如果允许在两个如此地位不平等的年轻人之间能这样说的话，是友谊把我们联系了起来。”然而，在他们都结婚后，年轻的查特雷的放荡行为给他们的友谊抹上了阴影。“我的生活几乎不适应他，他的生活也几乎不适应我，我们之间形成了巨大的隔阂。”共同的朋友从中调解，传递奥尔良公爵的心愿，要恢复他们的友谊。“就我而言，旧友谊的恢复是他尊敬我的许多提议的结果，很快我们又开始完全相互信任，这份友谊一直持续到他去世。”尽管在红衣主教杜布瓦的权力处于高峰期时，他们之间的亲密关系一度疏远。圣西蒙在1712年做出了表示友谊的高姿态，当时公爵遭到全宫廷的遗弃，谣传是他毒死皇太子和太子妃的。“我是仅有的——唯一的——继续定期到他的寓所或国王的寓所里去看望奥尔良公爵的人；也是在沙龙的拐角里唯一接近他和他坐在一起的人。”尽管博维尔、蓬查特兰和所有其他的“男性女性朋友”都提醒他，忠告他，不要冒一败涂地的危险，“这样的行为，和大众的评判如此违背……但我一直很坚定。我感到在这样罕见的困境中，一个人不仅不应该抛弃他不相信犯了罪的朋友，而且还要和他靠得更近。”

像蒙田一样，圣西蒙从亲戚和邻居圈子外选择朋友。当然，他很大程度上是在他父亲的朋友圈子里选择，此外也有自己的新朋友，他特别结交了那些能助他一臂之力的朋友。友谊的纽带有时因亲属和婚姻关系而和谐，但它们并非完全如此。路易斯·德·克吕索尔，圣西蒙叔叔的妻子，就是不难想象的特例。她是一个“自大庸俗的女人，她从未原谅我父亲的再婚”，并有了一个男性继承人，“她总是竭尽她能做的一切，去破坏他们兄弟之间的关系”，她已经找到“把我叔叔的大部分财产转移到于泽西公爵家（她的哥哥和侄子）的方法”，“还让我和父亲偿还他的一大部分债务，同时留下尚未偿还的债务”。另一特例是他的姐夫，布里萨克公爵，一个“太意大利”化的丈夫，很快和圣西蒙同父异母的姐姐分开了。她在1684年去世，她的侄子继承了她的大部分财产。还有一特例，如我们上面所见的，是他的妻弟洛奇和他的寡妇母亲。他的姻亲姐夫洛赞也算一例。他同科尔贝两个女婿博维尔和谢弗勒斯的关系，使得他没有接近部长的侄子特尔西的机会，尽管他是他们的姻亲内弟。他与蓬查特兰的友谊没有受到热罗姆·比尼翁，一个议会成员也是“他父亲的朋友”的友好帮助，后者已经同意，“尽管没有关系”，做布里萨克遗嘱的执行者，并娶了蓬查特兰大臣的妹妹。友谊可能依赖或起源于婚姻，但它总是被那些垂涎其好处并接受它的限制和义务的个体所追求。

家庭和友谊：精神上的亲人

在凡尔赛宫，假装对友谊带来的好处不感兴趣的人，圣西蒙不是唯一的，在那里，每个人都必须发展个人信任、亲近和隐私的小圈子。宫廷，具有许多不变性和唯一的可变性，就像一座科学实验室。不变的是身份和命运，婚姻和头衔，它们除非遇到生死这样的意外，否则是不会改变的；可变的是国王，他是操纵一切大权的主人，接近他只能通过中间人：他的孩子们，无论是婚生子还是非婚生子；他的大臣们；他的“家仆”；他喜爱的人。为了自己和家人的缘故，个人别无选择，只有在友谊上投资。游戏的规则早已建立，如何尽可能地发好牌取决于每个朝臣自己。

改变可变性——单一权力中心的固定虚假表现——的规则仍然相同。游戏的关键仍然是尽可能完全控制社会的大部分。社会结构的中心当然不在个人身上，而是集中在家庭里。在11和12世纪，血统硬把社会的控制力量归于它自己身上。当时真正的朋友，所谓的血缘朋友，仅能从家族和婚姻中得到。但因为只有几个封建门第拥有足够的权力来实现他们的主张，所以这种尝试注定要失败。其他的方案需要很快找到。最完整和普通的解决办法是把亲情、关系和友谊结合起来。然而，一个更早的征兆是精神家族系统的发展。14和15世纪，热农家庭组合进了名为阿尔贝里更大的结构中，他们采用了阿尔贝里这个名字。家庭成员被迫在公证人员面前详细讲清楚帮助邻居的具体方式和情况，不过这样的组合很极端。

“精神上的家族”，人类学家的意思是指模仿家庭的一套设施和正式的实践，借用家庭的词汇、权利和义务。一般说来，这些制度把个人或团体在家庭之外合为一体了，无论它被想象得有多广，在某种程度或某一方面上，是对家庭功能的补充或抗衡。收养关系、教父母身份、亲兄弟关系和收养的兄弟关系都有相似的特点。个人或团体自愿开始承担义务，或至少他们有象征性的仪式，比如是自愿的（像婚姻，一度它只有获得丈夫和妻子双方的同意才能举行）。因此，即使他们地位不平等，即使他们关系的界定暗示了他们间的年龄、社会地位、声望等等的差别，他们也有了一定的相互义务。精神上的家族的作用是做了家庭不能做的事：照顾孩子、孤儿或非孤儿；提供宗教或专业教育；为孩子们的成人生活做准备；它也成为抵御外面威胁的堡垒。最后，制定真实的或象征性的制裁是为了防止精神上家族的义务得不到履行。为了强化这种生死协定的义务特性，这些规定和个人内部关系范围里的措施一样严格。政府有时容忍他们，但它从不承担任何强制执行的责任。

精神上的家族呈现多种形式，目的多种多样，有时清楚，有时

教会禁止收养孩子，在法国的法律中，直到大革命之后收养孩子才是合法的，但监护人需要承担起做父亲的所有权利、义务和责任。（巴黎，国立图书馆）

十分含糊。它能为家庭的利益服务，但也能和那些利益发生冲突，因为对于家庭来说，不可能让其中一个成员的生活或财产受制于一个局外人。精神上的家族的性质取决于它的合伙人是否平等。尽管大多数精神家族的工作存在于欧洲以外的社会，但有证据表明这些在其他地方流行的行为在古代及中世纪的欧洲国家的确存在。在16世纪之后，它们没有消失，但失去了政府的支持。它们退入个人的范围，实践不再以书面文字的形式出现；它们越来越像逝去的传统，异常反复，当新社会和新政治制度确立时，它们最终都注定要消失。家庭为了自己的目的试图控制幸存的行为实践，而教会和政府企图根除它们。然而它们继续影响个人的集体行为。在这种情况下，精神上家族的象征特性得到强化。术语（“血统条约”，“生死友谊”）日益与直接的实际目的相脱离。这一规则中幸存下来的实践获得了更大、更多的个人感情投入；个人把它们作为一种自由表达的手段。

例如，收养从法国法律里消失，一直到大革命时才重新出现。当时的法律规定，收养只有在父母双方都去世的情况下才可以，并保护监护人手中被收养的孩子。不过，收养仍然很常见，把孩子(孤儿或不是孤儿）的教育委托给一个亲戚——奶奶、叔叔、姑妈或是表兄妹——甚至是和孩子父母无关的一个人或一对夫妇。被收养的人和养父母的关系不受法律约束。

血缘兄弟关系受血盟条约保护：同伴们都有意在身上割一伤口然后让其他人喝他的血，或把血滴到玻璃杯中再共同喝下去。据说这样的条约使血缘兄弟联系得“比同胞关系更紧密”。这种行为首先可从德国、斯堪的纳维亚和爱尔兰中世纪早期的传说里得到证实，并在骑士文学中被反复提及。后来这一行为似乎消失了，不管是不是因为间接地让人联想到《最后的晚餐》，我们仅在17世纪西部的苏格兰高地发现一些残余痕迹。19世纪巴尔干还有这种行为，在那里血缘兄弟“不仅仅是兄弟而且比兄弟更亲”，在阿尔巴尼亚、塞尔维亚、蒙特内格鲁，这和财产、女人等人们共同享有的东西联系在一起。

其他的行为被更好地保存下来。14世纪和15世纪的人口危机促进了收养的兄弟关系发展，这是农民和贵族家庭内部团结一致的传统基础，“15世纪，兄弟关系……最终成为社会生活中重要的部分”。亲戚、配偶和朋友一般要签署互相支持的合同。由于越来越多的核心家庭出现，这种行为慢慢减少。报世仇或解决个人恩怨在13世纪和14世纪的国家里是合法的，有时还是必须的，它持续了一段时间，尽管政府宣称要控制暴力。教父母的关系也是如此，它在毫不相干的家庭之间建立起精神上的亲属关系，结果是接受洗礼孩子的家庭成员不能与教父家庭的成员，甚至不允许和为之举行洗礼仪式的牧师家庭的成员结婚，这种行为遍及整个欧洲。法语com-perage（串通、行骗）和西班牙语compadrazgo意思相同；在英语里我们有单词godsib（ling，来源于闲谈），意大利语有compare、commare，德语有Gevatter、Gevatterin和斯拉夫语的Kuma表示教父和教母。

教父母制度的优缺点都很明显。路德反对“精神上的关系”，认为“是迷信行为……限制基督徒的自由”和“企图美化教皇的圈套”。大主教教义很快跟着抗议。特伦特的议会尽管没有路德那样激进，但也的确限制无血缘关系的父母、教父母和孩子之间精神式的亲情关系。中欧的政治权威们，从德国王子到约瑟夫二世，颁布法规修改节约法令，限制每个人的教父母的数量，并对他们的地区和社会出身实行限制。大约在同一时期，教父母关系在说西班牙语的美洲十分流行，而在欧洲，它几乎从西班牙、意大利和巴尔干半岛以外的地方消失了。

1890年，基督教传教士在阿尔巴尼亚发现了一种极端的形式：通过洗礼得到精神上的家族，并且无限地延伸，然而教堂从不要求超过四层关系的家族，关系越少越好。另外，教父不能和孩子有亲情关系。在实行系统的族外通婚的部落里，有许多东西可作为一种新形式的精神家族的借口：血盟契约、洗礼甚至孩子第一次理发的仪式，因为“他们选择和他们最要好的人，或那些他们渴望与之发展较近关系的人。他们接着和那个人及其父母建立完全信任的关系，如同是同一家庭的成员”。婚姻的证人也“加入精神上亲属的广泛团体，和他们一起享受一种特殊的友爱和友情，在遇到争斗或其他的情况下给予援助”。在族间血仇对手那里获得帮助的朋友不允许带头表示同意谅解或获得经济上的赔偿。失望之余，基督教传教士总结说“这些虚假的亲情……，受到的尊重远远超过教堂所允许的”，没必要“反复谴责这样的偏见，因为它们的消失将需要时间”。

传教士和人类学家意识到，他们一直在推广的行为不再是人们所熟悉的。他们经常假设那种表面上极端的行为是必须的也是有用的，然而他们没有注意到宗教意义上的教育者、保护者和供应者的教父角色也经历了类似的衰退情况。后来教父当然会成为犯罪组织里的重要人物，这样的组织也需要创始、教育、尊重和服从。

孩子们继续和他们的教父母保持一种特殊的关系，而且把孩子的父母排斥在外的倾向得到进一步加强。1845年，在法国的一个居民区创立“在孩子的洗礼仪式中形成的一种宗教亲属，人人都是教父或教母”。但到15、16世纪，精神上如此团结一致的重要性在衰落，这与因血统关系而逐渐回归到更狭窄明确的家庭有关，教会一贯支持这点，这同时也受到权力正在增长的政府的鼓励。这个进程在继续，一个新的、更发自内心的、更自主的观点正在突起，开辟了通往新式友谊的道路。

联合的形式：从兄弟关系到友好协会

首先占领新近放弃的领域的是多种多样的联合会。表面上由成员自愿组合而成，这些联合会采用了家庭应该有而没有实行的模式，然而许多联合会面临着相似的紧张关系，也冒着相似的失败风险。

早期的行会中有一个是由雇工组成的手工联合会，会员由在一个特别行业被雇佣的人构成。他们借用家庭的术语，每一个行会由一个 “妈妈” 负责。成员们必须在和雇佣他们的老板发生冲突时，以及同其他行业的联合会发生了冲突时，互相支持。联合会从与友谊有关的礼节那里借用了传统的做法和秘密的誓言。它们的目的是建立学徒关键期的秩序。工匠主的身份不是严格地世袭的，经常得克服一些障碍。联合会也要在熟练工匠之间维持纪律，他们通常没有希望得到师傅的地位。许多工匠们为了寻找工作，全国到处跑，因此常和父母和家庭分开，也无法建立自己的家庭生活。相对幸运的人住在他们的师傅家里，和他一起吃饭，相应地他们被期望尊重师傅父亲般的权威。因此行会注定要成为一个特殊的家庭，以成员之间的绝对平等为基础。1572年，在里昂出版的一份回忆录中就含有“在1539年至1949年间，来自里昂工匠们短语的摘要”，工匠中的

既通向房内又通向大街的作坊，创造出一种与家庭纽带无法分离的团结精神。（佛罗伦萨）

加勒仿斯特拉丹所作的雕版画。作坊将各个年龄段——从孩子到老人——的工人聚集到一起，然而，它不是增进人们之间的平等，而是强化和强调了知识、年龄和社会地位的等级。（巴黎，国立图书馆）

印刷工，把他们行业里的习惯用语写了下来，“尤其重要的是，老板和工人们是并且应该是唯一的团体，就像一个家庭或兄弟会”。

联合会的宗义都大同小异，不论它是宗教上的还是非宗教的，专业的还是非专业的，其所涉及的友爱、社团和兄弟关系，直到今天还出现在联合纲领和党纲里。人类早就梦想在广泛的兄弟关系基础上重新构建世界。这只不过是那些早期联合会支持的家庭术语里的平等主义者的说法。然而这样的说法最终只能是空虚的、误导的，因为这些话掩饰了在一个等级社会（如在老板和工匠之间）内部或个人之间（“亲爱的同事也是朋友”）的竞争，而不是因组织的某个目的（比如工资问题和职员问题）或为获得组织里面某个职务的问题而引起的竞争。联合会揭示了那些未婚的工匠们，他们有强烈的自尊心和很好的技术，他们真的需要确立自己个人和专业的身份。这种需要在里昂的印刷工之间表现得尤其强烈：尽管他们的老板认为他们是一字不识，但他们实际具备阅读、书写的能力，他们把自己定义成“像自由人那样应一种优秀和高贵的感召”自愿地工作——一个字字都重要的定义。联合会又一次激起了它无法实现的希望。

两个世纪后成立的共济会分会，常被认为是联合会的一种新形式。它的目的是在自由选择和完全没有政府控制的基础上建立一个文明的社会。共济会成员坚守的秘密是私下（即不是公开的）集

巴黎的共济会，1740年。秘密共济会提供了一个进入平等社会的路径。人们聚集到一起共享知识和理想。（巴黎，国立图书馆）

会。自由的共济会会员反对“一种古老的、不可更改的、团结一致的纪律：家庭、教区、合作和秩序”。共济会以社会平等为原则，地位和提升取决于“真正的个人功绩”、品德和才能。共济会是一种改革，但却不是与过去根本的决裂，因为他们唯一公开承认的目标是一种信任和伦理，他们的主张是统一的。他们实际上是一种理性的组织而不是实现个人利益的工具。因此，甚至就连法国绝对君主政体这样敏感的政府，也没有把共济会看成一个必须加以规范或取缔的组织。相反地，政府早就感到有必要对家庭、村庄、行会或社团之类的机构加以控制，因为它们已构成更大的威胁，因为它们本质上已更完全地融进了社会，它们通过追求自己具体的目标而实现自己的再发展。

只要共济会没有成为政治上的“学会”，政府就会把它看作中立的而不管它。其成员包括未婚的（士兵和雇员）和已婚的，官员和商人在共济会发展过程中发挥了主要的作用。这表明共济会帮助这类人逃离他们当地环境的限制，满足那些因工作需要而辗转不定的成员们的需求。但是它并不是家庭的替代品，也不能实现家庭功能。它存在于家庭之外，对家庭也毫不关心。共济会不要求放弃其他责任，分会在另一层面运行。一种更模糊的思想意识成为个人间自由选择合适的有限制的社会关系的依据。这种意识形态融合了友谊的某些行为和责任，这些都是常规化的行为，个人新近赢得的自由被融进了人人平等的和谐关系里。共济会的“兄弟般的友谊”是功用性的，并得到章程的保证。机构的身份比成员的身份更重要，以确保避免大的冲突，并能像过去一样发展。

互助会的制度，不仅是启蒙时期的副产物，也是社会关系本质更长期变化的表现，至少在男性之间是这样。（根据拉姆齐的谈话 [1736~1737年]，女性被排除在友谊之外，“为了使我们的准则纯洁的缘故”。）男子已经开始定期聚合，有些已形成制度。这些团体有共同的兴趣，不论是科学的还是智慧的，宗教的还是非宗教的，也许甚至是政治的，或仅仅是出于对“诚实的交流”或坦诚谈话的爱好。

文艺复兴时期的王子们，如梅迪西斯和法尔内塞，领头主持人文主义者、艺术家、朝臣们和朋友们的聚会，他们和王子其他的随从不同，因为他们与王子有着更亲密的关系。路易十四通过邀请来控制聚居在凡尔赛的朝臣显贵们。然而在17和18世纪，由于公共集会地点如酒店、咖啡屋和巧克力房等增多，产生了新的变化。当权者变得警惕起来。教会对此密切关注，并增加了工会里忏悔人群的数量，对其施加影响。政府也总是准备提供支持，以获得对政府的服从。黎塞留在文学圈以外创立了法兰西学院，自1629年始，每周一次在瓦朗坦·孔拉特家碰面。拿破仑对贝图莱和拉普拉斯的阿尔克伊联合会则采取了更谨慎的方式。

黎塞留的做法把这两种传统结合起来。首先是皇家控制“集会”和“军队”的长期传统。国王通过颁布统治这些机构的文字专利来行使自己的权力。科尔贝通过系统追求为国王歌功颂德的文化政策。其次是一种贵族赞助人的传统做法，可从17世纪早期的小费代里科·切西在罗马创建林塞学院的努力中看出：“裙带关系和外交目的更主要的是依靠新发展的成员，而不是严格的科学衡量标准。”18世纪，普罗旺斯的市政当权者密切监视着剧院里的观众。

英国甚至比意大利更多地采用了俱乐部形式的自由联合会模式，这可追溯到15世纪和16世纪（星期五大街或面包大街，由瓦尔特·罗利先生建立在默梅德酒店）。后来的两个多世纪里，俱乐部的数量迅速增加。塞缪尔·佩皮斯和他的朋友们去位于帕玛尔的伍德

《学徒共济会会员进入美德神庙导论》，人们在拥有共济会的秘密知识的同时，要承担起新的义务和遵守新的行为法则。（巴黎，国立图书馆）

17世纪末伦敦的一家咖啡馆。那些希望摆脱小酒店卑下的同伴的男人们，开始去咖啡馆喝咖啡——一种新的饮品。(伦敦，不列颠博物馆)

是“为了集会”。启蒙运动时期，法国人模仿英国人的这一习惯，但大革命的经历迫使他们在1815年之后创立了“圈子”作为俱乐部的替代品，选择这样一个名字，是强调它的非政治特性。这种集会的规章制度很简单，因而很快就建立起来，成员们都是男性，俱乐部的成员们根据社会和文化的标准，决定谁能加入进来。

俱乐部成员总是在私人住所外碰头，这样，它们与沙龙不同。最初的碰面是在公共场所，通常在酒店或咖啡馆。19世纪，许多俱乐部有了它们自己的房产，只对成员开放。它们的目的仅仅是培养一般意义上的社会关系。有些俱乐部赞成讨论政治或文学话题，但更多的俱乐部仅是为了迎合有钱人的消遣口味。在家庭之外，俱乐部建立了一种私人关系的新模式，没有秘密的仪式、入会和程序。

“新哲学的建立，我们的希望之光是咖啡馆。”咖啡馆模仿贵族沙龙的风格，哲学家们模仿贵族阶层的服饰和行为方式，希望融入各个沙龙，以便更好地改变世界。（巴黎，国立图书馆）

一切兄弟般的关系和所有互相支持的义务都不复存在。成员们只是同意遵守共同的行为准则，对任何特别的个人都这样。没有强迫也没有特殊对待，曾受友谊和家庭关系制约的狂欢活动在此也合法了，“英国式生活——心死——俱乐部和圈子的生活”，波德莱尔写到。

男性—女性

一方面，这些社会关系的新类型带有原始的痕迹：它们的成员几乎全部是男性。和沙龙不一样，俱乐部不仅仅是个微型社会。成员们有意追求与世隔绝，不仅仅逃离家庭，也从混合了性别和年龄的世俗生活里脱离出来。不仅女性，而且儿童和青少年，也被排除在俱乐部之外。年轻人一旦可以进入酒店了，就表明他已经是成人了，他要为他自己的决定和生活承担责任了。女性一直是第一个

《在莫普塞共济会所接待妇女》。18世纪中期的人们抨击共济会将男女分离开来的做法，C.佩劳在他的著述《共济会的秘密》（1744年）和《莫普塞共济会揭示出来的秘密》（1747年）中根据这一潮流讥讽共济会。（巴黎，国立图书馆）

“圈子”之后的灵魂。圣西蒙告诉我们，路易十三惦记着“他皇后母亲威严的圈子”。路易十四统治时期，这个圈子在皇太子周围形成，后来在勃艮第公爵周围出现。妇女继续活跃在这种社会生活的背后，直到波拿巴夫人的出现。但在那之后这个词被男人从她们那里偷走了。固然，女性最终有了她们自己的互助会和俱乐部，但是严格地与男子的组织分开。这种对女性的完全排斥，暗示了俱乐部性质的另一方面。

对于这个问题有不同的解释。出于道义，男子必须经受住诱惑：这是共济会成员提供的理由，它的成员中未婚男性和独自出门在外的男人占很大比例。严格的分工和地域划分把女性限制在家里，使她们不得走进男人集会的“公共”地方。无论如何，女性比男性享有更少的自由，因为她们受父权和夫权的双重支配。她们也缺少技术，那些工作的女性不得进入像互助会这样形式的商业组织。

这些观点都不针对有钱阶层的女性，她们有成群的仆人伺候，享受着相对的活动和伦理自由，甚至更多，至少在18世纪是这样。圣西蒙太太经常被邀请到马利，而她那爱挑剔的丈夫没去，她丈夫从不抱怨——而是支持。女性被拒之门外的事实成为笑柄，证明这是一个不容置疑的事实。马尼班总督注意到了这一点，他1742年4月18日从图卢兹写给卡迪纳尔的信中表述了这点："在这个月的8号，新的秩序建立了，晚餐时有几个成年的先生和女士参加，最初这被命名为自由友谊组织，但名字后来被改为勇猛的骑士……作为一个笑话……嘲笑互助会，他们的秘密难以理解，他们不承认女性。"

显然主要的危险是性别的混合，而不是女性建立的一套可选择的制度。很清楚男性希望单独在一起，无论在休闲还是在工作。工作时，两性是分开的，但是越来越多的休闲活动又把他们带到一起。长期以来，各种各样的青年联盟会都决心使两性分开（称之为"王国"、"修道院"、和青年军），它们早在12世纪或13世纪就在教堂之外成立了，但却仿照教堂的模式。这些似乎是联盟的最早形式，英国和西班牙的情况还不确定。然而在其他方面，青年联盟和成人俱乐部有很大的不同：成员的年龄、进入的自由、参与的时间和补充人员的地理范围。它们是村庄或邻近地区"临时的"但必不可少的青年联盟，成员一直全是男性；女孩子们仅仅在需要她们出现的那些活动中被邀请，她们的参与总是处于次要的位置。

传统意义上的青年联合会在四个领域里活跃。首先它们监督道德，特别是婚姻。为此，它们主要通过恶作剧和吵闹模拟的小夜曲来嘲笑奸夫淫妇及攻击那些再婚时选择了比自己年轻的对象的鳏夫和寡妇。第二，他们充当国民自卫队。在18世纪，一支装备精良的皇家自卫队，使年轻的修道士卫队成为多余，尽管它仍然是当地民俗中有特色的一部分。在17世纪，布拉班特不断地有戴V形袖章的部队走过，青年自卫队互相之间不断发生战争，然而在圣-迈克尔日，他们又肩并肩地在一起游行。1695年10月，当一队喝醉酒的士兵把枪对准尼韦奈的资产阶级分子时，老百姓们要求青年自卫队逮捕了两名冒犯者。这并不令人吃惊，人群中有大

J-B.夏尔丹：《辛劳的母亲》。（巴黎，卢浮宫）

量的“年轻”人，几乎和家族里身强体壮的头领一样多。他们有良好的组织和严明的纪律，比他们的前辈更习惯于作战，准备随时挥剑战斗。

青年联合会的第三个作用是组织节日庆典，随着它们日益世俗化，18世纪时变得更普遍。但它的第四个作用，是通过狂欢、嘲笑和颠倒其他社会礼节形式来嘲弄和发泄对政治的不满，这在16世纪之后日益受到严格监督。青年联合会充当了整个社区的代言人和必要的武装力量。除了没有权力，它具有一个公共机关的所有外在特征。

因为青年自卫队实际上是一个有组织的成年人群体，它在成员个性的形成方面起着关键的作用。它对处于青春期和婚姻期之间（或移民）的年轻人起着约束作用。对于男性来说，婚姻期甚至比女性的更晚，“青年”期能持续上10年——从15岁到25岁。因此这个青年组织承担了男孩从不再完全是家庭的一部分到他作为一家之主重新进入成人社会的这一段时期的责任。换句话说，我们的断层带得到了修复：两段代表性的人生阶段。在其间，青年团体是一个同辈人认可的避难所，也为成人接受或容忍。

青年团体的作用受到同时代教育实践的影响。男孩和女孩都由女性一起抚养，直到他们到9或10岁为止。然后男孩子被交到男人手里，要么是父亲，要么是其他受委托享有管理权力的成人。与此同时，女孩子在家里或另外的家庭，继续学习做家务和责任。在此期间两性大多是分开的，从10岁持续到20或25岁。

除社团分配或默许的活动外，青年联盟队介入两种冲突。被剥夺了权力、妻子和财富的年轻男性，经常发现他们与父亲格格不入，不断发生冲突，父亲处处是儿子的主人（而且在法国，法律统治的那些地区，父亲是绝对的主人）。父亲决定儿子什么时候结婚，他的婚姻物质条件将如何，他要娶的女方是谁。鉴于分配给青年自卫队的职责，父亲似乎更愿意年轻人参与到社团的生活当中，而不愿放弃在这个领域里的权力。除了父亲和儿子之间的冲突之外，家庭与家庭之间也存在着矛盾冲突，年轻人往往可能充当调停者。从《罗密欧与朱丽叶》到罗歇·马丁·迪·加尔20世纪的小说《蒂博》等文学作品，都描述了类似的由一对年轻人所做的调停工作（从爱情或友谊）。

"丈夫拿起卷线杆"。在整个近代早期，男人和女人角色的转换，为无数的雕版画提供了创作题材。（巴黎，卡纳瓦莱博物馆）

最后但并非最不重要的是，青年联盟心照不宣地承担了关系重大的任务，即教育青年人按照"明确定义和规定的男性地位"的要求做爱。因此重点放在了男性和女性的差别上，偶尔也涉及男人对女性的冒犯。个体对女性的冒犯当然和团体的一样：瓦伦汀·詹牧尔·迪瓦士15岁时，告诉他先后的主人——农民、牧羊者、磨房主和其他职业者——他愿意服从他们，但不是他们的妻子，但他的抗议是无用的，他总是被迫离开他的工作。"不知道（另一个性别），我想象一个男人的防御联盟将保护我不受此类的攻击。"

当一群人而不是一个人显示对女性的敌意时，它涉及的范围更广，攻击更有效。那些犹豫不定不愿如此鲁莽的个人可能迫于团体的压力而共同行动。这一胡闹运动中受害者的抉择揭示了团体的根本意图。为什么要攻击再婚时选择了一个比自己更年轻的对象的鳏夫和寡妇？对于大多数的年轻人来说，和一个有钱的寡妇结婚是提高社会地位的可行途径。尤其对出门在外的工匠，他们更是渴望娶一个工匠主的寡妇。当男性和单身女子发生关系而对年轻男性有影响时，女性通奸者可能对他们有利，可为什么对这样的通奸行为不加选择地攻击呢？为什么选出妻子打丈夫的夫妇加以攻击？惩罚女性在家里攻击男人的任何企图是理所当然的。然而男性的顺从和愿意挨打一样总要受谴责。下面的雕刻图显示了一个男子臀部弯下正被妻子鞭打的情景，这特别让人联想到朗贝尔西耶太太鞭打让-雅克的情景，“在挨打后，我发现审问没有预期的那样可怕。甚至更奇怪的是，这种惩罚使我感觉到比以前更爱慕这女人……因为我已经发现和痛苦甚至羞辱混合在一起的一种感性快感，让我感到更渴望而不是害怕再次体验用同样的手再来一次的效果……朗贝尔西耶太太无疑已察觉到惩罚没有取得它预期的效果，声明她不会继续……直到那时我们在她的卧室里已经睡了……两天后我们被叫到另一个房间里睡觉，从那时起我享受了一个成年人的自尊，我倒是情愿没有。谁会想到一个30岁的妇女会对一个8岁孩子的这种惩罚，将会决定我未来一生中的品位、欲望、情感和自我？”

詹牧尔·迪瓦士和卢梭是两个特例，他们坚持自己“社会杂种”的独特身份。他们让18世纪大声说出（或更确切点，写出）以前存在但未说的东西，特别是保守的团体说不出口的。当成员们结婚时，青年修道士自然解散，我们不知道它创建的年轻契约

“(妻子）‘放开你的屁股，你不被抽打一顿不行’……(丈夫）‘够了，我的背部已经血迹斑斑’。”抽打丈夫的女人是人们嘲笑的最终目标，但雕版画时常显示，被抽打的丈夫感到一种痛楚和愉悦相混合的奇怪感觉，他们自愿接受连妇女都不如的、本应属于孩子的地位。（巴黎，国立图书馆）

是否持久。青年联盟的组织和体系，它的活动的不连续性和偶然的野蛮性，几乎很难在两个或更多的人之间发展亲密关系。事实上，青年联盟充当社会化的工具，受到成年人的挑战，沦落到边缘次要的地位。

那些自己装备了警察的当权者，不再需要青年联盟的帮助。从路易十四的民兵到大规模征兵，政府在行使它的权力，号召年轻人参加军事服务，强制执行它自己的征兵手续、组织和纪律，尽管也遭到年轻人及他们家庭的抵制。市政会和基督教会的官方不断地反对狂欢和“其他化装舞会”，它们斥之为“混乱”，最多只在节日期间才取消对年轻人成群活动的禁令。

由E.阿多尔辛斯创作的雕版画。经历了长期的等待，他没有完全被要求学习一门手艺的时代所认同，他父亲死后这一切都结束了。与此同时，这位年轻人只能像成人一样参与游戏，要模仿成人的职业和游戏。（巴黎，国立图书馆）

在社会的某一商业阶层或某一阶级或邻近地区已出现新团体，它们仿照青年联合会的某些方面，但开始接受已婚的成员。在更深的层次上，年轻的团体失去了教育和影响社会的作用，它们为新的机构所取代，后者宣称其目标是管理纪律。这些包括紧急情况、学徒期间、预备学校和部队的秩序。成人承担对儿童和青少年教育的管理，限制年轻人的自主和自发权。新的纪律，不仅是强有力的和强制性的，而且更为复杂和有效，结果是联合的性质和目的完全变了。

青少年

当菲利浦·阿列埃斯的关于青少年是18世纪的一种创新的观点遭到戴维斯的批评时，菲利浦要人们注意“教育，也即知识和价值观在传递中”的变化，这是中世纪以来的学徒体制引起的，它的传播“易于……破坏……同龄系统”，并“强迫孩子们生活在成人中间，成人教他们技能和行为举止”。阿兰·迈克法仑已经阐明他认为在中世纪及现代早期的英国，社会各阶层中，父母和孩子间只存在着一种微弱的家庭延续观和微弱的感情联系，这是把年幼的孩子放在其他家庭由仆人、长工、学徒、学生和童仆“抚育”的结果。

然而在法国和英国，教育继续在家里进行。父亲的权威，以牺牲与同辈成员之间的关系为代价得到了加强，尽管这并不能完全阻止男孩们和同龄的其他来自不同家庭的男孩间的联系。事实上男孩们经常发现，自己和其他男孩有相似的情况，这更促使他们交往。让-雅克和他表兄的友谊（“他没有不恰当地利用这一家人对他的喜爱，我的家庭教师的儿子”）始于两人在朗贝尔西耶家里寄宿时，

“我立即感到，我对他比对我自己的兄弟更喜爱，而且这种喜爱从未消失过”。

学校使孩子和他的家庭之间产生了一个甚至更深的裂缝。在过去的30年来，人们已详细地研究了近代早期教育的历史，从一开始，应家庭的强烈要求而介入到它在城市、政府、宗教和宗教秩序之间紧张关系中的竞争。研究工作已经非常关注教育制度的地理分布、学生的补充、学校的组织、各种各样特殊教育机构的发展。这里我主要谈针对孩子和青少年的新纪律。孩子们被送到授课的学校，他们的课程和我们中学的课程相当，包括逻辑和物理。按照课程划分的需要和学校纪律的要求而分为白天班和晚上班。寄宿生的纪律是日校学生纪律的模范。课程强调内容的新颖、方法的效率、最后各方面的综合质量——宗教和道德还有知识等方面。毕业生离开学校后应有能力在社会独立行事，并能依赖自身的身份、财富、关系或简单的好运而获得他们家庭期望他们能得到的位置。

正如人们所预料的那样，现实和理论总有很大差距，尤其在声

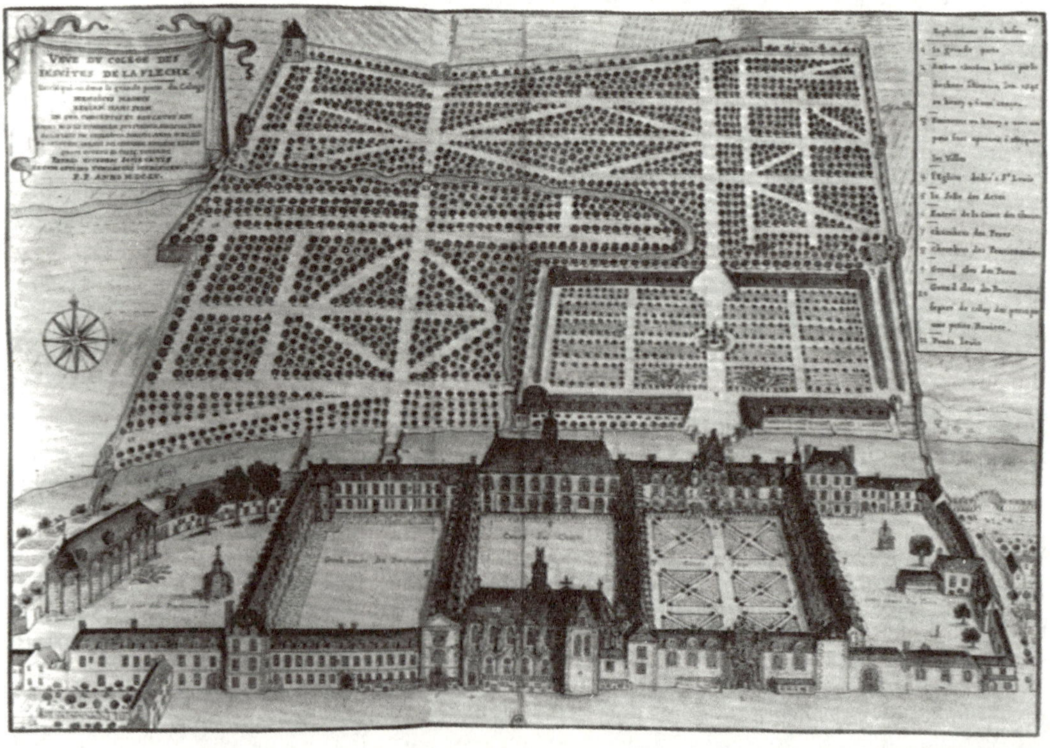

《拉弗莱彻学院》，这是17世纪上半叶的一所模范寄宿学校，这所学校模仿贵族君主制模式。（巴黎，国立图书馆）

在17世纪，富有的学生自己和仆人都各自拥有房间。在纳瓦尔学院的这个学生宿舍里，一排排房间使学生相互之间保持独立，并方便全天候的监视。(巴黎，国立图书馆)

望不高的学校里。只有最好的制度才能提供所有科目的高质量课程。直到18世纪，每一个班级里年龄上仍有相当大的悬殊，尽管学校有纪律，还是有很多暴力出现，从日常的口角到需要军队干涉的彻底叛乱。这种情况在英国比在法国持续的时间长。

学校的目标不一致也是紧张状态的根源。一方面，正规的教育设置了同年龄群的概念，因而强调的是年龄，而不是家庭关系，甚至社会身份也是分班的统一原则。一群人变成了比日常生活里更具凝聚力的团体。在这方面，学校教育像骑士关系，不过规模更大，涉及更广范围里的社会团体，影响到未来更多职业里的男性。另一方面，学校通过竞争、常规的监督、鼓励泄露别人的隐私以及学生自己管制的惩罚等来破坏学生间的团结。目的在于消除一切横向的联系，只保留学生和老师间的直接联系。

通常，学生的家人总是采取中立态度，短期内很可能令人担心，但从长期来看是有利的。他们支持学校的纪律，纪律让他们感到他们在教育上的实际投资有保障。他们也期望孩子的教育能获得长期的利益，这依赖于和其他学生长久关系的形成。在学校里，法国的孩子形成P.库斯泰尔在1687年所称的“经常持续终身的、有利的熟悉和友谊”。意大利父母的情感是相似的，尽管他们对孩子未来事业的定位并不关心，一个政治上分裂的国家无法对孩子们的事业寄予希望。1705年10月7号，一个拉努齐参议员，文森·费迪南法国君主政权建立专门的学校训练军官，将学生教育的责任从家庭的手里接了过来。未来的军官们被教导说，有朝一日他们被征召去领导部队的时候，要像士兵一样遵从命令。（巴黎，国立图书馆）

德·拉努·科斯皮，在给在帕尔玛读书的儿子马可·安东尼奥的信中写道："记住，如果你在学校交朋友，要交那些和你一起毕业的，如果上帝如我所愿保佑你长寿的话……（你的同学们将变成）高级教士、红衣主教、大使和将军，诸如此类的重要人物。由于你和他们的友谊，他们将会给上帝让你出生和在那里的那个家庭好运。"

家长们提倡对反叛的和服从的年轻人采取折中的办法（他们轻信校方官员大肆宣扬的主张），这样更易于促进同学间亲密的关系，不仅延续青少年阶段，甚至在没有制度干涉的情况下能继续影响后来的事业。这种情况随着宗教和非宗教学校的建立变得更显著，它们提供了超过中级水平的特别训练：在16世纪末之后，提供高级训练和见习；17世纪末之后，训练在海军学院和军校班进行；18世纪中期之后，在军事院校进行。模仿圣彼得堡和柏林院校的巴黎军校建于1751年，稍后于1748年建立了梅济耶尔的工程学校，1756年又建立了拉菲埃艺术学院。军事学院把学术和技术培训结合起来，制定严明的纪律，目的是要使来自不同背景的年轻人统一化，因而军校成为首要目的在于培养一系列高级国家工作人员的高水平学校。

但到此时，只有杰出人物受到影响。甚至在富有的阶层中，许多人仍然赞成传统的方法，像家庭教师的教育或职业培训。统计数据显示，在1627年至1629年之间，法国的基督教中学有40000个学生，在1789年，中学有48000个学生。但是这一数字可能有误导作用。像17世纪的英国早期大学，学校接受两种学生：家庭中的长子和次子。前者经常仅完成一部分课程，仅满足于接受自由的文科常识教育，除非遭遇不幸，他们的地位是有保证的，因为作为长子，他们将自然成为家庭的当权派。然而，无论在法国还是在英国，在商业或自由职业里，作为次子的男孩不得不自己在教堂里、军队或政府闯出路子。许多人都一直保持单身，追求事业，这使他们能维持和他们在学校相识的那些人的友谊。幸运的话，他们可能从比他们自己家庭富裕的那些长子和次子们的关系中得到好处。

正是学校的这种纪律创造出了有利于培养浓厚热烈友谊的氛围。通过把青少年与社会其他部分孤立起来，它使得青春期成为发展友谊的年代。友谊的本质和表达的词汇可能仍然和以前一样（这很难肯定），但是它的社会的时空环境已彻底改变。友谊，或者它的起源是与家庭割裂开的。它可能是非功利的，但它也可能让校长不安。它可能会持续到学业结束之后，尽管这丝毫没有保证。从时间上看友谊在爱情之前，是孩子对“他人”的第一次发现，因此它在决定个人身份时起重要作用。

另一个新现象是女修道院里开展的针对上层家庭女孩子们的教育。它采用了16世纪和17世纪像厄苏林、维西坦丁和圣-路易、圣西尔等女子学校的修女教育秩序。男女第一次共有相似的经历。例如我们看“马克伯爵夫人……罗恩公爵的女儿，是圣西蒙太太及她妹妹洛赞太太的知心朋友，以前在修道院时的伙伴”。当伯爵夫人1706年去世时，她们三个离开修道院已有好几十年了，两个姐妹的眼泪让国王不高兴，说她们是“几乎不

在圣-西尔学校，像她们在军校里的兄弟一样，那些出身良好家庭的可怜女孩们被录取到圣-西尔学校，学习成年后需要的各种技能。（巴黎，卡纳瓦莱博物馆）

知道自然规律和心理活动的人”。圣西蒙本人被他妻子痛苦的眼泪“深深地感动了”。

所有这些变化刚刚开始，19世纪关于学校和修道院的友谊方面的记载比18世纪的多。然而我们看到，事情正向着更广阔的社会领域发展。通过友谊，不论像蒙田和博埃西那样无意间获得的，还是像圣西蒙和他宫廷的朋友那样为了寻求共同利益而刻意建立的，成人坚持从家庭中独立出来，从大众社会交往的泛泛关系中独立出来。至于社会交往，17世纪英国和18世纪法国的成人男子同样企图组织它、治理它和使之制度化，使人与人之间的关系和平而舒适。换句话说，他们努力创造一个家庭之外的环境，在那里他们能自主地与其他人享有平等的关系。

家庭关系网没有消失。对于大多数人来说，特别在农村，它们仍然是必要的。然而，精神上的家庭正在衰退。家庭主要的依靠，现在不是来自其他庭而是来自政府，它以提供保护来让人们撤回家里，断绝与周边一些组织的联系。介于孩童和成年之间的时段是友谊的年代，是延长了的青少年时期，参与和学习的时期，选择和个人许诺的时期。有些青少年友谊的延续到后来的生活阶段。这取决于个体的情况。

在性格、品德和生活方式方面，没有哪两个人能比波斯维尔和威廉·约翰逊·坦普尔牧师之间的差别更大了，但他们在爱丁堡大学相识后，在长达30年中一直互相写信，彼此信任。波斯维尔指定坦普尔为他的遗嘱执行者，1767年6月24日，坦普尔写道："我相信，你的友谊是我生命中唯一的快乐。至于我的家人，他们是我真正最可怕的敌人：一个残忍的父亲，一个恶劣的兄长……啊，波斯维尔！相信我，我像爱自己一样爱着你，在我死的时候，我将感谢上帝，因为最重要的是，上帝给了我你的友谊。"

M–F.当德雷·巴东：《壁炉》。从狭窄窗户射进来的光线比壁炉炉火发出的光亮还弱，房间里的家具很简单。较之一幅家庭团体肖像图，这件画有两名年轻妇女和六个孩子的作品属于晦暗和无序的类型。（马赛，美术博物馆）

家庭：住房及群居生活

阿尔布雷奇·丢勒留下了大量关于德国、奥地利、意大利在15世纪下半叶和16世纪初的乡村和市区房子的水彩画和素描。它们不仅因其艺术价值而且因为丢勒敏锐的观察力而愈显珍贵，而不论他描绘的是房子、树、野兔还是正在凋零的牡丹花。在其素描中，我们可以清楚地看出那个时代所使用的建筑材料。在有的画中，砖块就裸露在外面，有的画中，砖块外又盖了一层保护层，就像纽伦堡的圣约翰区美丽的房子，通常一半由木料建成，屋顶倾斜，上面盖有带花纹的彩瓦。卡尔卡鲁乡村的房子则很大，很开阔，巨大的草屋顶隐藏在百年老树的树阴下。在意大利的重镇阿果，人们则更常见到石砌的房子，屋顶铺有瓷砖，略为倾斜，紧紧挤在堡垒里。他最后的这幅水彩画显示出这位北方艺术家对略带蓝色的橄榄树叶以及南部乡村奇特采光方法的强烈兴趣。丢勒有时会在他的雕刻，如《浪子》中重现对房子的素描，这幅画表现的是《圣经》中的场景，而主要目的是描绘一所德国小院，周围环绕的一群建筑物，这些建筑物都留有一些窗子或很小的采光孔，还有低矮的庭院但都覆盖着巨大的草顶。

代表作品：从房子转移到了室内

在外形、大小及建筑材料上，16世纪纽伦堡地区的房子与两三个世纪后在德国及阿尔萨斯村所建的房子非常相似。丢勒在他第一次去威尼斯的路途中所描绘的意大利民居与18世纪法国南部和意大利建筑拥有许多共同的特点。因此那个地区主要的民居类型（现存例子多是近代的意大利、法国及英国等的建筑）均在16世纪初的德国及佛兰德斯人的画中得到了很好的体现。建筑技术持续用了几个世纪，尽管在1500年到1800年之间发生了很多变化，也改进了很多，民居仍是该地区相对稳定的文化和物质的特征体现。但遗憾的是，丢勒的画尽管对室外的观察非常细致，但却对室内情况不着一墨。

布鲁盖尔家族及佛兰德斯的农庄

在丢勒之后，老皮亚特·布鲁盖尔的绘画详细描绘了弗兰德斯人的村庄，他们的房屋多用木头框架，玉米秸杆做墙，并有很高的茅草屋顶。有一些很大的房子是砖砌的，而且在房子正面楼梯的上方有一面三角形的山墙。布鲁盖尔有时会带我们进入室内。我们现在看到《拜访农舍》的两份摹本，其原作可能是铅笔速写画，一幅（木料用色极其丰富）由小皮亚特·布鲁盖尔所作，另一幅由简·布鲁盖尔所作，老布鲁盖尔两个儿子所作的摹本十分相似，均描绘了一所农舍的一个大房间。在画中我们可以看到16世纪晚期一个农民家里所有的家当：一条带有后背及扶手的大长凳同时用来堆放杂物，一把孩子坐的矮椅子，一把扶手椅，画面前部显眼的地方有一个摇篮，一条狗睡在里面，一张覆盖着白色台布的圆桌（我们在勒南兄弟的农家室内画中也可以找到同样的台布），桌上的碗里装着一种奶油色的汤（农庄里有牛，因为在画的背景中有一男一女正在搅拌黄油）。最惊人的特征是一个和地面齐平的中央火炉，上面有一个巨大的锅钩吊着一个巨大的汽锅。作为一家之主的父亲正在接待三个来访的客人，在画面深处，由夫妇两人和三个孩子组成的家庭主要成员的后面，我们可以分辨出其他五个人，他们似乎也是属于这个家庭的。一个男的坐在长凳上，另一个正在喝桌上的汤，一对青年男女正在搅拌黄油，在一道上方装有铅条玻璃气窗的木门门口，有一个年轻的女人，不知是要出去还是要进来。

我们在就餐时间走进了一户佛兰德斯农家，除了一个老人和一个赤脚的最大的孩子张罗着来访者以外，其他人都在专注地忙着自己的事情。我们弄不清楚画面中不同人物之间的关系，他们有亲戚关系吗？像16世纪佛兰德斯的大部分绘画一样，这幅画可能并不是记录农家室内所有家当的，而是一个寓言式的画面，用来阐述《圣经》中的一句警言、一个场面，从而对人进行道德说教。从三个拜

A.丢勒:《浪子》,约1498年作。这幅《圣经》情节雕版画展示了德国南部一座城市的图景,有教堂、高高的茅草屋、土块和砖墙以及狭小的窗户。(巴黎,国立图书馆)

老布鲁盖尔：《拜访农舍》。16世纪晚期，三个资产者拜访佛兰德斯一个农民的家。餐桌是为这个家庭的七口人设置安排的。前面是三个孩子，最小的还抱在妈妈的怀里，妈妈坐在屋中央的壁炉旁烤火，壁炉上方吊着巨大的锅炉。（维也纳）

访者的穿着打扮来看，他们是属于富裕的中产阶级，他们是来探望即将分娩的妇女呢，还是如某些评论家所说的那样可能是来看那个年龄最大的孩子？那孩子正与画面前方的妇女交谈，他可能是她的儿子，也可能是放在这户农家寄养的一个亲戚。

在16、17世纪，那些佛兰德斯艺术收购商们大量购买这种风俗画，这些画面实际场景的资料价值通常被放在次要的地位。在描绘中产阶级及农民日常生活画面的背后，弗盖尔（荷兰风俗画家，亦作肖像及风景画）的室内图以及布鲁盖尔的《拜访农舍》通常还带有某种格言式的意义，他们通常以某种学艺术的人才能懂的语言来表达，画中的每一个日常物件都带有一种精确的象征意味：对当时生活描绘的“虚夸的彩画”。如果对这些日常物件赋予太多的记录性意义，并认为这些农民及中产阶级的室内景象是佛兰德斯商人及农民日常生活的真实写照，那就错了。

勒南兄弟对17世纪法国南部农民生活室内景的描绘也让人产生同样的误解，著名的《就餐的农夫》（1642年）以及《农夫一家》均珍藏在卢浮宫，并不是对家庭的精确描绘。勒南兄弟不但是非常伟大的画家而且是非常精明的商人，因此他们不可能仅仅描绘和记录社会生活。《农夫一家》画面上有一个脸上带着狡黠微笑的瘦瘦的老妇人，一个正当盛年的男人，一个年轻的小伙子及几个正在一本正经地拉小提琴和六孔竖笛的孩子，这让人想到了不同年龄段的生命，这正是意大利画家从提香到卡拉瓦乔的模仿者最喜爱的主题，而不仅是为了描绘一群家庭成员。

勒南兄弟描绘的农民生活室内景

两幅画都没有表达太多的就餐规则。勒南兄弟更喜欢用一个开阔的无时间限制的不真实的布局，来表达作品中的象征意义，而避免在帆布上过分细化那些琐碎的厨房器具。在《就餐的农夫》中，我们看到桌子上只铺了台布却不见餐具，桌布很大甚至遮没了长

勒南：《就餐的农夫》（1642年）。勒南绘制了几组农民在餐桌前进餐的情形。在这幅图里，一名妇女站在那里，男人们都坐着，他们分享着几乎是象征意义的面包和酒。（巴黎，卢浮宫）

P.E.詹森：《扫地的人》。一个仆人正在扫弗兰德这个富裕家庭里闪光的大理石地砖，从镜子的反射中能看到她的脸。(巴黎，卢浮宫)

P.德·霍克：《正在捉虱子的妇女》。弗兰德家的内部比较简陋，地板是陶瓦地砖。在窗帘完全遮蔽的屋里，母亲坐在床前给女儿捉虱子。德·霍克在其他类型的场景中用过同样的室内情景。(阿姆斯特丹，里吉克斯博物馆)

凳，桌子上只放了一个酒壶、一条面包、一把已经切了面包的刀；另一幅画中则只画有一个锡壶、一个碟子和一把勺子。

勒南兄弟农夫室内画的背景通常是一样的：天花特别高，壁炉特别大。房间显得非常空旷，看上去更像舞台背景而不像是对穷苦农民炊烟袅袅的房舍的精确描绘。家具很少：一两条长凳、几把椅子、几个凳子。尽管在《就餐的农夫》中，在画面的一个拐角可以看到一张被天鹅绒帘子覆盖的床，但农家的床通常摆在室里(厅或起居室)，所以很少出现在画面中。

同时期的佛兰德斯和荷兰的室内风景图对房屋的装饰及建筑做了更为详尽的描绘。皮亚特·德·胡赫给我们展示的城市室内风景甚至涉及了成套的房间，从北面很高的窗子透过来的光被发亮的方格地板反射，显示出家具的好光泽。在房子的黑暗角落常会有一间暗室。这样的房子豪华而又井井有条，安静舒适而且方便。其他佛兰德斯的画家像阿德里昂·布劳威尔和大卫·特尼耶倾向于通俗而逼真的画风，他们的室内风景显得又脏又乱，房间里除了半只当作桌子的桶和一截当作椅子的树根以外一无所有。

布劳威尔草草画下的风俗画场景、丢勒的旅行速写、布鲁盖尔的插图式的格言警句以及勒南兄弟的宁静的画面布局等，诸如此类的作品都化瞬间为永恒，这让历史学家们着迷,但却不能帮我们揭开16、17世纪佛兰德斯、德国或拉洛瓦的农民是怎样生活的，我们必须转向其他的材料，主要是书面文件。

生活方式

在奥热和索洛涅的村庄里，那些由木头、玉米秸、茅草建成的低矮住房里到底住了多少人？在萨尔萨斯平原又有多少人拥有那些一半由木材建成，带有走廊和院子的大房子呢？在普罗旺斯村的那些又高又窄紧紧挤在一起的石头房子里又住有多少居民呢？我们的理想是不仅知道有多少人居住在一起，而且还知道他们之间是什么关系。这些农民的家庭结构总是一样的吗？核心家庭是单独居住，还是在家长的统治下，几家人共有一所住房呢？我们还想知道这种家庭体系又是如何运作的？他们又是如何受到法律以及经济条件的影响的？家庭的大小和结构一定会受到一些变化的影响，这种在遗传规律上的地区差别被让·伊韦叫做“风俗地理”。

一所农舍并不仅是一家人的住所，通常也关着家里的牲畜，储存着粮食以及大丰收时没卖掉的东西以及农具。法国南部的Domus、法国北部的Ousta或Ostal及德国和阿尔萨斯的Hof都既是工业区，又是居住区，其标志一般是一个姓氏，或者像阿尔萨斯地区那样，使用一个家族徽章。Domus、Ousta及Hof等词指的不仅是建筑物，还包括土地，一个家族所拥有的全部财产，不同于全村居民共同享有的公地及共同财产，如过道、公共草地，甚至在普罗旺斯和普罗文斯，可用地也非常有限，打谷场通常是共用的。

变化着的栖息地

一个家庭所拥有的东西不是一成不变的。投入使用的建筑物以及耕地会随着需求的变化而代代变化。17世纪，和今天一样，谷仓里必须留出一部分地方来另建一个卧室，或者一所房子被一分为二，由父母和孩子或弟兄分别占有。在已有的老房子院子的周围，建起新房给年老隐退的父母住或供新婚的儿子一家居住。1788年，雅尔戈老夫妻两人是勃艮第库尔赛勒的农民，他们和已婚的长子住在同一所房子里，结婚合同里明确规定新建的住房将给第二个儿子，让，居住。至于他们最小的儿子西蒙，父母在位于库尔赛勒的

在动身去意大利前，年轻的丢勒绘制了好几幅他家乡纽伦堡的水彩画。圣约翰广场的房子及其瓦顶和半木结构的墙在这幅画里被细致入微地描绘了下来。（不来梅）

另一地区留下了一块建谷仓的空地，作为产业送给他。他可以在这块地皮上建造一所新房子，这样父母房子的边上又新加了两所住宅，雅尔戈家的三兄弟很明显是要做近邻了。

类似地，比利牛斯山的阿泽黑地区的一个村子，则在高墙内的复式家庭中建起了许多大房子。安妮·辛克就曾提到，尽管村子里新开发地皮的数量未曾增加，但因为儿子、兄弟、女婿均在已有的家庭复式住房中修建新房子，壁炉的数目从1636年的116个增加到了1792年的171个。

老房子不断地被废弃，新房子不断地盖起来，法国和德国的村庄因此不断地变化着，这其中有几个原因，经济和人口是非常重要的因素。17世纪初期的战争对洛林地区的房屋建筑有着重要的影响，另外气候条件也影响着房屋的建筑。还有一些不太明显的因素也在起作用，其中牵涉到家庭财产的继承、瓜分及为子女结婚修筑房屋等行为起着关键的作用。可利用的资源制约着建筑材料的选择。村子里社会阶层的布局影响着那里所建的房屋的性质，因为相对富裕的农民及商人与普通的农场劳力所住的房屋有很大的差别。

穷人的家

在17世纪甚至到18世纪，并非所有农民的房子都是烟灰色的村舍，带有用干泥、稻草及石楠混合做墙，用黑麦草、芦苇或其他本地的植物做屋顶。这种粗糙的农舍孤零零地立在那儿，脆弱得不堪一击，“这些由玉米秸秆做的房子每年都要维修一次，新盖的农舍在盖好的当年就需要修葺”。在几个小时之内，大火就可以将它毁灭。这些住所都非常狭小，仅仅有一个适合人住的房间和一些小采光孔。路易十四统治的晚期，索洛涅·塞勒里村的修道院副院长就曾评价过他的教民们的家的不舒适。“他们不喜欢把天花板建得很高，”他说，“他们喜欢把房子盖得一抬头就能碰到横梁。至于光

H.范达伦：《有叫花子光顾的农家庭院》，这个农家庭院里有座房子和几个谷仓。（巴黎，卢浮宫）

线，他们本应该留一些大窗子使房间的空气流通，但相反，他们的房间非常的黑，不像是自由民的家，而更像是关押罪犯的地牢。”

一间房的住所仅适合那些小家庭居住：丈夫和妻子（或寡妇）再加上几个年幼的孩子。年龄大的孩子就不得不从富裕的邻家租房子住或到其他地方去谋生。像这样小的茅屋是不可能供两代人以上或一大群孩子住的。除了缺少地皮以外，小屋也暗示着财力的不足。在1500~1800年之间欧洲的许多地方，这些破茅屋的数量随着战争、劫掠和饥饿等而增加。破烂的茅棚与比较开阔的房间并存，反映了乡村社会的不平等。在某些地方，穷人的茅棚稀稀拉拉地到处都有分布，而在另一些地区，它们则集中建在某一特定的地方。在18世纪奥弗涅的贫民区，有成队排列的劳工棚，这些贫民的房子只有一扇门、一个窗户以及一个通向房子后部的顶楼的入口。在18世纪晚期的科西嘉岛，某些农民除了一间没有抹灰泥而直接用石头垒成的窝棚外，没有其他可居住的地方。

在布罗卡多、西西里等地进行的考古研究表明，从14世纪到18世纪，贫苦的农业劳动者，如大部分的西西里村民，一家人住在只有一间房的茅棚里。在奥弗涅的贫民区，住房只有一间房子，被一分为二，人和（可能有的）动物住在离街道较远、较黑的那一半，另一半则建有火炉用作厨房。考古资料和文件均证明：每家房子前的空地同样适合家居活动。

法国东部和南部部分地区的村庄和城镇里，可以直接从街道走进房子。人们在这里可以看到有装饰框、主人名字的首个大写字母、各式箴言以及宗教崇拜偶像等物精心修饰的门廊。

在16、17世纪的英国和法国，尤其是法国西部更为贫穷的阶层，住房条件更为恶劣。在1649年，普瓦图的圣-克里斯托夫·昂豪克的人们在向三级会议提交的一份报告中，就曾简单描述过他们恶劣的生活条件：“仅仅有90个左右的壁炉，大部分人都在乞讨和艰难谋生……当前，除了成群的乞丐，几乎看不到别的……因为缺乏其他的住所，所有的人都得睡在稻草上或在田地里建一些小小的茅舍。”森林边的小屋，田野里的茅舍，村庄边破败的陋室……这些住所很难给那些稳定的家庭群体提供合适的住所。当然圣-克里斯托夫的居民们在艰难的岁月里起草了他们的陈情书，那个时候弗龙德派正在整个法国活动。但根据现存的税收记录，即使在18世纪晚期较平静的阶段，乞丐在很多地方也是非常常见的。身有残疾的丈夫和有病的妻子住在破烂的茅舍里，瞎眼的父亲和辛苦工作的儿子住在一起，部分靠地方慈善捐助来渡过难关，当发生饥荒时，许多

人三五成群地逃走了，有的带着家庭有的只身一人逃到了其他地方，尤其是城市，而在那里，他们却被监禁起来。

我们可以看一看法兰西岛、佛兰德斯、洛林等地区社会地位高一点的农民；朗格多克和普罗旺斯省拥有土地的农民；乡村熟练的匠人；勃艮第和瓦尔河谷的葡萄种植者。他们的家要比那些苦力劳动者的家宽敞得多，一般有一间以上的住房和一些室外建筑，如谷仓、马厩和贮藏室。

富人的家

离巴黎不远的维耶瑞夫，1647年时对农民家庭的财产进行了登记。一所房子通常包括以下部分：矮小的厨房建在街上，紧靠着楼梯，楼梯另一端有一道门通向一所箱式房子，上面有两大间卧室和一间带有阁楼的小卧室，厨房的另一端是一个矮一点的厅。换句话说，这在法兰西岛非常常见，带有阁楼的两层楼的石房子，主房及附属建筑物都是瓦顶的。17世纪的法国北部乡村，茅草屋顶比瓦屋顶更为常见，瓦顶显示着家庭的富有。

总而言之，北方国家（法国北部、佛兰德斯、英国、德国）的房子多由木材和泥土建成；而南方国家（法国南部、西班牙、意大利）则多由石头建成。但这种笼统的陈述需要进一步的详细说明。布列塔尼和康瓦尔使用花岗石，勃艮第使用石灰石，法兰西岛则使用采石场的石头。对建筑材料的选择取决于它们是否容易获得。相对于木材和水泥，人们并不总是更爱用石头，也不是所有的石头房子都代表着富有，就像我们在上文提到的科西嘉和西西里的石头窝棚。反之，在阿尔萨斯的库克斯堡和某些诺曼底采邑里，人们可以找到由木材和玉米秸盖成的宽敞甚至是豪华的住宅，它们是许多富裕农民和殷实的贵族家庭的住所。

农民和那些乡村工匠们又是怎样生活的呢？居伊·拉布尔丹研究了吕内维尔附近的安德吕普村的三所农舍。在洛林，许多村里的房子都拥挤在主大街的两边。居伊调查的这三所农舍的两翼均有房间，而普通的苦力劳动者的房子却只有一翼有房间。一所房子不仅有人住的地方，还有贮藏间和谷仓。18世纪中期的这三户农舍均有两间可住人的房间，在靠近街道的房子的前部，有一间房被叫做“漂亮房间”，大房间或poele（炉子），后面则是厨房。（法语中的Poele等同于阿尔萨斯及其他德语区的德语中的Stub。）当蒙田在洛佚名作者：《秋季的农家》(18世纪)。这个一片繁荣景象的农家包括几座房子，其中有一座是两层的。墙壁经过精心的建造，屋顶上盖着瓦。（朗斯，圣德尼斯博物馆）

这幅素描来自B.F.德·圣丰的《维瓦雷与韦莱死火山研究》(巴黎，1778年版)。该图展示了法国中部一组农民的房子。(巴黎，国立图书馆)

林、阿尔萨斯、德国及瑞士郡等地看到这种非常适合当地恶劣的冬天天气的取暖系统时，便在他的日志《意大利之旅》(1580)中表达了他的惊讶之情：“还有什么比这种陶土制成的火炉更完美的呢?”这种取暖系统确实极富创意：炉子被放在两间房的中间，为两间房供暖，而且还可以烧饭，这就使两个房间均能被充分地利用。而在其他地区，唯一的壁炉装在客厅里，冬天人们全都得挤到客厅里去睡觉。

在安德吕普的这三所农舍里，“漂亮房间”和厨房里均摆有床，有的在通往大厅的小房间里也摆有床。阿尔萨斯的人把两张单人床放在一个大凹室里，这间凹室几乎是从房主和他的妻子所睡的Stub里分出的一个单独房间。其他床则通常放在房间里较暗的拐角处，很少放在中间。在1500~1800年间，床像其他家具一样，有了很大改进。最早的一种床叫“莎利特”，是一种非常简陋的东西，比木板上铺的草垫好不了多少。渐渐地它们变得越来越精巧，越来越昂贵。到18世纪末，已经有了木材做成的床柱，天篷(床罩)，色彩生动的贝尔加姆挂毯或斜纹粗布做成的帘子，通常是绿色的、塞

在法国东部、德国和瑞典，冬季非常寒冷。需要用釉面陶瓦火炉供暖，在放置火炉的房间里就用这些火炉来给房间命名。(巴黎，国立图书馆)

满羊毛的床垫、软和的枕头、毯子和床单。

从18世纪下半个世纪的财产清单中可以看到那时的人们已经非常关注床的质量，连穷人的床都十分昂贵。正如热拉尔·布沙尔在研究贫穷的索洛涅时所指出的那样：抽样调查的50名被雇用的苦力劳动者中，床占有他们财产总数的40%。不同的国家所做的床也不同，反映了不同的需求和品位。睡眠习惯属于文化特色，可持续数世纪之久。蒙田曾说过："如果你让一个德国人睡在床垫上，一个意大利人睡在羽毛褥子上，一个法国人睡觉时没有帘子和火，他们很快就会病倒的。"（小品文Ⅲ：13）

睡觉安排

房子里的床是怎样摆放的呢？在只有一个房间的房子里，这很简单：一张或几张床就放在这间不仅用来睡觉还用来吃饭及从事其他活动的房子里。在穷苦的农民家中，一家人经常共用一张床。在1683年的弗班郡，一个地位很高的普罗旺斯贵族乘邮车从布卢瓦到普瓦提埃旅行，晚上在普瓦图沼泽的一场大雾中迷了路，他来到一个农民家中。后来他说："进去以后，我问他能否给我们生个大火，让我们在他家住一夜。'唉，先生，你都看到了，我、我妻子和孩子只有这一张破陋的床。'"

即使在那些有好几个房间的富裕农民及小资产阶级家的大房子里，人们生火烧饭、吃饭的地方也总放有床。在洛林、普罗旺斯、勃艮第、贝亚恩和比利牛斯山山谷的大房子里均是如此。这正如弗雷德里克·勒·普莱在1850年提到默卢加的家庭时所说的，如果人们确实住在不同的房间里，很明显睡在有壁炉或火炉的房间里是一家之主和他的妻子的特权。对库克斯堡和上普罗旺斯村的四居室的大房子的观察研究证明了这一点。在勃艮第的瓦育，17世纪的财产清单文件中清楚地记载了这点！"财产清单所列记录显示，用于准备做饭的器皿都放在刚去世的主人的房间里，这似乎是用来从事所有家庭活动的房间，是这个可怜人家的家当。"一个当过盐税官的巴黎旅行家曾记录下他在一户贫苦的阿尔萨斯农民的主房间(Stub)里闻到的令人恶心的气味："几乎很难待在那个房间里，因为他们在里面吃、睡、晾衣服和贮藏水果，而所有的气味混合成一股令人恶心的恶臭。

床的数目取决于居住在这栋房子里的人数。安德吕普的三户农

A.范奥斯塔德：《农舍内部》。范奥斯塔德留下了许多日常生活速写画，譬如这幅画，表现了一个家庭围在壁炉旁的情形。挂着幕帐的床，以及炉火附近用来晾衣服的木棒。(巴黎，美术高等学校博物馆)

家中，第一家只有夫妇两人和一个孩子，第二家有一对夫妇和四个年龄在8~20岁之间的孩子，第三家则有一对夫妇和八个年龄在10个月到20岁之间的孩子。但三家都只有两个房间，很难想象让·翁芝和他的妻子安妮·达米安家是多么的拥挤，他们年幼的孩子只能和父母同睡，而大些的孩子则都睡在另一个房间里。他们睡的不是带有帐子的床而是垫草的简单床板。

只有一个房间的住房通常都很大，里面摆满了家具。马孔地区的一个村子里，一个死于1674年的箍桶匠的财产清单中曾列出：房子中主要的也是唯一可住人的房间里有一个壁炉，四张带帘子的床，五个带锁的橱子和两个揉面板，然而我们还是无法知道这个有四张床的房子的布局。

有一个前军官的遗孀，1780年死于马孔地区。她的财产清单显示她的卧室里有一张四柱床，而且还有一张给女仆睡的床（女仆可能是个看护，是被雇来照顾她最后的日子的）。这个寡妇有两个未婚女儿，睡在另一间卧室里，每个人都有一张四柱床。这所房子的厨房里没有床，证明了其资产阶级地位，但也可能是几个孩子长大

波杜瓦：《熟睡的卫兵》。离得很近的床是对风行18世纪的一种秽乱场景的暗讯。（巴黎，国立图书馆）

后离开家的结果。直到18世纪末期，并不是每个人都单独睡。在资产阶级家庭里，隐私是地位的一种象征。公证人细心地指出：母亲、大女儿、小女儿都拥有各自的衣橱或差不多大的可上锁的衣柜，它们在17到18世纪才代替了箱子，用来贮藏布料、个人财产以及亚麻织品。女人结婚时，她的箱子或衣柜将在婚礼这一天被搬到丈夫家去，里面所装的东西也属于嫁妆的一部分 。

在寄宿处和旅馆里，每个房间都塞满了床。蒙田曾称赞过德国旅馆的高质量服务，某些旅馆提供单间，供有暖气，而且有走廊直接通往房间而不需要从其他房间经过。弗班伯爵在他的《回忆录》(1677) 里曾详细描述过他在蒙达热的一家旅馆里过的一夜："该睡觉了，他们把我们四个人全塞进了一个有三张床的房间。" 那三个人均是伯爵在路上碰到的旅人，一个是从夏尔特尔来的教工，另两个是不知名的穿着军官制服的绅士。后来才知道他们是拦路抢劫的强盗，其中有一个在巴黎的沙滩广场被处以死刑。

在乡村，许多人可能都得住在同一个房间里，但他们至少还是近亲。而在城里，很多真正的陌生人由于贫穷和住房缺乏被迫住在一起。在18世纪的鲁昂。一位"女士" 不得不把自己的床安在一对已婚夫妇占用的一个房间的拐角。

居民群和家庭结构

上面所描述的安德吕普的三所农舍里生活的均是核心家庭，在法国、意大利和德国的其他地区，居民群则要复杂得多。圣·列维村位于普罗旺斯地区的瓦尔河谷，其中村民约瑟夫·巴雷家共有10个人。1782年巴雷53岁，和他生活在一起的有比他年龄略大的妻子，还有他们的五个从14到30岁不等的儿子，此外同住的还有巴雷的母亲，巴雷的大儿子克洛德的妻子玛丽安娜·热内斯和他们一岁的儿子约瑟夫·巴雷。如果上帝保佑，这孩子将是长子的长子，总有一天会成为一家之主。

两种家族体制

洛林地区有10个家庭成员的让·翁芒的核心家庭与普罗旺斯地区的约瑟夫·巴雷的家庭不同，这反映了两种不同的家庭体制，也影响着生活空间的分配和使用。如一个已婚的儿子仍和父母住在一起，这就必然影响着角色的分配；和分家单独住相比，家庭关系要更趋于仪式化和等级化。儿子要服从父亲、儿媳要服从婆婆，这远比普通的妻子服从丈夫要复杂得多。

两种体制对遗产的分割也是不同的。核心家庭占主导地位地区的法律和三代同堂家庭占大多数地区的法律是不同的。前者的法律条文规定强制在孩子们中均分财产，或至少是在儿子们中间；而后者则习惯上挑选一个唯一的继承人，他将继续待在父母的家里。法律认可这种牺牲其他兄弟姐妹的利益而成全唯一继承人的划分方法。尽管在采用《民法规则》之前，不同地区的法律差别很大，但在遗产和财产分割方面，各个地区都有统一的模式。法国卢瓦尔河以南的各省均支持确立唯一的继承人和不平均分配财产；而卢瓦尔河以北的大部分省份则支持人人均等的分配体制。然而真正的现实细节远比这种单调的概述要复杂得多。在法国中部有一个过渡带，北部和东部也有一些省份采用这种不均衡的分配制度。同时我们也

勒南兄弟：《为跳舞做准备》。这幅画是勒南兄弟创作的几幅儿童画之一。孩子们在木箫声中跳舞，旁边有老年妇女监视。（私人收藏）

勒南兄弟：《室内肖像》。在这幅画里，尽管有音乐家在场，但孩子们并没有跳舞，而是为一幅家庭肖像画创作摆姿势。这组人包括两对夫妇，其中一对比另外一对年龄大，也可能是年龄较大的夫妇与他们年幼的女儿在一起，而年龄较长的女儿则站在了自己丈夫的身边。（巴黎，卢浮宫）

要注意的是，整个分析是建立在法律文件的基础上的，但每个省所制定的法律并不总是和那里的实际情况相吻合。意大利、德国、西班牙的情况也是同样复杂，对这一问题的理解也相类似。

在古老的农业社会里，涉及社会再生产和人口再生产的家庭策略是对经济、物质、文化和意识形态等条件的复杂反应。在16世纪以前的大不列颠和法国的许多地方，包括诺曼底、安茹以及巴黎盆地的开阔地带，所有的孩子都将离开生养他们的家。有些孩子在很小的时候就离开了家，或是和其他人争一个位子，或是出去寻找自己的机会。另外一些孩子则搬进离父母家很近的新房子里，仍然和家里保持着紧密的联系，甚至一块干活。然而儿子在父亲的家里娶新娘却是不合适的。许多年轻人宁愿推迟结婚直到他们有能力建立一个独立的家庭为止，无论婆婆还是儿媳都不愿意住在同一所房子里。

在德国、法国和意大利的其他地方，有一个孩子将继续和父母住在一起，这种现象比人们所想象的要普遍。这样安排的目的是想在世袭财产的管理上提倡一种延续性，不论它是祖先的采邑、国会里的位置还是一个农场或一个工匠铺。这种体制通常存在于那些主干家庭里。

主干家庭：地方和角色

当女孩结婚后和丈夫家共同生活时（或较少见的一种情况：某个男子娶了单传的女子并要继承女家的财产而和他们一起居住），

融合问题就不可避免地产生了。这对新夫妇睡在哪儿呢？当然肯定不在父母的卧室里，也不在其他兄弟姐妹的房间里。必须准备一间空房来迎接这位年轻的新娘和她所带来的装满了嫁妆的箱笼。

如果新郎是个独生子，必须留在家里，两对夫妇（父母和儿子媳妇）就能且必须得生活在同一所房子的不同房间里。实际上，在这种主干家庭模式盛行的大部分地区，房子非常大，里面至少有三间或通常是四间卧室。

18世纪中期在普罗旺斯省瓦尔河谷的圣·安德烈·阿尔卑斯山脉，大约有超过半数的房子里有四间卧室。房子又高又窄常为四层，一间连着一间。底楼是谷仓或贮藏室，上面两层被占得满满的，均是客厅和卧室，最上层贮存干草。正如公证人所记录的那样：有四个房间可以住人……对一个不太殷实的手工艺人或农民的家庭来说已是相当大的生活空间了。如果这所房子里仅住着父母和孩子，那在家族中简直算是很奢侈了。但另外一些时候，一家之主和他的妻子住在二楼客厅的凹间里，这里放着火炉，而未结婚的孩子睡在紧邻的大厅里。在某些家庭中，女儿们可和寡居的奶奶共用一个房间，儿子和媳妇则通常睡在三楼客厅里，正好在卧室之上；孙子则住在紧挨着父母的卧室里。18世纪的财产清单和更晚期的口头证言均表明，普罗旺斯省的居民们非常不喜欢让大孩子睡在自己的房子里，而且，尚需照料的孩子也确实和他们的父母待在同一个房间里，18世纪的财产清单经常会提到儿童的摇篮，还有小孩的被子和床单。

不但在普罗旺斯村这些半独立的房子里，而且在比利牛斯山区那些独立的大房子里，均住着三四代人。这就意味着他们对房子的分配是以一种仪式化、等级化的方式进行的。家主和他的妻子住最好的房子。在圣-安德烈·阿尔卑斯山脉，最好的房子一般是二楼的客厅，可以看到街景，还有一直熊熊燃烧的火炉。在普罗旺斯、朗格多克以及阿尔萨斯平原的大房子里均是如此：家长享有特权。

最后当父亲死了以后，儿子和儿媳将占有这张位于主客厅的内室或阿尔萨斯地区的主房间中的尊贵的床。如果母亲在父亲死后仍然健在，她就要搬到另一间卧室里去，可能是和未婚的女儿和孙女共住。儿子继承了家中最好的床，与此同时也获得了治家的权利。

这种主干家庭制（不论是在普罗旺斯、意大利还是日本都很流行）暗含着一种两代人之间的劳动分工：父亲/儿子、婆婆/儿媳。他们在家、地里、教堂里的角色是不同的，这种仪式化的不同使几代人同住变得更容易一些，而且也减少了冲突的机会。在每一个家庭里，妇女在家中的角色都有一个等级区分，婆婆负责一日三餐，儿媳则照顾孩子以及在地里劳动，一家人就在父母的卧室吃饭，他们吃饭时的座位安排及上菜方法均是按传统习惯进行的。

在库克斯堡，座位的等级排列如下：家主拥有最好的位子，他如不在家，这个位子是空着的。家主的位子位于长凳的一端，他坐在那里可以看到街道、院落和家庭的文献，这些文献被保存在供奉神像的角落处。吃饭时，“家主坐在桌子的一头，他的妻子坐在右首，儿子们坐在左边，女儿们则紧挨着母亲坐在右边，然后是佣人们”。布勒托内地区的尼古拉斯创作了《堕落的农民》，其早期版本

来自N.R.德·拉布雷东内的《堕落的农民》（海牙，1784年版），由毕内插图。，这幅由拉布雷东内描绘的著名的雕版画以一种纯净的和理想化的方式将家庭进餐情形描绘了出来。挂在墙上的祖先肖像俯视着整个场面。（巴黎，国立图书馆）

描绘了类似的家庭用餐情景，在这幅雕塑中，我们可以看到北勃艮第家庭中的座位次序与我们所描述的一模一样。毫无疑问，这幅肖像画不仅被蕾蒂夫而且被19世纪晚期研究阿尔萨斯风俗习惯的人种研究者们在某种程度上理想化了。这种就餐位次基本上只见于那些大型的家族农庄，极少付诸实践。有大量的证据表明即使在那些较富裕的农民家中，妇女也极少和男人同时坐在桌边吃饭，通常是在旁边伺候。拉扎勒在他的《回忆录》中曾提到一次经过阿尔萨斯的旅行：不论是什么样的筵席，母亲除了在吃餐后甜点时从不坐下来；换句话说，当她坐下吃饭时，每人都知道厨房里已经没有什么可以拿出来的食物了。父亲切面包、倒酒，首先给自己留一份（当然是最好的一份），然后把剩下的分给其他人。

一名阿尔萨斯理发师用他姓名的首个大写字母和他职业的标识标明自己的房子。（巴黎，国立图书馆）

父亲的房子

人们不仅用房屋的分配、用餐的仪式，而且用训练孩子正确的态度、手势、话语（像在很多地区普遍存在的那样，对父母说话要用正规的“您”）等来教育年轻人应当适当地尊重老人。幼子及他们的妻子自小就接受了长子优先的教育。在普罗旺斯的商人和家长之间的私人信件里到处都可看出孩子对父母、弟弟对哥哥的尊重和服从。像圣-莱热这样的村庄，其人口统计记录中就按照等级顺序列出了每一个家庭的所有成员：首先是一家之主，然后是他的妻子，再后便是长子，如果长子结过婚，他妻子则要排在他弟弟之后，然后是长子的姐妹们，最后是孩子，即家长的孙子辈。

在普罗旺斯、朗格多克和阿基坦，继承法对维护父权很有利。家里祖宗留下来的产业由父亲全权掌握，他可以通过写遗嘱或送礼的方式自由表示对某个孩子的偏爱。而如果和自己住在一起的儿子因结婚而获得财产时，他则保留受益权。这是一种精明而又保险的方式，以免自己手头一无所有；也是一种紧紧控制家庭权力，强迫人们继续尊重他的方式。未来的继承人——他的父母亲已答应养育和负担的——几乎不能因为必须为“家庭的财产利益”工作而抱怨，因为遗产最终将会留给他——但必须是在父亲死后。对那些离开家，在其他地方另立门户的儿子们父亲只能放权。当然继承人，法语称为“家庭之子”，只要他们的父亲还活着，通常就被剥夺了做决定、出售财产、起草遗嘱等的权力，即使他们已经结婚，年龄已有40岁……

有证据表明，直到18世纪，这些继承人还容忍父亲的权威凌驾于自己及自己妻儿之上。正像公证人所指出的那样，当一个继承人结婚时，要签订一份“社会契约”，这份契约里通常包括一个补充条款，内容涉及“如果两代人之间不能互容”或“彼此不能互相容忍”或“假设不能兼容”等情况发生时的处理。然而在圣-安德烈·阿尔卑斯山区，长子们几乎很少分家独住。当确实要分家时，通常总是在某个儿子结婚一个月后进行。婆婆和儿媳能否和平相处，在儿子结婚后不久就能明白；如果不能，儿子就要另立门户。为了不断绝其与家族团体的关系，父亲会答应马上送给他一块土地，让他自己养活自己。年轻的夫妻或住在被一分为二的大房子的北面，或搬到家族拥有的附近的另一所房子里。在长子拥有一份继承财产后，如果家庭的经济条件许可，父亲会在幼子之中再选一个，试图让他重新建立一个新的家族团体。

这种主干家庭制的实行必须以一定的财产为前提，否则无法实行。除了要拥有相当大的房子外，他还必须能从农场或店铺里弄到足够的收入来养活两个家庭。如公证人所指出的那样，在女儿们都得到嫁妆，儿子们都分到自己的一份财产后，剩余的家产必须足够养活5至10口人。这种体制在农民自己拥有土地的地区比较盛行。然而，也有例外情况。在贝里和利穆赞，交谷租田制非常普遍，因此大家庭也很普遍。在熟练工匠和商人拥有相当数量的现金、土地和牲畜的那些地区，这种主干家庭制也很盛行。18世纪晚期，一个叫阿瑟·扬的英国人曾到法国旅游，他认为法国农民中的小自耕农

这个农舍的景象被放置在一幅雕版画的一角，它代表着17世纪中期奥地利村庄的情形。每座房子的用途都被细心地记录了下来。

要远比英国的多。在佛兰德斯、阿尔萨斯、加龙河两岸以及贝亚恩，许多小土地拥有者都非常富有，这给扬留下了深刻的印象。他认为他们更应该被叫做农场主而不是佃农。事实上，这些地区也正是主干家庭制最普遍的地方。

主干家庭制有一种变异形式，即在当然的继承人娶妻之后，父母就不再积极参与家庭管理。我们可以在德国、奥地利和爱尔兰找到这种体制。当父母不再管理家庭事务后，他们就会搬进另一所单独的房子，有时这所房子离大房子不远（德国是在院子的围墙之内），有时就在大房子边上另建一小间，就像某些奥地利村庄中所建的那样。在阿尔萨斯，人们在大房间边上另建一间新房子，叫作克莱恩斯韦伯；在爱尔兰，这间新加的房子被叫作“西房”。

父母不仅单独居住而且经济独立。当他们放弃控制大部分农场和大房子时，会拟定一份合同，详细规定哪些田地他们将留备自用，哪些东西将用来养老：如谷物和其他食物、衣服、燃料，以及其继承人应付多少钱等。

这种变异的主干家庭制是普罗旺斯和比利牛斯山区发现的纯粹主干家庭制和洛林、诺曼底及英国实行的均分体制之间的一种折中方式。像主干家庭那样，这种折中的体制试图以牺牲兄弟姐妹的利益为代价，将大部分祖传遗产集中在唯一的继承人手中，但同时又像那些主张均分财产，强调人人平等的体制那样，父母和孩子不住在一起，而且父母放弃了对家族权威的大部分控制权。

均分体制和家族的团结

在主干家庭制和人人平等的均分体制间存在着折中的解决办法，这一事实表明对二分法的解释不应该过于严格。我们还必须留心与时代不相符的方面。在古老的社会制度中，儿子结婚时要分家另过（在财产均分的地区，贫苦农奴分家更早，并且更普遍），可能并不表示年轻一代的个人主义和独立的欲望，而仅仅是由于经济的需要。遗产的不同继承体制和居住人群的结构基本上以不同的方式回答同一个问题：一个以土地为主要资源和谋生之道的社会是怎样一代一代地进行再生产的？

不管土地以何种方式被耕种，在所有情况下，土地（包括古老的住宅、教区或采邑）都以生活在一起的家庭为单位进行瓜分。不管差别有多大，各种体制的所有继承法都起源于一个共同的原则。

有些人偏爱一个子女甚于其他子女，在家庭单元里，人们倾向于直线传家产。其他更平等的家庭，则要求每一代都重新分配财产和土地。虽然这种新的分配对家庭农场的生存提出了新的问题，但是这种瓜分的危险可以通过购买和交换小块土地而得到补救：可以把因财产继承而切割的零散土地重新组成整块的土地。在财产均分的开阔地区，法律和风俗习惯均反映出强大家族内部的团结一致。不管是在道德上还是法律上，非亲属之间售卖土地均受到严格的限制，家族成员拥有优先购买权。在平原地区，公共的风俗习惯更加强了家族间的团结一致。

家族间的团结一致并不仅仅是经济生活上的，它同样影响到人的社会和情感生活。尽管在财产均分地区的人们单独住在各自的小房子里，但在较大的亲属圈里也不缺乏团结一致和忠诚的情感。由父母、孩子、兄弟、姐妹及姻亲等有亲戚关系的各个小家庭一起组

J–B.格罗兹：《订婚的村庄》。“结为连理吧，我的孩子们，爱将你们结合到一起。”这幅油画描绘了一个乡下村庄的订婚情形，带着画家本人和那个时代特有的伤感情绪，它很好地图解了拉封丹的诗句。(巴黎，卢浮宫)

成了一张大网，相互之间交换或共享一整块土地。在法兰西岛，核心家庭成群地住在同一个院子里；在诺曼底，他们成群地住在农场内；在洛林，他们则沿着主大街两边排开。同族通婚使巴黎盆地的葡萄酒商人之间或诺曼底的匠人们之间具有一种很强的凝聚力，在那些不均等继承财产的地区也同样如此。在18世纪奥热的烧陶工匠村子里，家族结构仅限于严格封闭的同族通婚，陶匠的儿子们将来还是陶匠，他们使用同一个院子，财产的分配引发了大量的权利和义务。

一旦孩子们瓜分了家族的世袭遗产，那些寡妇和鳏夫们的情况会怎么样呢？如果孩子们拒绝付给他们养老金，那他们只能靠别人的施舍而孤独地过完一生吗？当然许多父母确实恳求他们的孩子给予帮助。1730年，一个来自阿维尼亚的劳工的遗孀，“考虑到她已年迈多病，曾恳求她的儿子，农民让·埃奥姆，能在她自己不能谋生的时候，把她连同其不多的财产接到自己家里，负责照看好她，给她房子住，给她饭吃，给她床睡，给她洗衣服”。

人们希望其他的寡妇们不需要公开发出这种请求就能获取儿子的孝顺。从18世纪的统计数据来看，在财产均分地区，由一个人组成的家庭很少。1778年在阿都瓦的隆戈莱斯，66户人家中有11家的已婚夫妇与男方的单亲或双亲生活在一起，仅有一家的老人单独生活。两个因素促进了核心家庭的膨胀：早逝和晚婚。

在财产均分地区，正如我们前面提到的主干家庭地区一样，在选择配偶及分配祖上财产的事务上，父母的权威不会遇到什么根本性的挑战。即使关于新婚夫妇在哪儿建立自己家庭的问题，父母的合理意愿也会得到尊重。如果父母推迟对财产的分配，儿子们就不得不等到30岁，更多的人则等到他能结婚并建立自己的家庭。年轻的农夫和葡萄酒商贩们继续和父母住在一起，为他们工作，直到结婚。

家庭体制的相似点

不可否认，尽管各个地区的建筑风格、空间利用、法定章程都存在着差别，但法兰西岛的环境和普罗旺斯省农民的日常生活可能并没有多大的区别。住房必须与当地的土壤、天气以及农耕方法相适应。非常古老的法定准则尽管在决定继承原则和男女混居上起着一定的作用，但不同的自然和社会经济条件需要不同的体制。

模仿J.卡洛的画作《贡德雷维尔的集市》。在洛林的这个小村庄里，成排的房子在这个平原地区绵延到很远的地方。(巴黎，国立图书馆)

因此很有可能在某个省或相邻的两个省中并存着一种或一种以上的体制。在西班牙北部的加里西亚省，我们发现了三种不同的体制：在山区，主干家庭制度非常普遍；在靠近海边的山谷地带和海岸边的小渔村，实行的则是另一种形式的不平等体制：父母挑选一个女儿来继承自己的房产（在西南欧的很多地方，男继承人并不如女继承人多）；在南加里西亚的平原地带，财产均分则是人人遵循的原则，父母和已婚的孩子们很少住在同一所房子里。

在主干家庭地区和财产均分地区，家庭规模相对来说都比较小。在17、18世纪的法国、意大利及大不列颠，农民家庭中有亲戚关系并住在同一所房子里的人从来都不是很多。在财产均分地区，这种现象的原因非常清楚：一旦结婚，年轻的夫妻将建立自己的家庭，然后单独和他们的孩子住在一起，同住的可能还有父母中的一位。然而有亲戚关系的主干家庭中的人口数量和均分财产的家庭中的人口数量差不多，却是因为经济条件限制了许多人住在同一所房子里。长子的婚姻往往会推迟，以确保在一定数量的子女迁出之前没有儿媳进门。在某些地区，人们让年龄较大的孩子搬进新居而把最小的儿子留在家里当继承人，以备将来养老。

在主干家庭地区，即使父母死后，两个已婚的弟兄还住在同一

佚名画作:《锡斯特龙的城市和城堡景象》。该图展示了这座上普罗旺斯城镇的石头房子。城镇挤在悬崖与杜朗斯城堡之间。(巴黎,国立图书馆)

所房子里是极为罕见的,这种被叫作兄弟家庭的复合式家庭,在17、18世纪的普罗旺斯、阿尔萨斯或比利牛斯山山区并不存在。这种安排不仅和主干家庭的观念相反(主干家庭支持挑选一个唯一的继承人),而且对家庭的经济和情感平衡也同样危险。弟弟们很少一直在父母家里待到老。在古老的生活方式中,终身不结婚在乡村地区是非常稀少的,而且男性比女性更少。

一种幸存体制:大家庭群体

因此即使在主干家庭盛行的地区,家庭也很小。正如无数的历史学家发现的那种"家长制大家庭"——一个家庭中同时生活着祖父母(可能还有祖父母的兄弟姐妹)、已结婚的孩子和许多的孙子——是个神话。在西欧,16世纪以后几乎见不到这样的实例。长期以来我们所知道的唯一的家族制家长是南斯拉夫的"拉著加",人们认为这是太古时代幸存下来的畸变形式。但实际上,在18、19世纪,相似的大家庭群体却广泛分布在中欧和东欧的许多地区,匈牙利、罗马尼亚,特别是俄国。

确实，如果我们观察得再仔细一点，不是没有可能在18世纪的法国找到这样的大家庭，如在奥弗涅、贝里以及勃艮第、汝拉和波旁等地区。16~18世纪的旅行家们都曾提到过它们。弗朗索瓦·德贝勒·福雷斯在他的《宇宙形态论》中曾这样谈到利穆赞："那里的居民们……健康聪明、乐于助人、敏捷强壮，而且在防备房子损坏方面也是行家，村子里的很多家庭是四世同堂，家族为了避免财产分开而实行内部通婚，因为这样就不会再重新分割财产。我就曾见过几户这样的家庭，一家几百口人生活在一起，就像一所寄宿学校。"两个世纪后，布雷东·勒·基里奥在《汝拉之旅》中也曾以同样的话描述过这种大家庭："父亲、母亲、儿子、孙子、曾孙、表亲、曾表亲都住在一起。就像一棵家谱树，它的分枝要在很久以后才分出去。由于空气纯净，生活简单，威严的族长在操劳了大半辈子以后仍旧非常健康，长期统领着自己的后代。"

古老社会制度中的农业自治村被定义为由血统或姻亲关系连接起来的一群人，"他们有钱共用，有饭同吃，有房同住"。当时的文章中把它们称为公社、群居村、教区或共教区。按照法国中部和偏西部等地的风俗习惯，它们被称作"默契的自治村"或"安静的自治村"，正如在16、17世纪的法律文件中，特别是在著名的尼韦奈·居伊·科吉维耶的文件中所称的那样。这里的"默契"和"安静"是想暗示这种家族组合即使没有成文合同，也是非常有效的，只要他们共同居住在一起生活一年零一天。这种风俗一直延续到17世纪中期。但后来，皇室诏书要求登记法律契约，在此压力下，法律界人士准备了正式的文件，涵盖了这些家族群体的章程。这些章程同时也做了一些改变，如允许新成员加入、家族老人离开和家族的解散等。

这种农业自治村的形式随着时间和地区的变化而变化。在大小上，小到四五个人，大到四十多人。有些由个体小自耕农组成，另外一些则由小佃户组成。居住的形式变化也很大。最普通的是小自耕农自治村，全村都是一个姓，这个姓来自于最早建立该村的男性祖先，例如尼韦奈的若社区或狄亚尔的基塔尔—皮农，它们因哲学家对其颇感兴趣而在18世纪后期非常有名。还有在奥弗涅的加尼耶、普拉德尔和安格拉德-塔行德克斯社区，此外还有许多社区我们无法在此一一提及。

这种自然村的象征和物质体现的是一种特殊的住所。像基塔尔或普拉德尔等地的自治村，如果没有一个叫“霍斯德”的公用房子就不可能运转，就像一个如果没有餐厅和宿舍便无法运转的修道院一样。公用房子是一所很大的建筑，通常是一座木屋，有一个庞大的公共房间，在若自治村，房子的面积有79×26平方英尺；而勒加尔自治村的房子面积竟然达到了82×33平方英尺。尼韦奈也是如此。换句话说，这些房子的面积有法兰西岛一所农舍的10倍大。大厅里或装着一个巨大的中央壁炉，或靠墙安装了数个壁炉。该自治村的所有成员均聚集到这所温暖的大房子里来用餐，许多社会活动均在此举行。但这个公共房间里同样摆有床，是给这个社区选出的族长及其家庭住的。他们就像家族、家庭里的家主一样，享有特权，可睡在这所温暖的大房子里。自治村的村长在奥弗涅被称作穆斯特，享有广泛的权力，他的话就是法律。在大自治村还有一个女村长，她通常不是男村长的妻子，她的主要职责是照顾整个村落成员的孩子。

除了拥有巨大壁炉的集体公用房间，大房子里还有一定数量的小房间，群居村的全体村民和他们的妻子孩子就住在里面。在某些相当大的群居村里，大房子边上会另建一些建筑物以提供更多的住房。有一些大房子建有长长的走廊，可以通往各个房间；而另一些则建有从院子里直接通往房间的通道。法国中西部群居村的小木屋常一半由石头，一半由木材建成，在许多方面都很像欧洲东部的群居村，诸如19世纪匈牙利的帕洛特和玛狄佑等社区里发现的那些巨大的房子。

法国的公用房子各种式样。在尼韦奈的一些大群居村里，大木屋典型地符合长方形教堂的设计。在别的地方，有些长房子里建有很多的隔间，反映出可能是由多个核心家庭组成的家庭组织。在凯尔西甚至有好几层楼的集体公用房间。像其他房子一样，集体公用的建筑物也需要翻新、增建、重分割、遗弃不用或重建。

在其他的群居村里，群居生活遵循的规则不太严格。群居村的村民们住在好几所分开的房子里，而不都住在同一所大房子里。“16世纪初的布瓦绍的情况正是如此。在希波底埃的希波群居村里住着33位村民，其中有24人是孩子。其中两家生活在老房子里，第三家住在一所新建的房子里，第四家则住在一所带谷仓的房子里。

被默许的群居村的构成和解体

这些纪律不太严明的群居村稳定吗？可能不太稳定。人们曾对法国中部省的土地运用情况进行了一次数字统计，结果表明在像奥弗涅这样的地区，群居生活是居住区里最普遍的形式。许多群居村都很小，仅包括弟兄几个或女婿，或是父母和孩子。在15世纪，兄弟家庭非常流行，可能有60%~90%的居民生活在某种群居村里。这种现象在16世纪仍然很普遍，但自那以后，如所有历史时段表现出的那样（由于贫穷或争夺财产），许多群居村都解散了，与此同时形成了另外一种形式。现在似乎可以肯定地说，著名的基塔尔-皮农群居村，18世纪的人们均认为其存在至少有五个世纪了，实际上是由皮农村村民让·基塔尔的三个儿子在16世纪末建立的。

在16世纪或稍晚时，家族群居村解散以后，小村庄创立了。杰·希弗引用了一个例子："在奥坦鲁瓦，在1550~1564年间的某个时候，谢兹群居村解散了，但却建立了两个小村子：一个叫作下谢兹村，另外一个叫上谢兹村。几年以后，它们又各自改名为博纳尔和佩尔蒂埃。这个名字一直用到今天。"

毫无疑问，古老的群居村的踪迹仍旧可在以父亲的姓命名的村名上找到。它经常是在创建者的名字前加上"在"这个词，像利穆赞的"在利穆赞"和"在菲亚特"，夏朗德的"在皮福脱"和"在让泰"，狄亚西的"在加尼亚"和"在巴尼乌"。同一个地区常有些例外的例子，有些小村就以父姓前加复数定冠词"来"来命名：来-蒙达里诺、来-费里埃、来-加尼耶是狄亚尔的三个小村子，直到今天仍然有人居住。加尼耶群居村离基塔尔很近，18世纪时，两个村子经常通婚。然而普罗旺斯山谷相当普遍的以父姓命名的某些村名，可能会给创建人的回忆增辉，但并不能证明这种公共居住地曾经有过，在普罗旺斯和法国南部的许多地方，就从来既没有小兄弟家庭，也没有大家庭群居村。普罗旺斯按父亲名字命名的小村子里住的都是亲属，但他们分住在不同的房子里。

将法国中部和南部农民不同的法定地位与是否出现过群居村现象联系起来，确实很有意义。在18世纪奥弗涅、波旁内、勃艮第的农民仍深陷于封建主义的限制时，法国南部的农民已经从封建主义的禁锢下解放出来了。在我们所列举的奥弗涅等地，农民对自己耕种土地所拥有的权力非常有限。如果父亲家里没有一个直接的男性继承人，那么父亲死后，他们所耕种的土地就有可能落入地主手

这种对阿尔萨斯的贝根兹勒家族系谱的重构，让带有旧式审美情趣的巴洛克风格的作者可以自由地使用阿拉伯图饰般的字体。（斯特拉斯堡，阿尔萨斯博物馆）

中。避免地主占去土地的一种方法就是加入到群居村，在那里生活一年零一天，即使是和远亲生活在一起。哪里存在这种土地未来所有权的规定，哪里就比较盛行被默许的群居村。许多作家在18世纪开始注意到这一点，但这可能只是形成群居村的经济、社会、情感等许多原因中的一种而已。

像主干家庭和均分家庭一样，大家庭群居村也是一种基本的社会模式。它的这种错综复杂的组织机构对我们有高度的启发意义。在某些方面，家庭群居村很像主干家庭，在另外一些方面，它又像均等家庭。由于经济和人口的原因，即使大家庭群居村也不能把所有分支的孩子都放在一起。随着每一代新人的出生，一定数量的孩子不得不被大家庭排除在外。若阿基姆·费盖在写《大百科全书》第十卷《摩拉维亚及其兄弟团》时曾提到：“这些家族中的每一个后代又组成不同的分支，他们住在同一所公共房子里，孩子们之间相互通婚，但以这种方式生活的每一个旁支只留一个儿子在群居村里生活，并在父亲死后代表这个家族的分支。离开群居村的孩子们在法律上将不再拥有共享公共财产的权利，作为补偿，他们会得到一笔固定的款子。这种体制非常像法国南部的主干家庭制，强迫次子们离开父母的家。”

然而，与主干家庭不同的是：主干家庭建立的基础是父亲比住在家里的已婚儿子即继承人更有权威；被默许的群居村则像一个股份公司，每一个村民都拥有一定数量的股份，这份股份或是因他们加入群居村而获得，或是从父亲那里继承而来。结婚只会增加总财产的数目，因而很少会影响到群居村的运作。群居村至少在形式上是平等的，而实际情况要复杂得多：一个与群居村村民结婚的妇女不仅带来了公有的嫁妆，也带来了私人的嫁妆。

群居村的权力并不是由家长来实施的。群居村的首领尽管是终身制的，但却是由其他村民挑选出来的。从公证过的文件中我们可以了解到一些18世纪基塔尔-皮农村挑选领头人的事。1705年安奈·基塔尔当选为村长，年仅37岁。他的前任不是他的父亲而是他的叔叔布莱斯·基塔尔。布莱斯在群居村里有一个和安奈同龄的儿子。因此在这个群居村里，权力既不是全部交给老人也不是在父亲和长子间世代相传。

乌托邦神话

若阿基姆·费盖·德·维耶勒夫是第一个发现狄亚尔的大群居村的学者，他在1755年的《经济杂志》中第一次提到有关基塔尔-皮农群居村的事，10年后，他为《大百科全书》撰稿《摩尔维亚及其兄弟团》。根据瑞士医生H.C.何塞尔的书——《乡巴佬苏格拉底》，马凯·德·米拉博和其他重农主义者极力推崇把群居村作为一种社会和家庭组织的模式。到18世纪末，群居村这个既重父权又重民主的组织，给人们留下了神话般的印象，在法国得以推行并在革命后得以继续。

尼古拉斯·雷蒂夫·德勒·布勒托内的《堕落的农民》（1776年）中描述了虚构的“生活在群居村的R家族编纂的沃登镇的法规”。他假想了一个乌托邦式的群居村，很明显是模仿奥弗涅群居村的集体农庄。他鼓吹“孩子们之间的绝对平等”，而同时又称赞他们仍保持着“对家族中男性长子的服从”。《我父亲的一生》的作者设想建立一座房子，它不仅能装下集体共用的炉灶，而且有一个“能容纳千人的大厅，作为公共休息室”。

20年后，勒格朗·德奥西在他的《1787年和1788年穿过上、下奥弗涅之旅》（1795年）中以抒情的笔调记述了基塔尔-皮农群居村。按其描述，该村村民毛发金黄且蓬乱，是古奥弗涅人的直系后裔。在一个个人主义不断增长、不断发展的时代，经济学家、哲学家、散文作家等赋予了行将衰落的古代狭小群居村以表面的光彩。

主干家庭稳固地存在于法国、德国、意大利以及西班牙的许多地方，并证明了它能更好地经受住19世纪不断增长的个人主义和人人平等的倾向的挑战。主干家庭经常与家族小农庄一致，通过保持家族财产的完整无损而能延续好几代。仅挑选一个儿子作为继承人的老传统仍然可行，尽管公民法典的规定中有平等的趋势。小儿子们愿意接受现金补偿，而不要求获得一份遗产。在财产均分地区，几代人之间的纽带关系和血亲间的团结一致甚至能更长久地保持完整。19世纪发生的家庭结构的变化不仅是社会动乱和经济剧变的结果，也是文化发展的结果。

签婚约是一个决定性的时刻。这里展示的未来新娘似乎除她自己的衣物和首饰外，什么都没带来，但她能够享用她丈夫的钱。在背景中，一个天真的人张大嘴巴欢呼又增添了一个已婚的兄弟。（圣保罗，美术博物馆）

家族：个人隐私与社会风俗

不论是乡村还是邻近城市地区的人们，对与婚姻有关的一切事情都要进行长期仔细的观察。家庭的繁衍，不仅对近亲而且对邻居，尤其是处于同一年龄群的未来新娘新郎们都利害攸关。对婚姻安排的细致研究被扩展到了仔细观察婚姻本身，如果必要，同时还会责难任何违反未成文的礼俗规则的行为。或明或暗的流言和诽谤非常流行，如对违反者口出恶言。但直到旧制度的最后一个世纪，从社会的许多方面来看，对违反传统的人实行最常见的公开处罚一直是传递社会仪式的重要组成部分。在那个时代的个人生活中，当他/她从一种社会地位转到了另一种社会地位，他（她）的自我身份就完全依赖于集体的承认。仪式举行后即产生了新的角色，同时也产生了相应的判断标准：根据其在整体中的职能来履行的相应义务。因此那些经历过仪式的人体验到的不仅有新婚的焦急，而且有对公众判断的紧张期望，因为喧闹的“小夜曲”（敲打水壶、铁锅等向新郎新娘祝贺）与婚礼如影随形。

在1300~1800年间，婚礼上喧闹的“小夜曲”遭到了宗教和政府权威机构的谴责。他们在1650年后均表示：要庄重得体，要禁止那些因婚礼和夫妻不和而挑起的“侮辱性的喧闹行为”。更为重要的是，在法国，到1740年后，那些被嘲笑的对象开始反击，与结婚时喧闹的“小夜曲”有关的抱怨和法律案件开始增加。很明显，这种机械化的社会约束制度正被逐步废除，但这种遭到很多抵制的变化却促使人们去找新的约束方法。

公开仪式

五朔节花柱

当一个女孩到了适婚龄，其地位的变化将在这一年中固定举行的某次或几次庆祝典礼中得以确认。4月30日晚上，在任何一个已达到结婚年龄的女孩家门前都会竖起一个五朔节花柱。这样做不仅表示了男青年对女孩子的尊重，而且也对她的行为做出了判断。人人都知道其象征意义：带刺的植物表示骄傲、难以捉摸的品性；接骨木，一种不仅散发臭味而且易于凿穿的树是向众人宣布女孩的放荡；如果女孩特别热情奔放的话，人们就会用各种各样表示诽谤的符号，包括气味强烈而难闻的刺槐油、小便和大粪。更糟的是在1717年5月初，卡罗塞勒的一位五金商在他的商店前发现了马和其他动物的尸体和头，商店的正面被钉上了公牛角。早晨他的邻居们惊恐不安地发现整条街上都弥漫着腐烂的尸体的臭味。这是五六个来自邻近地区、家庭背景相同（均是手艺人的儿子）的年轻人对五金商人的女儿卡坦进行的报复。晚上9点之后，他们从南城区城墙外的垃圾堆里掏出了垃圾，然后拉回城里，丢在那个女孩的窗下。他们说这是付给她的“哈马德”,这个术语在奥克语中是指“布置一个五朔节花柱”。他们也唱了一些歌曲，在歌曲中用一些无礼而带诽谤性的语言来当众揭露那些我们今天无法知道得更多的丑闻。

帕皮永：《高兴》。一根官方的、公共的五朔节花柱被埋在城外的一处平地上，当局和一支军乐队在欢庆。同时，人们在背景位置跳着法兰多拉舞。(巴黎，国立图书馆)

每年5月初，都会制定一套与气味有关的符号来归类和划分那些已达结婚年龄的女孩。在狂欢节期间，地中海地区将使用另一种更全面、更夸张的符号体系。我们再回到卡罗塞勒这个城市，在狂欢节期间，这一年的“疯狂处女”常由一个和她同名的可笑的木偶来代表，人们将以她为主题写一首歌，以最粗鲁简单的形式详细描述她的经历。男人们，从年轻的孩子到成人，整个冬天都在偏僻的小屋里排练这首歌，一直到棕榈主日（即复活节前的星期日，纪念耶稣受难前胜利进入耶路撒冷，因当时民众曾用棕榈树枝欢迎耶稣，故名）在教堂广场上正式上演。

对年轻的姑娘们来说，首要的问题是荣誉。它并不仅仅指贞节问题，而是包括对其所有品德的判断：衣服、语言，而最首要的是能抵制男性的主动进攻，机智地处理别人的爱情攻势和对爱人的选择能始终如一。

婚礼中喧闹的“小夜曲”

当婚礼举行时，重点也就转移了。选好配偶是非常重要的，应考虑到许多因素。当然首要的条件是双方都是自由身，可以结婚。如果其中任意一方是鳏夫或寡妇，尽管教堂同意他们的婚姻，但整个社区都可以反对，结果就是一场所谓的喧闹的“小夜曲”，或叫一场由铃铛、号角、鼓、钳子、大汽锅夹杂着大喊大叫或尖叫声组成的音乐会。人们给出一个看上去很合理的理由——即这种骚乱的仪式主要是想把活着的人同他亡故的配偶分开。按照这种观点，正是这种刺耳声音的大爆发，和谐婚礼音乐的变异，以及年轻男人们刺耳的咒骂声，才使这对新夫妇的结合成为可能。

但至少在某种程度上，婚礼上的喧闹“小夜曲”是用来指责这场婚礼的。因为一个鳏夫要想和一位处女结婚破坏了一条原则，上尉德维尔在1818年这样表述过该原则的基本意义：“为了寻找这种风俗习惯的可能原因，我注意到：当时，女人的数目毫无疑问远远少于今天，那些想结婚的男人一定会发现想看住自己同类中的某个人非常困难，他已占有了一位异性，但想以牺牲怀有同样期望的某个男人为代价再占有一位。因为要想不违反法律就不能阻碍他的意志，所以人们就把他展示出来，接受人们的讥讽，力求至少能让那些胆敢模仿他的人心生恐惧。”《毕高诺的编年史》（塔贝斯，1818年）也说：再婚会不合适地夺走别的男人的可能配偶。

引起喧闹的婚礼胡闹剧的还有其他的原因。新郎和新娘之间的年龄差距太大也可能挑起它的爆发；同样，社会等级的显著差异或丈夫被认为是一个“异乡人”——不一定非是外国人，而可能是来自邻近的村子或地区，均能引起婚礼中的喧闹“小夜曲”。婚礼中喧闹的“小夜曲”败坏了婚礼的名声，因为在婚礼中新娘和新郎（或他们的家人）难以保持“适当的距离”。

吵吵闹闹地公布一场迫近的婚礼的不和谐后，婚礼中吵闹的“小夜曲”要恢复和谐。即将结婚的夫妇有一次机会，他们可以付一定数目的钱给潜在的示威者们以降低吵闹的激烈程度。在有些地方，这笔钱的数目是按照风俗习惯固定下来的，但在18世纪则常由私人协商决定。婚礼时吵闹所涉及的范围、持续的时间、进攻的强度均由所付的钱的多少决定。如果新婚夫妇逃避、小气或拒绝谈判，婚礼上的“小夜曲”就很容易变成暴力行为。1787年2月初，有一小群来自瓦哈热，南普罗旺斯的一个制陶小镇的年轻匠人，骚

在嘲笑通奸行为的各类人中，18世纪早期的“号角商人”属于受大众欢迎的类型，年轻的资产阶级和其他识字的人纷纷参与到这种狂欢节般的文字和比喻写作模式中。《通奸证书》1746年在图卢兹印行。在波尔多，格雷瓜尔神甫未来的通讯员贝纳多，写了众多的“论号角”中的一本。这种礼仪的功能是充满悖论的：它们既支持男人象征性的命运，但又责难真正的出格行为。（巴黎，国立图书馆）

马里耶特：《春日时光》。这根代表着季节的五朔节花柱，还可能掺杂着额外的个人目的。男人们在树起枝叶繁茂的、带有装饰缎带的大树时，有两名妇女在旁边聚精会神地观看。位于场景前面的孩子们手里提着一个篮子，里面可能装有鸡蛋。（巴黎，国立图书馆）

扰了让·埃索捷，一个和他们年纪相仿的织布匠及其未婚妻，年届六十的寡妇——维可图瓦·鲁。当正在宣读结婚仪式进程时，这群年轻人摇着牛铃，冲过一条条街道，他们抓走了老寡妇并把她放在一辆四轮马车上四处游行。一个星期后，当这对夫妇在公证人办公室里签署结婚合同时，他们又等在外面并把他们抛进泥水里。最后在夫妇二人接受祝福的那一天，他们就在教堂前对他们唱起了“小夜曲”。

有时整个社区都卷入到嘲笑活动之中，从而使整个事件变得非常大。普里永，奥贝皇家法庭的秘书，在他的《年代录》中记述过一次令人难忘的婚礼胡闹剧：“星期四，1745年2月4日，奥贝索姆耶城的一个64岁的制革匠——博德朗与44岁的泰雷兹·巴蒂福小姐结婚了。他们两个人的年龄加在一起正好108岁，那位女士声称自己还有22颗牙齿，包括犬齿和臼齿；新郎只有14颗，在这个年龄它们可能还是很有用的。因为这对新婚夫妇中的新郎是一个鳏夫，且没有表现出应有的慷慨，奥贝城的年轻人就表演了一场世界上最精彩的婚礼胡闹剧。被激怒了的年轻人——人数达到了117个，他们集合起来设置了一道障碍，使那对新婚夫妇无法离开村子。他们从这对恋人的马车上……把车轮拆了下来。法官大人偕同牧师试图亲自去抬起放在婚礼行列上的障碍。奥贝城的老人们都发誓说从没有见过比这对老夫妇遇到的激烈的婚礼更吵闹的了。奥贝城所有的人都走出家门观赏这次壮观的侮辱表演。当这一列参加婚礼的人爬上他们的牲畜时，有人警告他们说所有的道路都被堵住了。随行的人和美貌的伴娘改道走另一条路，但那些参加婚礼骚乱的年轻人和孩子们拦住了她们。马被吓坏了，骑在马上的人均受到了泥弹的袭击。新娘和另外一个女子坐在一辆由货车草草改成的四轮马车上，10至12个闹事者爬上了马车的后部，结果使车翻了过来，马脚四处乱踢……从奥贝城到索姆耶城的路上有两个城堡，分别叫作戈维娜和格里斯丁，马车夫在此用他们的大车挡住了去路，牧羊人们集合起来，手中拿着牛铃铛和其他类似的家伙。远在奥贝城就可听到他们的吵闹。人们都在尽力大吼。当婚礼队伍快靠近索姆耶城时，他

一幅模仿老布鲁盖尔的莫普絮和尼萨婚礼的画作的雕版画。

们又受到与前面不相上下的另一番胡闹剧的欢迎。一路上的坟墓都装饰着燃烧的蜡烛。这个城市经历了一场从未有过的喧嚣。守备队的士兵们向那些领头吵闹的人开火，但士兵们的行为很快就被认为是错误的，并当场被囚禁起来抵罪。婚礼胡闹剧的领头人抓住了新郎博德朗的胳膊，让他领头进入城中，以这种姿势进城，使他受到了全城人的嘲笑。

骑驴游行惩罚

当吵闹的婚礼胡闹剧达到如此激烈的程度时，它就把偷偷的、伪装的、夜间的特点统统抛在了一边。它们让婚礼队伍陷入一片混乱，把新郎变成一行古怪队伍的主角，闹事的人们则利用了另一种获得认可的庆典的象征意义。已婚夫妇如未能满足他们的要求，这种庆典就很容易发生。最有戏剧性的公共惩罚是针对丈夫的，他由妻子使唤，被妻子抽打，至于妻子被丈夫抽打则非常少见，这就是阿苏瓦德……一种受害者骑在驴背上的当众游行。只有当夫妻间的某个争执延伸到了家以外时才会发生。当整个事件已是家喻户晓、沸沸扬扬时，它也就成了大众谴责的对象。

1762年4月19日，贝亚恩负责鉴定由纺织镇卡哈兹生产的织物

W.贺加斯：《戴绿帽子的男人们》。有些人佩戴着号角，其他人则拿着卷线杆或厨房用具，在号角声和大锅炉的节奏中前行。（巴黎，国立图书馆）

W.贺加斯，这种喧嚣显然是针对这位裁缝的，从当事人手里的棍棒、骨棒和石块判断，他毫无疑问刚挨过他妻子的打。裁缝从事被认为是女性工作的室内工作，因此普遍认为裁缝是软弱而易于控制的。（巴黎，国立图书馆）

质地的雷蒙德·布拉西，到一家有歌舞表演助兴的夜总会去喝一杯。他坐下来和其他三个人，包括酒馆老板玩牌。过了一会，他的妻子梅南来了，假说有人要找他说话，想劝阻她的丈夫不要再玩牌了。但看到说话不管用，她就向玩牌的人猛扑了过去，撕了牌，然后拽着丈夫回家了。那些旁观者们，对布拉西的顺从很是惊讶，立即威胁说要让他“骑驴子”。在他离开后不久，这些人很快就做出了决定。两天后，卡哈兹镇的公告传报员向整个村子宣布：在24号即下个星期天，苛政修道院将举行一次骑驴游行，欢迎任何愿意参加这次壮举的人。第二天，这个通知又宣布了一次。星期天晚上游行开始了。一辆翻斗手推车里装满了歌手，车前有两个鼓手和一群男孩，车上的歌手们则和着韵律，用歌声评述整个事件。车后面跟着两个人，均穿着斗篷、戴着帽子，一个骑驴，另一个骑马。这种滑稽的表演将重复演出到午夜，内容总是同样的：那个女人——当然由一个男孩扮演——抓住他同伴的头发，把他从驴子上扔下去，然后用带有花饰的纺纱杠打他。最后还有一个细节，在驴子的后面有一场模拟牌局，但当妻子到了以后，她就用纺纱杠搅乱牌局并撕碎所有的纸牌。

除了从运用面具和滑稽表演外，从另外一个细节也可看出贝亚恩这种仪式的庆典式特性。公告传报员曾提到过苛政修道院，我们

这幅佛罗伦萨的木版画将狂欢国王故事里的两个连续情节并置在一起：法官游行队伍和上吊者。曾有一度，违反性和婚姻戒律的人被禁止参加狂欢游行队伍。（佛罗伦萨，国家图书馆）

可以从中了解在像第戎、马孔、里昂和鲁昂这些16世纪城市中有关狂欢节的各种吵闹的团体。1750年后在图卢兹和北加泰隆尼亚地区，狂欢节是以一种传统的仪式来嘲弄愚蠢丈夫的，并在灰色的星期三达到高潮。这种仪式由各种不同的组织来操办。这些组织分别被称为“长角的法庭”，“驴子社会”和“吃人法庭”。

死亡仪式

顺着人生的历程，我们到了旅程的最后一个仪式：从这个世界到另一个世界。自从中世纪中期以来，教会就在力求主导这一仪式。死亡仪式中争论尤为激烈的三个方面是：守候尸体、哀悼亡人、葬后饭。仪式中有很多机会让公众表达自己的判断。在南欧，像贝亚恩的沃豪斯和科西嘉的沃塞罗，葬礼中的独白简直就是死后起诉的时机，常由专门做这种事的妇女以固定的形式予以表达。在许多地方，尤其是法国西部，同样也有一些口头证据支持这种说法，即葬礼仪式由守夜到出殡有时会被像婚礼胡闹剧似的示威打断。毫无疑问，通过这些很极端的例子，整个社区想表达对亡人的极端不满。

法规和意愿

1640年之后，政府当局不仅禁止了婚礼时喧闹的“小夜曲”，而且禁止了所有牵涉到人生旅程中不同仪式的“夜间集会”、“名声不好的歌曲”、“淫猥的行为”等。由此他们开始遵从那些仍旧难以理解的观点，即这种类型的庆典应该是连贯而风格一致的。

这种种骚扰在哪些方面看上去是相似的呢？首先他们明显使用同一种语言。同样的方法（嗅觉的、音乐的、戏剧的）被运用于不同的仪式，尽管它们之间有明显的不同：喧闹的婚礼胡闹剧发生在晚上，而骑驴游行发生在白天；播撒树枝仪式是在寂静中完成，而其他的示威行动则伴随着相当大的骚乱。这种欢乐的语言标志着人生旅程中的仪式、狂欢节和五朔节的到来。通过把个人判断和常规的仪式连接起来，把人类生命的直线时间和日历上的循环时间连接了起来。

在所有这些仪式中，意愿和原动力是相同的，它们明确表示对当地人，包括没有参加行动的人赞同的侮辱行为的抗议。这种全体一致的判断根源于透明度极高的社会关系。仪式仅仅是宣布每个人都知道的事情，我们可以从示威活动中无任何内部冲突这一情况而

《通奸者的酷刑》。年轻的女人骑马奔在前面，身上涂满了蜜，引来大批昆虫。来自G.布鲁因：《世界地图剧院》(布鲁塞尔，1594年版)

得出这一结论。含蓄而谨慎的行为变成壮观的行动，不是为了改变事态的进展而仅仅是为了让公众注意到个人的名声。嘲弄方法有一个微妙的渐进过程：从五朔节中撒各种物件、婚礼中喧闹的“小夜曲”的紧张程度，到骑驴旅行持续的时间和重复的次数及把一种以上的侮辱结合起来的可能性，所有这一切都要靠丑闻的大小和人们接受的仪式方式来决定。

那些留给子孙后代的记录在案的例子都是单个的事件。首先，是否上演一场喧闹的“小夜曲”或其他的骚乱并不是由人们自主决定的，也并不是说所有的轻浮女孩、再婚者或怕老婆的丈夫都能引起一出惩罚性的庆典仪式。只有人们对某个人及其家庭的不满日益高涨时，他们才会对其进行审判。因此所谓的借口（非常不合适的异族通婚）与猥亵歌词和嘲弄中公式化的指控就有明显的不同，指控中的敌意远不止对风俗习惯的冒犯。1769年在蒙特利尔（奥德）一次狂暴的婚礼喧闹“小夜曲”中，那个贫穷农家的房门被打得粉碎，并且围篱被烧，人们显然是为了抗议他将女儿嫁给离本地15里远一个叫莱兹朗的地方的外乡人。抗议者扯开嗓门喊出另外一个故事：未来的新郎在本村抛弃了一个已怀孕的姑娘，而且从另外一个姑娘那骗取了80锂。他在蒙特利尔一出现，其岳父家就完全变成了一所“公共剧院”。

在吵闹的婚礼胡闹剧中，第一件事是画一幅受害者的肖像以表明大众的干涉是正当的。一旦人们开始计划一次吵闹的“小夜曲”，受害人就将接到通知，有时由官方代表出面。即使到了这个阶段，批评活动仍有可能取消，受害人可以向那些准备示威的人付钱以买平安，请他们喝一次酒，或者甚至假装同意，希望能成为一场滑稽表演的主角。在18世纪40年代的一份官方报道中有这样的记载：“从没有人向我们报告说新婚丈夫的抱怨”或“年轻人制造了一场婚礼喧闹曲，而新婚夫妇则优雅地忍受了下来”。但那些像奥贝城那对老夫妇一样的人，决定公开向他们的折磨者们挑战，从而激起别人对他们进行各种攻击。那喧闹的婚礼“小夜曲”活动中，典型的且实际上无处不在的可谈判的渐进过程加剧了未知仪式的恐惧，加强了它的权威。传统上，这些指责者们是想调解矛盾的，正是因

这幅意大利木版画描绘了自14世纪早期就闻名南欧的“死亡马车”。（佛罗伦萨，国家图书馆）

为受害者们公然拒绝做出让步，从而招致他们的愤怒。由此直到18世纪，许多法庭并不太关心仪式的合法性，而更关心该付多少钱可以让他们不要闹得过激。

嘲弄者们

由于广泛的活动领域、变幻无常的表达形式和惊人的效果，所有的仪式均可被理解是为了对社会各方面加强控制。在从女孩的荣誉到丈夫的权威等各个范围，对合法性行为有影响的重要领域均拟定了法律。但在古老的行政制度下，这些行为延伸的范围到底有多广泛呢？如果严格地执行牧师和警察的禁令，受到影响的也仅是下层社会——镇上和乡村的下层老百姓，但一些证据让我们无法肯定这样的解释。因为有一种传说中的所谓的“激情舞会”或叫“燃烧者舞会”，舞会中侍臣们扮成野蛮人，在目瞪口呆的未来查尔斯四世面前一下子燃烧起来。两个世纪后巴松皮埃尔曾报道过路易十二的王宫里的一次婚礼喧闹“小夜曲”，其目标指向一位与一个寡妇结婚的官员，加斯东·多莱昂目睹了全过程。

毫无疑问，像这样的一套礼节并不带惩罚性，而仅被看作是一种友好的娱乐，从而使单调的婚礼变得生动愉快。处于上流社会的城镇居民们很久以来就以这种方式进行庆祝，当然偶尔被过分热心的警察打断。在图卢兹，1750年6月27日晚，一群年轻人和两个官员租了一套工具去为一位即将再婚的寡妇唱“小夜曲”。正在值班的中尉曾威胁说要逮捕那些捣乱者，回来后，又捉住了他们中的许多人。但这是一个富人区，争吵骚乱引来了附近房子里的一位行政长官、几位政府官员和许多女士，他们来到街上开始讥笑这位中尉。军队的指挥官迅速结束了这一场已变成丑闻的事件：“我有机会与检察官谈话，他告诉我根据法律条文和法律精神，这里使用的所有器具并不能构成婚礼喧闹“小夜曲”所用的全部器具。他还向我保证说值班的中尉作了错误的判断，并且由于他的鲁莽而造成了这次骚乱。我不曾听说新婚的丈夫提出任何抱怨或向那位官员求助，很明显是那位官员自己鲁莽。”

城镇和乡村

因此在18世纪的城镇，到处都是喧闹的婚礼胡闹剧。示威的理由和仪式可能是众所周知的，但具体做法却各不相同，而且通常只有普通百姓在街上进行游行。乡村和城市里的婚礼胡闹剧之间的差别很大。19世纪的农村，有很多仪式控制社会风气的例子：除了喧闹的婚礼“小夜曲”和丧葬示威外，还有其他的礼仪，出现的频率不高而且表达更为谨慎。在一年一度的狂欢节期间，在乡村对女孩子们的评判从来不会像在大城市里那样富于攻击性。在大城市里，要找出一位和主人私通的女仆或行事乖张、引人注目的富家少女相对来说要容易得多。相比之下在乡村礼仪中，受到责难的社会关系更公平、更长久、更复杂。几乎很少有未婚女子没有亲戚的保护，所以多采用偷偷摸摸的形式对她表示不满。因此在18世纪，惩罚性仪式在城里的匠人、店主和职员们中得到最充分的发展，并经常实行。

记住这些区别后，我们就可以来检测这些礼仪的社会属性了。尽管它总是需要一个相当大的社区的默认，但实际上的参与者都来自于一个范围较窄的群体。他们是谁？作为私人和家庭行为标准的强迫执行者，各个角色之间存在什么样的关系？他们在当地的社会地位又是怎样的呢？

例外：妇女群体

1735年在卡斯特尔朗诺里，十五个妇女组成一伙去纠缠一个叫作梅利克丝的女人，因为有人指控当她的女婿在轻骑兵队服役时，她为女儿做淫媒。“她们在郊区唱着一些歌曲并分发歌词抄本，她们把上述的梅利克丝当作一个娼妓、一个酒鬼和一个不能见酒的女人……以此煽动勃罗的孩子们去侮辱她。”起诉书中提到的唯一的双行诗，用奥克语来描述梅利克丝对酒的嗜好，把她的丈夫刻画成一个整天待在酒馆里受老婆控制的男人，当他和老婆说话时极端谦恭、温顺。六个受到指控的人都很年轻，年龄从25岁到40岁不等。有几个是店主，所有的人中只有一个人会签自己的名字，当被问到这首歌时，这一群人的头领甚至声称她们不懂方言。

据说在19世纪的弗州发生过同样的事情。女人们常在孩子们的帮助下，把牛角放在门口并在墙上潦草地涂上一些骂人的话，像这样的惩罚会落在让别人的未婚妻怀孕的某个职员身上、被指控道德败坏的寡妇和医生的女儿以及一个养年轻情妇的老人的妻子身上。但有一点是肯定的，女人们很少承担象征性谴责的角色，但正是这种非常稀少的例子使其更显重大。首先，反映出在弗州和朗格多克城的商业街的女人们享有相当程度的经济文化自主权，她们甚至能

马里耶特：《三月，射鹦鹉庆典》。“射鹦鹉”在这里代表着三月，虽然更经常地，它应该是在五月初或耶稣升天日或圣灵降临节举行。在这幅18世纪的场景中，它几乎变成了一场军事演习。游戏蕴涵着两方面的含义：刚强有力和年富力强。城市里的年轻男子以年轻人自古以来的特权为名，捍卫着射杀鸟儿的权利，并产生一年一度的射鸟之王。（巴黎，国立图书馆）

承担这些仪式的全部费用而不是仅仅指出受害者并对他们进行攻击。更为重要的是，在所有的文件中，所牵涉的这些妇女，其原则和惩罚意图是明显相同的。无论是保护怀孕的女孩还是严惩道德败坏的女人，她们似乎都是通过维护妇女的荣誉从而证明自己的正直。仪式不仅揭露了许多不道德的丑闻，而且也维护了那些参与仪式的妇女的道德。涉及的价值判断如此一致以至于从弗州的默兹埃来的一位牧师，尽管在原则上对这种示威仪式不赞成，但在1817年上书宫廷时也支持这些女人们所主持的胡闹剧。

规则：年轻人

18世纪闹婚的主要参与者通常是年轻的男人，因此由妇女领导的示威活动就特别引人注目了。在这里，全体一致是无法想象的，因为牵涉进去的年轻人常常不接受公认的道德准则，他们是社会道德礼仪的主要参与者，而且声称这是他们的权利。

让我们来特别关注一下利穆赞的年轻人，利穆赞是位于奥得河谷最前面的朗格多克的一个小镇，1786年的利穆赞是一个纺织中心，居民大约6500人。同时它还是一个商业镇，为这个地区种植的各种各样的谷物提供交易市场。它的社会结构是多样的、等级制的，主要是从事工业和商业的。这些特征表明在这个阶段，它可能拥有一群热情奔放的年轻居民。而实际上，在1740~1769年间，在执政官录下的口供书、政治会议的会议记录、对管家的命令和对蒙彼里埃的地方指挥官的私下埋怨里可以找到一百多个类似胡闹剧的案例，有的微不足道，有一些则很严重，有的只发生过一次，另一些则反复发生，他们都牵涉到了年轻人。

一个叫泰里耶的绅士，是一位盐税官，在他的《回忆录：对利穆赞年轻人的抱怨》（1746年11月）中给我们大致提到了攻击的主旨，它以传统的措辞复述那些通常冗长的指控："利穆赞镇有着一群不务正业的、没受过教育的年轻人，他们没日没夜地在街道上侮辱那里的男人女人们。我待在那儿的八年里，见过各种各样的骚乱，通常都是一伙由十二人组成的团体所为。他们集中在某一间房子里商量晚上他们将制造出什么样的麻烦。他们都已成年，大多数人无父无母而且花光了他们所有的遗产，因此碰到他们是很危险的。他们除了侮辱人外，还疯狂打门，似乎要把门砸破，甚至连宗教团体也不放过。不久前他们砸了医院护士家的门，并打得稀烂。拽掉门环；堵住通往全城喷泉的供水管，使水管破裂；爬过院子和花园的围墙，偷走鸡和他们能找到的一切东西；破坏房子四周和广场附近的石凳；打碎窗子和做各种各样过分的事。将近两年来我一直是他们心血来潮时攻击的目标，虽然我和他们无任何关系，却受到了各种各样的侮辱。我的妻子和女儿不断地受到嘲笑，窗子经常被石头打破，门边的长凳被彻底破坏，门锁被许多小铁钉堵死，而且他们总是敲门告诉我说整个镇子都着火了。"

这些青年人不受任何青年组织的约束。在普罗旺斯和普瓦图，这种青年组织仍然处在执政官或领主的庇护下。只有当某个隆重场合需要许多人来组成一个长列队伍时，利穆赞的这些年轻人才能重新获得团体的承认。指控他们的人仅指出他们是"某些年轻人"或"一群年轻人"或"年轻的放荡之徒"，一般来说其来源比较混杂。这伙人用喧闹的"小夜曲"来迫害盐税官的原因不得而知，但根据他的记述，这一伙人大都由无家可归的孤儿组成。然而他们中一个叫普莱哈里埃的人，却在一份冗长的陈情书中抗议说：他是一名正直诚实的商人，他承认他做了许多坏事，但他绝不是罪犯，他喜欢与之鬼混的同伴中有一来自镇上最好的家庭。另外一个商人也和他一起揭发诽谤别人。1757年，镇上“两名杰出的青年”违反执政官的意愿并护送两名年轻的妓女到监狱里去。1772年，一个为主教辖区工作的公共视察员，因其老婆与别人通奸，在整个狂欢节期间一直有人对他唱“小夜曲”，一天晚上他“听出了一个良好家庭出身的年轻人的声音”。

如果没有一群比较富裕的年轻人参加的话，也就没有团伙。这群富有的年轻人在他们周围聚集了一群人，在这群人身上体现了当时城市社会中人们所熟知的制革业和羊毛业、制造业和商业之间相互关联的特点。在18世纪70年代初，当那些年轻人苦苦保卫自己在狂欢节上的权利时，勇敢的年轻苦力们又加入到讥笑、侮辱、嘲讽镇上的行政长官等的活动中。诚然，社会分化在年轻人中不时出现。在狂欢节上，喜欢随着鼓声和双簧管起舞的下层阶级的小伙子与喜欢和着小提琴声翩翩起舞的富家子弟会发生冲突，但邻里之间的关系及委托人与被委托人之间的关系却试图掩盖和抹杀阶级区分。无论如何，对社会中其他人而言，这群年轻人拥有同一种行为、同一套共同遵守的习俗。

规避既定秩序

年轻人的习俗是与某些固定地方联系在一起的。利穆赞的城郊是属于年轻人的，他们占据了城墙外供游人散步的大道。因为那里经常发生斗殴，该大道在1765至1767年间两次被封闭。由大道往前是一道沟，妓女们大白天就在那里卖淫。城里离城门不远的地方是早期基督教会和圣方济修会女修道院，这些年轻人就在此集会。这些没有开窗的修道院的墙正好可以阻挡好奇者。他们的赌窝和聚会场所不断地从一个地区移到另一个地区，当一个地方关闭了另一个地方又开张了。当夜幕降临时，整个城市都变成了一个按规则进行的游戏场。从一个招待会回来的一位面包师、一位助产士和一个中产阶级，曾远远瞥见群聚的人，并小心地避开了，因为夜晚的城市是属于年轻人的。这种夜间行动使年轻人能够逃避那些甚至在18世纪最小的城市里都已成功建立的秩序。

渐渐地街道成为大家所共有的财产。利穆赞的行政长官禁止人们在街道上养鸡或停放干草车，猪不得进入城内，垃圾也不能倒在大街上。在市中心建立了纪念碑，利穆赞的中心广场是城市中德高望重的长者们关注的焦点。广场三边都是拱廊，上面带有阳台，广场上有各种活动，人们忙忙碌碌挤作一团，它的面貌随着季节的变化而变化。夏天所有的活动都在喷泉边进行，到了冬天，带顶的拱廊则可以抵御恶劣天气。商店沿着广场排列，每周都要举行一次市场集会。夏天，每天都有许多苦力聚在广场上找工作。每个星期天从附近的教堂——圣玛丁——来参加礼拜的人都在广场上停下来与邻居们闲聊几句。1693年那场可怕的大火以后，石头渐渐代替了木头柱子、地板和建筑物正面，公用的喷泉被重建并扩大了。

在演示城市秩序时，年轻人干着他们常干的事，年复一年把恐惧注入普通老百姓的心中。1771年1月28日晚，狂欢会正式开始，一个吓坏了的妇女证实了那次发生的事："大火照亮了整个广场。

范里厄朗：《安特卫普城墙前的狂欢景象》。在城墙、护城河和比武场之外，是冬季的竞技场和举行狂欢的区域。这里是这个城市的边缘之地，一处声名狼藉的地方，由赌徒和年轻的浪子们统控着。在这幅图里，安特卫普的资产阶级男女乘马车路过这里，观看在光滑上冻的土地上进行的化妆蒙面游行。（布鲁塞尔，古代艺术博物馆）

她认为这大火是从四周的拱廊上烧过来的。依其所述，她在走近广场时看见有两户人家各烧了一堆火和一个大火盆。这两家的房子一半由石头一半由木头建造而成，而房间里大部分都铺着木地板。”

1748年8月又有一伙人恶意作弄了一个本地的商人。“在市场广场的中间有一个又大又漂亮的喷泉，喷出的水都流入一个大池中。因此池子里总是装满了水，可以灭火。池中的水沿着一个窄窄的沟槽向前流，有时会溢出但却不影响任何人。为了取乐，年轻的放荡之徒改变了它的流向，把它引到拱廊附近的一小块地后，让它穿越一个陡坡，倾斜着流向我家门口。我家门上有一个铁格子窗，光线可以通过它照到院子里。他们在砌大池子的石块间凿了一个大洞，把大量的水从喷泉引到我家门口。”

年轻人的夜间活动遵循一个明确的规则，即街上的任何东西都是属于他们的。他们损坏建筑物前面排列的木凳和石凳，打翻市场上商人的货摊，推翻屠夫们的肉案，他们顺着梯子爬上窗去打翻人家装满了花的花瓶，还摘下鸟笼把它揉烂后急忙点火烧掉。

由于这些捣乱行为很普遍，人们把他们的房子关得更紧，财产保护得更严密，但也引起了更具毁灭性的破坏。对于门——象征性的物质屏障，这群横冲直撞的年轻人向它扔石子，把它砸碎或强迫打开。一位理发师曾抱怨说有一伙人老是撞他的门，打碎放在附近的水壶。1747年，发生了下面这起事件：西厄尔·贝尔纳霍·勒韦迪，一位熟练的裁缝，陈述说大约在晚上11点左右，当时他还在店里工作。一伙年轻人沿街踢门，刚好走到他家并把门给撞坏了，他们破坏了门锁、门栓和铰链…… 当他走到街上去看到底是谁干的坏事时，较年轻的罗克走上前来对他说：‘混蛋，你竟敢出来跟我们这一大帮人斗？你和整个镇上的人算什么？’然后他们向这位裁缝扔了几块石头。勒韦迪只好快速退回自己的商店，把自己关在里面以避开他们。

蔬菜园、农家院子、城市、村庄和贵族居住区的兔笼都会定期遭到破坏。“人们怀疑是他们在狂欢节期间抢走了土奈兹勒庄园和庄园附近其他几个地方的鸡、火鸡和诸如此类的东西。”（1760年）

花钱如流水

年轻的中产阶级和年轻的苦力同样有着自由消费的道德标准，这也导致了他们对法律和治安的漠视。他们主要把钱花在漫长的

狂欢节和其他的节日上。狂欢自1月1日的一次乡村巡游开始，在星期三的圣灰节结束。那时豪华的装束还没有成为仪式所必备的东西，但他们期望家长们至少会为街舞伴奏的音乐付钱。那些年轻的反叛团伙都争着为那些从远方招来的音乐家们服务。1763年，三个高音双簧演奏家——分别来自于维拉贝勒、圣-依莱勒和埃斯坡罗扎，在星期三圣灰节晚上总计挣了27锂，在白天挣了19锂。如果是更为有名的小提琴家则有可能挣他们的两倍。为享受音乐而花钱成为年轻人节日的要素。一年里有各种场合——为妓女唱小夜曲、婚礼胡闹剧、戴面具袭击走在街上的有钱的陌生人、在执政官的监狱里举行新年晚会——他们都要雇用音乐家们去演奏高音双簧箫和小提琴。

马里耶特：《二月，化装舞会》。在狂欢节期间，所有房子的门都必须对饮酒狂欢者敞开。他们在小提琴和高音双簧箫音乐的伴奏下做短暂的表演，为大斋戒节前的盛宴募集食物：一只火腿和一条猪油，悬挂在屋顶的椽子上。女孩子们在这些场合则哼着小夜曲，表现了一种恐惧和兴奋夹杂的情绪。(巴黎，国立图书馆)

在冬天漫长的几个月里，另一种比较流行的消遣是赌博。这种赌运气的游戏在私人家里和偏僻的花园里涌现的速度和政府机构能消灭它们的速度一样快。它们与酒馆相连，有时还与卖淫有关，布

弗兰德学派：《狂欢节景象》（17世纪）。这种夜间的狂欢在户外进行。一群群溜冰者沿着结冰的运河滑行，中间的音乐演奏者，由一个戴着桂冠的小孩子引导着，这个孩子敲着一种儿童乐器——手皮鼓。这种乐器在狂欢与胡闹音乐之间建立起一种关联。（埃夫勒，市政博物馆）

勒朗和朗斯格奈的赌桌不仅吸走了中产阶级的钱，也拿走了手工艺人的钱。在1769年狂欢节期间，一封匿名信的作者向市议会公开抨击这种情形："让一个诚实的人来写一封匿名信真是一种耻辱，尽管我不愿意但却被迫这样做，否则就会有人害我，作为一个父亲，我荣幸地恳求你们结束我们镇存在已久的这种赌运气的游戏。我的孩子们就要把我给毁了，更不要说那些已被毁了的家庭。西厄尔·巴拉达是这伙犯罪团伙的主谋，他是个外地人，因为在帕米埃开赌场而被赶了出来。他在圣方济修会修道院边上有一间小房子，主要用来赌博。我知道莫·安德诺（第一位执政官）曾警告过他，让他不要再开赌场，尽管这样，他仍旧夜以继日地开牌局赌博……在教堂附近开一个赌局是有罪的……修士们可以听到那里的大吵大闹和斗殴声。"

那些开赌馆的人经常被指控怂恿赌馆常客去抢劫，"年轻的小伙子们为了清偿他们巨大的赌债而辱没了自己的名声。"突然袭击是没有什么效果的。如果官方搜查敲门，待在里面的人就灭掉灯光，并在黑暗中打碎执法官和他们随从所带的灯笼，让那些赌博者逃走。根据由法庭强迫作证的邻居的证词，那些年轻的赌徒们"谋划着捣坏房子"，并在一片恐怖的喧闹声中溜到外面闲逛。

这些年轻人在与妓女的关系上，同样放荡荒淫。18世纪的利穆赞不允许存在任何妓院，所以卖淫是一种家庭活动，最初是一个寡妇和她的两个女儿，破产的磨坊主的女儿们所干的一种营生。已婚男人和有钱的中产阶级访妓时比较谨慎。根据邻居们所述，人们可以看到他们蒙着脸在天刚破晓时从墙上爬出来。相比之下，年轻的光棍们则公然表示对这些妓女们的垂涎。他们在街上亲吻妓女，为她们唱小夜曲，在狂欢节期间和她们跳法兰多拉舞，送给她们可以让她们骄傲佩戴的礼物。臭名昭著的安娜·帕斯卡尔和玛格利特·帕斯卡尔两姐妹，在1752年到1758年间却穿着很得体，头上戴着假发，衣服上镶着花边，这些东西都非常昂贵，远远超出了她们镇上所有已婚妇女和未婚少女的购买力。她们还穿着“镶有银扣子的舞鞋”，这都是由她们年轻的仰慕者们贡送的。1754年，一个金匠的学徒从他的主人那里偷了一些碎银子和一个西班牙古金币，送给了两姐妹中的姐姐——安娜，他还替他父亲给她买了一块上好的薄棉

W.贺加斯：《放荡者的进步》。在赌桌边，对财富的渴求在烟雾中升腾，仇恨被释放出来，年轻人被腐蚀，家庭遭到毁灭。（巴黎，国立图书馆）

印花布，她用它做了一个围裙。其他的妓女们也从她们的主顾那儿收到很多银碟子、金戒指等礼物。

社会安定和有序的混乱

根据那些邻居和受害者们对其所见和所忍受的事情的描述，为了消遣，夜间恶作剧和夜间花费是年轻人生活的原则。然而这些年轻人仍旧坚持惩罚那些他们认定做了坏事的人。由于一些我们现在无法知道的原因，那些无官职的人、中产阶级中去找妓女的人及年轻妇女成为人们用歌曲讥笑、扔石头和陈列腐烂尸体等的目标。与此同时，这些年轻的攻击者们躲在暗处，用面具、营火以及小提琴声作掩护。1773年，年轻人们导演了一场传统的婚礼“小夜曲”来批评一个家庭出身很好的寡妇，因为她尽管在为父亲服丧，但仍坚持按计划再婚。由于新郎拒绝付钱，因此这一对夫妇按照惯例就成了噪音、恶臭和石头的攻击对象。

但从1770年左右开始，这些年轻人的抗议似乎呈现出更为戏剧性的特征。这种示威性的活动持续一整年，在狂欢节期间达到高潮。1772年法庭审理的一件案子提供了一些非常有用的细节。自从前一年的8月起，让·皮埃尔·阿曼芝·迪富尔，公众出版物的检查员，就一直成为一百多个年轻人歌唱的主角。天刚黑，在迪富尔窗子下面就能听到歌声。这些年轻人至少有一次想闯进他的房子，可能是想与受害者达成某种协议或绑架他。随着狂欢节的慢慢临近，年轻人们又挑选了两个次要的受害者——面包师弗雷戈利和勒·奥齐罗来陪伴这位检察官，他们从一家走到另一家，一边跳舞一边唱着我们上面提到的歌曲，中间还夹着“Couiou，Couiou”的喊声(Couiou，方言，指妻子跟别人通奸)。因为据说戴绿帽子这种不幸确实落在了《库尔南奴的新戏剧》中三位主角的身上，这是一部伴随着15首著名乐曲起舞，由30句诗组成的滑稽剧。他们的老婆喜欢年轻的男人，且欺骗了他们，而他们正好又是性无能者，我们可以从他们结婚5年却没有孩子中得到验证，这三位戴绿帽子的人接受了他们的命运，并把他们的名字用金字写在“库尔南奴档案”中的一本书里。

L.S.梅西耶：巴黎《夜晚九点钟》。为了维护公共秩序，或者说是为了确保另外一种秩序，为了维护夜晚街道的秩序，18世纪下半期，全法国的市政当局都采取措施兴建街道照明系统。（巴黎，国立图书馆）

显然讽刺文章每年都在变换。1772年的一出戏剧，从它的题目——《大科尼斯厄斯法：通奸将军的演说》——来看（正是这个题目使它保存了下来），它在1775年似乎已变成一部政治宪章。这

部幽默讽刺短剧是一群年轻人编写、排练和上演的。新年以后，它的语调风格变得更为辛辣，所有的东西都是由这群年轻人中最有文化的人记录并抄写的，可能是一位秘书或学生——但这也正是其广泛吸引社会新成员的另一原因。这个很特别的讽刺幽默短剧是用奥克语创作的，这种语言在两个世纪以来很少被用来写作，而其口口相传的传统则为最粗鲁的短语的出现大开绿灯。这群年轻人把这种方言变成了他们自己的语言，在音乐和写作中把它变成非常尖刻可怕的武器。

对古老社会制度末期的某个小镇上年轻人文化的刻画，揭示了一个有趣而自相矛盾的现象：一方面，人们习惯把镇上的年轻人看作公众道德的执行者，因为大部分人似乎都欣赏他们对不良的婚姻、轻率的女孩子和放任的丈夫的谴责；另一方面，他们却不仅被政府部门而且被整个社区指控为放荡的捣乱者，总是随时惹出骚乱。他们的仪式本来是有益的,但现在似乎已仅仅变成了他们恶作剧的借口。

长期以来社会的和谐似乎是由那些暂时位于社会边缘的人来维护的。在这方面，控制的目标是婚姻，正是那些还没有结婚因而不需要承担家庭责任的人被授予权利和义务去曝光它,从而根除这种不符合社会习俗的婚姻。为了这个结局,他们使用了一种不协调的语言：刺耳的噪音、猥亵的语言、不一致的目标。从广义上来说,年轻人有义务通过测试人们的忍耐极限去揭露社会秩序的不和谐行为。在乡下的村庄里，他们活动的自然环境是森林和沼泽，在那里人们可以保持安全的距离以观察那些破坏力极强的野蛮行为。在18世纪的镇上，同样的行为也会在一些地区发生，这些地区白天的社会治安很好，但一到晚上，放荡的行为就会卷土重来。不管是城市还是乡村，每所房子均要捐献出财物，不管是自愿的、被敲诈的或是被抢劫的，以供年轻人用来花在赌博、饮酒狂欢等活动上，这些活动最重要的价值观是奢侈、机遇、轻视节俭。这种暂时、表面的混乱会让位于长久的秩序，这可以在一个以前的单身汉身上得到验证，他娶妻生子以后彻底抛弃了年轻时的生活方式。在18世纪的朗格多克省乡村，已婚男人在让一个新户主还其清白方面从未失败过。

由于人们有这种潜在的青年控制社会的逻辑，男人们便容忍了自己也曾一度热衷过的习俗。他们可能诅咒过，但却从未强烈反抗过。甚至政府部门也容忍这种恶作剧，“因为青年必须经过这一

《夜晚夫人们的绝望》。(巴黎，国立图书馆)

关”。但存在于这种体制中的矛盾却日益明显。通过混乱获得秩序已变成一种让人无法忍受的矛盾。除了显示那些参与者的不文明行为，嘲笑仪式不能揭示任何东西。

公共秩序和私人领域

教会和高等法院的指责

一开始，教会因为誓言仪式的纪律而谴责那些针对寡妇的婚礼胡闹剧。在教会看来，第二次婚礼和第一次婚礼一样神圣。婚礼胡闹剧由于嘲讽寡妇再婚时的誓言仪式，因而是在亵渎神圣的东西。康白尼的市议会早在1329年至1330年间就提出了这个论点，直到18世纪中期，法国和意大利的主教开过几十个会议逐字重复这些观点。教会本身确实在很长时间内都剥夺了再婚时举行庄严仪式的权利：首先寡妇仍和其亡夫的家族保持着亲戚关系，因此许多本来很合适的结婚对象被排除了出去……按教规直到第四代才能通婚；第二，道德家们为寡妇描绘了一幅较为阴暗的肖像，怀疑她的性格并

EXTRAIT DES REGISTRES de Parlement.

LOUIS par la grace de Dieu, Roy de France & de Navarre, au premier noſtre Huiſſier ou Sergent ſur ce requis, comme ſur les requiſitions verbalement faites à Noſtre Cour de Parlement de Toulouſe, par DE MANIBAN, pour noſtre Procureur General, diſant que par un abus tres- contraire aux bonnes mœurs, & à la Police generale de noſtre Royaume, on a accouſtumé de faire dans la preſente Ville, & autres du Reſſort de noſtre-dite Cour, des Aſſemblées nocturnes, qu'on nomme de Charivary, à l'occaſion des ſeconds Mariages d'un homme veuf avec une Fille, ou d'une Veuve avec un Garçon; & comme ces Aſſemblées ſont toûjours pleines de diſſolution & de debauche, l'on ſe donne auſſi preſque touſiours la licence de decrier la Reputation des gens, & de divulguer le ſecret des familles; ce qui peut non ſeulement produire des inimitiez implacables, mais encore favoriſer les reſſentimens & les vengences, exciter des émotions, & troubler le repos & la tranquillité publique; auſquels inconveniens, auſſi-bien qu'à la diſſolution des mœurs, eſtant tres-important de remedier, requeroit noſtredite Cour, de faire tres-expreſſes inhibitions & deffenſes à toute ſorte de perſonnes d'entreprendre de faire à l'avenir aucune de ces Aſſemblées nocturnes appellées Charivary, ſoit dans la preſente Ville, que dans les autres du Reſſort, à peine de mille livres d'amende, & des contreventions en eſtre enquis par le premier noſtre Iuge ou Magiſtrat requis, pour l'information faite & rapportée, eſtre decerné contre les coupables tel decret que de

ARREST
DE LA COUR
DE PARLEMENT
PORTANT DEFENCES
de faire aucunes Assemblées appellées Charivary, à peine de mille livres d'amende.

A TOULOUSE,

ARREST
DE LA COUR
DE PARLEMENT,

EXTRAIT DES REGISTRES DU PARLEMENT.

VU par la Cour la Requête présentée par le Procureur Général du Roi, contenant qu'il a été informé que, dans la ville de Verberie, plusieurs particuliers s'assembloient, au nombre de trente ou quarante, le Mercredi des Cendres, pour faire le procès à quelques habitans de ladite ville, sous le prétexte qu'il aura été frappé par sa femme, ou qu'il aura rempli quelques fonctions intérieures du ménage,

高等法院饬令谴责喧闹音乐。（上图：巴黎，民间传统和艺术博物馆；下图：巴黎，国立图书馆）

暗示选她作配偶是一种拙劣的选择；更为重要的是在很多主教辖区，有关结婚领圣餐的宗教信仰理论没有对第二次婚姻的祝福（但它的地理分布迄今无人知晓）。但教会猛烈而无效地反对所有与它平起平坐或与它敌对的仪式，这些仪式明显源于教会自身坚持不办仪式而只领圣餐的做法。

尽管世俗当局一开始是从修道院院士那里借用词汇，但其目的却不同。在14世纪和15世纪期间，警察和法庭从来没有处理过婚礼胡闹剧和其他类似的仪式活动，除非它们引起了像暴乱或谋杀这样的流血事件，特别是自从某些城里或庄园正式批准年轻的未婚男子控制婚礼以后。有些行政机构甚至收取新郎为这种传统的婚礼胡闹剧所付的一部分罚金。但当秩序本身需要维护，而社会或宗教反对使一切变得更为紧急时，开始出现了一些明确的禁令。图卢兹天主教高等法院在1538年禁止了婚礼胡闹剧，在16世纪它又重复四次发布禁令。禁令已变得很常见了：勃艮第高等法院在1606年、波尔多在1639年、埃克斯和普罗旺斯在1604年颁布了全国禁令的补充声明。但由于世俗政府要保护的不是神圣的宣誓仪式而是大家的安宁，因此让人吃惊的是，上面提到的报告中没有一个提出除喧闹的婚礼胡闹剧以外的任何其他骚乱。为什么像“骑驴游行”这样对社会治安更具破坏性的嘲笑仪式，人们却长期保持沉默呢？

法令对其他仪式保持谨慎的沉默，这使人们注意到地方风俗与法庭详细拟定的刑事法规间潜在的紧张对立。我们从一份法庭文件上获悉，1735年，桑利人仍使用那条传统的规则，即那些允许妻子鞭打自己的丈夫将被迫骑驴子，他的脸向后朝着驴子的尾巴。1404年在桑东热的《习俗》上刊登了一篇类似的文章。直到1593年，洪堡的法庭监守官决定：“依照古老的习俗”，一个鞭打丈夫的妇女将要脸朝后骑在驴子上，而由其软弱的配偶牵驴。在英国都铎王朝和斯图亚特王朝，法庭将判决男女二人都脸朝后骑在马上，并且换穿对方的衣服，有时还会伴有“不雅的音乐”。1729年至1756年，巴黎高等法院的三个法令和1775年被证实的图卢兹的一项习俗一样，认为一个臭名昭著的做淫媒的女人应该让她脸朝后骑在母驴的背上，与此同时如果她有丈夫的话，他要骑着骡子跟在后面。在图卢兹，驴子身上还要系铃铛。而18世纪的朗格多克最常见的惩罚就

《被示众的老鸨们》。卖淫以两种方式进行：小心翼翼地在私人住所里进行或公开在大街上招摇。前者需要皮条客的服务。在巴黎和图卢兹，一直到18世纪晚期，如果一名女皮条客受到谴责，她就要受到骑驴游街示众的惩罚。（巴黎，国立图书馆）

是强迫惩罚对象“身上粘着羽毛，戴着篮子，骑马穿过全镇”，它让人想起身上插着羽毛的妓女和奸妇。女人们身上先被涂上蜜，然后在羽毛上滚几遍，再把篮子顶在她们的头上；最后她们骑上驴背游遍全镇。费耳南多·德罗雅·塞勒斯蒂娜就曾遭受过这种耻辱。其他的惩罚包括拆掉屋顶、打碎门窗、拆散马车、毁掉水井、浸在水中等，这些在欧洲日耳曼和拉丁区各个部族流行的谴责仪式中均出现过，直到17或18世纪它们仍是官方刑法规则中的一部分。

在所有这些惩罚中，公众不仅应该是接受实例教育的被动旁观者，还应该是积极的参与者。当然惩罚的严厉程度由公众的笑声、戏谑、临时编成的讽刺性小曲的紧张激烈程度决定。法官和群众都深知惩罚必须与所犯罪行适合。但随着时间的推移，惩罚的场面越来越受到限制。刑法规则坚持一个较为严肃的场面，坚持打断犯罪和惩罚间一个象征性的联系，而代之以建立一套抽象的处罚规定。在他们采纳了法国的刑法典和其他国家类似的法典后，整个欧洲开始采用一套正式的惩罚体制。但这场启蒙运动的真正结果却在很长时间以后才得以显现。到17世纪末，放火烧东西不再合法。从那以后，渐渐地，这种仪式性的惩罚手段渐渐失去了权威性，也使那些碰到嘲弄仪式的法官能自由、坚定而毫不含糊地宣布那些惩罚行为是不合法的。

1610年，波多的高等法院判决一些人有罪，因为他们负责执行了“一场叫做骑驴或跑驴的仪式，他们痛恨那个被惩罚的男人……因为这个男人竟然允许他的老婆揍他”。判决是在一场值得纪念的审讯之后下的，在这场审讯中被告的辩护律师固执地认为，这些惩罚仪式活动不仅是合法的而且在道德上也是正义的。1655年，贝亚恩的总督颁布了一套法令反对那些人“吹嘘他们的骑驴仪式”。其他被禁止的仪式包括“诽谤性的诗歌”（贝亚恩，1655年）和“下流而侮辱人的歌曲”（图卢兹，1762)。法官们把所有的违法事件放在一起，分为夜间违法集会、勒索诽谤等。许多成文法偶尔也直接针对某些特殊的情况，如下例：“来自几个镇、几个地方的青年经常集会，特别是在星期天和假期里，他们整夜在街上跑来跑去，嘴里唱着各种缺德的歌曲，并造成各种治安妨害和混乱。“(蒙特佩尔，1737年)

对仪式的约束比过去广泛而严格，它针对一类违法行为而不是某一个特殊的违法事件。在这一方面，它和使用相似语言反对教会改革的牧师们所关心的事有许多共同点，但要说服低层的政府部门，特别是乡村一级的，却花费了18世纪的大部分时间。许多精英人物感到乡村的政府机关要么太容易向习俗做出让步，要么对他们本地的对手给予了过分严厉的处罚。

受害者的反抗

这些新的法律和处罚规定由于各种各样的原因而得以发展，并适应了不断增长的需要。整个18世纪，法庭收到涉及人们能想象出来的每一种形式的嘲笑仪式的案例不断增多。在1700年到1709年间，纳瓦拉省高等法院的刑事厅共审判了47起婚礼喧闹“小夜曲”事件。18世纪下半期，在图卢兹高等法院广大的权限范围之内，各级法庭共听审了五百多个类似的案例。在普罗旺斯，毫无疑问，频率也是差不多的，其他地区的调查结果可能也同样。尽管政府机关有时是独立行事的，但大部分案例都是因为对某个人的抱怨累积太多。习俗的力量在那些卷入仪式的各派之间建立起一种必要的和谐。但当这种习俗不再被一致地接受时，一些受害者便会毫不犹豫地进行反击，甚至冒着激起敌意的危险。争吵的意义是什么？那些引起受害者反抗的社会原因又是什么呢？

首先，嘲弄仪式为勒索提供了最有利的借口，因此对年轻人团伙勒索钱财的行为进行抵制的人越来越多。每一场婚礼都必须得付出一定的贿赂金，在法国地中海地区被叫作“柏洛特”，在弗州被叫作“丈夫的酒”或新婚酒。异族通婚的费用更高，要使婚礼胡闹剧的声音弱下来要花更多的钱。但即使是那些容易支付的人也开始抵制付钱。他们抗议这种不知满足的索要已超过了受害者的付钱能力。一个来自圣-威克特（育塞热）的中产阶级两个月后终于决定就“可怕的噪音”和“粗俗的歌曲”向军队指挥官正式请愿，他特别提到：“起先我为了结束这次迫害，曾邀请他们吃饭并送给他们一笔钱。”为了防止钱款增高，普尔汉的第一任执政官在1780年时勇敢地选择了对将在5月的一个晚上吹响的杜杜罗泥号角置若罔闻。“自从我第二次结婚并知道某些人对我心怀敌意以后，我就知道一定会有混乱，而精明的打算就是躲在床上。”

但争执通常会随之而来。当圣-赫坡利特-蒂福尔的年轻人在一位富商鳏夫的订婚宴上提出他们的要求时，他未婚妻的父母勃然大怒并把他们赶了出去，从而招致了一场大型的婚礼混乱，后来因为钱已涨到了50锂，他们又以拒绝满足年轻人的需求来结束了这次嘲笑活动。“记住是他们在袭击我，而我不欠他们什么！”一位再婚的年轻鳏夫向一群证人大喊，这群见证人目睹了一群年轻人在他所住村子的街道上，在光天化日之下向他发动了这场袭击。他坚持用法律反对这种仪式，法律不仅证明他的拒绝有理而且保护了他的钱财。

18世纪的财产拥有人对那些想夺走他们东西的年轻人们的反击非常激烈。朗格多克许多像“利穆赞”的小镇，人们都捐钱物给年轻人过节，不管是自愿的还是强迫的，但在1750年之后变得少了。任何人如果想组织一次仪式活动都得自己掏腰包。这样，来自较高等级的年轻人就必然地在需要音乐的仪式和游戏中占据了领导地位。

寻找钱的性质变了。对某些团伙来说新年这一段时间成为偷盗和掠夺的好时机。年轻人闯入那些无助的手艺人家中，抢空他们的食品贮藏室和地窖，并粗暴地对待和威胁他们。过去年轻男人们所干的通常是夜间偷盗，只要偷的数目在一定限度内，都会被宽恕，但现在因为已失去了控制，那些抢园子和农家院落的人都会受到惩罚。在拜兹那，“恶作剧的年轻手艺人、农场劳力和园丁如果在夜间偷摘葡萄且弄坏葡萄藤，造成很大损坏的话，就会受到攻击”。任何嘲笑仪式，从嘲笑带着铃铛的私通者到规模完整的婚礼胡闹剧，如果在其过程中伴随着对财产的破坏，均被认为是一种犯罪。任何损伤、破坏财产或把他人财物乱放的行为都会受到处罚。而正是这些行为成为反对已有秩序的主要形式。1729年10月，年轻人们打碎了一条街道上的所有房门，向卡斯泰尔朗得利一个区的中产阶级公然挑战。人们对其私有财产几乎有一种物质依恋，确信自己有权保护它，有权反抗象征性的袭击和勒索。

因而，产业主们通过反抗这些年轻男性的传统行为，不仅加剧了暴力，也促成了曾经被视为嬉闹仪式的行为转变为普通犯罪行为。大革命前数年里法国城镇里和小城市里年轻人和长辈之间如火如荼的战争留下的东西——无穷无尽的诉状和口供书，至少给人留下了这种印象。那个时代的中产阶级常任意使用“放荡”这个词来描述任何违笺书，至少给人留下了这种印象。反法律和制度的行为，已成家的人对这样的行为是这样定义的：懒惰、与坏人结伴、嫖赌中挥霍遗产、在街头庆典中乱花钱和轻视权威机构。

那些挥舞着嬉闹礼仪武器的年轻人对新秩序产生了更大的威胁。如果他们少损害一点财产，少扰乱一点社会治安，也不会如此令人不快。最糟的是，他们让人不快的事已经不再是攻击“婚礼的领圣餐宣誓仪式”或“公众的安宁”，而是破坏“家庭内部的自由”，纳瓦拉的高等法院1769年所颁布的宣布婚礼胡闹为非法的法令中提到这点。面对数目日益增多的受害人，18世纪中期左右的法官们开始对仪式活动本身的合法性提出质疑。大比利牛斯山区长官在他执政的第12年曾写道，婚礼胡闹剧是“当地古老的野蛮人”留下的遗迹，换句话说，它是一种被当地社区用来判断和处罚家庭行为的仪式。拥有财产的中产阶级，其中许多就是法官和办事员，已渐渐同意这种观点，认为这些事是应该由自己决定的家庭内部事务，不应有任何外部力量去影响他们的决定。法律毫不含糊地支持私生活中的隐秘性。

正如语言本身所表明的那样，它反映出人们对变化看得越来越明白，我们有许多证据都支持这种论述。然而档案中记录下来的成千上万的案例中，有些有趣的案例变异仍需要解释。在利穆赞，

1740年到1790年期间，被嘲弄的对象包括一位负责板条专卖的官员、一位封建法专家、一位执事庭中的检察官和一位主教辖区里的公共事业检查员。上述所有的人均强烈反对人们对其作为丈夫和父亲的私人行为的谴责。所有的人都拥有财产，更主要的是他们都是些舞文弄墨的人。由于这种状态的外在合法性以及他们能很好地运用法庭来保护自己，因此一方面引发了传统和仪式之争，另一方面引发了法律的现代性和官僚的现代性之争。这正如在过去，每个家庭早晚会碰到婚礼胡闹那样，现在每个家庭最终都可能与新的国家组织发生冲突。

教区牧师的权力

在村庄里，这种冲突更显著地集中在另一种非常重要的人物身上：教区牧师。他们均受训于反改革的神学院，所以所有牧师对宗教和道德的观点一致，因而自然反对嘲笑的所有传统形式。以“维护家庭安宁”的名义，他们谴责婚礼胡闹剧和狂欢节活动。在维瓦莱，牧师公开斥责人们在女孩家门前竖起装饰有生殖器象征物的五朔节花柱的行为。1780年，贝尔莱一位牧师于的行为更极端：他为了保护一对受到婚礼胡闹剧威胁的夫妇，竟允许他们不发两到三个结婚仪式预告的声明，并在午夜时分偷偷为他们举行婚礼仪式。教区牧师公开指责年轻人的传统习俗，拒绝允许年轻人从像结婚那样的场合弄到他们认为是应得之物的东西，“无论何时何人结婚，年轻人都让他们请吃请喝，如果新婚之人拒绝，他们立即前往酒店，点上大量的酒菜却指定让新婚夫妇付款，与此同时不断骚扰和侮辱他们，直到他们付钱完事。”（圣-安德烈诺德乌，1749年）

牧师们保存有一份年轻人做的各种坏事的详细记录，如勒索、丑闻、骚乱、亵渎神录等。“他们假装举行庆典，从不在乎别人的抗议。他们在圣灰节星期三化了装，跳着舞，沿着街道表演各种娱乐活动。他们在礼拜时进入礼拜堂；在教堂列队唱赞美诗中，站在牧师和十字架中间，似乎他们也是神职人员似的；在礼拜时背对祭坛大笑和谈话；敲击长凳；婚礼日或神圣日在教堂里或教堂前开枪；在教堂前的十字架底座上跳舞；甚至在教义回答和耶稣降临前唱淫秽的歌曲。”（内夫耶·贝齐耶，1769年）

诚然，在反对这样的异端行为时，教区牧师忠实地反映了一种宗教理想。但他的社会抱负和在社区中的实际地位或多或少地使他

画在木头上的壁饰画（1705年）。僧侣对其属下的权威，通过主教定期查访以确证地方牧师是否维持了良好秩序和遵守教会纪律而得到强化。在查访期间，主教往往从最近的圣餐领取者那里取证。（菲尼斯太尔，普雷梅里的圣图根昂小教堂）

反对使用道德审判的权利，而这种权利正是年轻人声称为了整个社区的利益而行使的。自从17世纪末以来，教区牧师充当了两种同等重要的角色。他拥有了文化，从而能比以前更好地履行牧师的角色，而且由于控制了小学，他的势力变得更强。此外他又是君主制所挑选的乡村代表。从1667年以后，他被授权可以记录洗礼、婚礼和死亡。1737年，一项新的法令要求他重新抄写记录，开始保存普遍性行为的重要数据。他还被要求提供其他的数据，例如在新教徒统治区域，教区牧师负责监视新的皈依者的行为，而且如有必要，向当局告发这些居心不良的人。在法国南部，那儿的市政当局成员经常是文盲，常由牧师估定税收和在弥撒结束后在讲坛上宣读从省长那里传来的各种命令和决定。

因为牧师扮演的是双重角色，既是政治的又是宗教的，所以教区牧师能够接近家庭观察其道德规范，并且能对像通奸、姘居、非法怀孕等越轨行为进行公开指责。他扮演的是一个中间人的角色，可以使某些婚姻变得容易，并且常被请去当婚姻参谋。他可以拒绝为放荡的人领圣餐礼或拒绝将放荡的人葬在教堂墓地里；能亲自听受到舞会和调情诱惑的女孩的忏悔。每一个牧师都渴望指点他村里的妇女，特别是那些最富有家庭的妇女们的善恶观点。有的牧师会问一些极深入、极私人的，比如关于妇女避免怀孕的“伤心的秘密”方面的问题。尼古拉·卡斯唐讲述了这样一位牧师，他在他的忏悔室听了一位18岁的忏悔者，一位本地守城官的女儿对她的家庭三个小时的控诉后，要求她连夜动身去修道院，因为他相信她年老而嫉妒的父亲不适当的情感使她处于危险之中。

在婚礼胡闹剧的城市受害者中，官员和官僚占了很大比例。来自乡村的证据进一步证实了以下结论：18世纪的仪式主要公开指责最坦白的对手，其中最主要的是村子里的教区牧师。教区牧师本人就是村里的长期居民，统领着一大群人：姐妹、兄弟、侄女、侄子，他密切关注着他们的教育，并努力确保他们有较好的未来。他自己的生活则安静而祥和。某个牧师曾把自己的举止与别人，尤其是年轻人目无法纪的行为作了深刻的对比，“上个星期天是圣灵降临节的圣日，他们又像平常一样地出现了，敲着鼓，跳着法兰多舞。那时我正在一楼房间里读我的每日祈祷书，无法集中注意力。我出去告诉他们我的职业的神圣性，但他们对我的祈祷和警告置若罔闻，说话的时候还不断地打着手势。”（埃斯特萨尔戈译于1774年）

通过维护公共秩序和家庭自由，教区牧师获得了适度的权力。通过运用官方权力和精神信仰，他界定了一个私人领域，且可以确定的是，这个领域在他的眼中是一目了然的。

习俗卷土重来

习俗的这种发展并不是没有任何阻力的。起先，许多家庭似乎都误解了它的重要意义。镇上的人和乡村商人既渴望拥有更大的自主权又怀念古老的父系权威。在法国南部父亲对家庭事务和继承人的选择有着绝对的权威。直到18世纪，洛代乌瓦公证人还仍旧记录有隆重的解放仪式。人们可以参加教会的道德斗争，与放荡不检点的行为做斗争，甚至用逮捕密札把刚愎自用的儿子关进牢里，但却不需要服从教区牧师的权威，因为在18世纪教区牧师的胡作非为已使他们自己名誉扫地，无数的教区牧师在主教辖区法庭中受到指控。

年轻人的仪式活动受到指责，对此，他们以一种更显然的方式进行回应，他们使用各种方式对教区牧师进行迫害：晚上重重地敲他的门，偷窃神父住宅的园子，唱侮辱性的歌曲，投石子，有时采取更严重的威胁。在18世纪90年代，在罗纳河右岸的阿拉蒙，那些年轻人特别地狂暴。在一次狂欢节期间，他们上演了一场针对一对新婚夫妇的婚礼胡闹剧，在歌中他们要让那位丈夫骑在驴子上游行。教区牧师谴责了煽动者，但当年轻人做出反击时，他没有坚持，因为落在他前任牧师身上的一件不幸使他变得谨小慎微。他的前任采取了勇敢的措施，进了那家有歌舞助兴的餐馆——不法行为根深蒂固的老窝——继续训斥这伙年轻人，三到四个年轻人抓住他，把他捆起来抬到了罗纳河边，他们本计划把他扔到河里，但其中一人被他的喊叫声打动了，给他松了绑，他们让他发誓再也不指责他们，而他也遵守了自己的承诺。

这些对传统的挑战，对仪式活动自身并不是丝毫没有影响的，仪式自身的变化正显示出反抗的力量。对这种传统权力的审视被严格限制在结婚时的两性关系上，只有当违反规范被公布后，公开谴责才被允许。只要他们小心谨慎，适度的婚前或婚后的逾矩行为是受到保护的。对公众的审视和判断来说，只有婚礼本身才可以据理加以攻击或评判。进一步扩展，因为教会将自己确立为传统形式的监察的对手和敌人，这迫使传统主义者扩大他们自己的视野。在阿拉蒙，1871年的一场婚礼胡闹剧引起了新郎和教区牧师的强烈反对，导致了更加详细的披露。涉及的这位绅士“试图破坏好几个女人的名誉，她们均对他进行了指控”。人们编了一首歌曲详细讲述了他与一个邻居妇女和一个洗衣妇之间的遭遇。他的妻子是一位“不靠双腿叉开就可谋生”的女仆，她生了一个死胎，孩子的父亲是她已故的主人，歌曲中还进一步暗示由于某种原因她霸占了他的一部分地产。在同一年的利穆赞，一百多人在八九个年轻人（法律文书、制造商、零售商的儿子们，年龄均在15~20岁之间）的领导下，从狂欢节到仲夏，一直在唱一位公证人女儿的小夜曲，这个女孩被指控看望女友次数过多，其女友是一位经营动物饲料的商人的女儿。

因此，最个人的事情就成为公众道德规范和教会这些磨坊中研磨的材料，这种趋势19世纪仍在继续。在德国，根据依·安瑞克所的记载，婚礼胡闹剧（或叫Haberfelldtreiben）嘲讽的范围反而拓宽了：“除了对那些常见的不道德行为的指控：通奸、严禁的爱，现在又加上同性恋、乱伦、姘居、一夫多妻等，1870年后，鸡奸也被包括了进去。”在加斯科涅和德国，教区牧师和学校教师，这两种政治和道德权威的代表角色的性生活被人近距离地仔细观察过。由此，一种新的嬉闹仪式发明了，晚上，把常青藤、羽毛、锯末、象鼻虫咬过的豆子撒到私通的情人们的房子之间。这是一种立法者没有预料到的违法行为，它是五月流言嬉闹仪式的变体，是向新婚夫妇撒稻谷和花以表示敬意的习俗的颠倒。这种方式揭示了那些了解并操纵别人秘密的人的秘密。

让·范·霍赫斯特拉滕：《拖鞋》。门开着，钥匙还留在锁孔上。18世纪的巴黎住宅公寓，屋内和屋外区别甚微。消息在门口相互交流，噪音从屋外传到屋内。（巴黎，卢浮宫）

家族的荣誉和隐私

巴黎是一座奇迹般运转的城市，吸引了那些在乡间无法生存的人，同时把那些不能适应的人驱逐出去。它鼓励一种持续的人口循环流动，正如人们冬天来到城里，夏天回到乡下，因此它的人口是流动的，不管是住房还是工作都不稳定。巴黎是一座沸腾的城市，它吸引了当代的编年史家和回忆录作家，这些人完全明白他们是在世界的骚动中心记录事件。“为了容纳乡村的人口，首都必须被破坏吗?”路易斯·塞巴斯蒂安·梅西耶在他著名的《巴黎景象》中这样问，路易斯在这部名作中满怀热情地描述了城市人口的活跃善辩，这一民族的人说起话来“如汹涌洪水滔滔不绝”。

迁到城里的人多数是来自社会最底层的人、无家可归的人和身无分文的人。离开土地的人并不是那些富裕的农民，而是来自萨伏伊和其他地方的苦力、雇工和年轻人……他们被阿尔贝·普瓦特里诺称为“迁徙的人群”。一家人分开了，一些离开去了城里，一些留在了乡村。离开的人中有些人回到乡下,但大部分有打算的人会派人去把留下的家庭成员叫到城里并在那儿谋生。与此同时，那些去城里谋生的人会在那儿遇到其他人，他们很有可能来自于同一个村子。为了让生活变得更容易些，一个男人和一个女人有时会在没有结婚的情况下同居。被遗弃孩子的数目达到令人震惊的程度，弃儿慈善机构是个非常让人忧虑的避难所，婴儿饱受疾病和死亡的蹂躏，因此父母有必要把孩子送到离巴黎很远的地方去找奶妈，在每年出生的21000个婴儿中，有20000个被送上了奇特而危险的旅程，由雇来的人用马车分送给父母无法监督的奶妈们。

由于城市生活条件既不稳定又艰苦，因此似乎在普通的老百姓中不可能存在家庭这样的东西，但事实并非如此。即使我们粗略地扫一眼警察局的档案，也能看出它所揭示的生活不是比通常所描述的生活更好而是更复杂。家庭的复杂性在公众和私人之间建立起一种异乎寻常的互动关系。

城市家庭

如警察局记录所显示的，家庭确实存在，尽管并不总是住在同一所房子里。祖父和孙子可能会住在不同的地方，但他们知道对方的存在。即使在居住区里最贫穷的地方，也很少有人说在附近没有任何亲戚。我们碰巧熟悉的一个重要事件颇具说服力。1770年5月30日，在巴黎，人们以皇家式的豪华而流行的饮酒狂欢来庆祝法国皇太子的婚礼。应国王的请求，人们聚集在路易十五宫外的街道

遗弃孩子是普遍现象。被遗弃的孩子必须迅速送往“弃婴慈善院”。弃婴并非故意，而是别无选择。有时候，被遗弃的孩子身边还放有洗礼名和情况介绍。（巴黎，国立图书馆）

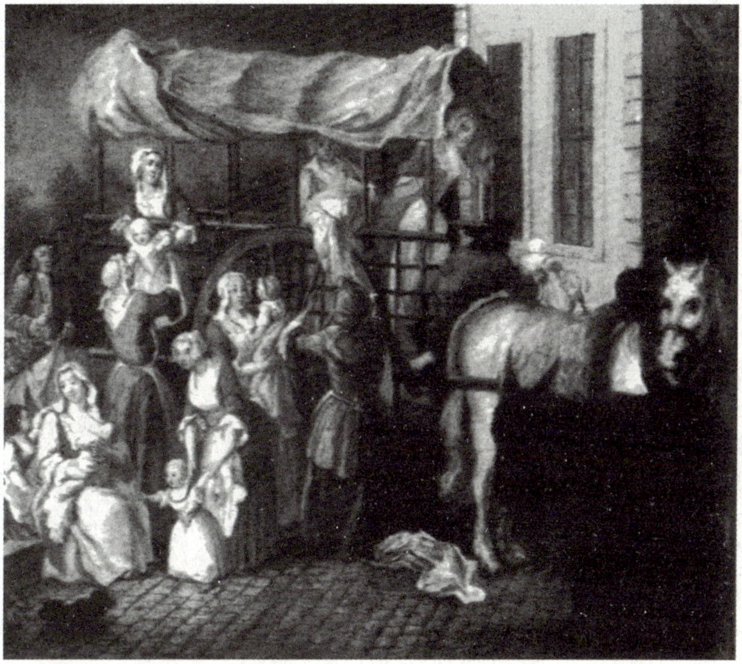

E·热奥拉特：《乳母的到来》。在等待护送队伍到达的父母，有时候只能通过衣服辨认出自己的孩子。（拉昂，市政博物馆）

上，希望在那儿能看到比为城市展馆预备的更壮观的烟花。尽管当时人数惊人，四轮马车仍坚持从广场经过，这带来了灾难性的后果，一百三十多人当场死亡，许多人是被踩死的，但大多数人却是站着被活活挤死的。死者被摆在勒里克城的马德莱娜公墓里，以便朋友、邻居或家人指认。有四分之三的尸体被亲戚认领了，只有极少数的人在巴黎真正是举目无亲。

另一件事也表明了家庭的存在。当某些人被革命裁判所判决死刑的行刑日期决定以后，他们就写诀别信。这些信均被革命检察官拦截住了，我们现在可以在国家档案局相关的文件中找到。有些是由地位非常卑微的人写的，他们是在从事与意识形态和政治毫无关系的可疑交易中与革命政府发生冲突的。几乎所有的信都是写给家庭成员的：妻子、兄弟、姐妹、孩子。

家庭生活既不是离群的也不是以自我为中心的，它是分散的却又紧密相连。它向世界敞开，丝毫不懂我们当今所说的“隐私”。它向外界的敞开达到了不敞开就不能维持自身的程度。宫廷和贵族家庭的高贵是一系列因亲属关系、家族头衔、地产、遗产、长子继承权和血统等等的问题。普通老百姓过着一种不同的、毫不避讳别

1770年5月30日，路易十六王子与玛丽·安东内特举行大婚。在庆典达到高潮之时，灾难发生了：惊惶失措的拥挤导致132人死在王室大街上，这种情况原本是可以避免的。（巴黎，国立图书馆）

人的生活。家庭仅是许多关系网中的一种，靠着这些关系网，他们不仅为自己在现在而且在不确定的将来编织了一种生活。

典型的家庭，即使事实上不是由外部相互依存的关系网构成的，至少也深受其影响，到处散布。它的本质是每日生活在与其他人的交往中，和一些人团结一致，和另一些人敌意对抗。

公寓式住房：一座公共剧院

对居住者最有约束力的住房确立了一种独特的巴黎生活方式。房屋四周都是窄小、泥泞、臭烘烘的街道。房屋里非常拥挤，因为房主力求每一平方英寸都能得到很好的利用。里面到处都是走廊、阁楼、连接工作室和院子的狭窄小胡同和绕着院子的外阳台，上面有时还建有水池。厕所位于楼梯顶端的平台，居民们在众目睽睽之下方便，一览无余。

18世纪，中产阶级同普通老百姓混住在一起仍旧很常见。那些富人们还没有单独住到城西或豪华的旅馆里；他们仍旧占据着普通建筑物的最好楼层，一般是公寓的第二层到第五层。不管是在上面还是下面，普通工人住在他们能弄到的任何地方。一楼通常是一间作坊或一个小商店，有一道门通到街上，有时橱窗直接伸到街上。

作坊上面是一层中楼，它是一个贮藏间，也是学徒及雇工的卧室，从上面可以爬梯子下到作坊。紧靠着商店的是一条窄窄的小巷，晚上关门，居民们从这穿过进入内院和上面的楼层。行人们也从小巷穿过街道，进入位于院子外面的其他房屋。每座楼都有一个或多个带有窗户的楼梯，有一个从楼梯平台进入楼上公寓的入口。公寓的租金各有不同。楼梯平台上的一些房子相互连在一起。按习惯要求，通往楼梯平台和其他公寓的门，大部分时间都要开着，这样就能从一个房间到另一个房间，或到另一个楼梯或走廊。最上层的是顶楼和阁楼：冬天冷，夏天热。这些顶楼为众多的工人提供了尽可能多的住处。如果住在底楼的工匠和商人足够富有，他将会把这个地方转租给他的雇工，要不然就把顶楼和装修过的房间以每晚上二到三个苏的价格租给房客。穷人们几个人合住一间房，通常睡在铺在地上的床垫或稻草上，自己那一点可怜的东西则包在床单里。

《巴黎的叫卖声》。叫卖小贩和街头货贩大声叫卖他们的货物。（巴黎，卡纳瓦莱博物馆）

一所公寓房就是一座大众剧院。有人在滔滔不绝地讲话，有人在争吵，但绝没有任何隐私。夫妻不和、私通、房客吵闹、孩子烦躁不安，没有什么能藏得起来，什么都能听到。无法逃避的混乱影响着人的行为和习惯。

街道和商店

作坊并未受到最好保护。无数的街头买卖形成巴黎一道经常被作家描述、画家勾画的独特景观。许多小贩把他们的买卖背在背上：补锅匠、糕饼师、牙医、花商、铁器商。对他们来说引人注目是生存的关键。某些行业的商人常穿着特制的衣服，便于人们辨认他们。他们走街串巷，高声叫喊，招徕生意，顾客们则从自家的窗口招呼他们。在与某地区的人熟识后，他们便能吸引一群老客户经常光顾；有时为了更便利，他们在十字路口或在门廊下临时搭个小摊。打杂的、街头搬运工、烟囱清扫工也以这种方式兜揽生意。

工作室是匠人、雇工和学徒的传统作坊，是夹在公开和私人之间的中间地带。摊位和工作台一直向外延伸到街上，顾客和雇工们整天都有话可谈。没有受到限制的工人们很快就能获悉邻近地区发生了什么，而这又有利于和过路者进行交流，并增加团结一致的情感。如果主人和其工人之间发生了争执，每个人都会知道这件事；任何人扫一眼就知道哪家商店经营得好，哪家不好。在这种情况下，竞争非常激烈，主人们会毫不犹豫地让他们的学徒去监视邻居

P.布鲁盖尔：《市场》。货摊和作坊侵占到街道。如果一个商人能在街道角落取得好的摊位，那么他就更有可能多卖货物。（普罗旺斯的艾克斯，美术博物馆）

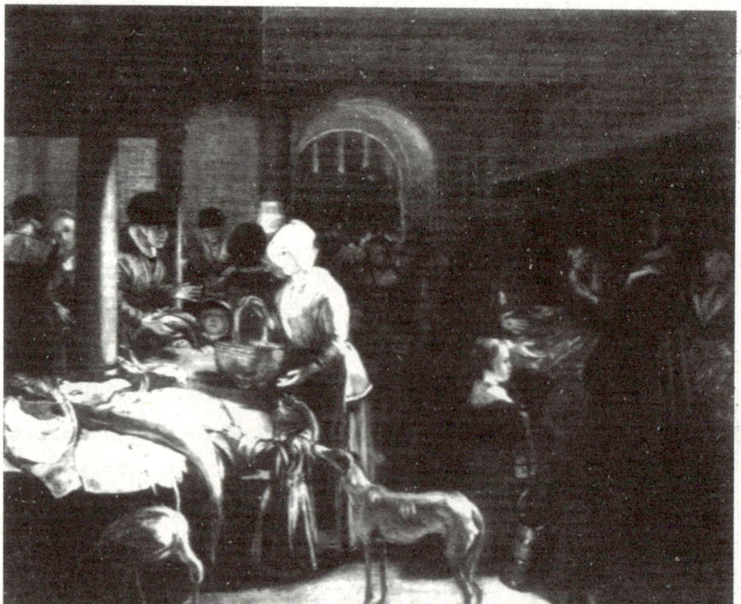

E.德威特：《阿姆斯特丹鱼市》。摊位上的买卖伴随着讨价还价声。（卢加诺）

街坊是一处每个人都可以窥视其他人的地方。（巴黎，国立图书馆）

家的老主顾，以便当他们经过时能把他们拉进自己的店里。

在商店周围和楼上的公寓里都经常能见到10岁到16岁之间的孩子。他们过的是成人的生活，却仍然依恋着儿时的快乐和游戏。孩子们很早就去当学徒或被迫帮父母做些日常琐事，因此他们熟悉劳动生活的节奏、限制以及困苦。他们还未从家庭中独立出来，连接着私人活动的各个领域。他们既属于邻居也属于自己的父母，传递信息，帮人跑腿或在老板监视下努力做一个学徒。他们有惊人的自由可以在全城漫游，并在公众生活和私人生活中真正发挥一定的作用。邻居、工匠、商人、副牧师、教会的执事们都关注着这些年轻人的成长。

街道不仅仅是城市的一部分。它是一个有着自己规章法则的独立自主的环境，一个每个人都注意着别人的地方。不同的行政管理机构，如首席警官和他的同僚，教区牧师和他的助手以及教会执事，将其全部纳入监督之下。最重要的、最德高望重的是秩序和慈善行为的担保人。当人们需要权威或理解、严厉或放纵时，就会把他们找出来。对所有人来说，他们到处可见，见识广博，并且任何人都可去寻求帮助。在某些案例中他们一起参与裁决。警官常从牧师那里寻求有关某个可疑居民点居民的情况。人们很明白这一点，警察局的档案中存有数不清的教区牧师签发的、证明人们生活清白的文件。

警官是街坊的眼睛和耳朵。警察要确信他们完成了他们的工作。他们无处不去，无所不知。他们连最小的事也不放过。警官和间谍们必须保证有人随时通知他们在街上、小酒店、带歌舞表演的餐馆、夜总会、喷泉附近人们正在讨论的流言和阴谋。

当时情况非常混乱，公众生活和私人生活被搅在一起；人们在室内和室外的生活同样多；各种规章制度通过互相监督而得到强化，此时，荣誉成为一项最重要的财产，是一项不可或缺的必需品。

荣　誉

穷人的荣誉

长期以来人们一直认为荣誉是一项重要的品质，几乎和生命本身一样重要，而且尽可能地进行维护。16世纪初，让·德·米勒，巴黎市长，也是弗朗索瓦一世手下法律界的领袖人物，曾写过一篇名为《犯罪纪实》的长篇文章，就是为他的同行写的。他在给国王的献辞中写道："在过去，当某一特殊事件发生时，我不得不处理那些送到我面前的案例，不但有城里的……而且有外省的。回到家后，我试图以适当的形式把所有的案例集中在一起。我一直对人身犯罪特别感兴趣，丢了财产和遗产总是可以以这种或那种方式进行弥补，但如果丢了荣誉和生命，则永远不可能再挽回了。"

耻辱，一种类似于死的灾难，是17、18世纪论述礼仪的论文中常见的主题。库尔坦在他的《论面子》一文中写到"荣誉使男人们得到奖赏，获得尊重。它是人们借以宣誓的所有善良信仰的基础，是它战胜了命运的所有侮辱和世界的所有攻击，拥有它本身就是幸福。它是男人们最亲近、最珍贵、最神圣的东西，男人爱它胜过生命"。

一个贫穷的人除捍卫自己的荣誉外已别无其他。（巴黎，国立图书馆）

荣誉绝不是伟人们的专利，它也是普通老百姓狂热追求的品质。“无论你问任何人拥有荣誉意味着什么，他都会告诉你它意味着拥有某种精神。那种精神又意味着什么，他会告诉你那就是宁愿死也不愿遭受不公正的对待。”（库尔坦）遭遇不公正的对待不仅是一个观念、一个概念，更是普通男人和女人生活中不断遇到挫折、不断斗争的一种感觉、一种信念。18世纪，莱奥努瓦警局的中尉记录过普通人对荣誉的钦慕和关注：“管理一个各种社团混杂，男人和女人们时刻处在别人目光下的大城市的警察局……一定要对诽谤和流言的力量有充分的了解。在巴黎，指控别人侮辱和诽谤的事经常发生，许多人力求在普通法庭挽回损失，但更多的巴黎人却因为家庭不和和面子问题而与警察纠缠不休。”

由于牵涉到名声和荣誉的埋怨越来越多，警察非常苦恼。勒努瓦对问题的根源了解得十分清楚：男人和女人们“几乎总生活在谁也避不开谁的情况下”。在18世纪的城市里，当话语携带着巨大的力量时，诽谤和流言能对人产生严重的伤害，并导致严重的冲突。

一种荣誉源于公私不分明的情况下家庭和社区之间不断的互动

《捉虱子的妇女》。（斯特拉斯堡，美术博物馆）

作用。持续的审察让我们了解别人，并使我们有权评论他们的行为。警察的报告中常有这样意义深远的开头："我知道他将……"然而每个人都知道，并共享日常生活中的机会。冒险是每日体验中的一部分，城市危险有时颇具威胁性。人人都知道疾病、意外、失业、死亡每日都在发生，而对待危险的态度影响着他们的行为，有些人被彻底地打败了，有些人克服了困难，还有一些人则向不平等挑战或试图转移负担。在大家都共同面对危险时，一个人可能会牺牲别人的利益从而占尽先机。

在面对人身的不平等和经济的不安定时，普通人在不断地衡量他们的地位是否平等。即使社会地位不能往上升，他们也努力不让自己落到他们认为比较合适的层次以下。由于不安定的形势，每个人都易受到邻居和旁观者的攻击。人们都很小心，不敢多说或多表现自己，以免自己马上成为受害者。在一个"平等"的社会里，每个人都需要邻居的尊重。

人们都非常敏锐地察觉到，作为国王的臣民，他们隶属于一个模糊的群体。他们是人民，是普通群众，是国王神圣的权力存在的基础。在普通人群里，尊严使人凸显，但他突出的地位也会很快消失，因为这要靠别人的舆论、靠人人都想把自己从人群中区分开来

向穷人施舍食物和救济品。（巴黎，国立图书馆）

的欲望。尊严和耻辱标明了在休戚相关的社会里的个人目标。尊严的逻辑允许人们采取自我防卫，反对当权者的集体行为与对其邻居的个人挑战并存，而人们则根据这种挑战确定他（她）的地位。

话语和侮辱

话语是危险的侵略者，它破坏了已有的防卫。在邻里之间，室外的社交生活均围绕着交谈，一个人的言谈确定了他在社区中的身份。交谈创造了社会，但它也能危及该社会的成员。

路易斯·塞巴斯蒂安·梅西耶给我们留下了一段城市谈话的精彩描述："在那最小的市场和商店里，人们可以参加任何不相关话题的谈话，即使是买很少量的东西也会有滔滔不绝的谈话，把价格降低几个苏就能使买卖双方口干舌燥。甚至这种在房屋里进行了很久的谈话还不过瘾，他们离开时会在门廊里谈，楼梯平台上谈，一路谈下楼……在咖啡馆里人们可以听到吵闹的、喋喋不休的、愚蠢的争执。在巴黎，说话急躁的人很常见，因为在每一张咖啡桌上都有健谈者。如果他是独自一人，他就跟忙碌的侍者或老板的妻子——兼收银员——说话，如果不成的话，他就四处寻找愿意听他说话的人。车夫之间常用人们熟悉的骂人的话相互对骂，互相羞辱，然后大打出手。只有相互骂够了以后，他们才大打出手，而一旦打斗停

R.布拉肯堡：《一家小客栈内》。小客栈不仅是供休息和讨论的地方，也是工作的场所（在这里，店主雇用伙计和学徒，并支付熟练工人的工资）。妇女在这里也受到欢迎。（巴黎，卢浮宫）

因为人们在家门口之外活动，所以争吵不会没有旁观者，而且他们还总是准备作为援手来劝和。（巴黎，装饰艺术博物馆）

止后，叫骂又重新开始。客运驳船上永远都是吵声一片，你什么也听不见。水手们发现很难交换航船时相互之间必要的信息。当两所大驳船相遇时，每艘船的甲板上都会噪音四起，乘客们兴奋起来，叫骂声如暴风骤雨，因为每个人都想占得上风。乘客们尖声吵骂，像打雷似的。即使两艘驳船潜入水底两百寻，仍旧能听到无休止的鼎沸声和以某种特殊音调发出的骂人话。”

通过与别人谈话，人们在社会中确立了自己的地位。社会等级是如此微妙，因此人们不得不时刻在意别人对他的看法。谈话越重要就越有危险，总有一天人们将深受其害。与邻居接近的必要和无法隐藏个人的习惯使谈话变得更重要。

任何有关某人名声的暗示、挑衅，甚至含糊其辞的话都会立即产生某种后果。怀疑某个人会影响所有那些自认为是他同辈的人，所有与他有相互尊重（赞成）关系的人。人人平等的关系结束了，代之以等级制度，让人憎恨的人被排除在外。这种与某个人关系的中断或修正并不会影响到更大的社会关系体制的完整，因为这种更大的体制本身就是由敌对的联盟组成，习惯了相互之间的竞争。

因此侮辱性话语威胁了建立在理智和天性基础上的社会秩序。社会精英和警察都希望维护建立在相互依存基础上的社会：“只有服从，这个社会才可能持久，因为自然地服从是每个社会的灵魂"，库尔坦这样说，这里解释了"侮辱的含义"。一旦接受了这个原则，每个人都必须不仅为父母、国家而且要为各类等级制度增光。对城市有了这样一些认识后，再给"侮辱"下定义就是一件非常简单的事了。库尔坦认为任何人不得攻击别人的生活和休憩，"因为丧失恭谦这个名誉就像丧失生命一样无可挽回"。婚姻是社会的基础，是一种神圣而自然的原则。攻击一个人的财产或名声是一种不可宽恕的侮辱。也不允许以任何方式削减、伤害礼仪社会的物质和安宁。

T.达瓦拉洛与乔瓦尼·戴里科：《基督在希律王前现身》。耳语能够带来声誉或毁坏声誉。(瓦拉洛)

这种对侮辱的定义揭示出家庭和社会最脆弱的地方，在那儿侮辱最具伤害性和毁灭力。侮辱破坏了人的价值观，因为流言飞语从根本上削弱了个人在相互依赖的基础上自然形成的一致性。重看一遍警局档案中涉及侮辱的案例，就可清楚地看出，哪儿有从属,哪儿就有矛盾冲突。

人们采用的最普遍的方式是利用古老的男女之间的冲突来侮辱一个人或一个家庭就毫不奇怪了。最普通的侮辱形式是质疑女人的贞操。这种侮辱特别普遍，而且效果非常明显。勒努瓦在他的回忆录中有一章叫作"论消灭已存在的错误流言的困难性",其中曾引用了这个永恒的问题："在巴黎没有什么比怀疑女人的贞操更常见的了，即使那些女人的行为并没有让人责备的真正或明显的理由。"这种策略被用来中伤女人自身及与她有关系的男人，这常用于感情冲突以外的情况，例如，某雇工可能会通过对主人老婆的行为提出疑问从而设法破坏主人的名声。远比性侮辱少见的是在一些传统话题上进行诽谤中伤，如诚实、节制、勤奋、节俭、友谊，诸如此类。

坏名声引起严重的经济后果，而这又增加了侮辱的社会影响。社会名声受损的人在利益、工作和住房上均要承受损失。如果住所不稳定，这事就严重了。由于酗酒、懒惰、吹嘘或老婆行为不端而被人嘲弄的工匠可能会失去顾客；一个被邻居说闲话的学徒可能永远找不到一份新工作；一个婚事受到别人批评的男人或女人可能会丢掉工作或与房东产生麻烦；一个被引诱后又被抛弃的女人很少有希望找到供自己和孩子住的地方。

荣誉也有经济价值。人们直截了当地对准某人的薄弱点进行侮辱。工匠在社会和经济上都是最易受伤害的。夫妇二人无论在经济上多么稳定，对妻子的性讽刺却是他们的薄弱点。女人本身的存在就是薄弱点，不仅对那些直接的攻击，而且对那些仅为活跃谈话气氛而说出的偶尔而间接的讽刺都是如此。任何受诽谤指控的人都知道他们面临着经济危险，如人们所指出的：他们去寻找警察帮助，如有必要则传唤证人，力求重建“他们赖以生存的荣誉”。

恢复丧失的荣誉

依赖行政管理机关是必要的。一个名声被玷污了的家庭不得不证明它的清白。如果家庭中某个成员确实违反了某个传统的准则，为了恢复与社区的正常关系，必须找到一种方法澄清“罪行”或使人们忘记。

警察，作为警察局中的地方代表，是街坊的关键人物。1738年后，巴黎有48个警察，每人都被授予了“皇家警察”的称号。他们被免除了领地税并享有某些特权。与他们的顶头上司警察中将一

邻里间消息最灵通的人——治安巡查官——如果没向大家报告消息，那么就等于什么事都没发生。（巴黎，国立图书馆）

样，他们的责任重大。他们对公民的职责包括管理没收的财产和盖章，这为他们提供了大量的合法收入：当某个家庭分配财产时，由他们出面做一些必要的调查并通知亲属。他们在刑事审判领域的责任也很重要，所有的指控和抱怨都交给他们处理，他们准备口供书并传唤证人。在恶名昭彰的犯罪案例中，他们行动迅速——逮捕罪犯、审讯并把他收监、进行调查、搜集证据。此外他们也要履行一些普通的警察职责，听取卷入诉讼案件和争执中的人们的申诉。

警察不分昼夜地逮捕，他们的仓促有时会使他们犯错误。（巴黎，警察博物馆）

警察的办公室，通常也是他的住所，很容易找到，因为它的墙上贴满了印刷的布告、警察法令、王室诏书、判决通知和公开惩罚通告。人们也在那里贴新闻消息、寻物启事，有时还有私人所贴的书写潦草的公开指责。因此警察的房子是新闻信息中心、聚会的场所，在某些时候它是避难所，在另外一些时候它则呈现出一片愤怒的景象。

除了这些职责，警察还得使警察中将随时知道本区所发生的所有事情。对发生的任何不平常的事都得汇报：马车事故、市场斗殴、大火、大型聚会、自杀等，因此除了维护一个长期的指挥所，他还得在本区内不断巡视，他的上司不断劝诫他不要玩忽职守。最后人们期望他去管理一些必需的公共事务：维护下水道、公共卫生设备、道路等。

由于“接近”普通人，警察了解大众的希望和忧虑，知道什么让他们生气或什么触犯了他们的体面感。他发现了哪些领域里的人需要保护。精确地说，他是一个独特的人物，因为他的职责被定义得如此之广。他信息灵通，似乎能合理地自命为皇家行政管理机关的代表。他也被看作父亲般的人物，一会责备，一会安抚，这一点对他很有利。人们既爱他又恨他，既讨厌他又迷恋他。作者们写了不少关于警察作用的文章，使这个形象得以流传，并作了既是象征的又是真实的评价：“我把警察的房子当作一种公民神庙，人们去那里寻求帮助，抵制不幸。”这里抚慰性的词汇（房子、帮助）与其功能（平民的神庙）的社会化非常和谐。尽管警察的权威有一种公众性的特性，但他很明显是一种中介性的人物，使公和私轻易地融合起来。

一个人如果听到了有关自己的诽谤，他可以到警察那里去告状，而且有可能平息所有的指控。有时传唤证人后，警察们迅速行动去平息别人的怒气和惩戒散布无确实根据的闲言碎语的犯罪团伙，有些警察还带着笔记本，以便记下他们如何保护荣誉和名声的建议。

当家庭中某个成员（浪荡子、放荡的老婆、眠宿在外的酒鬼丈夫、给人做妾的孩子）臭名远扬的行为严重威胁到家庭荣誉，而警察的忠告又不起任何作用时，家庭可以拟订一份正式的声明来指控这位家庭成员，并请求审判和当众惩罚他（她）。惩罚的目的是将这位犯法的成员从家人中分开，并使他（她）不敢再继续干坏事。

一种经常发生的情况是妇女请求将她的丈夫囚禁起来，因为他的行为已招来了四邻的责难。他的罪责可能是挥霍家里的财产，整天泡在酒馆里而对其吵闹、不服管教的孩子不闻不问，或以不体面的方式与妇女胡闹。这些充满怨气的女人一般都能达到自己的目的。邻居们要接受调查，丈夫将被审问，最后被投进大牢，但为时不长，因为许多妇女需要丈夫养活她们，因而很快撤诉直到下一次事件发生。

这些都是相对传统的问题。对有些家庭来说，这些公开的司法程序和惩罚犯罪一样地可耻。他们认为自己受到了双倍的侮辱，一次是由于自身的错误，另一次是由于当众受到惩罚。审判是公开的，判决将贴出海报，罪犯将在人口密集的中心地带示众，如果是青少年，还会受到鞭笞。因此荣誉并没有真正地恢复。受到审判是家庭名声的一个永久污点，而请求行政执法机构裁决是一把双刃剑。

逮捕密札

对于18世纪那些因某个成员的行为而蒙羞但又不愿求助于通常的行政管理机构的家庭，逮捕密札证明了一种了不起的好处。这是一种由国王颁布的不通过公众程序就能对人实行监禁的信件。它成为人们既泄露家庭秘密又能恢复荣誉的方法。

一份上书给18世纪的篷查特兰·菲利波大臣的请愿书里清楚地解释了逮捕密札的原则和目的。1709年，蓬查特兰与莫·德·布里汉克，雷恩高等法院的第一任主席卷入了一场棘手的事件中。一位名叫蒂·科隆比耶的年轻女士被士兵们绑架了，士兵们按照布里汉克的命令在她正午离开教堂时绑架了她。她被带往一所专关名声不好的女人的修道院，绑架的唯一理由是她与一个叫马蒂尼的雷恩高等法院的某任主席马丁尼有暧昧关系。绑架她的命令未经过任何司法程序，是以逮捕密札的形式执行的。当蓬查特兰了解了案件的情况后，他写了两封措辞尖刻的信，一封写给莫·德拉·贝杜瓦耶，雷恩高等法院的总主席，另一封写给莫·德·布里汉克，在这两封信中他陈述了自己的观点，谈到了逮捕令的合适形式和国王希望他们运用这种命令的方式。

他反对布里汉克按自己的优先权行事，“你不能凭着你一个人的权力就发出命令，否则正义会变得专断并完全依赖于你个人，仅有国王能以这种方式行事，而且他也必须小心谨慎，只有在特殊的场合才能运用逮捕密札的方式”。除了国王没有人有权为自己僭取直接判决的特权，即使是高等法院的院长也不行。高级审判官不允许省略正常的司法程序。如果遭到议论的女人引起了混乱，皇家检察官应该写一份起诉书，案件将不能由高等法院的院长听审，除非初级法院已发布了判决，而被告不服判决又提出上诉。换句话说，即使那些手中握有大权的人也不能滥用逮捕密札，当然对首席院长也是如此。

在他第二封写给总院长的信中，蓬查特兰强调了在这类事件中保密的必要性，并表明：使用逮捕密札的一个主要原因是隐秘性，“只有为避免声名狼藉和丑闻而采取的各项预防措施均井井有条时，才执行逮捕密札。”在那个离开教堂时被绑架的年轻女人案件中，行动是如此公开以至于整个雷恩市和整个布列塔尼都知道了。“一个人还能设想出比这更臭名昭著的行动方式或还能做出什么更让这位社会官员感到耻辱的事吗？”蓬查特兰继续说，“即使首席院长认为这样干是他的权利，他至少也应该采取措施预防丑闻传播，而他却采取了相反的行为。”

如果能保住秘密的话，蓬查特兰可能会宽恕这次令人恼火的行为。逮捕密札（最高的判决）的要旨是保密。只要通过一个皇家法案，一个人就会被悄悄地逮起来而不引发任何丑闻。罪行和犯罪人均可在悄无声息中被掩盖住。布里汉克在各个方面都把这件事给搞砸了，他不仅篡夺了不属于他的权利，而且其行为竟恶劣至立即产生了丑闻和羞耻。

按照1709年人们对逮捕密札的理解，蓬查特兰在信中对逮捕密札作了严格的解释。到18世纪中期，皇家法令可能就比较容易获得

没有人知道在给国王写信时如何比公共写信人写得好。公共写信人在提笔之前，听取一名妇女的申诉。这名妇女想让国王发逮捕密札逮捕她的一个儿子。插图来自L.S.梅西耶的《巴黎图景》。（巴黎，国立图书馆）

了，当然运用得也就更多了。巴黎的警察局中将拥有执行皇家命令的特权；如果在维护公共安全和安宁中，他认为必须要用逮捕密札来清理首都时，他就有权使用它。所有家庭不仅赞同使用逮捕密札而且设法获得优先权。

保住了的秘密

对一个没有级别和地位的家庭来说，在暴力、攻击、偷盗、没有信仰、欺骗面前维护荣誉是他们的一种生活方式，与别人的恶言恶语做斗争的方式。当家族中出现污点且人人皆知后，洗刷家族名声的一种方式就是向警察局告发这位犯了罪的家庭成员。警察会调查这件事，如果查明是正确的，就会把违法者关起来。荣誉将不受任何伤害，只要国王对犯罪者的监禁命令不把常规法庭卷进来，仍是保密的私人行为。从众人眼中除去引起羞耻的人，使整个家庭重新恢复了纯洁，公众形象又变得纯洁无瑕了。

以这种方式保护荣誉，一个家庭可以隐藏在正常情况下由于在公众生活和私人生活之间没有明确的分界线而无法隐藏的事。为了维护家庭秘密和隐私，家庭最大限度地使用了所有的皇家制度，而这些制度则使君主制至高无上。这是一个非常自相矛盾的事实。逮捕密札至少在两方面为普通的家庭利益服务，它使普通平民感到他们和中产阶级及贵族家庭一样是皇家臣民，它还使他们能避开让家庭声誉降低的公众司法程序，保全他们的荣誉。

家庭需求

家庭内化了这种过程。他们从未想过求助于这种制度化了的皇家权力可能是对丧失荣誉的威胁的过分反应。家庭有时并不急于让家中坐牢的人获得释放，以免他们进一步胡作非为，再一次让家庭荣誉蒙受损失。在这一点上，罪犯的档案解释得非常清楚，罪犯写给家庭的请求经常会受到不赞同释放的亲戚的严重指责。

德西拉克岛省长的信就很有启发性。从1763年到1789年，他列了许多“他认为可以重返社会的公民”的名单。几乎在每一个例子中他都注意到他们的家庭非常不乐意监狱释放他们，即使年轻人准备服从他们的任何决定。有一个囚徒说他将按父亲的意思结婚；另一个说尽管他“前景暗淡”，他将如他家人所愿去做和尚。列在这个特殊名单上的罪犯中有许多后来的结局都很悲惨，受尽了疾病、

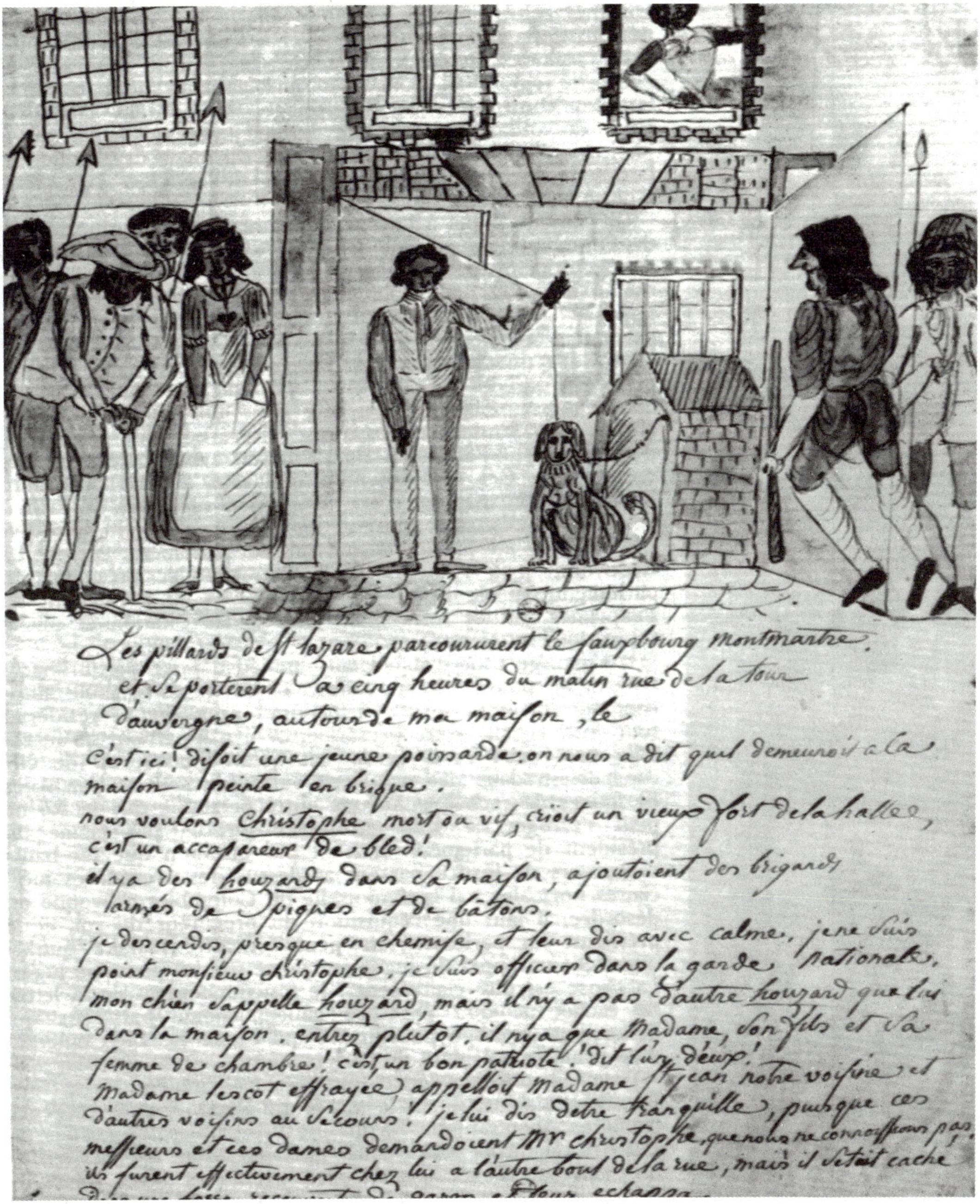
Les pillards de St lazare parcoururent le fauxbourg montmartre.
et se porterent à cinq heures du matin rue de la tour
d'auvergne, autour de ma maison, le
c'est ici! disoit une jeune poissarde. on nous a dit qu'il demeuroit à la
maison peinte en brique.
nous voulons christophe mort ou vif, crioit un vieux fort de la halle,
c'est un accapareur de bled!
il y a des houzards dans sa maison, ajoutoient des brigands
armés de piques et de bâtons.
je descendis, presque en chemise, et leur dis avec calme, je ne suis
point monsieur christophe, je suis officier dans la garde nationale,
mon chien s'appelle houzard, mais il n'y a pas d'autre houzard que lui
dans la maison. entrez plutôt. il n'y a que madame, son fils et sa
femme de chambre! c'est un bon patriote! dit l'un d'eux!
madame lescot effrayée, appelloit madame St jean notre voisine et
d'autres voisins au secours! je lui dis d'être tranquille, puisque ces
messieurs et ces dames demandoient Mr christophe, que nous ne connoissions pas.
ils furent effectivement chez lui à l'autre bout de la rue, mais il s'était caché

因为没有喧嚣的骚动，没有“大声的公共诉求”，一次根据王室命令进行的逮捕行动将一个男人从名誉扫地中挽救了出来。（巴黎，国立图书馆）

美满的婚姻必须合父母之意。婚姻是经济和社会以及情感的纽带。

穷困和疲惫的折磨。1765年，一个名叫阿利奥的罪犯给他的父亲写了一封特别辛酸的信："至少屈尊来缓解一下我的痛苦吧，难道我还没有被腿痛和近在眼前而妻离子散的痛苦惩罚够吗？我的生活不是比生活在这个国家里的黑人还要悲惨得多吗？"

那些与家庭关系紧密的男女，在巴黎的监狱里也和他们的亲戚维持着一种奇特的关系。家庭定期接到通知，告知他们犯人在监狱里的行为，给他们提供犯人是否还应该待在监狱里的建议。尽管有的犯人表现很好，但他们要求继续待在监狱里也是很常见的现象，因为报告非常简短，所以我们没法弄清他们这么决定的理由。一个可能的理由是，有些人宁愿待在监狱里是因为有稳定的一日三餐，而不愿出去忍受岁月的艰辛、困苦、家庭生活的煎熬、别人的怀疑和诽谤。无论如何，很大程度上家庭都能同意监禁其成员以保全面子、秘密和弥补家庭威信的丧失。

官方反应

起先皇家行政管理机构毫不犹豫地满足家庭的要求实行监禁。它站在维护公共秩序和安宁的立场上，确信这种行为是正当的。维护安宁是1665年设立警察局中将的许多理由之一。许多有关警察的文章均指出公众的安宁有赖于家庭和谐和所有家庭成员的幸福。德埃萨尔写道："维持治安是一门治理人并为他们谋福利的科学，是一门让人们尽可能地获得幸福并在某种程度上力求为整个社会谋福利的艺术。"使人类更幸福并发展大众福利或更好地把两者结合起来，通过为人类造福从而促进大众福利，这就是治安管理的哲学。既然如此定义，它的任务就极广泛了。由于大众福利概念是这样定义的，把有可能导致吵闹的严重骚乱从社会中排除出去就很有意义了。因此监禁既能保护家庭荣誉又能维持公共秩序。这使市民心中形成极为详尽的荣誉概念是这样定义的。它总体是指"尊重秩序"，但与作为社会等级制度中优越性的宣言的荣誉概念相差甚远。

建立在幸福和秩序哲学上的治安管理应该关注家庭幸福，这是很自然的。相应地，它的司法权限很大。正如迪歇纳在他的被描述为德拉美尔伟大论文缩写本的《治安管理法典》中指出的那样，"治安管理是为了公众的普遍利益，因此它的目标在某种意义上说是不受限制的"。这里公众利益的意思类似于"文明化"，或合理的礼貌和习俗，而"文明化"本身就常和礼貌、温柔、谦恭等概念混淆。诺贝尔·埃利亚斯指出"文明化"这个词或多或少等同于"有教养""有礼貌"，而"有教养的，受过一定教育的"这个词被人们在法庭上用来辨别他们的行为特征及对照他们的高文明程度与社会地位较卑微人的文明程度。老米拉博这么写并没有错，"如果我要问，'文明化的本质是什么？'有人就会说，'文明化即教化一个人，改善他的道德标准，提高他的文雅和礼貌程度'"。

贵族和中产阶级总是认为他们温文尔雅，彬彬有礼，正是这些将他们和不如他们的人明显地区分开。但到18世纪，提倡一种不同于宫廷和贵族传统的温文尔雅已成为必要，换句话说，也就是要让这种温文尔雅符合社会标准。温文尔雅不再仅体现在某个社会阶级或社会集团身上，现在它由整个国家本身来代表。文明化的进程开始了：任何看上去比较野蛮、粗暴或不合情理的东西都得被净化或

民兵（1736年）。（巴黎，国立图书馆）

消除。在那些过去，特别是行政管理机构运用权力打破社会团体间的均势以后，一片混乱的地方，治安管理就成为获得最低程度文明化的最可靠工具。贵族和中产阶级间的力量相互抵消：它们之间有足够的空间来保持社会体制完整无损，但也不断有冲突，从而足够预防他们联合起来反对国王。民众仍旧非常弱小，无法治理，他们成为努力安抚、讲究卫生和文明化的目标。温文尔雅与和谐将统领一切领域。皇家警察（包括巴黎警察）体现了18世纪的一个梦想：在不破坏已有秩序的情况下通过文明化而获得幸福，运用个人化的权威将国王和人民永远联结起来。

警察的任务是了解人们，介入到他们的日常事务和家庭关系中以维持有序行为。警察，反映了国王的个人权力，他既要调查各种事务又要维持秩序。理想的情况是，一方面警察要想深入家庭，另一方面，家庭要同意警察介入自己的家庭。而这里的理想是人民与国王的利益能融为一体。

权威和隐私

警察中将是行使个人权力并代表王室的最有利的官员职位。通过中将，国王将一些没有命名的罪行定名，并把犯这种罪的人投入监狱里管理，家人既象征性地又真正体验了这一经历。如果中将答应考虑某家的案件时，就等于承认了这家的存在并赐予宽恕，由此将它与国王的关系个人化了。因此家庭要接受其对家中深藏的隐私的检视。以隐私作为交换，他们希望国王能永远除去附在他们家族名声上的任何丑闻。

由此，在专横的皇室权力和运用这种权力保护荣誉以及与其他人之间的正常关系的普通人之间，建立了一种暂时的平衡。不同的中将是使用还是滥用他们的权力由其个性所定，贝里耶、萨尔丁那、勒努瓦（仅点出一些）常对自己防止了丑闻、挽救了某些家庭的名声感到满意。中将在运用权力时相当自由。除了领导警察外，他是“国王的新闻记者”(按马尔特·沙赛涅的话)。他要保证自己知道别人所说、所做的每一件事情，充当国王的眼睛和耳朵。这项工作所需要的能力是更大的好奇和机灵而不仅是法律知识。德埃萨尔这样说是很正确的，他说“中将需要不倦的注意力、准确的警惕性、超人的精力和总是具备了不起的智慧”。他一边走路一边安排他的工作，因为他的职责不是实施已有的法律章程（尽管他确实在实施王室诏书），而是在他认为什么都不存在的方面制定新的法则、习俗、惯例和法令。

但有时，人们确实想限制这些惊人的权力。所有的家庭都接受了逮捕密札抓人的原则，除非他们深信不疑的平等交换原则（用皇家恩典来回报他们接受官方机构审查）被破坏。只看一个例子就够了：1750年5月，爆发了一起抗议在巴黎街道大肆逮捕手工艺人孩子的叛乱。在大白天，许多嗜赌的孩子（又被叫做不务正业之徒）被执行警察中将命令的警官和穿便衣的密探抓进没有窗户的警车拉走了。愤怒在积聚，人们聚集起来开始暴动，追赶并暗杀了一些警察和警署官员。一发现自己的儿子被关在什么地方，他们就立即赶到监狱并把他们救出来。这场骚乱使巴黎高等法院很担心。一场调查开始了，他们传唤了无数个证人。高等法院对警察的行动进行审问，询问他们接到的是谁的命令，是怎么着手执行的。警官们吃惊地发现自己成了人们仇恨的对象，被迫忍受指控的耻辱。他们难道不是应那些无法控制自己子女的父母的申诉而行动的吗？他们的办公室不是天天被那些请求监禁自己孩子的父母围得水泄不通吗？那他们逮捕这些年轻的赌棍和粗野之徒，为什么会如此令人反感？而且为什么那些通常向警察局求助的父母这时候会起来反抗呢？

P.德·霍克：《赌牌者》。家族的荣誉悬于一线，保护家族荣誉的唯一途径就是求助于国王。（巴黎，卢浮宫）

这事件使人明白，请求监禁是为了私下约束的目的而进行的私人行为。人们使用它是为了避免公开化和逮捕秘密化。但当政府通过警察局中将使用自己的优先权时，就使整个事件呈现出完全不同的形势。整个行动是公开的，皇家监禁不再是一种恩典而是一种正式而公开的惩罚，逮捕密札和逮捕令变得独断专行。

人们很难理解逮捕密札这段奇特的历史，除非人们牢记住公众和私人优先权之间的不同。当警察篡夺了这种优先权，这种精致的平衡体制就破裂了。“逮捕密札是通过王权而神圣化了的父权……这里的王权仅仅是家庭权威的替代物。”

紧张和辩论

向专制挑战

面对不断增长的要求、思想自由、个人主义观念的激增和对专制主义的仇恨，家庭和平与公共秩序间的短暂联盟最终破裂了。

警察在许多方面（道路交通、物品供给、刑事判决等）有太多的工作要做，因此到1760年，解决家庭不和的责任就变成了一个沉重的包袱。夫妻不和或父母子女不和应该由警察来管吗？人们对把干涉私人事务作为警察的一个主要职责是否合适表示了疑问。大约在同一时期，自由主义作家正撰文攻击王室命令的使用。他们批评国王成为专制的父权同谋，并允许人们在一些荒唐、琐碎的争执上使用神圣的权力。人们在是否需要法律和是否侵犯自由的问题上争执不休。有人坚持法官应该重获权力，人们可以通过他们向官方机构求助。正像马勒泽布敏锐地指出的那样，没有人能忽视级别很低的警官成为王室命令的真正主人的事实。人们常就这一点定期向国王抗议，但国王却总是号召把家庭安宁和公众安宁紧密地联系起来（例如1751年路易十五就使用了这个论点），但没有人相信这一点。最后甚至中将也开始怀疑逮捕密札在解决家庭不和时的功效。勒努

来自L.S.梅西耶《巴黎图景》中的插图。监狱、有害之地和危险之地理所当然不是教育孩子或年轻人的地方。1774年警察总监勒努瓦对把犯人看作生病的而不可教化的人的观点表示了愤怒。（巴黎，国立图书馆）

瓦的观点听起来相当现代化，他在1774年10月间曾写信给警察委员会："对那些不服从刑事劳役的孩子实行监狱惩罚是很危险的，因为（监狱）惩罚把他们和年纪较大的人关在一起，而这些人为他们树立了很坏的榜样……监狱，作为一种强加于他们身上的惩罚，并没有治愈他们的恶习，而是教会了他们使坏的新方法……除了非常严重的违法案件，应该让他们回到父母身边而不是把他们送到罪恶的学校（监狱）中去。"

勒努瓦的信中包含了三个不同的主题：监狱是邪恶的学校；孩子们易受到影响，最好被保护起来避开成人世界；父母应该是他们子女的主要教育者。最后提到的这一点特别重要。一旦公开，教育的责任就逐渐由国家转向私人家庭。渐渐地，在公共秩序和家庭和谐之间画上了一道分界线。

这种争论悬而未决。人们关注着家庭使用逮捕密札的合法性，因为逮捕密札可能被个人滥用来策划一场阴谋，操纵遗产分配或其他方面的罪恶。"人们越来越不理解怎么能仅通过一种法律程序的方法就保全家族荣誉呢？难道耻辱的原因是公开惩罚而不是犯罪吗？"米拉博在他的《论逮捕密札和国家监狱》（1782年）一书中这样质疑。而且逮捕密札在日常使用中常与保护家庭荣誉毫无关系。其受害者的数目日益增长，从窃贼到牧师，从放荡之徒到妓女。没有人知道在普通法庭的司法权限里，落到自己头上的会是什么罪名。警察局的逮捕记录表明，在逮捕的人中没经过审判就由皇家命令直接逮捕的人占有相当高的比例，然而不可能说明为什么某个特殊的罪犯以这种方式而不是通过审判的常规程序来处理。

逮捕密札成为人们暴风雨般的抗议中关注的焦点。它象征着王权最可恨、最让人难以忍受的方面。国王个人判决的权力受到了挑战，许多人认为审判应该公开，家族内的问题不是政府问题。

马勒泽布和米拉博猛烈地抨击逮捕密札。布勒特伊，国王的王室大臣，在1784年起草了一份备忘录，试图在只有专权盛行的地方建立法规。明显的滥用权力将被立即去除。癫狂和低能者都不再是问题：人们必须保护社会免受他们的破坏，也要保护他们免受自己的伤害。至于那些放荡之徒，除了极个别的案例外，对公共秩序并没有多大威胁，只需要一段短短的时间，不超过一到两年的矫正，他们就能重获理智。许多恶作剧都是由于年轻人的年轻气盛而导致的。当然对“妇女和女孩子们的性格弱点”要认真对待，夫妻不和更需要特别留意：这往往都是那些极端的和最有害的行为发生的区域。无论如何，家人们都应该明白耻辱不是附在整个家庭上的，而是在有罪的个人身上，公共行政管理机构也并不需要插手每一事件。

这篇文章非常重要，因为它的论调令人尴尬。布勒特伊并不仅仅考虑拒绝失去控制了的家庭要求。他的目的是要建立更为严格的规章制度。然而他确实对家中有一个好色或放荡之徒是否为整个家族带来耻辱的事实表示怀疑，进一步追问它是否真的应该成为国家大事。他还请求人们注意一些问题，这些问题不会因为1790年废除逮捕密札而消除，革命会议仍将对其进行大量的讨论。

巴黎高等法院向国王提出了抗议，反复地批判皇家权威 。而路易十六立场很坚定，对他来说，家庭内部的秩序和公共秩序是一体和一致的。他在1787年11月21日回答说：“我不能忍受我的高等法院大声抗议这种权力，这种权力是家庭利益，是国家的安宁所需要的。”1788年3月11日高等法院断然重申了它的抗议，指控逮捕密札是一种让人“遗憾的错误”。国王的顾问大臣的意见也变了，例如，莫普争辩说，出于国家需要时，逮捕密札是很有效的，但家庭滥用它的行为应该予以控制。相比之下，《多莱昂的日记》所提到的与整个法国社会的抗议是一致的：逮捕密札是暴政的象征。

法律挑战国王

《人权宣言》宣布除了通过应有的法律程序，任何人不得被剥夺自由。逮捕密札的时代无疑结束了。然而路易十六在1789年6月宣布必须找到一种方法来直辖市限制王权和“维护公共安全两方面的关系”。国王认为公众的安全在于没有叛乱，没有与外国势力串通及家庭荣誉。成立了一个委员会——米拉博也是其成员之一——来研究这个问题。1790年3月，国会在投票废除逮捕密札前进行了深入的讨论。当年8月份，国会通过了一项建立一套家庭裁决制度的法律。

为什么政府不允许家庭自己照管自己的荣誉呢？这个中心议题既清楚又模糊。首先人们有一个非常明确的信念，它坚定地建立在意识形态和哲学的信念上。它声称人们不再是国王的私有财产，国民的意志决定其法律。向王权臣服是一种堕落，生活在法律制度之下是一种解放。这种象征概念与现实实在之间的颠倒完成了。人们不再被国王的某个善行感动，也不再因被免于普通法庭的惩罚而感动，因为国王和人们的神圣联盟已成过去时了。国王的暴政结束了一千年的合约，开始了“自由”统治的时代。卡斯特拉内伯爵，立法院的代表，在1789年10月国会的一个会议上宣称，“由国王而不是法律来判决成为了一种可耻的特权。”

卡斯特拉内继续说：“没有人再去提家庭荣誉，它一度曾被认为只有通过专横的命令才能保全。现在那些陈词滥调不过是秘密支持奴隶制的人的伪装。”由国王接管有关家庭荣誉的事务是很残忍的，特别是因为一种固执的偏见，罪犯的亲戚在某种程度上总会被罪犯所犯的丑行所玷污。这种集体荣誉的观念必须根除。卡斯特拉内认为：犯罪是一种个人的事，因此只有这个人才是可耻的，并不能殃及与他关系很近的人。1790年1月21日，阿贝·帕坦以最强烈的措辞表达了他对这个问题的看法：“向理智的呼唤屈服吧。指责那些听上去颇具哲理性的谴责，在一个明智的国家里，犯罪应该是个人的事……允许一个罪人的耻辱影响一个无辜的家庭直至它最近的一代人是一种残忍的偏见。”

巴士底监狱的建筑恰如其分地体现了逮捕密札的暴政。阴湿寒冷的空间、沉重的刑架、粗重的铁环铁条和锁链很好地说明了这里的一切，它们大声呼叫着：“贬损特权应受到国王的审判而非法律的审判。”（巴黎，卡纳瓦莱博物馆）

为了与这种偏见做斗争，人们必须改变观点。已经存在了好几个世纪的错误必须被根除。与帕坦在同一天发言的吉约坦曾预见性地指出，这项任务难就难在这种偏见植根于普通人陈旧的信念中，不管是在古老的社会制度中还是在革命高潮时，犯错误都是普通人的本性，“正是那些高高在上的人的错误确立了他自己。贵族阶级已把自己从这种信仰中解放了出来，一个被误导的人，出于习惯尊重他从祖先那里继承到的一切东西，崇拜那些自儿时就反复听到的哪怕是错误的概念，像这种人是不会很容易就领会道德上的真理的。人民需要赶快进行自我教育”。

法律的存在是为了确立真理，由此议会应立即行动以改变观点，不要再把刑事罪犯的财产充公，“把握舆论并粉碎古老信仰的基础是一项令人敬佩的工作，在讨论的过程中提出了两项建议。第一，当对某个人行刑时，建议法官在行刑的地方恢复他的名声。第二，任何说判刑人亲戚坏话的人都将受到惩罚。“任何人都不能因为某位市民的一个亲戚因罪被执行死刑或判罪而责备他。任何敢这样做的人将受到法官公开而严厉的斥责。但一刻也不要怀疑这种偏见仍然顽固地存在。要完成这场革命需要时间，没有什么比破坏一个紧紧地依附在荣誉借口下的愚蠢观念更困难的了。”（吉约坦）

早期家庭荣誉是与信仰、野蛮、落后和对基层命令的轻信联系在一起的。暴政小心地掩盖混乱，而将制定的法律正是要把荣誉观从这种混乱中拯救出来。定罪既严厉又坚决。普通人被视为落后和迷信的而不予考虑。根本就没提到任何有关家庭和官方之间的平衡。原先许多家庭至少自愿地寻求国王专政权力的帮助，有时为了自己的目的而不公平地行事。人民自主，尽管表面上建立在国家的意志上，但需要法律，法律的目的是教育据称被误导了的民众。再一次引用吉约坦的话：“作为一个普遍规律，这场革命将会打击这种道德谬误，这种谬误让无辜的人共同承担对犯罪行为和品行不端行为的惩罚。”

家庭法庭和父权

当立法委员们争论犯罪的个性和封建社会野蛮习俗的范围时，讨论也涉及了一些其他的问题。似乎不可能把家庭困难的观念和安全的观念分开。预防性监禁、保护家庭隐私、维护父权的需要使讨论转向了另一种是否要建立家庭裁判所的观点。正是考虑到这种前

1789年8月4日取消特权，7个月后逮捕密札被废止，但立法者很快开始讨论另外的途径以维护家族的声誉。（巴黎，国立图书馆）

景，逮捕密札被废除了。仅仅几个月后，1790年8月，家庭裁判所变成了事实。

预防性监禁这个问题是由瓦德，萨尔库密勒的众议员在1790年2月7日提出的，这与一个案例有关。南锡高等法院中有一位官员，他的24岁的儿子是一个特别放荡和不安分的人，欠了一身的债。一天晚上在做了一系列坏事后，他假装自杀，但当国家警卫破门而入时他用手枪向他们射了三发子弹，打伤了其中的一个卫兵。但在这个年轻人被拘留后，尽管罪犯反复重申他打算杀死他的父亲，南锡的检察官仍打算释放他。因此立法委员面对的、需立即解决的问题是预防弑父罪，应检察官的命令和家庭的请求，这个人必须被关进监狱里。众议员们立即做了回答。答案很简单，一个来自检察官的命令就是一份逮捕密札，是他们再也不想要的。用米拉博的话说：“让我们赶快建立起一个家庭裁判所，用审判来预防犯罪，而不再用专权。”

在这个案件以外，众议员们考虑的是那些根据逮捕密札命令捉住的罪犯。因逮捕密札已被废除而释放所有的人，将使社会面临很大的危险。对这个问题的讨论非常激烈，罗伯斯庇尔在他一篇被国会投票通过的法律文章中谈到了自己的观点，表达了他的惊讶：“你们不会是把这些可怜虫从专制政治的地牢中放出来，再把他们关到审判所的监狱里去吧？”尽管有这样的异议，家庭裁判所仍被看作是对付危险而棘手的家庭关系的必要制度。

在这个阶段，人们怀疑每一个已确立的真理，人们完全相信家庭荣誉已是一个过时的概念，每个人对自己的行为负责。家庭困难仍旧让人很担心，小心谨慎的人们采取各种措施尽量避免丑闻。就像在古老的社会那样，避免公开仍然是一项重要原则。家庭荣誉和隐私仍旧是公众的问题，对这个问题的考虑仍充满矛盾，对隐私权的保护需要公众管理机构的帮助，而私人丑闻应该保密。

在这个因果关系上，1790年8月5日召开的国民会议是很发人深省的，“家庭裁判所的目的是用合法的手段来把那些年轻人控制在父亲或监护人的权限下，他们有意忽略权威并滥用他们对自由的理解，从而引起人们的警惕和关注。在不至于弄得声名狼藉的情况下平息夫妻不和或近亲之争也是必要的，不然的话这种争论不仅使整个社会蒙受耻辱而且使整个家庭毁灭”。

一旦明确将建立家庭裁判所以后，人们开始考虑父权的问题。一位众议员戈森陈述说，人权和市民的权力宣告颁布后，就该宣布父亲、配偶、儿子、亲戚权力宣言了。在1790年8月16日，建立家庭裁判所的法律条文正式形成了。争论的双方将各指定两名仲裁人。如果双方票数相等，可以请一个不在家庭裁判团里的法官加入，进行裁定，如果有一方对判决不满的话，可以向地区法院上诉。

很快就遇到了困难，这不足为奇。各家并不总能找到相当公正的人来做法官。于是人们决定仲裁人不一定非得是近亲，随后，家庭裁判团不再是家庭的裁判团而成为了一种公共机构。《共和三年宪法》废除了家庭裁判团，家庭不再必须在内部解决争端了。

但争论并没有结束。1796年雨月29日[①]（革命党采用了新历法，沿用了好几年），一个五百人组成的委员会在一次气氛热烈的会议上讨论了这件事。它提出了这个问题：共和三年的宪法是否确实废除了家庭裁判团？有些议员认为的确是废除了，另一些人则坚持要通过一项废除法律；还有一些人拒绝废除。奥勒的议员雷诺用抒情散文总结了这场辩论，他认为家庭裁判团在保护道德规范、保持家

---

① 法国共和历的第五月，相当于公历1月20日或21日到2月19日或20日——译注

热奥拉特·德·贝特里：《革命寓言》。（巴黎，卡纳瓦莱博物馆）

庭和谐和隐私上很有必要，“立宪会议怎么可能竟希望破坏像它这么美丽、动人、有用的制度呢？这是一种以保护道德规范和保持家庭和谐为主要目的的制度，也是一种以调停父子、夫妻、兄弟关系为主要目的的制度”。“世界上再没有比这种制度更生气勃勃的了；在共和制中没有什么比这些裁判团重要的了，它们负责平息家庭仇恨和敌意，恢复家庭和平和快乐，避免儿子在法庭上起诉其父母无情地迫害自己的骨肉从而强迫结束他的职业生涯的可憎而又丢脸的公开情景，或避免让妻子当众使丈夫蒙羞，使他屈辱、痛苦和忍受谦恭的鄙视，避免让其妻子竭力往他身上堆羞辱的丑事。而他们却在谈论废除这种家庭裁判团！”

当谈及民事法典时，有关父权和夫权的争论出现了相似的情况。有些人认为，“孩子的错误应该在家庭内部消灭掉，不需要司法或成文的记录”。另外一些人则认为“父亲有权监禁一个12岁的孩子，但孩子到了16岁后，监禁必须得到警察的授权”。还有另外一些人认为：过大的权力只能滋生出野蛮的行为，自然法则要求父母权威受到保护，孩子们要表示“适当的尊重”。最终1803年民事法典中的第375至383篇文章通过制定法律监管父亲（不是父母）的惩罚来解决了这个问题。监禁被废除了，相应地，父亲获得了一些控制孩子的权力，丈夫获得了控制妻子的某些权力。刑事宝典为道德败坏的妇女规定了坐牢的期限，而且在1838年通过了一项法律，在每个省建立疯人院来处理低能和疯子的传统问题。

法律授权男人来惩罚那些给家庭带来痛苦的人。父亲和丈夫的权利是公众承认的私人权利。家庭是一个女人没有任何权利的独裁王国。当家庭能够满足法律的要求时，它就能满足隐私的需要。一旦在法律上确立后，私人和公众领域各自呈现出不同的新面貌，男人独自拥有权力并承担市民的责任。

尼科尔·卡斯唐
莫里斯·艾马德
阿　兰·科　隆
丹尼尔·法布雷
阿莱特·法　奇

4

尾声

这不能作为一个结论，因为这本书中收集到的证据和分析材料仅是一种将被书写的新型历史的第一批碎片。然而在集体努力的结果下，我想对我们的选择、我们的决定、我们对主题特别是时间和地点的局限性说上几句。个人生活的历史，就像对待童年和死亡的态度，并不仅是一种全国性的现象。它的自然背景是整个文明，整个西方世界。要在如此广的范围内仔细观察我们所提到的所有内容是不可能的。因此我们特意选择在特定的范围内仅处理一个主题。在某些例子中，我们把西方作为一个整体来考虑；但在另外一些例子中，我们只注意特定的特征相同的社会——一个省，一个城市甚至一个国家。

当我们聚焦国家时，我们选择了法国，而这自然就像由法国历史学家和其他专攻法国历史的人写的书。尽管这种选择具有随意性，但从历史的角度来看，这种选择是合理的。在旧政权统治时期，法国深受三次现代早期界定公与私的进化过程的影响。在所有的欧洲国家中，法国的君主制给我们提供了最纯粹、最完整的专制主义的统治模式：这种统治兼有判断权和收税权，把自己的命令从法院的形式强加给社会。而且法国是一个宗教分裂的国家，不可否认在不同的程度上它既经历了宗教改革的影响也经历了反宗教改革的影响。最后在1500年到1800年间，法国社会引进了有书写文字的文化。在它的疆界内，重现了作为一个整体的西方文化的二分法：北欧、西北欧——英国、荷兰、佛兰德斯、莱茵河地区和法国北部，很早就有了受过很高文化教育的人口，而南欧却长期存留有大量的文盲。因此通过法国来探究现代早期私人生活的历史是合理的，因为所有影响那段历史的主要因素在法国均可看到。

以法国为素材影响了这卷书的年代顺序。有些章节的时间一直延伸到法国大革命时期（它的整体性将在这一系列的下卷中探究）。在某些方面，例如在公众行为和个人独立或家庭秘密与国家司法之间关系的紧张程度上，大革命政府仅仅是继续实行君主制时已开始的政策。

把重点放在法国就特别突出了17世纪下半叶，即路易十六的统治，这个阶段是一个转折点。建立在奢侈、礼仪、庸俗的华丽的基础上的，以国家的新抱负为主导的个人生活开始让位于一种全新概念的个人隐私生活，它以虔诚的不断个人化的概念为基础。人们学会了读书，发现了本我的诱惑，退回到家庭私生活。

这本书的范围反映出某些清晰的决定。我们不想把空间、居民、熟悉的目标同他们反映和允许的情感投入分开。因此我们主要重视的是感情和价值而不是物质文化的历史，如住房，装饰、家具或衣服。在某种程度上，物质文化也确实出现在我们的作品中，但只是当它涉及社会和个人实践时。我们还力求使私有化的三个同时发生或重叠的方面相互联系起来，朋友与同事、家庭和个人的隐退。这很有必要，因为隐私没有一个单独或普遍的定义。隐私的不同组成之间的关系随着时间的变化而变化，一个特定的社会形式（例如家庭）有时可能是避难所，有时又可能是陷阱。亲属、家系、核心家庭、朋友和同事——一会儿是某个人最亲近、最秘密的情感焦点，一会儿又变成了对他自由的难以忍受的限制。相应地我们无法避免研究友谊和婚姻、家庭和社会、个人自由和家庭约束间存在的冲突。与此相关的是我们工作的下一步打算，我们将根据私人生活的历史来理解不同公共空间的含义，像村庄或四邻、司法统治权或接受批评的范围以及公众舆论的形成。

在所有这些领域中，我们的工作需要进一步深入，需要收集更多证人的证据，而不仅是这本书中屡次引用的：蒙田、佩皮斯、亨利德、坎皮里和圣西蒙、雅莫雷·迪瓦尔和梅内特拉。最关键也是最难的问题是估算一下，这种从法国揭示出来的私有化模式，在多大程度上能运用于其他宗教分裂不太明显、专制政权并不存在、文化进步并不明显的国家。私人领域构建的速度在各个国家并不相同，为了弄清楚这个复杂的现象，我们设想了许多假设、解释和模式。我们想坚信我们这套书中所采用的那个人的观点——他就是菲利浦·阿利埃斯。

罗杰·夏蒂埃